# 재일코리안 기업의 형성과 기업가 정신

## 임영언(林永彦)

일본 조치대학(上智大學) 사회학박사
전남대학교 세계한상문화연구단 연구교수

주요 저서

- 『재일코리안 기업가: 창업방법과 민족네트워크』(2006, 한국학술정보)
- 『재일코리안 기업의 경영활동』(공저, 2006, 북코리아)
- 『일본선교 1%의 벽을 깨라』(공저, 2010, 예영커뮤니케이션)
- 『일계인 디아스포라: 이주루트와 초국적 네트워크』(공저, 2013, 북코리아) 외

**재일코리안 기업의 형성과 기업가 정신**

2015년 4월 10일 초판 인쇄
2015년 4월 15일 초판 발행

지은이 | 임영언
교정교열 | 정난진
펴낸이 | 이찬규
펴낸곳 | 북코리아
등록번호 | 제03-01240호
주소 | 462-807 경기도 성남시 중원구 사기막골로
45번길 14(우림 2차) A동 1007호
전화 | 02) 704-7840
팩스 | 02) 704-7848
이메일 | sunhaksa@korea.com
홈페이지 | www.북코리아.kr
ISBN | 978-89-6324-375-7 (94320)

값 20,000원



이 저서는 2010년 정부(교육과학기술부)의 재원으로 한국연구재단의 지원을 받아 수행된 연구결과임(NRF-2010-812-B00038).
This work was supported by the National Research Foundation of Korea Grant funded by the Korean Government (NRF-2010-812-B00038).

# 재일코리안 기업의 형성과 기업가 정신

## Formation and Entrepreneurship of Korean-Japanese Economy

**임영언** 지음

**북코리아**

# 서문

이 책은 재일코리안 디아스포라의 경영활동과 기업가 정신을 밝혀내고자 하는 야심찬 목표에서 출발하였다. 그러나 여러 면에서 여전히 기대에 미치지 못하고 부끄럽지만 후학들에게 조금이나마 학문적으로 도움이 되었으면 하는 마음에서 용기를 내어 출판하게 되었다. 원래 소수민족 집단을 가리키는 '디아스포라(Diaspora)'는 분산 · 이산을 의미하는 그리스어로 팔레스타인을 떠나서 세계 각지에 거주하던 '이산 유대인'과 공동체를 가리킨다. 요즘엔 고국을 떠나 살고 있는 '이산된 민족' 모두를 통칭하는 용어로 사용되기도 한다. 이를테면 디아스포라는 재일조선인, 재중조선족, 중앙아시아 고려인, 이주노동자, 해외입양인 등 다양한 범주의 소수민족을 포함하고 있다.

전 세계적으로 세계의 한민족인 코리안 디아스포라는 약 750만 명 정도로 세계 각지에 흩어져 생활하고 있다. 이러한 코리안 디아스포라들 중 재일코리안은 과연 어떠한가? 이들은 임진왜란, 병자호란, 일제강점기 때 강제로 끌려가거나 식민지로 나라가 망해 자의 반 타의 반으로 조국을 떠나 일본에 정착한 동포들이다. 이들이 오늘날 재일코리안의 중심을 이루고 있다.

이 책은 1945년 이후 재일코리안 사회의 민단과 총련의 성립, 올드커머의 기업활동 형성과정과 경영활동, 뉴커머의 한류와 혐한류, 글로벌시대 기업승계와 초국적 성향의 기업가 정신 등을 총체적으로 다루고 있다.

전 세계적으로 알려진 베스트셀러 작가인 예일대 교수인 에이미 추아와 제드 러벤펠드(2014)는 20년간의 연구를 바탕으로 소수민족 집단의 성공 비결을 '트리플 패키지'라는 용어로 설명하였다. 이들은 소수민족 집단(마이너리티 혹은 디아스포라)들이 가지고 있는 성공의 비결을 '트리플 패키지(우월성, 불안감, 충동조절)'에 있다고 주장하였다. 미국은 다양한 이민자들로 구성된 국가이다. 다양한 민족, 이민자들이 섞여 사는 혼종된 미국 사회에서 '아메리칸 드림'을 통해 고수입을 올리고 높은 학업성취도로 주목받는 소수민족집단이 있다. 미국인의 전체 평균에 비해 고수입과 높은 학업성취도를 통해 물질적인 성공을 구가하는 소수민족 집단들이다.

이들 소수민족 집단이 부모의 경제력, 교육수준, 지능, 제도 등과 무관하게 높은 학업성취도와 물질적 성공을 거두는 이유를 분석해 공통점을 도출했다. 가령 유대인들이 노벨상 수상자가 많고 금융과 기업 경영에서 모르몬교도가 두각을 나타내는 점, 가난한 중국 이민자 집안의 자녀들이 학업성취도가 월등히 높은 점 등에 대해 질문을 던지며 소수민족 집단의 성공 요인에 관심을 가지고 관찰하였다.

미국에서 왜 이들 소수민족 집단, 즉 디아스포라 집단들이 다른 민족에 비해 탁월성을 발휘하여 성공하였는가? 예를 들면, 대표적으로 유대계 미국인은 전체 인구의 2%에 불과하지만 대법원 판사의 3분의 1, 토니상 수상자의 3분의 2, 노벨상 수상자의 3분의 1을 차지하고 있다.

특히 금융계에서 유대인의 힘은 강력하다. 모르몬교 신자들도 정계와 재계에 많은 지도자를 배출했다. 여기에 미국인 평균보다 2배 이상의 수입을 올리는 소수민족 집단으로서 인도계 미국인을 비롯해 중국계 · 이란계 · 레바논계 · 나이지리아계 · 쿠바계 미국인도 있다. 미국 인구의 2%인 유대인은 전체 미국인 노벨상 수상자의 36%를 차지하고 있다. 아시아계 미국인의 평균 SAT 점수는 전체 평균보다 143점(2,400점 만점)이나 높게 나타나고 있다. 미국 사회에서 인종이나 종교 문제를 거론하면 안 된다는 금기를 넘어 유대인이나 중국계를 비롯한 아시아계 미국인, 모르몬교 같은 특정 소수민족 집단이 미국인 평균보다 훨씬 높은 성공률을 자랑하고 있는 것이다.

이 책에서 저자는 소수민족 집단의 성공배경에는 세 가지 공통점(트리플 패키지)이 있다고 주장하였다. 그것은 자신이 속한 집단이 우수하다는 믿음이나 선민의식(우월 콤플렉스, superiority complex), 집단 내에서 자신의 능력을 증명해야 한다는 불안과 초조(불안감, insecurity), 미래를 위해 현재를 절제하는 노력(충동 조절, impulse control) 등이다. 이 세 가지 '트리플 패키지'가 소수민족 집단들에게 강한 승부욕, 난관을 극복할 수 있는 인내와 의지력을 키워주어 성공의 원동력이 되었다는 것이다. 이러한 성공의 열쇠를 구체적으로 살펴보면 다음과 같다.

첫째, 우월의식, 즉 선민의식이다. 미국에서 유대인이나 모르몬교도들은 자신들이 신에게 선택받았다는 강한 선민의식을 가지고 생활하고 있다. 중국계 · 이란계들은 자기민족의 유구한 역사와 전통에 대한 자부심이 강하며 나이지리아계나 레바논계 · 인도계 · 쿠바계 등도 자기민족에 대한 우월감과 자부심이 높은 것으로 나타났다.

둘째, 불안감, 즉 초조감이다. 소수민족 집단들은 이국땅에서 차별과 핍박의 상황에서 자신의 능력을 최대한 보여주어야 한다. 가령 모르몬교도들은 오랜 세월 박해를 받아왔으며 유대계 · 아시아계는 거주국에서 자신들을 지키기 위해 지식이나 돈, 지위, 권력을 추구했다.

셋째, 노력이나 의지력으로 드러나는 충동조절 능력이다. 어려움을 극복해내는 필수적인 이 능력은 더 오랜 시간 공부하고 더 열심히 일하는 유대계와 중국계를 비롯한 아시아계에서 뚜렷이 나타나고 있다.

또한 이들은 한국계 미국인 이민 2세대들에게 성공욕구를 불러일으킨 요인들에 대하여 불안한 초조함이 작용했다고 주장하였다. 즉, 한국계 유학생들은 부모의 희생에 보답해야 한다는 강박관념이 강하다는 것이다. 한국계 미국인들이 자녀를 엄격하게 키우려는 한국 부모들의 '특수성'에서 이런 요인들을 찾을 수 있을 것이다. 가령, 한국계 미국인 부모들이 "공부해, 한국인이랑 결혼해, 말대꾸하지 마," 등에서 잘 나타나고 있는 것처럼 결국 한국인들 간의 결혼으로 민족적 우월감을 높이고, 거주국의 불안감을 극복하기위해 밤낮없이 공부하며, 부모 말에 순종하여 현재의 충동을 조절하는 것이 재미한인의 성공법이라는 것이다. 즉, 그들은 소수민족 집단들의 성공 이유에 대하여 공통적으로 주류문화와는 다른 평등의식보다는 우월의식, 자존감이 아닌 불안감, 현재를 즐기는 것보다는 미래를 위해 현재를 희생하는 문화를 갖고 있었음을 밝혀냈다. 이 트리플 패키지가 개별이 아닌 모두 하나로 결합되었을 때 성공의 동력이 될 수 있다고 한다.

전술한 에이미 추아와 제드 러벤펠드(2014)의 말을 빌려 하명생(2003)이 주장했던 재일코리안의 성공비결은 유교적 가치관에 입각한 부모의 희생과 금의 환향의 기업가 정신, 일본에서 항상 존재하는 일제식민지 국가의 국민이라는 불안감, 미래를 위해 현재를 기꺼이 절제하는 독자적인 기업문화 등으로 설명할 수 있을 것이다. 로버트 벨라(1994)가 지적한 바와 같이 일본사회에서 하비투스(Habitus)화 된 근면절약과 유교적 가치관에 의한 금의환향 정신은 적어도 21세기까지 재일코리안의 기업가 정신을 설명하는 데 핵심적인 키워드임에는 틀림없는 것 같다.

지난 2013년 2월 25일 공식 출범한 박근혜 정부는 최우선 국정운영전략으로 창조경제를 표방하였다. 창조경제란 영국의 경영전략가인 존 호킨스(John Howkins)가 2001년 펴낸 책 『창조경제(The Creative Economy)』에서 유래된 말로 "새로운 아이디어, 즉 창의력으로 제조업과 서비스업, 유통업, 엔터테인먼트산업 등에 활력을 불어넣는 것"이라고 정의하고 있다. 즉, 창조경제(創造經濟, creative economy)란 창의적 아이디어를 바탕으로 새로운 대한민국의 성장동력을 과학기술과 ICT 분야에서 찾고, 일자리를 창출하면서 과거 '한강의 기적'과도 같은 또 다른 '제2 한강의 기적'을 만들기 위한 프로젝트이다.

이러한 창조경제의 여섯 가지 과제 중 네 번째가 "꿈과 끼, 도전정신을 갖춘 글로벌 창의인재 양성"이다. 이것은 어쩌면 20세기 코리안 디아스포라의 꿈과 도전정신을 21세기 창조경제로 재창출하기 위한 도전의 하나일지도 모른다.

이 책은 한국연구재단의 인문저술출판지원사업의 일환으로 수행된 연구성과물을 정리한 것이다. 이 책이 출판되기까지 일본 현지조사나 자료수집에 많은 사람들이 도움을 주었다. 특히 일본 동경 민단 본부 정몽주 사무총장님, 동경민단본부 하재룡 사무국장님, 조선장학회 김융부 대표이사님, 재일한인역사자료관 강덕상 원장님, 그리고 익명의 현지 연구협력자들에게 감사드린다. 또한 졸고에도 불구하고 기꺼이 이 책이 출판되어 빛을 볼 수 있도록 도와주신 북코리아 이찬규 사장님께 감사드린다.

2015년 1월

저자 임영언

# 차례

## 제6장 재일코리안 기업의 형성과 경영 활동



## 제7장 재일코리안 기업의 경영승계와 기업가 정신



## 제8장 재일코리안 기업가의 행복도와 한류문화

## 표 차례

## 그림 차례



## 사진 차례

# 제1장

# 머리말

## 1. 연구 목적

1945년 해방 전후 일본에 이주하여 정착하기 시작한 재일동포는 해방 이후 '재일한국 · 조선인', '재일한국인', '재일조선인', '재일교포', '재일' 등 다양한 용어로 불리고 있다. 이에 따라 재일동포라는 용어 자체가 여러 가지 의미를 내포하는 중첩적인 의미를 지니게 되었다. 최근에는 일본에서 생활하는 재일동포를 총칭하여 일반적으로 '재일코리안'이라는 용어가 자주 사용되고 있다. 이 책에서도 이러한 일반적인 의미에서 '재일코리안'이라는 용어로 통일하여 사용하고자 한다.

일본에서 생활하는 재일코리안은 이주의 발생적 요인에 따라 식민지시대의 종언으로 생겨난 올드커머(1945년 전후), 글로벌시대(1980년 전후)의 개시와 더불어 시작된 뉴커머로 구분할 수 있다. 해방 전후 일본에 정착하기 시작한 약 60만 명의 재일코리안들은 식민지역 출신자라는 민족차별과 직업차별에 맞서 생계유지를 위하여 틈새산업의 소규모 영세자영업에 종사해왔다. 일본인들이 꺼리는 업종에 집중적으로 투자한 결과, 파칭코(pachinko)산업, 야키니쿠산업, 토목건축업 분야에서 탁월성을 보여 오늘날 재일코리안의 3대 민족산업이 되었다. 그러나 1990년대 후반까

〈사진 1-1〉 해방 직후 부두에서 귀국을 기다리는 재일동포

지만 해도 일본에서 소수민족기업(minority)의 전형이었던 재일코리안 기업의 대부분은 글로벌 기업을 제외하고 일본의 '잃어버린 10년'과 맞물려 불황의 늪에서 존폐의 기로에 처해 있다.

그러면 먼저 재일코리안 기업의 3대 민족산업 중의 하나인 파칭코산업에 대해 살펴보자. 1990년대 후반까지만 해도 재일코리안의 민족기간산업에 속했지만, 2000년대 이후 일본 대기업의 참여로 점차 감소하고 있다. 1980년대까지만 해도 일본에서 재일코리안이 80~90%를 차지했던 파칭코산업은 글로벌 시장경제 이후 일본 내 시장점유율이 거의 50% 이하로 감소하였다. 특히 일본 소도시 외곽지역이나 농촌지역에 진출한 파칭코산업의 경우 토지대의 하락과 지역인구 감소, 인구고령화의 영향으로 고객층이 대폭 감소함에 따라 경영이 어려워 폐업하는 곳이 속출했다. 한때 일본에서 재일코리안 기업의 민족산업으로 자칭하던 파칭코산업은 경기불황, 일본 대기업의 진출로 지방의 중소기업체들이 대거 몰락하면서 점차 설자리를 잃어가고 있는 상황이다.

둘째, 재일코리안이 종사하는 야키니쿠산업(일본식 불고기산업)은 종래 올드커머의 민족산업 중 하나였지만, 지금은 생존경쟁이 가장 치열한 업종 중의 하나가 되었다. 한때 일본에서 인기가 높았던 야키니쿠산업은 2000년대 전 세계적인 광우병(BSI) 파동으로 소의 혀 요리, 생간 요리, 생고기 비빔밥 금지(배탈이나 사망사건 발생 이후)로 인하여 가장집이나 자기 식당을 소유하고 있는 자영업의 경우 가족경영으로 겨우 유지되고 있는 정도이다. 그것도 예전에 비해 약 20~30% 정도만이 영업을 하고 있는 것으로 나타났다. 1980년대 일본의 버블경제기에 번창했던 야키니쿠산업은 1980년대 후반부터 본격적으로 정착하기 시작한 뉴커머의 일본 진출과 한류열풍으로 더욱 어려움을 겪고 있다.

셋째, 재일코리안 토목건축업의 경우, 재일코리안 기업들은 순수 건축업에 종사하기보다는 일본기업 하청업체의 도로공사나 건물해체공사, 산업폐기물재생업 등에서 부를 축적해왔다. 1990년대 전후까지만 해도 재일코리안들이 많이 종사하던 업종의 하나였지만, 불황으로 쇠퇴의 길을 걷고 있다. 토목건축업은 종래 일본인들이 꺼려하던 3D산업 중의 하나였지만, 지금은 경제불황으로 일본기업들이 대거 참여하게 됨에 따라 날로 경쟁이 치열해지고 있다. 그 밖에 재일코리안이 경영하는 소비자금융업의 하나인 사채고리대금업의 경우 과거 틈새산업의 하나로 많은 재일코리안 기업들이 참여하고 있었다. 한때 이러한 사채고리대금업으로 상당한 부를 축적한 재일코리안이 많이 등장하였다. 그러나 오늘날 일본정부의 강제 금리인하정책으로 금리가 20% 이하인 19.5%선에서 규제하고 있기 때문에 예전 80~90% 정도의 금리시대에 번창했던 재일코리안의 사채업은 점차 사라지고 있는 추세다.

이상과 같이 글로벌시대의 도래와 함께 1990년대 이후 경제불황과 민족기업의 쇠퇴, 그리고 재일코리안 사회의 저출산·고령화로 인하여 재일코리안 기업의 세대교체가 급속히 진행되고 있는 상황이다. 이러한 재일코리안 사회의 세대교체와 더불어 재일코리안 2~3세 기업가들이 기업 일선현장에서 대다수를 차지하게 되면서 재일코리안 사회 내부도 급변하고 있는 것으로 추정된다. 더욱이 1990년대 말 일본의 버블경제 붕괴와 더불어 총련계 조선은행의 파탄이나 민족금융기관의 파산으로 재일코리안 기업이나 사회에 큰 영향을 미치게 되었다. 일본경제의 버블 붕괴는 일본 산업구조의 전환과 더불어 재일코리안 기업의 경영활동에도 많은 변화를 초래하게 되었다.

그렇다면 현재 재일코리안 기업은 일본의 경제불황과 저출산·고령화로 인하여 기업 내 세대교체가 과연 어느 정도로 진행되고 있을까?

현재 일본에 거주하는 약 58만 명에 해당하는 재일코리안의 이주는 1910년 전후에 본격적으로 시작되어 100여 년이 경과하는 시점에 와 있다. 재일코리안의 이주 시기는 초기 가난과 생활고에 따른 이주, 전쟁과 식민지지배에 따른 강제이주와 피압박에 의한 강제징용, 해방 전후 정세 불안과 혼란 등 여러 단계의 정착과정을 거쳐 오늘에 이르고 있다. 이러한 가운데 그들은 거주국 일본에서 경제적 실패자보다는 성공자들로 주목받고 있다.

이 책의 목적은 다음과 같다.

첫째, 이 책은 재일코리안 사회의 이러한 이주동기의 특성을 염두에 두고 재일코리안 기업의 발전과정, 모국 경제발전에 대한 공헌, 한일관계에 있어서 민단의 역할, 글로벌 코리안 네트워크 등에 대하여 고찰하고자 한다.[1]

---

1 朴一, "在日コリアンの経済活動に關する一考察,"『韓商連四十年史』(在日韓國商工會議所, 2002) p. 431.

둘째, 이 책은 글로벌시대 재일코리안 사회의 저출산 · 고령화로 인하여 세대교체가 급속히 진행되고 있는 가운데 민족은행의 설립, 재일코리안 기업의 탄생과 성장 · 발전, 기업의 경영활동 및 기업승계 실태를 고찰하고 후계자 결정요인에 미치는 영향을 분석하여 향후 재일코리안 기업의 방향성과 시사점을 제공하고자 한다.

셋째, 이 책은 전 세계적으로 글로벌화가 가속화되고 있는 가운데 한국 기업의 글로벌 국가 경쟁력 강화를 위한 실질적인 방안으로 재일코리안 기업에 대한 연구가 절실히 필요한 시점에서 수행된 연구결과이다. 따라서 재일코리안 기업의 경제 네트워크와 한일관계에서 민단의 역할에 대한 분석을 통해 재일코리안에 대한 이해를 증진시키고 국내 기업의 글로벌 역량강화 및 일본에 거주하고 있는 재일코리안의 민족자산화, 사회적 자본의 적극적인 활용방안 차원에서 청년실업의 해소방안을 모색하는 데 도움이 될 것으로 생각된다.

디마지오와 바울(DiMaggio, 1997; Bowles 외, 2004), 그리고 싱어와 마거(Singer, 1997; Marger, 2001)는 그들의 연구에서 글로벌시대 거주국에서 사회문화적 혹은 역사적으로 동일한 정체성을 소유한 민족집단의 경우 집단 성원 간의 민족 네트워크도 강한 연대를 가지게 된다고 지적한 바 있다.

따라서 재일코리안 사회와 기업을 이해하고자 할 때 소수민족의 민족사회적 자본으로서 경제 네트워크, 민족차별 투쟁, 한일관계와 모국과의 관계상의 역할 등에 주목하여 재일코리안 기업가의 활동과 형성사를 조명해보는 것은 매우 의미가 클 것으로 생각된다. 왜냐하면 재일코리안이 일본 내 동일 민족집단 간의 경제 네트워크 형성과정에서 나타나는 강한 연대의 네트워크는 기업성장기 이후 민족 네트워크의 속성이나 특성이 글로벌 코리안 네트워크 구축이라는 약한 연대로 변화될 가능성을 예측할 수 있기 때문이다.

이러한 맥락에서 이 책의 전체적인 구성은 재일코리안 기업의 민족

자본(Ethnic Capital)과 사회적 자본(Social Capital)으로서 네트워크의 구조적 특성과 발전과정을 점검하고, 바람직한 글로벌 네트워크 구축과 역할에 대해 논의하게 될 것이다.

## 2. 선행연구 검토 및 이론적 논의

전술한 바와 같이 재일코리안 기업의 3대 산업 중에서도 가장 두각을 나타낸 것은 단연 파칭코산업이다. 재일코리안 파칭코 업계에서도 대표적인 기업은 2005년 업계에서 처음으로 연간 매출액 1조 엔을 달성하고, 2006년에는 일본 전국 200개 점포 개업을 달성한 한창우(韓昌佑) 회장이 경영하는 '마루한 코퍼레이션'이다. 다음으로는 파칭코 기계 제조업체의 대표 '주식회사 평화'의 정동필〔나카지마 겐키치(中島健吉)〕 사장, 교토(京都)를 대표하는 택시 회사인 MK택시의 유봉식〔아오키 사다오(青木定雄)〕 사장, 인터넷 · 모바일 사업과 일본 프로야구단인 후쿠오카 다이에 호크스를 인수한 일본 '소프트뱅크(soft bank)'의 대표 손정의(孫正義) 회장 등을 들 수 있을 것이다.[2]

이들 대표적인 재일코리안 기업들이 일본에서 기업을 꾸준히 성장시키고 생명력을 유지해온 비결을 살펴보면 공통적으로 ① 일본 국적 취득, ② 일본 국내 시장 및 글로벌 시장으로 비즈니스 전개 확대, ③ 한국계 일본인으로서 일본사회의 정착 지향과 글로벌화된 개인으로서 시장에서의 활약 등으로 분석하고 있다.[3]

일본에서 틈새산업으로 성공한 재일코리안 기업들이 일본 내에만

---

2 梁京姫(2009) 「在日企業家が韓國の金融業界に及ぼした影響—新韓銀行を中心に」, 『現代韓國朝鮮研究』 第9号, pp. 16-30.

3 앞의 논문, 梁京姫(2009), p. 17 참조.

머무르지 않고 한국에 본격적으로 진출하기 시작한 것은 1965년 한일국교정상화 이후이다. 한국정부는 당시 외자도입정책의 일환으로서 외국인 투자자에게 문호를 개방하고 재일코리안 기업의 모국투자를 적극 장려하기 시작했다. 투자정책의 일환으로 기업의 행정절차에서부터 업종 · 투자금액 및 투자 비율 등에서 규제를 완화하고 모국 투자의 환경정비에 노력하였다.[4]

이러한 노력의 결과 재일코리안 기업의 모국 투자는 1970년대 모국의 근대화와 경제발전 과정에서 적극적으로 진출하여 큰 힘을 발휘하기 시작하였다. 1978년 한국정부는 한일국교정상화 수립 이후 재일코리안에 의한 모국 투자 총액이 10억 달러를 돌파하였다고 발표한 바 있다. 당시만 해도 일본을 포함한 외국인의 투자 총액이 9억 3,700만 달러 정도였기 때문에 재일코리안에 의한 모국 투자는 외국인 투자의 총액을 능가하는 자본의 유입이었다는 점에서 획기적인 사건이었다.[5]

재일코리안 기업의 모국 투자협력사업 분야는 섬유, 기계, 전자, 전기, 금속 제조업 분야는 물론이고 호텔, 금융서비스업에 이르기까지 다양했다. 재일코리안 기업의 한국 진출은 모국의 근대화 및 경제발전에 기여했을 뿐만 아니라 첨단기술, 선진 경영기법을 모국 기업에 전수함으로써 모국 기업의 발전과 경제 근대화에 초석이 되었다.[6]

이러한 재일코리안 기업에 관한 기존 연구로는 한국에서 2000년대 중반 이후 본격적으로 이루어졌다. 2005년도를 기점으로 살펴보면, 2005년도 이전에는 주로 일본에서 서용달(1987), 오규상(1992), 박일(2002), 오민학 · 김철수(2002), 하명생(1996, 1998, 2003), 양경희(2009) 등 재일코리안 연구자들이 관심을 가지고 연구해왔다. 2005년도 이후에는 한국 연구자

---

4 임영언(2009) 「재일한인 기업가와 모국」, 『일본 한인의 역사(상)』 pp. 312-343.

5 在日本大韓民國民団(1997) 『民団五十年史』 民団50年史編纂委員會, p. 847-857.

6 재외동포재단(2008) 『모국을 향한 在日同胞의 100年 足跡』 재일동포모국공적조사위원회.

들이 재일코리안 기업에 관심을 갖기 시작하면서 초기에는 자영업자의 경영실태에 관한 연구, 재일코리안 기업가의 기업가 정신, 재일제주인 기업가의 경영활동, 재일코리안 기업가의 경영활동과 네트워크 등으로 점차 연구내용이 확대되어왔다.

먼저 재일코리안 자영업에 관한 연구는 백형엽(2006)의 「재일동포 자영업체의 경영실태에 관한 연구」가 있고 조현미(2007)의 「재일한인 중소규모 자영업자의 직업과 민족 간의 유대관계」라는 연구가 있다. 이들 두 연구 모두가 일본 도쿄와 오사카를 중심으로 한 재일코리안 자영업자에 중점을 두고 진행되었다. 다음으로 재일제주인 출신 재일코리안 기업가를 중심으로 한 연구로는 고광명(2005, 2006, 2009, 2010, 2011)이 재일제주인의 상공업 활동, 재일제주인 기업가의 경영활동, 재일제주인 출신 기업가 등 재일제주인 기업가를 중심으로 다양한 각도에서 연구해오고 있다. 주로 재일코리안 기업가 정신에 초점을 두고 연구해온 연구자로는 김태영(2005, 2006, 2007), 재일코리안 기업의 경영활동이나 네트워크 중심의 연구로는 임영언(2006, 2007, 2008, 2011)의 연구를 들 수 있다.

이상과 같이 재일코리안 기업의 연구가 과거에는 주로 재일코리안 출신 연구자들이 주도해왔지만, 최근에는 한국 출신 연구자들이 괄목할 만한 연구 성과를 보여주고 있다는 점에서 매우 고무적인 현상이라고 생각된다.

또한 재일코리안 기업승계에 관한 직접적인 조사연구는 청년상공인연합회가 1982년 동포상공인의 의식과 실태 조사를 실시한 적이 있었다.[7] 이후 재일코리안 기업의 후계자 계승에 관한 연구는 도쿄청상이 1989년에 실시한 조사연구가 유일하다. 도쿄청상은 10주년 기념사업의

7 東京韓國青年商工會(1988)『青商: 望ましい未來を目指して』10周年記念誌編集委員會.

일환으로 일본 전국 23개 지구의 청상을 중심으로 재일코리안 기업가의 전국적인 실태와 의식조사를 실시하였다.

당시만 해도 재일코리안 사회에서 재일코리안 청년 기업가의 중심인 청상회원이 활발히 활동하던 시기로, 재일코리안과 각지 민족금융기관의 협력으로 대규모 조사가 가능했다. 이 조사는 일본 전국 재일코리안 4,000명을 대상으로 실시하여 3,199부의 조사표가 회수된 대규모 조사였다. 이들 중 재일코리안 기업가의 응답자 수만 1,642부에 달했다.[8] 1989년 당시 조사결과 재일코리안 기업의 후계자 결정 여부에 대한 질문에서는 '결정하지 못했다'가 52.2%, '결정했다'가 38.1%, '무응답'이 9.7%였다. 기업가가 후계자를 이미 선택한 경우 누구인지를 묻는 질문에서는 '자신의 자녀'가 90.4%, '기업 내 유능한 인물'이 4.3%, '친척'이 3.7%, '무응답'이 1.5%였다고 보고하였다.[9]

주지하는 바와 같이 재일코리안 3~4세들은 일본에서 민족차별과 동화정책, 재일코리안 사회의 내부문제(민족교육 부재, 정체성 부족 등), 그리고 한국정부의 관심 부족 등으로 점차 일본사회에 동화되어가고 있는 추세로 매년 1만 명 정도가 귀화하고 있다. 알려진 바와 같이 재일코리안 1~2세들은 1960~70년대 모국의 경제발전 과정에서 매우 큰 역할을 담당했다. 하지만 재일코리안 3~4세대의 경우 상대적으로 민족정체성이 모호하고 모국에 대한 관심이 점차 약해지고 있는 실정이다. 이들이 재일코리안으로서 정체성을 회복하도록 유도하는 한편 모국 발전을 위하여 이들이 가진 기술과 자본을 활용하기 위해서는 그들의 부모세대와 선배들의 모국 사랑을 다시 한 번 회복할 필요가 있을 것이다. 왜냐하면 향후 한일 간 경제교류와 글로벌 경제 협력의 중개자는 한국에 뿌리를 둔 차

8 在日韓國青年連合會(1989) 『在日韓國商工人の現狀と課題をさぐる―青商連合會アンケート調査結果から―』 育英出版社, pp. 28-43.

9 在日韓國青年商工人連合會(1995) 『青商: 豊かな地域社會の創造を目指して』 設立15周年記念誌.

세대 재일코리안이 감당할 수밖에 없으며 중·장기적 차원에서 한국의 경제발전과 국가 경쟁력 고취에서 그들의 가교역할이 매우 중요하기 때문이다.

기존 연구들에 의하면 재일코리안 기업가 1~2세들은 모국과의 관계성을 유지하면서 해외코리안 기업 간의 민족 네트워크 특성이 강하게 나타난다고 지적하고 있다. 그러나 이와는 반대로 글로벌시대 재일코리안 기업가 3~4세들은 그들의 기업이 일반적인 합리성을 띠기 시작했기 때문에 재일코리안 1~2세와는 여러 가지 다른 측면에서 글로벌 네트워크 특성을 보이게 될 것으로 예측하고 있다.

이러한 근거로서 대표적인 소수민족 기업 연구자인 라이트와 콜린스(Light 외, 1988; Collins, 2003)는 민족공동체의 하부그룹으로서 소수민족집단 기업을 연구한 결과 대부분의 민족집단은 도시지역에 거주하면서 사회문화적·역사적·종교적으로 동질성을 유지하는 경향이 강하고 주장하였다. 또한 소수민족 기업은 민족집단 내 구성원들의 시장수요와 공급에 민감하게 대응하면서 창업을 하는 것이 일반적인 경향이라고 설명하고 있다(Ibrahim 외, 2003; Jamal, 2003). 이와 비슷한 현상들은 일본에서 소수민족을 중심으로 이민기업의 경제권을 형성하고 있는 코리아타운이나 차이나타운을 예로 들을 수 있을 것이다.

비슷한 맥락에서 베이츠와 루이즈바가스(Bates, 1997; Ruiz-Vargas, 2000)의 푸에르토리코 이민기업 연구에 의하면 창업자본을 준비할 때 제도권의 은행조달보다는 소수민족집단 내에서 조달하기 때문에 소규모 영세자영업자가 많은 것으로 설명하고 있다.

이와는 다른 측면의 연구결과에 따르면 1990년 구소련 붕괴과정에서 이스라엘로 이주한 이민자들 대부분은 고학력 지식노동자 그룹에 속했기 때문에 거주국에서 벤처형 기업이나 전문직에 진출하는 경우도 발견되었다. 그러나 이들 역시 다른 이민기업과 마찬가지로 언어와 문화적 특성 때문에 한정된 지역에 집거지를 형성하며 소규모 영세자영업에 진출하는 양상을 띠고 있었다(Lerner 외, 1996; Mesch 외, 1997).

이러한 소수민족기업의 양상은 글로벌시대 기존 이민기업의 도시 주변지역 거주와 민족집단 내 환경과 영향에 지배된다는 규칙과 질서에서 벗어나(Fong 외, 2004), 보편적인 국가 환경에 영향을 받는 글로벌 기업으로 발전할 것이라는 주장을 제기하였다(Sequeira 외, 2004). 좀 더 정확히 말하면 이민기업의 글로벌화가 쟁점이 되고 있다고 지적할 수 있을 것이다(Iyer 외, 1999; Kloosterman, 2000). 초기 소수민족기업의 창업과정에서 민족집단 내의 자본조달 및 다양한 민족 네트워크는 매우 중요한 역할을 한다(Bates, 1997; Raijman, 2001). 그러나 기업의 성장기에 접어들면 자본 및 자원 조달은 민족집단 내부의 환경을 벗어나 거주국 기업이나 글로벌 기업과 자유롭게 거래가 이루어지는 경향이 있다.

이와 같이 소수민족기업이 기존 민족집단의 환경이나 조건과 규칙에서 벗어나는 현상을 탈민족화(de-ethnification)로 설명할 수 있을 것이다. 이러한 연구의 대표적인 사례로는 실리콘밸리(Silicon Valley)의 전문기술인력 이민자(high-tech' immigrant)들의 창업과정에서 찾을 수 있다(Saxenian, 2000). 이들은 비록 여전히 소수민족이라는 동질 민족집단의 규칙과 질서에 의존하는 경향이 있지만, 이민기업 자체가 성장하기 위해서는 보다 보편적인 경제조건에서 소수민족기업의 글로벌 네트워크 구축도 필연적이라는 것을 알려주고 있다.

소수민족기업은 대부분 일반적으로 수익이 적은 분야에 진출하여 점차 수익을 만들어나가는 경향이 있다(Light, 2004: 10). 소수민족집단은 거주국의 민족차별과 비우호적인 환경에서 직업선택에 제약을 받기 때문에 그것을 극복하는 과정에서 자영업 진출(창업)의 양상을 보여주고 있다는 것이다.

소수민족기업의 창업과정에서 버트(Burt, 2000)는 "이민기업뿐만 아니라, 모든 기업가는 사회적 네트워크에 의존한다."고 주장하며 이민기업의 사회적 자본(social capital)의 중요성을 역설하였다. 이는 그라노베타(Granovetter, 1973)가 지적한 대로 사회활동과정에서 '결합의 강도(weak & strong ties)'에 따른 네트워크 구조는 '매크로와 미크로를 잇는 다리'라는 점에서 보면 소수민족집단의 주변 환경-민족네트워크-기업의 창업과정에서 강한 연대가 매우 중요한 역할을 할 것으로 생각된다. 더구나 그라노베타(Granovetter, 1992; 2000)와 우지(Uzzi, 1996)의 연구결과를 보면 소수민족기업이 직면하는 환경 조건은 네트워크의 배태성(embeddedness)에 의해 확장・발전되는 것으로 나타나고 있다. 이것은 소수민족기업이나 기업가의 네트워크의 속성에 따라 이민자들이 처해 있는 주변 환경과 기업이 진화하게 된다는 점을 지적하고 있다(Davis, 2002; Burt, 2003).

기존의 소수민족기업에 대한 연구 경향이 주로 민족 네트워크의 배태성에 주목하였다면 최근 클루스터만(Kloosterman, 1999)은 '혼합된 배태성(mixed embeddedness)'이라는 개념을 도입하여 연구의 지평을 확장시켰다. 그는 이민자들이 사회적 네트워크(social network)뿐만 아니라 다른 이민기업과 거주국의 경제적 규모 및 제도적 범위 내에서 연결(linkage)과 결합을 시도한다는 점에서 네트워크의 확장성을 주장하였다.

이와 관련된 연구로 이민사회에서 동질민족 간 강한 네트워크의 배태성은 거주국 사회로부터 강한 반발과 오히려 부정적 효과를 초래할 수 있다고 지적하는 연구자도 있다(Waldinger, 1995). 즉, 소수민족기업들이 거주국에서 민족 네트워크의 과도한 배태성(over-embeddedness)이나 과소화된 배태성(under-embeddedness) 등 어느 한쪽으로 편중될 경우 부정적으로 변하기 쉽다는 것이다.[10] 이러한 민족 네트워크의 부정적 효과를 소멸시키기

10 Granovetter, Mark, "Economic Action and Social Structure: The Problem of Embeddedness," *American Journal of Sociology* 91-3(1985), pp. 481-510.

위해서는 다른 이민자들과의 사회적 관계, 즉 네트워크의 다양성이 필요하다는 것을 지적하고 있다. 즉, 소수민족기업의 성공은 단절된 사회와 연결할 수 있는 네트워크 구축(위치 확보)이 기업의 중요한 성공요인으로 작용할 수 있다.[11]

이상과 같이 글로벌시대 소수민족기업이 어느 정도 성장 · 발전 단계에 접어들면 기업 역시 모든 면에서 경제적 거래가 보다 보편적인 조건 하에서 이루어지길 바라기 때문에 네트워크의 특성이나 구축 방향도 달라질 것으로 추측할 수 있다. 초기 이민사회의 정착단계에서 민족집단은 거주국에서 사회적으로 취약하기 때문에 이민기업이 생존하기 위해서는 민족집단 내의 강한 연대의 네트워크가 매우 중요한 요소다(Light, 1988; Lerner 외, 1996; Masurel 외, 2002). 그러나 점차 소수민족기업의 성장과정에서는 거주국의 일반적 제도나 환경에 구조화된 네트워크와의 결합이 필요하고, 덧붙여 글로벌 기업과의 네트워크도 매우 중요하게 작용한다는 것이다.

재일코리안 기업의 경우도 초기 일본에서의 기업형성과정에서 민족 내 강한 연대의 네트워크, 거주국 일본기업과의 구조화된 네트워크, 그리고 점차 모국 또는 글로벌 코리안 기업과의 네트워크를 지향하는 것이 시대적인 추세로 간주할 수 있다. 따라서 여기에서는 주로 재일코리안 기업의 민족 네트워크 구축, 거주국 일본기업과의 관계, 모국기업의 관계 순으로 살펴보고자 한다.

11 渡辺信, 『経済社會學のすすめ』(八千代出版, 2002), p. 144.

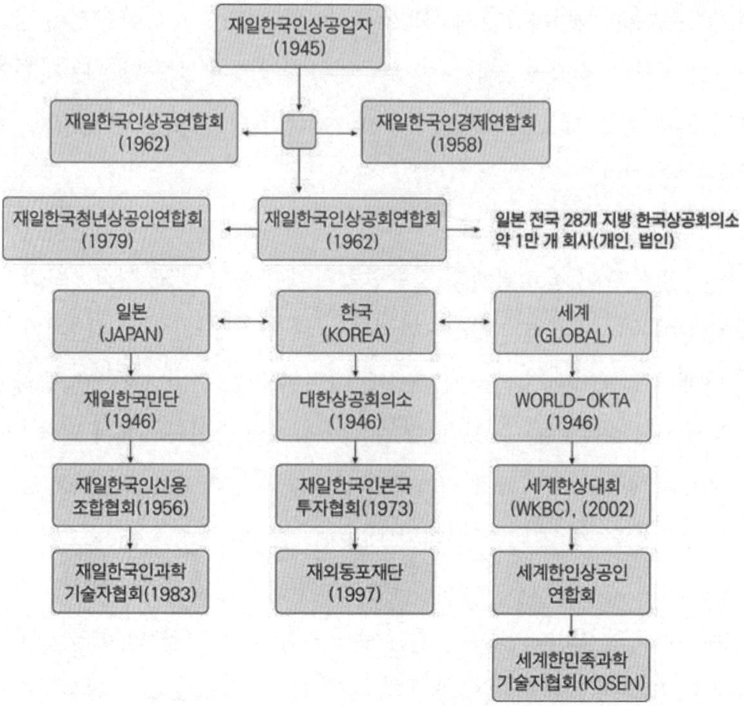


〈그림 1-1〉 재일코리안 기업의 네트워크 형성과정

출처: 在日韓國商工會議所, 『韓商連四十年史』(在日韓國商工會議所, 2002). pp. 26-27을 참고하여 필자 작성.

〈그림 1-1〉은 재일코리안 기업의 글로벌 네트워크의 확장단계를 도표로 나타낸 것이다. 기존 이민연구에서 언급한 바와 같이 처음에 재일코리안 기업은 동질 민족집단의 강한 연대를 바탕으로 조직을 구성하였다. 구체적으로 1962년까지 재일코리안 상공인연합회 결성 당시 재일한국인 상공업자는 '재일한국인상공회연합회'와 '재일한국인경제연합회'라는 두 조직이 존재했다. 그러나 이 두 조직의 합병문제가 대두되면서 1963년 '재일한국인상공회연합회'로 통합되었다.

1980년 이후에는 재일코리안 기업의 세대교체론 등장으로 차세대 기업가 양성문제가 본격적으로 대두되면서 '재일한국청년상공인연합회'가 조직되었다. 재일코리안은 1960~70년대에는 민족집단 내 강한 연대의 네트워크를 바탕으로 이민기업을 형성하기 시작하면서 1970~80년대 이후 모국 투자의 활성화, 본격적인 글로벌화가 시작된 1990년대 이후 전 세계적인 글로벌 코리안 네트워크 구축을 통해 글로벌 기업으로 성장해왔다. 어떻게 보면 자의든 타의든 모국에 대한 투자나 기부가 모국 경제의 부상과 함께 그들 기업도 동반 성장하게 되었다는 점은 염두에 두어야 할 것이다. 이러한 재일코리안 기업의 성장은 그라노베타가 주장한 과소 네트워크(under-embedded) 혹은 과잉 네트워크(over-embedded)와도 밀접한 관련성을 가지고 있다고 할 수 있을 것이다(Uzzi, 1997).[12] 재일코리안 기업들이 민족 내부의 제한된 네트워크에 머물러 있었다거나 지나치게 확장된 네트워크를 지향했다면 글로벌 기업으로의 성장은 요원했을 것이기 때문이다. 재일코리안 기업의 모국투자와 더불어 글로벌시대 모국과 세계한상기업의 중간지점에서 연결을 주도하는 세계한상 네트워크가 구축되었다는 점은 기업의 확장과 성공에 매우 중요한 역할을 담당하게 되었다.

### 1) 연구범위 및 조사대상

재일코리안 1~2세들은 1960~70년대 일본에서 강한 연대를 구축하여 모국의 경제발전 과정에서 매우 큰 역할을 담당해왔다. 최근 일본에 거주하는 재일코리안 3~4세들은 일본의 민족차별과 동화정책, 1980년대 이후 적극적인 다문화정책의 도입, 재일코리안 사회의 관심 부재(민족교

12 Uzzi Brian, "The Social Structure and Competition in Interfirm Networks: The Paradox of Embeddedness" *Administrative Science Quarterly* 42(1997), pp. 35-67.

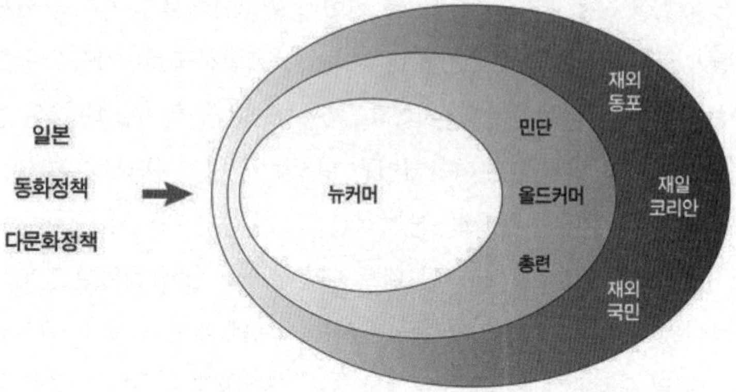

〈그림 1-2〉 일본의 이민정책과 재일코리안의 구성[13]

육 부재, 정체성 부족 등), 그리고 한국정부의 무관심 등으로 매년 1만 명 정도가 일본사회에 점차 동화되어가고 있는 추세다. 이것은 일반적으로 재일코리안 3~4세들의 민족정체성이 매우 모호하고 모국에 대한 관심이 점차 희박해져가고 있는 현실을 그대로 반영한 것으로 볼 수 있을 것이다.

위의 〈그림 1-2〉에서 제시한 바와 같이 1945년 해방 이후 일본에 거주하고 있는 약 58만 명의 재일코리안은 일본정부의 사회통합을 중시하는 동화정책과 다문화정책의 영향으로 국적이나 민족정체성의 구성이 점차 다양화되고 있는 추세다. 위에 제시한 바와 같이 일반적으로 재일코리안은 국적으로 분류하면 일본 국적을 가진 '재외동포', 한국 국적을 가진 '재외국민'으로 구분할 수 있다. 정치적인 측면에서 재일코리안을 분류하면 한국에 대한 지지성향이 강한 민단과 북한에 대한 지지성향이 강한 총련 등으로 분류할 수 있다. 그러나 이러한 분류도 최근 한류의 영향으로 애매모호해지고 있다. 재일코리안을 거주시기나 거주기간별로

13 현지조사에 의거하여 필자 작성.

분류하면 1945년 전후부터 일본에 거주한 올드커머, 1980년대 전후부터 거주하기 시작한 뉴커머로 구분할 수 있다.

따라서 이 책의 연구 범위와 조사대상도 재외동포와 재외국민, 올드커머와 뉴커머, 민단과 총련 등을 포괄하는 약 90만 명에 달하는 재일코리안이라는 측면에서 접근하고 있기 때문에 이들 모두를 포괄하는 개념으로 사용하고자 한다.

### 2) 연구방법 및 모델

이 책의 연구 분석 자료는 일본 현지 설문조사와 면접조사에 의해 수집된 자료들을 활용하고 있다. 구체적으로 연구를 위한 자료수집과 연구방법은 다음과 같다.

첫째, 일본 도쿄에 거주하는 재일코리안(올드커머 및 뉴커머)을 모집단으로 하여 비확률표본 표집방법을 활용하여 표본을 추출하였다. 도쿄에 위치한 재일한국상공회의소와 재일한국인연합회 등에 의뢰하여 재일코리안 기업가를 중심으로 설문조사를 실시하였다. 본 조사를 위한 설문조사표는 한국어와 일본어의 두 가지 언어로 준비하여 응답자가 선택하도록 유도하였다. 조사기간은 2012년 1월부터 2월 말까지 약 두 달에 걸쳐 실시하였으며, 총 184부의 설문지를 확보하였다. 총 195부의 설문지를 확보하였으나 이들 중 설문지의 결측값이 지나치게 많거나 응답자의 답변이 불성실한 경우를 제외하고 총 184부를 이 책의 집필자료로서 최종 분석대상으로 삼았다.

둘째, 재일코리안 차세대 민족정체성 형성에 관한 내용은 2007년 한국청소년정책연구원에서 수집한 데이터를 분석하였다. 이 자료를 선택한 이유는 재일코리안 차세대의 민족정체성 형성에 영향을 미치는 요인들이 무엇인지를 밝힌 후 민족정체성의 긍정적 효과가 무엇인지를 모색하는 것이 주요 목적이었다. 이 자료 역시 수집을 위해 재일코리안 청소년을 대상으로 일본 현지 설문조사를 실시하였다.

현지조사는 2007년 5월 예비조사를 거쳐 6월 1일부터 8월 31일까지 약 3개월간 진행되었다. 설문지 회수율을 높이기 위해 재일한국인청년회 각 지부 간부나 NGO 활동가, 유학생동맹 간부 및 각 지역 회원들의 협조를 구해 사전에 조사에 대한 승낙을 받은 후 우편조사와 방문조사를 실시하였다. 최종적으로 회수된 설문지는 총 633부(25.3%)였으며, 응답자들 중 만 9세 미만과 25세 이상인 자들을 제외한 총 565명을 분석자료로 활용하였다.

기존 연구들에 의하면 재일코리안 기업가 1~2세들은 모국과의 친밀한 관계를 유지하면서도 재일코리안 기업 간의 민족 네트워크 특성도 강하게 나타난다고 지적하고 있다(김태영 · 박재수, 2006). 그러나 이와는 반대로 글로벌시대 재일코리안 기업가 3~4세들은 그들의 기업이 일반적인 합리성을 보이기 때문에 재일코리안 1~2세와는 여러 가지 측면에서 전혀 다른 약한 연대의 글로벌 네트워크 특성을 보이게 될 것이라고 주장한다(임영언, 2007).

재일코리안 기업의 특성에 관한 기존 연구를 살펴보면 다음과 같다. 민단계 재일동경청년상공회의소(1989)와 총련계 재일본조선인상공연합회(2001)는 자체 연구조사로 미시적인 관점에서 일본 내 재일코리안 기업의 네트워크를 조사한 적이 있다. 또한, 오규상(1996), 박삼석(2002)의 연구는 거시적인 관점에서 재일코리안 기업의 글로벌 네트워크 구축에 대하여 언급하고 있다. 이들 연구는 재일코리안 기업의 업종별 분포와 특징, 민족문화 발전과 민족교육에 대한 공헌, 해외코리안과의 네트워크 구축 등을 다루고 있다. 또한 재일코리안 기업의 형성과정, 모국과의 투자, 재산반입 실태 등에 대한 연구로는 해외교포문제연구소(1966), 하명생(2003), 재외동포재단(2008) 등의 연구를 참고할 수 있을 것이다.

이들 기존 연구들이 발견한 연구내용을 살펴보면 재일코리안 기업의 경우, 초기 기업형성과정에서 민족 내 강한 연대에 의한 네트워크 형성 기반 구축, 거주국 일본기업과의 구조화된 네트워크 구축, 모국 또는 글로벌 코리안 기업과의 네트워크 구축지향 등을 시대적 추세로서 간주할 수 있을 것이다. 따라서 이 책에서는 이러한 기존 연구의 결과들을 기반으로 하여 좀 더 확대된 측면에서 재일코리안 기업의 네트워크 형성과 특성, 그리고 네트워크 구축에 따른 경영성과를 중심으로 살펴보고자 한다.

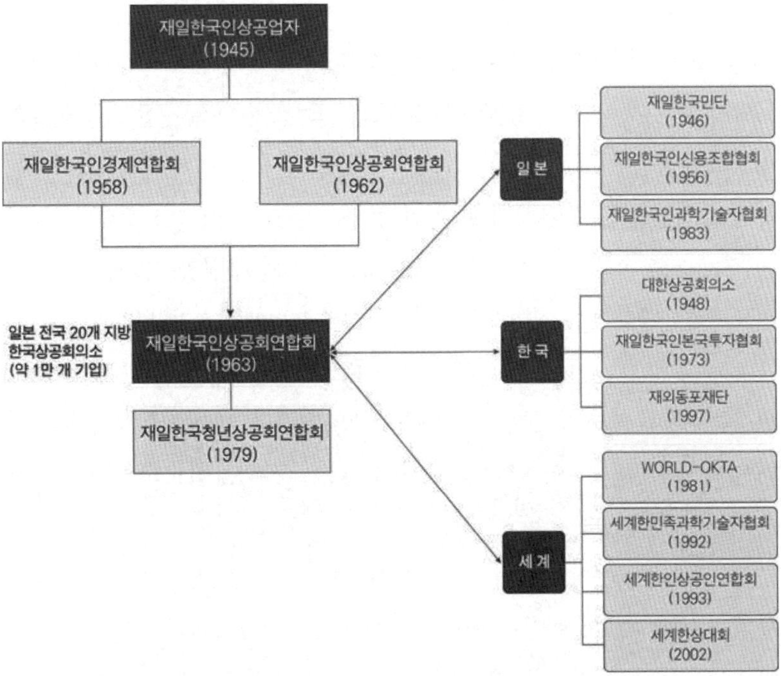


〈그림 1-3〉 재일코리안 기업의 경제 네트워크 구축과정(민단계)14

14 在日韓國商工會議所(2002) 『韓商連四十年史』 在日韓國商工會議所, pp. 26-27을 참고로 작성.

〈그림 1-3〉은 민단계 재일코리안 기업의 형성과정과 경제 네트워크 구축과정을 설명하고 있다. 먼저 재일코리안 기업의 네트워크는 동질민족집단의 강한 연대를 바탕으로 조직을 구성하게 된다. 재일한국인상공업자 조직은 '재일한국인상공회연합회'와 '재일한국인경제연합회'라는 두 조직이었다. 그러나 점차 이 두 조직의 합병문제가 대두되면서 1963년 '재일한국인상공회연합회'로 통합되었다.

그러나 1970년대 말에는 재일코리안 기업의 세대교체론 등장으로 차세대 기업가 양성문제가 본격적으로 논의되면서 '재일한국청년상공인연합회'가 결성되었다. 재일코리안은 1960~70년대 민족집단 내 강한 연대의 네트워크를 바탕으로 소수민족기업을 형성하기 시작하면서 1970~80년대 이후 모국 투자의 활성화, 본격적인 글로벌화가 시작된 1990년대 이후 글로벌 코리안 네트워크 구축을 통해 글로벌 기업으로의 성장단계를 거치고 있다.

이러한 점들은 어떻게 보면 싫든 좋든 재일코리안 기업들의 모국과의 경제 네트워크 형성이 결국에는 모국 경제의 부상과 더불어 그들 기업도 함께 성장할 수 있었다. 만약 글로벌시대 재일코리안 기업들이 민족 내부의 강한 연대의 네트워크 수준에 제한되어 있었다면 기업의 글로벌화는 어려웠을지도 모른다. 그러나 재일코리안 기업들은 모국 투자와 더불어 재외한인 기업과의 글로벌 네트워크 구축도 비교적 자연스럽게 이루어지게 되었다.

〈그림 1-4〉는 총련계 재일코리안 기업의 경제 네트워크 구축과정을 나타내고 있다. 재일조선상공인(기업가)들은 1945년 9월 도쿄에서 '재일조선공업회'의 결성을 계기로 1946년 2월 26일 '재일본조선인상공회전국대회'를 개최하여 '재일본조선인상공회연합본부'를 설립하였다. 재일조선인상공연합회는 1955년 5월 총련 결성 이후 총련 산하단체에 가입하여 상공련을 조직하고, 1961년에는 조직을 개편하였으며, 1962년 4

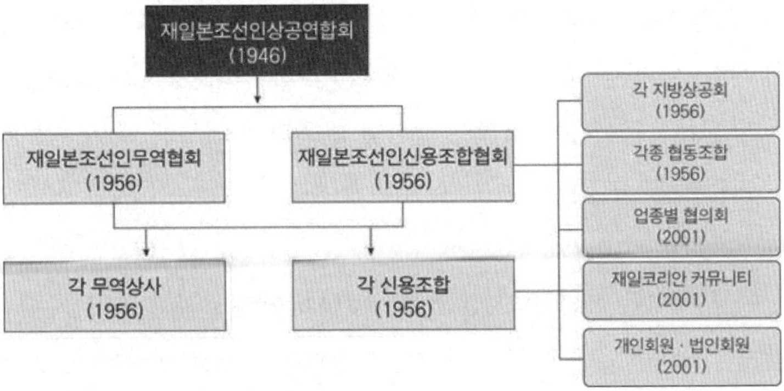


〈그림 1-4〉 재일코리안 기업의 경제 네트워크 구축과정(총련계)[15]

월에 '조선상공회관'을 설립하여 오늘에 이르고 있다.

1980년대 이후 재일조선인상공인들은 1984년 북한이 '합변법'[16]을 실시함에 따라 북한으로의 진출과 기업활동이 가능해졌다.[17] '합변법'의 취지는 북한과 세계 각국과의 경제교류를 확대 · 발전시키기 위한 것으로, 해외에 거주하는 동포들이 합변법의 시행에 따라 북한의 기업이나 회사와 합변할 수 있는 법적 근거가 마련되었다. 재일조선인상공연합회는 1986년 합변사업 추진을 기본 목적으로 하는 '합변사업연구회'를 발족하였으며, 1987년에는 모스크바에서 합변총회사 주최로 북한 경공업 제품전시회를 개최하기도 하였다. 재일조선상공인들은 1987년 9월에는 총련합변경제대표단과 조선상공인들의 북한 방문, 1989년에는 '조선합변은행' 설립 등 1980년대 후반부터 1990년대 전반까지 북한의 경제발전을 위한 자본투자나 기술개발에 많은 기여를 해왔다.

---

15 吳圭祥(1992) 『在日朝鮮人企業活動形成史』 雄山閣出版, p. 46을 참고로 작성.

16 1984년 9월 8일 조선민주주의인민공화국 최고인민회의 상설회의에서 '조선민주주의인민공화국 합변법(합변법)'을 채택하여 실시하게 되었다.

17 위의 책, pp. 88-89 참조.

〈그림 1-4〉에 제시한 바와 같이 재일본조선인상공회는 북한과 총련계 재일코리안을 중심으로 일본 내에서 강한 연대를 구축하고 있으며, 그들의 경제활동이나 네트워크 범위도 민족집단 내부에 매우 제한되어 있다는 것을 알 수 있다.

이상 살펴본 바와 같이 민단계와 총련계 재일코리안 기업들은 일본 사회에서 독자적인 경제 네트워크를 형성해온 것으로 생각된다. 민단계 재일코리안 기업들은 총련계 재일코리안 기업들보다 더 개방적이고 유연한 태도를 보여왔으며, 국내외의 다양한 경제단체들과 네트워크를 형성하고 있다. 반면에 총련계 재일코리안 기업들은 민단계 재일코리안 기업들보다 훨씬 더 폐쇄적이고 경직된 태도를 보여왔으며, 특정 경제단체와의 네트워크 구축을 지향해왔다고 생각된다. 이러한 재일코리안 기업의 이념에 따른 네트워크 구축의 성향은 글로벌시대를 맞이하여 현재 서서히 바뀌고 있는 부분이기도 한다.

### 3) 이 책의 구성

이 책은 일본에서 생활하고 있는 올드커머 약 60만 명, 뉴커머 약 30만 명 등 약 90만 명에 달하는 재일코리안 중에서도 기업가들을 대상으로 현지조사를 실시한 결과와 분석내용을 담고 있다. 중심내용은 1945년 이후 재일코리안 기업의 형성과정, 민족은행 설립, 경영승계, 기업가 정신, 글로벌 네트워크 등에 대하여 일본 현지 설문조사와 면접조사를 통한 자료분석에 중점을 두고 서술하였다.

이 책의 전체적인 내용은 다음과 같은 내용으로 구성되어 있다.

제1장은 이 책이 지향하는 재일코리안 연구의 목적, 선행연구의 검토 및 이론적 논의, 연구범위 및 조사대상자, 연구방법 및 연구모델 등에

〈사진 1-2〉 해방 전후 재일코리안 사회

대하여 상세히 설명하고 있다.

제2장은 재일코리안 연구 중에서도 일본 및 한국 등 국내외에서 생산된 연구사의 측면에서 접근하여 소수자의 입장에서 재일코리안의 민족운동이나 사회운동, 사회문제에 관련된 이슈를 집중적으로 소개하였다. 다른 한편으로는 재일코리안의 역사나 정치경제학적 관계 등 기존의 다양한 각도에서 시도된 연구들이 간과하거나 포착하지 못한 관점을 조명하고 향후 재일코리안 연구를 지속하는 데 있어서 부족한 부분을 보완하고 새로운 관점을 제시하는 데 역점을 두었다. 연구방법론적인 측면에서도 재일코리안의 법적 · 사회적 지위획득 과정에 대한 사회운동이나 투쟁에 대한 본질적인 접근을 시도함으로써 재일코리안에 대한 포괄적인 이해가 가능한 지견을 제시하고자 하였다.

제3장은 재일코리안 디아스포라 집단에 대하여 좁은 의미에서 민단계와 총련계를 포괄하는 개념으로서 분석을 시도하였다. 이 장에서는 크게 두 가지 측면에 중점을 두고 접근하였다. 첫째, 글로벌시대 재일코리안 디아스포라의 집단적 성향과 연구방법적인 측면에서 1945년 해방 이

후 북한과 재일 총련과의 관계 형성에 주목하였다. 특히 이 장에서는 북한의 지원에 의한 총련의 민족교육 확립과정, 재일동포의 북송문제, 재일총련계 기업의 북한 투자문제를 심도 있게 다루었다. 둘째, 1990년대 이후 본격적으로 재개된 북일(북한-일본)국교정상화 교섭에서부터 일본인의 납치문제, 최근 핵개발 문제에 이르기까지 북일관계 전반에 대하여 총체적으로 다루고자 하였다.

제4장은 매년 일본에서 재일코리안 디아스포라가 1만 명 이상 귀화하고 있는 바, 재일코리안 차세대의 민족정체성 변용에 주목하였다. 왜냐하면 재일코리안 기업의 경영승계 실태가 차세대의 민족정체성과도 관련성이 매우 클 것으로 상정되기 때문이다. 따라서 이 장에서는 재일코리안 차세대의 민족정체성 형성요인 분석에 주목하면서 그들의 정체성을 다각적인 측면에서 분석하기 위하여 유형화를 시도하였다.

제5장은 재일코리안의 발생배경과 시대적 상황을 고려하면서 재일코리안 민족은행을 민단계와 총련계로 구분하여 정치적 요인으로서 민족은행의 창업과 성장배경, 경제적 요인으로서 민족은행 성장과정상의 전략적 성공과 실패과정을 규명하고자 하였다. 구체적으로 재일코리안 민족은행의 창업, 성장과정, 민족적 연대와 공동체 내의 상호관계, 민족은행의 파탄과 통폐합 등 일련의 과정을 소개하였다.

제6장은 재일코리안 기업활동의 형성사를 역사적인 측면에서 다루고자 시도하였다. 먼저 1945년 해방 이후 재일코리안 기업의 지역별 분포, 업종별 분포를 살펴보았다. 그리고 재일코리안 기업(총련과 민단)의 상공연합회 결성과 경영활동이 단체별 집단의 성격에 따라 어떻게 다르게 나타났는지 분석하였다. 이 장에서 다루고 있는 주요 문제는 민단의 재일한국상공연합회 결성과정, 청년상공연합회의 출현, 민족은행 설립과정, 재일민단계와 총련계의 신용조합 설립과정, 양 단체의 모국(한국과 북한) 기업성장에 대한 기여와 공헌 등에 대하여 자세히 살펴보았다.

제7장은 재일코리안 기업가를 대상으로 2012년 일본 현지조사에서 수집한 설문조사와 면접조사 자료에 근거하여 재일코리안 기업의 경영승계 실태와 초국적인 기업가 정신에 대하여 고찰하였다. 이 장에서는 현지에서 수집한 설문조사자료의 통계분석을 바탕으로 인구통계학적 요인과 후계자 계승 간의 차이분석, 후계자 계승 결정에 미치는 요인 등에 대하여 살펴보고 재일코리안 기업가 정신으로서는 초국적(트랜스내셔널리즘적) 성향으로 개념화하여 분석을 시도하였다.

제8장은 글로벌 다문화시대의 도래와 더불어 일본에서 한류문화가 유행함으로써 재일코리안 기업가들에게 어떤 영향을 미쳤는지, 이를 통해 그들 자신의 기존관념에 어떤 변화를 초래했는지, 구체적으로는 한류에 의한 재일코리안 기업가의 행복도에 대하여 설문조사자료를 근거로 분석하였다. 이 장에서는 글로벌시대 한류가 재일코리안 기업가의 행복도에 어떤 영향을 미쳤으며, 현재 유행처럼 번지고 있는 반한류의 실체에 대해서도 언급하였다.

제9장은 글로벌시대 재일코리안 기업의 글로벌 네트워크에 대해 분석하였다. 본격적인 글로벌시대 도래 이후 재일코리안 기업가의 네트워크 실태, 기업의 경제 네트워크 특성을 살펴보았다. 특히 이 장에서는 그동안 시도되지 않았던 민단계 기업과 총련계 기업의 네트워크 비교를 통해 각각의 네트워크 특성을 파악하고자 시도하였다. 또한 민단계 기업과 총련계 기업의 네트워크 특성에 따른 경영성과를 도출하여 향후 네트워크 구축 방향성을 제시하였다.

제10장은 이 연구의 전체적인 요약 및 연구결과의 함의를 제시하였다. 구체적으로 재일코리안 연구 동향, 재일코리안 디아스포라 기업의 형성과정, 차세대 민족정체성의 변용, 민족은행의 설립, 기업활동 형성과 모국 공헌, 경영승계와 기업가 정신, 한류와 행복도, 글로벌 네트워크 구축이라는 주제로 현지조사에 의한 연구결과를 통해 이 연구가 가지는

차별성과 연구결과의 함의 및 시사점을 제시하였다. 마지막으로 글로벌 시대 재일코리안 기업이 직면하고 있는 당면 문제에 대한 한국정부의 바람직한 지원방안이나 재일코리안 기업의 미래상을 제시하고, 한국기업과의 연계방안이나 글로벌 네트워크 구축방안을 위한 정책적 대안 및 연구의 한계점에 대하여 서술하였다.

제2장

# 재일코리안 연구 동향과 연구사 고찰

## 1. 재일코리안의 시대별 연구 동향 의의

재일코리안이 19세기 말부터 일본에 이주하기 시작한 이래 일본 식민지화와 더불어 오사카와 도쿄를 중심으로 한 일본의 대도시에 집중되어 거주하였지만, 현재는 일본의 여러 지역에 산재되어 다양한 형태로 생활하고 있다. 재일코리안이 일본에서 생활한 지도 이미 1세기가량 흐르고 있는 가운데 역사적으로 그들의 거주형태나 생활패턴에 주목할 만한 두 번의 큰 변화가 있었다. 하나는 1945년 일본의 패전이고, 또 하나는 1980년대 전후 전 세계적인 글로벌화에 따른 외국인의 대량 유입으로 인한 일본의 다문화시대의 도래라 할 수 있다. 재일코리안은 1945년 전후에 이미 구식민지 출신자와 그 후손으로 약 60만 명이라는 올드커머들이 정착하고 있었으며, 1980년대 전후 뉴커머들이 새로 유입되면서 일본사회에서 그들의 존재가 부각되기 시작했다.

일본으로의 한인 이주는 역사적으로 볼 때 임진왜란(1592), 정유재란(1597), '조일수호통상조약(1876)' 체결과 '청일전쟁' 이후 일본자본의 조선진출, 제2차 한일협약(1905)에 의한 한국의 보호국화, 1910년 경술국치 이후 식민지시기 '외지인'으로서 조선인들의 강제징용 등 다양한 형태로 진행되어왔다. 이렇게 오랜 이주역사의 과정을 거쳐 일본에 정착한 재일코리안이 1980년대 이후에야 가시적인 존재로 부각하게 되었는데, 그 이유는 일본정부가 기본적으로 외국인노동자의 국내취업을 허용하지 않는 폐쇄적인 구조를 가지고 있었기 때문이다.

그러나 일본은 1950년 한국전쟁의 특수에 의해 경제가 활성화되고 1960년 고도성장기, 1971년 오일쇼크, 1985년 프라자합의를 거쳐 기업의 해외진출이 가속화되었다. 세계경제의 글로벌화와 더불어 일본경제의 엔고현상은 일본 국내외 소득격차를 확대시켜 새로운 이주노동자의 유입을 촉발시키는 계기가 되었다. 그리고 1989년 일본은 이민법 개정을 통해 종래 이민자를 수용하지 않았던 외국인정책을 전환하여 먼저 동질 민족으로 생각했던 일계브라질인이나 페루인과 같은 중남미 일계인의 국내취업을 완화함으로써 가시적인 존재로서 외국인노동자의 유입을 촉발하였다.

이러한 글로벌시대의 흐름은 그동안 일본 국내에서 불가시적인 존재였던 재일코리안이 가시적인 존재로 바뀌면서 그들의 정체성과 지향점들을 크게 변화시킨 것으로 생각된다. 재일코리안은 1945년 해방기의 혼란한 정국을 거치면서 정체성을 확립하기 위해 힘썼고, 일본사회의 민족차별과 배제에 맞서 1970~80년대를 통해 전국적인 사회운동을 전개하여 법적·사회적 지위를 획득하였으며, 2000년대 이후에는 다문화공생사회에 직면하고 있다. 해방 이후 재일코리안에 의해 축적되어온 과거 60여 년의 역사가 그들의 고령화와 정체성의 약화로 위기에 직면하고 있으며, 그들 스스로 지켜온 재일코리안 사회에 대한 자부심과 관심이 점차 약화되고 있는 상황이다.

이러한 상황에서 이 연구는 재일코리안 관련 기존 연구들의 이론적 성과와 맥락을 같이하고 있지만, 연구의 어떤 이론화나 검증작업보다는 새로운 관점에서 재일코리안 관련 국내외 연구를 고찰하는 데 있다. 따라서 이 연구의 목적은 1945년도 이후에 진행되어온 재일코리안 관련 연구에 초점을 두고 이들 연구의 동향을 고찰하여 향후 연구의 방향성을 모색하는 데 착안점을 두고 있다.

주지하는 바와 같이 재일코리안 관련 연구는 방대한 양의 문헌들이 존재하며, 한국-일본-북한관계라는 큰 틀 속에서 많은 연구성과들이 축적되어왔다. 재일코리안 연구사 중에서도 이 연구는 일본 국내외에서 생산한 연구사의 측면에서 접근하다 보니 소수자의 입장에서 민족이나 사회운동, 사회문제에 관련된 이슈에 집중될 수밖에 없었다. 그러다 보니 재일코리안 연구에 대한 사회학적 고찰로 흘러버린 경향이 없지 않다. 하지만 다른 한편으로는 재일코리안의 역사나 정치경제학적 관계 등 기존의 다양한 각도에서 시도된 연구들이 간과하거나 포착하지 못한 관점을 조명할 수 있고, 향후 재일코리안 연구를 지속하는 데 있어서 부족한 부분을 보완하고 새로운 관점을 제시하는 데 반드시 필요한 작업이 될 것으로 생각된다. 연구방법론적인 측면에서도 재일코리안의 법적·사회적 지위획득 과정에 대한 사회운동이나 투쟁에 대한 본질적인 접근을 시도함으로써 재일코리안에 대한 포괄적인 이해가 가능한 지견을 제시하고자 했다는 점에서 이 연구가 부여하는 의미는 클 것으로 생각된다.

이 연구는 지난 2011년도에 실시했던 재일코리안 연구의 시대별 동향과 재일조선인 민족운동사의 후속연구가 되겠지만, 새로운 각도에서 내용분석을 통해 기존 연구를 보완하고 새로운 시각을 제공하고자 했다. 기존 연구에서 제시한 재일코리안 연구에 대한 주요 동향은 전체적으로 일본에서 실시된 재일코리안 관련 연구 분석에 집중된 측면이 있었고, 내용도 사회인류학적 측면에서 재일코리안의 디아스포라적 생활이나 역사적인 관점에서 민족운동사에 천착한 측면이 없지 않았다. 이 연구는 당시 재일코리안 연구사에서 누락된 내용들을 보완하는 차원에서 연도별 정리보다는 주제별 내용분석을 통해 향후 재일코리안 연구의 지평을 확대하는 데 기여하고자 한다.

## 2. 재일코리안 민족운동사적 연구동향

오늘날 국가와 민족이라는 개념은 홉스봄(Eric Hobsbawm, 1983)이나 앤더슨(Benedict Anderson, 1991)이 주장하고 있는 바와 같이 한 집단이나 조직의 지식인 또는 엘리트들에 의해 창조된 것이라고 주장한다. 홉스봄은 "집단이나 국가에 의한 전통의 창조에 대해 예부터 이어지고 있다고 생각되는 전통들이 사실은 어떤 목적을 위해 창조되었다."고 주장하였다. 즉 전통의 창조는 어떤 단체나 조직에 속한 개인이나 국가가 특정 목적을 달성하기 위해 역사적 자료를 활용하여 보다 철저하게 새로운 전통을 만들어낸다는 점에 착안하였다. 이에 대해 앤더슨(Anderson)은 "인쇄자본주의(print capitalism) 활자가 신문이나 소설 등 매스미디어를 통해 시간과 공간을 공유하는 집단들에게 '상상의 공동체'의 논리를 형성하는 데 일조했다." 고 주장하였다.

이러한 개인이나 집단의 전통 창조와 민족의 형성과 관련하여 일본 내셔널리즘을 연구한 요시노(Kousaku Yosino, 2001)는 내셔널리즘을 '우리'라는 다른 사람들과 차별화된 역사적 문화적 특성을 지닌 독자적인 공동체라고 하는 집합적인 신앙과 국가라는 틀 속에서 실현하고 추진하려는 의지, 감정, 활동의 총칭으로 표현하였다. 특히 요시노(Yosino, 2001)는 '문화 내셔널리즘'이라는 용어를 사용하여 "어떤 국가가 문화적 정체성이 결여되고 불안정하거나 위협을 받고 있다고 생각될 때 문화의 창조, 유지, 강화를 통해 국가적 차원의 공동체의 재생을 도모하는 활동"으로 정의하며 글로벌시대 사회통합의 기제로 '일본인론'이 활용된 적이 있다고 지적한 바 있다.

이 연구에서 재일코리안의 개념은 1945년 전후 일제강점기 강제 이주 혹은 징용·징병 등 여러 형태로 도일한 올드커머와 1980년대 전후 유학이나 취업 등에 의해 자발적으로 일본에 건너간 뉴커머들을 포함하고 있다. 1945년 이후 본격적으로 형성된 재일코리안에 대하여 소냐 량(Ryang Sonia, 2005)은 일본의 문화적 동질성을 강조하는 '일본인론'에 의해 소수민족에 대한 개념 자체가 사라지게 되었다고 주장한 바 있다.[1] 이와 더불어 일본의 학술지나 대중문화의 논조가 '일본인론'에 의해 일본 문화의 특수성만을 강조하다 보니 구식민지 출신자인 재일코리안에 대한 문화적 편견이나 인종차별적인 태도를 유지하게 되었다고 주장하였다.

한편 일본에서 재일코리안은 1945년 이후 올드커머, 1980년대 전후 뉴커머들이 대도시를 중심으로 집중적으로 정착하기 시작하면서 그들이 형성한 연구사나 문화형태도 다양하게 나타나고 있다. 재일코리안의 이주와 현지생활을 통한 이문화 체험은 일본에서 민족과 개인이라는 관계 속에서 재정립되는 형태로 나타나기 시작했다. 가령 한국에서는 무의식적으로 생각하던 '민족'에 매몰되었던 '개인'이 이주국 일본에서 문화적 이동을 통해 발견되는 과정과 이문화 현지에서 고독한 '개인'이 공동체를 형성하고 연대하는 과정이라는 이중구조 속에서 '민족 가운데 개인의 발견' 혹은 '개인 가운데 민족의식의 생성 및 연대'라는 중층구조가 동시에 진행된 결과로 생각된다. 전자는 종래 민족이라는 틀이 탈구축되고 후자는 새로운 민족이 재구축되는 과정에서 개인이 각성해나가는 과정을 보여주고 있다.

1 ソニアリャン, 中西恭子譯(2005)『コリアン ディアスポラ: 在日朝鮮人とアイデンティティ』明石書店.

재일코리안들은 역시 이동이라는 경험적 과정을 통해 '민족'과 '개인'의 관계성 변화에 따른 새로운 인식의 틀을 가지게 된다. 이것은 이주하기 전의 민족이라는 인식과는 전혀 다른 민족이라는 의미가 새롭게 부여되어 재구축되었음에도 불구하고 재구축 시의 의미와 같은 '민족'이라는 개념을 부여하고 있다는 점에 주목하고 있다(平野健一郎, 2000).[2]

글로벌시대 민족과 개인은 정치적 단위와 민족의 단위가 일치되지 않으면 안 된다고 주장하는 정치적 원리로서 재구성되는 민족과 그 단위의 차이로서 끊임없이 생성되는 '개인'이 비슷하지만, 현실 세계에서는 민족의 개념이 반드시 일치되지 않는 매우 다양한 형태로 나타나고 있다는 점이다(Gellner, 2000).[3] 따라서 여기에서 재일코리안 민족의 '재구축화(re-ethnification)'는 일본의 정치적·사회구조적 상황 속에서 형성된 민족과 개인의 관계로 정의하고자 한다. 이러한 민족의 재구축화 작업은 1945년 전후 일본에 정착하기 시작한 재일코리안에게도 적용할 수 있을 것이다. 즉, 이 연구에서는 재일코리안이 어떤 민족정체성을 유지하고 있느냐보다는 이문화적 상황에서 생활하는 구조적 조건이 그들 자문화의 응집성을 강화시키고 단체행동을 촉발시키며 그 응집성을 통해 결집의 방향성을 보여주게 된다는 점에 착안하고 있다.

재일코리안이 일본이라는 국가적인 틀 속에서 이문화적 경험을 통해 체득한 개인 내부의 문화변용과 흐름을 살펴보면 단체행동을 촉발시키는 '재민족화'의 과정을 겪기도 하지만 반대로 탈민족화의 방향성, 즉 '개인주의'의 양상을 보이기도 한다. 이러한 점은 일본에서 1980년대 전후 글로벌시대의 도래와 2000년대 이후 주창된 다문화공생사회에서 더욱 현저하게 나타나고 있다.

---

2 平野健一郎, 2000, 『國際文化論』 東京大學出版會, p. 2.

3 Gellner·Ernest, 1983, *Nations and Nationalism*, Blackwell Publishers, Oxford(= 2000, 加藤節監譯 『民族とナショナリズム』 岩波書店).

이러한 재일코리안의 이동이나 정착과정에서 나타나는 '탈민족화와 재민족화'의 역동성은 공통적으로 개인의 '각성'이나 '선택'의 결과를 통해 나타난다. 재일코리안의 민족적 '각성'이나 개인의 '선택'상의 '재민족화 및 탈민족화'의 차이는 글로벌화에 의해 구조화되는 경향이 있다. 물론 재일코리안의 이동과 관련해서도 이들의 이동과 동시에 발생하는 민족의 '무자각'이나 '어쩔 수 없는' 결과로서 생성된 '재민족화와 탈민족화'의 역동성은 그들 스스로의 선택의 결과가 아니라 무의식적으로 재민족화와 탈민족화의 과정 속에 내던져진 경우가 있다는 점도 이해할 필요가 있다. 이와 같이 재일코리안의 재민족화와 탈민족화의 경향은 자민족 집단의 내부인가 아니면 외부인가의 위치 여하에 따라 서로 상이한 태도를 보이게 된다. 그 이유는 일본에서 재민족화에 의해 재일코리안의 단체행동을 촉발하거나 글로벌시대의 탈민족화의 경향에 따라 단체활동을 약화시키는 요인으로 작동할 수도 있기 때문이다.

이 연구는 기존 재일코리안 연구의 동향에서 임영언(2011), 김인덕(2011) 등이 제시한 연구내용을 확대하는 차원에서 새로운 이론모델로 접근하고 있다.[4] 먼저 임영언(2011)은 일본에서 생산된 재일코리안 연구(일부는 한국에서 생산된 재일코리안 연구이기는 하지만)를 중심으로 재일코리안의 역사, 정치경제, 사회문화 등을 다룬 연구에 주목하여 분석한 결과를 다음과 같이 제시한 바 있다. "그간의 재일코리안 연구자들을 세대별로 분류하여 연구내용을 살펴본 결과 제1세대는 재일코리안의 역사에 대한 관심, 제2세대는 재일코리안의 민족차별이나 취업차별, 법적 지위와 참정권 등 사회문제에 천착해온 것으로 나타났다. 그러나 재일코리안 연구가 제3세대에 접어들면 일본 내 귀화자의 증가와 고령화로 일본에서 상대적으로 재일코리안 연구가 쇠퇴한 반면, 1980년대 전후 일본 유학 연구자들의

4 윤인진 외(2011) 『재외한인 연구의 동향과 과제』 북코리아, p. 244 참조.

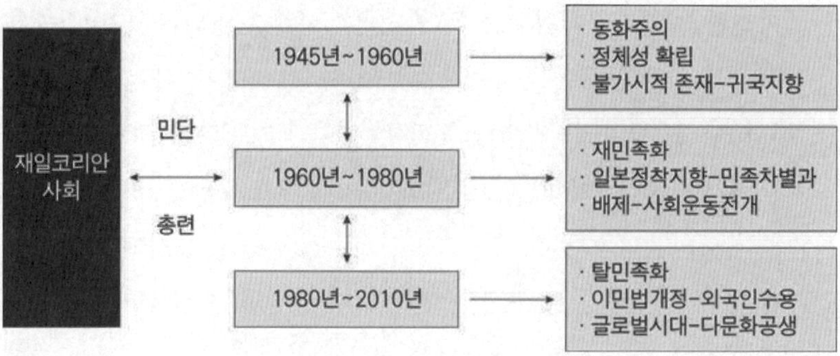


〈그림 2-1〉 재일코리안 연구의 진행과정과 변화

한국 귀환으로 국내에서의 연구가 활발하게 진행되었다는 점이다. 또한 1980년대 이후 일본에서도 글로벌시대의 도래와 더불어 다문화공생사회가 주창되면서 재일코리안에 대한 연구주체나 장소가 크게 바뀌었으며, 연구주제나 방법도 훨씬 다양하게 전개된 것으로 나타나고 있다는 점"을 지적하였다.

김인덕(2011)의 연구 역시 재일코리안 민족운동사 연구를 정리하는 과정에서 재일코리안 연구의 한계점에 대해 다음과 같이 지적하고 있다. "그간의 재일코리안 연구에 대해 재일코리안에 대한 총체적인 시각의 부재, 재일코리안 사회의 형성과 일본인과의 관계, 재일코리안 역사의 연속선상이 아닌 단절된 시기별 연구 동향, 국제관계나 역사사회학적 측면의 연구 부재를 솔직히 인정하면서 일본에서 수행되어온 재일코리안 1~2세대 연구를 계승하는 차원에서 재일코리안 연구의 대안모색과 연구의 방향성 및 지평확대를 도모했다는 점에 큰 의의가 있다고 했다." 그러나 이들 연구가 방대한 재일코리안 연구사를 총체적으로 다루기에는 많은 한계점을 가지고 있기 때문에 후속연구를 통해 이를 보완하는 작업들이 이루어져야 할 것이다.

이 연구는 재일코리안 연구의 흐름에 대하여 일본 내의 정치적·사회적 구조와 연동하여 어떤 변화를 경험했는지를 분석하는 데 초점을 두고 있다(그림 2-1). 1945년 해방과 더불어 남북으로 갈라진 상황에서 재일코리안 사회도 정치적으로 대립하게 되면서 이념을 달리하는 민단계와 총련계로 양분된다. 해방 이후 혼란한 상태에서 재일코리안 역시 그들이 직면한 사회상황에 대한 각성과 더불어 재일코리안으로서의 정체성 확립에 주력하게 된다. 1960년대 이후에는 1965년 한일국교정상화를 전후하여 일본 현지에 민족차별과 배제에 대한 대응형태로서 재민족화 현상이 나타나기 시작했다.

이러한 재일코리안 사회의 재민족화 표출은 민족차별과 사회운동으로 반응하여 1990년대 초반까지 이어진다. 그러나 1980년대 이후 글로벌화와 다문화공생시대의 도래는 이러한 흐름을 서서히 바꾸어놓기 시작하였고, 재일코리안의 탈민족화를 부추기는 양상을 띠었다. 원래 일본에서 1980년대 전후 단일민족 신화를 포기하고 다문화 공생을 표방하기 시작한 것은 주로 민간이나 지방자치단체 차원에서 진행되어왔다. 그러나 일본 정부는 2006년 총무성 자치행정국 국제실장이 「지역의 다문화공생 추진계획에 대하여」를 발표하면서 본격적으로 시작되었다. 2012년에 들어서면서 일본사회는 사회통합정책으로서 다문화 공생정책을 다방면으로 실시하게 되었는데, 재일코리안 사회도 이러한 영향을 직·간접적으로 받게 되었다.

〈그림 2-2〉는 기존 연구를 바탕으로 이 연구의 전체적인 흐름을 보여주고 있다. 전술한 바와 같이 1945년 이후 재일코리안 연구는 역사적인 관점에서 그들의 존재 이유를 확인하는 차원에서 그들 자신과 재일코리안 사회의 발생적 측면에 집중해온 것으로 보인다. 1980년대 이전까지 재일코리안은 불가시적인 존재로 여겨져왔지만, 1980년대 이후 재일외국인의 증가와 더불어 그들의 가시적 존재에 대한 인식이나 표출로서

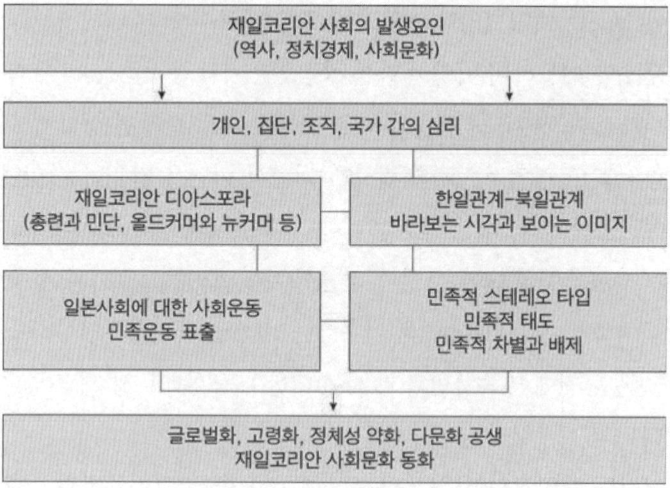


〈그림 2-2〉 재일코리안 연구 과정과 전망

사회운동을 전개해온 것으로 생각된다. 일본사회에서 불가시적인 존재(보이지 않는 소수자)는 부락민 출신자와 일본 국적을 취득한 재일코리안 출신의 귀화자를 들 수 있을 것이다. 물론 일본사회에서 재일코리안 연구가 일본인들이 바라보는 시선이나 입장에 의해 결정된 측면도 있지만, 전체적으로는 사회적 차별과 배제에 대한 대항의 결과로서 나타난 것으로 생각된다. 그러나 1980년대 이후 일본에서 재일외국인의 증가와 재일코리안의 가시적 존재의 인정은 반대로 재일코리안 사회 자체의 탈민족화를 촉진시키기도 하였다. 물론 글로벌시대 탈민족화의 경향은 재일코리안만의 문제가 아니지만 이와 동시에 재일코리안 사회는 고령화, 민족정체성 약화, 일본사회의 다문화 공생의 강조 등에 의해 민족정체성 유지(재민족화)와 동화(탈민족화) 사이에서 크게 요동치고 있는 것도 사실이다.

## 3. 재일코리안 연구동향 분석자료

이 장에서는 종래에 시도했던 기존 재일코리안 연구의 연도별 분석보다는 주제별로 분류하여 연구사를 정리하는 데 역점을 두고 있다. 연구 및 분석방법은 일본 내 분석자료로서 일본에서 발행된 재일코리안 관련 문헌목록과 자료집을 참고하였다. 이 연구의 분석자료는 日朝協会大阪府連合会(1960)에서 발행한『日本で出版された朝鮮に関する図書目録(1945年8月15日から~1960年8月15日)』, アジア経済研究所(1974)『旧植民地関係刊行物総合目録一朝鮮編一』, 東京都中央図書館(1976)『東京都立中央図書館蔵朝鮮語図書目録』, アジア経済研究所(1977)『朝鮮文雑誌・新聞総合目録』, 韓晳曦(1981)『青丘文庫図書目録』, 韓晳曦(1981)『青丘文庫図書目録 追補II』, 文化センター・アリラン(1995)『梶村文庫朝鮮関係図書目録』, 大阪市立生野図書館(1996)『韓国・朝鮮関連図書目録』, 園部裕之編(1996)『近代日本人の朝鮮認識に関する研究文献目録』, 그리고 가장 최근에 발행된 河かおる編(2006)『朴慶植文庫仮目録 2』등을 참고하였다.

한국 내 분석자료로서는 RISS(학술연구정보서비스)와 KRI(한국연구업적통합정보)에서 재일코리안 연구관련 키워드(재일조선인, 재일동포, 재일교포, 재일한국조선인, 재일코리안 등)를 검색하여 분석에 활용하였다.

일본 내 참고문헌으로 1995년에 발행된 가지무라 히데키(梶村秀樹) 문고는 해방 전후 조선사연구를 주도해온 그의 장서들을 정리한 것이다.[5] 가지무라 문고는 일본어 단행본 약 3,200권, 조선어 단행본 1,650권, 기타 외국서적 100권 등 총 4,950여 권이 정리되어 있다. 가지무라는 일생동안 조선 관련 연구를 지속하여 600여 권에 이르는 저서, 논문, 시평, 수필 등을 발표하여 다량의 저작활동을 한 연구자로 알려져 있다. 이러한

5 文化センター・アリラン(1995)『梶村文庫朝鮮関係図書目録』에서「刊行にあたって」참고.

저작활동 가운데 가지무라가 수집한 문고는 조선사 연구 중심으로, 수집 자료의 내용은 크게 세 가지로 구분되어 있다. 첫 번째는 일본의 조선에 관한 역사자료나 사료, 개별분야의 연구서, 평론, 수필 등이며 두 번째로는 해방 전후 한국과 북한에서 출판된 역사와 경제 관련 연구서, 역사자료나 사료들이다. 이들 중에서도 특히 해방 직후부터 1950년대까지 상대적으로 연구가 자유로웠던 북한 관련 도서는 북한연구자들에게 귀중한 자료들로 생각된다. 또한 여기에 보관된 재일코리안 시민운동 관련 정보전달용 미니(미니코미) 잡지들은 향후 재일코리안 관련 연구에 상당히 중요한 자료가 될 것이다.[6]

여기에다 빼놓을 수 없는 것이 시가현립대학에 있는 박경식문고다. 시가현립대학 도서정보센터에 의하면 박경식문고는 2003년 '박경식문고 가목록 1(13,432권)'을 발행한 이후 2006년에 '박경식 가목록 2(10,945권)'를 간행하였다. 현재 박경식문고는 이들 두 가목록의 도서총수를 합하여 24,377권을 보유하고 있으며, 일본에 존재하는 재일코리안 관련 최대 연구도서를 자랑하고 있다.

이 연구에서는 이들 자료 가운데 특히 재일코리안(재일한국인, 재일한국·조선인, 재일조선인 등)에 대하여 언급한 사회과학서적, 일본 내 재일코리안 문제를 다룬 자료, 민족문제와 사회문제를 취급한 자료에 한정하였다. 위에 제시한 목록들은 재일코리안 연구사 정리의 첫 단계에서 발간된 다소 불완전 것들이기는 하지만 재일코리안 관련 단행본이나 사전류의 일부 가운데 재일코리안을 언급한 목록, 일본성청의 출판물, 재일코리안 관련 단체가 출간한 팸플릿 등을 중심으로 정리한 것이다. 이들 자료는 재일코리안 단체나 조직이 발간한 단행본, 잡지, 논문, 신문 등을 포함시켜

---

6 이 연구에서는 지면 관계상 다루기 힘들지만, 향후 재일코리안 관련 연구에서 사회적 배제와 차별에 대한 연구로서 재일코리안 사회운동에 대한 미니코미잡지의 수집과 분석이 매우 중요할 것으로 생각된다.

향후 총제적인 목록 작성이나 도서해제가 빠른 시일 내에 이루어져야 할 것으로 생각된다.

## 4. 재일코리안 관련 국내외 연구 동향 분석

### 1) 일본 내 재일코리안 연구

#### (1) 재일코리안 사회변동과 사회운동 전개

1945년 이후 1960년대까지는 재일코리안이 일본 내에서 민족정체성 확립에 몰두한 시기였던 것으로 생각된다. 그리고 재일코리안 사회는 1960년대 이후 이러한 사회적 기반을 바탕으로 일본에 거주하는 재일코리안을 각성시키기 위한 사회운동으로서 민족탄압과 사회적 차별운동을 전개하기 시작했다. 재일코리안 사회는 1960년대 이후 1970~80년대를 거치면서 이러한 민족차별운동 과정에서 사회운동 실천그룹들의 주장이나 사상을 담은 미니코미(소책자) 정보지들을 대량으로 생산하게 되었다.

재일코리안 민단의 경우 1970년대는 1971년 단장 선거를 계기로 조직을 정비하여 서울에 모국사무소를 설치하고 한국정부와의 관계를 강화하였다. 같은 해 3월 민단 정기중앙위원회에서 한국의 '유신체제'에 부응하는 민단 '쇄신체제'를 완성하여 '40만 새마을운동 전개' 등의 행동목표를 결정하였다. 특히 민단의 새마을운동 참가는 '재일한국청년회'를 중심으로 '새마음운동' 봉사단의 파견, 한국 122개 새마을부락과 민단 각급 지부와의 자매결연 결단식 등 민단의 대대적인 조직적 운동으로 전개되어 재일코리안의 새마을운동 협력 기부금도 6억 8,600만 원에 달했다.[7] 민단의 이러한 적극적인 협력은 1973년 주일대사관을 통한 한국정부의 국민등록 촉진, 민단 강화, 영사업무의 개선, 호적정리 실시, 새마을운동 적극 참여 등에 부합하는 형태로서 진행되었다.

이에 호응하여 한국정부도 재외국민의 호적개정 및 호적정리에 관한 임시특례법 제정, 재일코리안 자녀를 위한 '재단법인 한국교육재단' 발족, 외무부 주최 민단 임원 및 간부연수회 개최, 실태조사를 통한 정책 방안 모색 등을 추진하였다. 그리고 1973년 1월 민단 창립 후 김종필 총리의 첫 일본 방문을 계기로 한국정부와 민단과의 관계가 더욱 강화되었다. 이러한 가운데 한국을 방문한 재일코리안들이 한국정부의 반공법, 국가보안법 위반 혐의로 김철우 형제, 박선정, 최창일 등이 체포되는 스파이 사건이 발생하여 일본인들에 의한 구명활동이 전개되기도 하였다.

이와 더불어 1970년대 중반에는 일본기업의 한국 진출이 증가함에 따라 일본인의 방한도 증가하였다. 한국인의 일본 입국도 증가하여 주로 산업기술(기능)연수생의 저임금 노동자들이 일본 국회에서 문제가 되기도 하였다. 특히 당시 일본 출입국관리법에 체류자격이 없는 외국인노동자로서 오키나와 통조림공장에 한국여성노동자가 유입된 사건은 한일 간 외교문제로 비화되기도 하였다.

재일코리안 사회는 1970년대 이미 일본에서 출생하여 자란 세대가 75%를 차지하여 세대에 따른 의식차이도 분명해지고, 한국과 일본사회의 대응에도 세대에 따른 미묘한 차이를 보이기 시작했다. 이러한 재일코리안의 의식의 다양화와 수요를 반영하여 공동 여론조성과 토론광장을 요구하는 취지로서 1973년 10월에 계간 「마당」이 창간되었다. 또한 당시 증가하기 시작한 재일코리안 귀화자의 실태를 반영하여 '한국계 일본인'의 전국조직으로서 '성화클럽연합회'가 조직되었다. 이러한 재일코리안 사회의 위기의식과 함께 일본정부나 기업을 상대로 한 재일코리안의 취업차별에 따른 사회운동도 송두회, 김기원, 박종석, 손진두 등의 민

7 日本朝鮮研究所(1974)『朝鮮研究』133, pp. 6-7.

족차별에 대한 재판이 계속되고 있는 상황에서 본격적으로 전개되었다. 가령 일본인들에 의한 효고 현 아마가사키(尼ヶ崎)공업고등학교의 취직차별 규탄, 오사카 시 나가하시(長橋)소학교의 민족학교 설립문제와 본명사용운동 등 재일코리안 사회의 제반 문제들이 분출되고 있는 상황이었다.

당시 유행처럼 번지기 시작한 민족차별과 배제에 대한 재일코리안 사회운동은 대개 지역단위의 각종 '지지모임'이나 '생각하는 모임'을 중심으로 대대적으로 전개되었다. 그러나 1960년대 이후 전개된 재일코리안 사회운동과 관련하여 반드시 언급되어야 할 것은 기독교계의 인권활동이다. 해방 이후 일본에 머물게 된 목사 및 크리스천들은 1945년 11월 '재일본조선기독교연합회'를 설립하여 일본기독교단으로부터 전격 탈퇴를 선언하였다. 그리고 이들 '재일본조선기독교연합회'의 가장 큰 활동 중의 하나로서 각종 재일코리안 사회의 인권활동에 적극 참여하기 시작했다는 점이다.

연합회는 1959년 제15차 교단정기총회에서 재일동포의 '북한송환에 반대하는 반대성명서'를 발표한 바 있으며, 1974년에는 '재일한국인문제연구소'를 설립하여 재일조선인의 인권문제에도 적극 개입하기 시작했다.

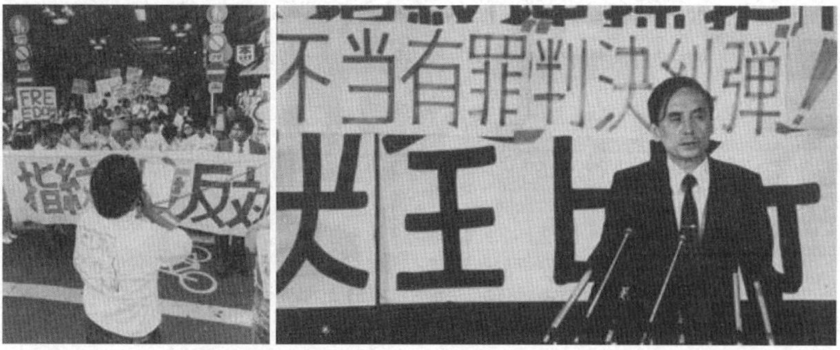


〈사진 2-1〉 지문날인 거부운동 규탄대회

또한 재일코리안 사회에 큰 파장을 일으킨 '지문날인제도'에 대하여 1984년에 '재일본대한기독교회 지문거부실행위원회'를 결성한 후 1985년에는 일본기독교단과 합동으로 8만 명의 '지문날인제도 철폐요구' 서명을 받아 일본법무성에 제출하였다.[8] 재일코리안 사회의 인권활동에 나타난 바와 같이 재일기독교회는 인권활동을 통해 민족정체성을 강화시킴으로써 민족적 색채가 짙은 곳이기도 하였다. 그러나 오히려 재일코리안 교회의 적극적인 사회운동 개입이 나중에 일본인 크리스천들을 수용하지 못하게 된 직접적인 요인이 되기도 하였다.[9]

### (2) 재일코리안 연구에 나타난 사회운동의 내용분석

1945년 해방 전후 일본은 재일코리안에 대하여 식민지주의 극복과 원상회복조치 등 어떤 특별 조치도 없이 외국인으로서 추방과 동시에 동화정책을 강요하기 시작했다. 특히 1952년 '샌프란시스코평화조약' 발효 이후 일본정부의 재일코리안에 대한 민족차별은 국적 구분에 의해 더욱 합리적으로 기본인권이나 권리마저 박탈당했다.

재일코리안은 해방 전후 일본에서 구축된 '단일민족국가'의 신봉과 일본사회의 압도적인 동화정책의 압박에 의해 민족정체성의 유지가 매우 힘든 상황이 지속되었다. 이러한 상황에서 재일코리안에 대한 전후보상 및 사회보장상의 소급(회복)조치, 민족교육권리, 지방자치에 참여할 수 있는 주민으로서의 법적지위 등 구식민지 출신자 및 그 자손에 대한 권리보장이 불투명한 상태가 지속되었다.

그러면 재일코리안 연구에서 이러한 재일코리안 사회운동은 구체

---

8 임영언(2010) 「일본의 문화적 특징이 기독교 성장에 미친 영향 연구」 『일본문화학보』 제43집, pp. 7-8.

9 崔吉城(1995), 「在日韓國キリスト教の普遍性と民族性」, 『中部大學國際關係學部紀要14』 中部大學, p. 39-48.

〈사진 2-2〉 재일코리안 한신교육투쟁과 북송운동

적으로 어떻게 전개되어왔는지 살펴보도록 하자. 〈표 2-1〉은 기존 재일코리안 연구의 문헌목록을 내용 분석하여 키워드를 중심으로 제시한 것이다. 먼저 1945년에서 1960년대 사이 재일코리안 연구의 키워드는 내용분석을 중심으로 살펴보면 조선인의 생활, 귀국문제, 생활실태, 귀국실현, 종합조사 연구 등이었다.

〈표 2-1〉 일본 내 재일코리안 연구의 주요 내용 분석(1945~2000년)[10]

| 주제별 키워드 | 주제별 주요 내용(단행본 및 자료집) | 비고 |
| --- | --- | --- |
| - 재일코리안의 정체성 확립<br>- 생활실태, 귀국(북송)문제, 도항사, 정체성 등 | ▪ 조선인의 생활 개황<br>▪ 재일조선인 귀국문제의 진상<br>▪ 재일조선인의 생활실태<br>▪ 재일동포들의 귀국 실현<br>▪ 재일조선인에 관한 종합조사 연구 | 〈1945~1960년〉 |
| - 재일코리안 사회운동 1<br>- 중・고생 폭행살상 사건, 자유왕래, 법적 지위, 인권과 민족교육권리 등 | ▪ 재일조선인 중・고생 인권침해사건 조사<br>▪ 재일조선인 조국 자유왕래 실현을 위하여<br>▪ 재일조선인 법적 지위 및 기본적 인권의 실태<br>▪ 재일조선인 민족교육을 지키기 위하여<br>▪ 재일조선인 탄압과 박해 책동<br>▪ 출입국관리법안을 폭로한다.<br>▪ 외국인등록법을 고발한다. | 〈1960~1970년〉<br>▪ 재일조선인의 인권을 지키는 모임<br>▪ 재일조선인 인권옹호투쟁위원회 |

10 필자가 기존 재일코리안 관련 연구를 바탕으로 분석하여 작성한 것임.

(계속)

| 주제별 키워드 | 주제별 주요 내용(단행본 및 자료집) | 비고 |
|---|---|---|
| - 재일코리안 사회운동 2<br>- 조선 고교생 습격사건, 국적 문제, 취직차별, 연금과 차별 | ▪ 조선 고교생에 대한 습격사건 조사보고서<br>▪ 조선 대학교 직원 부당체포 사건의 진상<br>▪ 재일조선인 동화교육에 대한 고찰<br>▪ 박종석 취직차별 재판 3년간의 지평<br>▪ 재일조선인 차별과 그 처우 실태<br>▪ 가와사키 지역운동: 민족운동으로서 지역활동을 지향하며<br>▪ 재일한국조선인 법적 지위와 민족교육<br>▪ 재일조선인 취업차별<br>▪ 연금과 차별: 또 다른 무연금자<br>▪ 조선인 피폭자 실태<br>▪ 무엇이 문제인가?(차별백서 제1집) | 〈1970~1980년〉<br>▪ 재일조선인 인권옹호투쟁위원회<br>▪ 박군을 둘러싼 모임<br>▪ 재일동포의 인권을 지키는 모임<br>▪ 신경환 군을 지지하는 모임<br>▪ 인격권 소송을 지지하는 모임<br>▪ 재일한국 / 조선인의 국민연금을 요구하는 모임<br>▪ 강씨 일가를 지지하는 모임 |
| - 재일코리안 사회운동 3<br>- 민족교육, 민족차별, 지문날인 거부, 외국인등록법, 민족명 | ▪ 재일한국인 정치범과 우리들<br>▪ 재일한국조선인과 민족교육<br>▪ 외국인등록법 지문날인 거부 재판자료<br>▪ 재일 2~3세의 살아가는 방법과 본명<br>▪ 지문은 인권을 침해한다.<br>▪ 재일조선인 교육운동과 실천의 발전을 위해<br>▪ 본명은 민족의 자랑<br>▪ 이군/손군을 우편 외무직으로<br>▪ 지문날인제도와 재일한국조선인<br>▪ 지문날인제도 완전철폐를 위하여<br>▪ 재일조선인을 범죄자 취급하는 외국인등록법<br>▪ 일본의 지문제도 | 〈1980~1990년〉<br>▪ 진두현 씨를 구하는 모임<br>▪ 재일조선인 교육연구전국협의회<br>▪ 재일조선인 교육을 생각하는 모임<br>▪ 무궁화회<br>▪ 물레회<br>▪ 민족차별과 투쟁하는 연락협의회<br>▪ 현승원 씨를 지원하는 모임<br>▪ 박추자 문제를 생각하는 모임 |
| | ▪ 피폭 조선인교사의 전후생활<br>▪ 일본적 조선인의 투쟁의 궤적: 재일외국인의 정주권 | ▪ 이군/손군을 생각하는 모임<br>▪ 정광용 씨 체류권 소송과 투쟁하는 모임<br>▪ 지문 거부를 생각하는 모임<br>▪ 4/24 한신교육투쟁을 기록하는 모임<br>▪ 민족명을 되찾는 모임 |
| - 재일코리안 사회운동 4<br>- 전후보상, 국적조항 철폐, 우토로문제, 다문화 공생 | ▪ 일본의 전후보상을 생각하는 심포지엄<br>▪ 한일법적지위협정 재심의<br>▪ 왜 재일한국조선인은 전후보상을 받을 수 없는가?<br>▪ 재일한국조선인의 채용을 요구하며<br>▪ 우토로: 방치된 마을<br>▪ 21세기 비전: 재일한국조선인 사회 | 〈1990~2000년〉<br>▪ 일한 전후보상을 생각하는 모임<br>▪ 재일의 전후보상을 요구하는 모임<br>▪ 공무원 채용의 국적조항 완전철폐를 요구하는 모임<br>▪ 우토로를 지키는 모임 |

이들 내용들은 주로 재일코리안이 해방 이후 혼란한 정국 속에서 어떻게 거주지 일본에서 살아갈 것인가, 즉 그들 자신의 존재에 대한 자각과 각성을 일깨우기 위한 연구들이 많이 출현한 것으로 생각된다.

왜냐하면 이때만 해도 재일코리안은 일본을 영주가 아닌 일시 거주지로서 생각하고 있었으며 언젠가는 모국으로 돌아가리라는 생각이 강했기 때문이다. 그리고 실제로 대대적인 모국귀환사업의하나로서 1959년부터 북송귀국사업이 본격적으로 전개되었다.

그러나 1960~70년대에 들어서면서 재일코리안 사회는 일본인들로부터 직접적 · 물리적 공격을 받게 된 재일조선인 중 · 고생 폭행살상사건을 필두로 법적지위문제, 민족교육문제 등에 직면하게 되었다. 이러한 재일코리안 사회가 직면한 문제에 재일동포들이 관심을 갖기 시작하면서 재일코리안 연구도 인권침해, 자유왕래, 기본적 인권, 민족교육, 외국인등록법 및 출입국관리법 등에 집중되기 시작하였다. 이 시기부터 재일코리안 시민운동단체로서 '재일조선인의 인권을 지키는 모임'과 '재일조선인 인권옹호투쟁위원회'가 만들어지기 시작하여 본격적으로 재일코리안에 의한 조직적인 사회운동이 시작되었다고 볼 수 있다.

재일코리안 사회는 1970년대 중반에 들어서면서 커다란 전환기를 맞이하였다. 그 이유는 재일코리안 2~3세가 증가하면서 모국으로의 귀국보다는 일본 정주를 선택하는 사람이 많아지게 되었기 때문이다. 이와 더불어 재일코리안 1세들은 일본 정주를 지향하는 사람들이 점차 증가하게 되자 자연히 소수민족으로서 재일코리안 민족차별에 저항하기 시작했다. 즉 재일코리안들은 정착지로서 일본사회의 제도적 차별과 투쟁하지 않으면 안 되는 상황에 놓이게 된 것이다.

이러한 재일코리안 사회의 민족차별투쟁은 구체적으로 1970년 박종석이 히다치제작소의 입사시험에 통명으로 합격했지만 한국 국적이라는 이유로 불합격 처리된 사건이나 1976년 김경득이 사법시험에 합격

했지만 국적조항에 저촉된 한국 국적이라는 이유로 사법연수원 입소를 거부당하면서 본격화되었다. 정주를 지향하는 재일코리안은 일본의 민족차별에 대하여 사회제도적 차별철폐를 요구하며 사회운동을 전국적으로 확대시켜나갔다. 당시 재일코리안에 의한 히다치 민족차별투쟁은 일본 전국 8개소에서 대대적인 규탄대회가 열렸으며, 이러한 사회운동의 결과 재판에 승소하였다.[11] 재일코리안 사회운동의 연속선상에서 '민투련(민족차별과 투쟁하는 연락협의회)'이 결성되는 등 재일코리안 사회단체들의 활동이 전국적으로 확대되었다.

〈표 2-1〉에 제시한 바와 같이 1970~80년대는 재일코리안 사회운동이 가장 활발한 시기였다고 볼 수 있다. 재일코리안 사회에서 민족차별과 지문날인거부운동, 본명사용운동 등이 본격화되면서 일본 전국적으로 재일동포들에 의한 각종 지지모임과 지원모임, 생각하는 모임 등이 우후죽순 식으로 생겨나기 시작했다. 또한 1980년대 재일코리안 사회운동과정에서 흥미로운 점은 한국 내 재일코리안 정치범 석방운동과 연계되면서 한국의 민주화운동과정의 하나로 사회운동을 수용하게 되었다는 점이다.[12]

재일코리안 민족차별운동은 1960~70년대를 거치면서 1980년대 일본 전국으로 크게 확대되어 다양한 형태의 사회운동으로 발전되었고 1990년대 중반까지 지속되었다. 가령 일본정부의 재일코리안 지방공무원 채용, 도영주택 및 공단주택 입주문제, 지방참정권 및 생활권의 확보문제 등으로 사회운동이 확대되었다. 재일코리안의 민족차별운동은 일본에서의 정주를 확실히 하려는 과정에서 외국적 시민으로서 민족차별을 사회운동으로 표출한 결과라고 볼 수 있다.[13] 그러나 글로벌시대 이

11 調布물레の會(2010)『日本の外國人政策と在日コリアン』エルウィン, p. 30 참조.

12 위의 책(2010), p. 37 참조.

13 위의 책(2010), pp. 38-39 참조.

후 1990년대 중반 무렵 재일코리안 연구는 1980년대 민족차별운동을 계승하면서도 교토 우토로 문제나 공무원 국적조항 철폐문제 등 재일코리안과 다문화 공생에 역점을 두고 있지만 사회운동이 점차 쇠퇴의 길을 걷게 되고 재일코리안 연구 자체도 감소하였다.

### 2) 한국 내 재일코리안 연구

#### (1) 재일코리안 관련 연구 검색결과 분석

재일코리안 관련 국내 연구로서는 최대의 학술정보를 보유하고 있는 RISS(학술연구정보서비스)와 KRI(한국연구업적통합정보)에서 키워드를 활용하여 검색하였다. 먼저 재일코리안이라는 용어는 일본에서 '재일조선인', '재일동포', '재일교포', '재일한국조선인' 등 다양하게 사용되고 있기 때문에 여기에서는 이들 단어를 키워드로 선택하여 관련 연구를 검색하였다. 〈표 2-2〉는 재일코리안 관련 연구의 검색결과를 나타내고 있다. 표에 제시된 검색결과를 살펴보면 일본에서 재일코리안을 지칭하는 용어로서는 '재일조선인'이 가장 많이 사용되고 있으며 다음으로는 재일동포, 재일교포, 재일한국조선인, 재일코리안 순서로 사용되어 단어의 역사성을 그대로 함의하고 있는 것으로 나타났다.

이들 재일코리안을 지칭하는 용어를 중심으로 검색한 결과를 상세히 살펴보면 다음과 같다. 먼저 '재일조선인'이라는 단어로 검색한 결과를 살펴보면 RISS에서는 총 1,472건으로 학위논문 113건, 국내학술지 논문 408건, 단행본 920건 등이었다. KRI에서는 총 172건으로 논문 119건, 저역서 25건, 학술활동 17건 등이었다. 다음은 '재일동포'라는 용어로 검색한 결과 RISS에서는 총 1,220건으로 학위논문 78건, 국내학술지 350건, 단행본 726건, 기타자료 64건 등이었으며 KRI에서는 총 182건이 검색되어 그중에서 논문이 100건, 저 · 역서 34건, 연구비실적 27건, 학술 활동 20건 등이었다.

〈표 2-2〉 한국 내 재일코리안 연구의 내용분석(1980년 이후~2013년)

<table>
<tr><th>주제별<br>키워드</th><th>RISS<br>(학술연구정보서비스)</th><th>KRI<br>(한국연구업적통합정보)</th><th>연구의 주요 내용<br>(논문 및 단행본자료)</th></tr>
<tr><td>재일<br>조선인</td><td>• 총 1,472건 검색<br>- 학위논문(113)<br>- 국내 학술지논문(408)<br>- 학술지(1)<br>- 단행본(920)<br>- 기타자료(30)</td><td>• 총 172건 검색<br>- 논문(119)<br>- 저 · 역실적(25)<br>- 연구비실적(10)<br>- 전시작품(1)<br>- 학술활동(17)</td><td rowspan="5">검색기준—재일코리안<br>〈학위논문〉 이주와 취업, 지위변화, 일본국적 취득문제, 주민투표권, 민족과정 다양화(민단동향), 재판, 한일문화콘텐츠, 재일조선학교 교육변화, 재일한인작가, 선교전략, 기원과 정체성, 국적문제, 디아스포라 문학, 코리아타운, 한류(혐한현상)<br><br>〈학술지논문〉 민단, 현황과 미래, 취업차별, 법적 지위, 지방참정권, 민족정체성, 민족교육, 기업 및 기업가 네트워크, 시민사회단체, 경제활동, 개호보험서비스, 사회보장, 복지프로그램, 결혼이민자 복지정책, 제사의 변용과 '한', 재일조선인과 재일한국인, 재일조선인 여성, 다문화주의, 디아스포라와 트라우마, 공민권운동, 민족축제, 문화적 갈등, 박물관, 고령자, 재일코리안 문화, 디아스포라와 문학, 디아스포라 소설, 한류, 이카이노, 코리아타운, 한인 디아스포라, 민족예술, 다문화공생<br><br>〈단행본 및 기타자료〉</td></tr>
<tr><td>재일<br>동포</td><td>• 총 1,220건 검색<br>- 학위논문(78)<br>- 국내 학술지논문(350)<br>- 학술지(2)<br>- 단행본(726)<br>- 기타자료(64)</td><td>• 총 182건 검색<br>- 논문실적(100)<br>- 저 · 역실적(34)<br>- 연구비실적(27)<br>- 전시작품(1)<br>- 학술활동(20)</td></tr>
<tr><td>재일<br>교포</td><td>• 총 851건 검색<br>- 학위논문(57)<br>- 국내 학술지논문(123)<br>- 단행본(658)<br>- 기타자료(13)</td><td>• 총 60건 검색<br>- 논문실적(43)<br>- 저 · 역실적(2)<br>- 연구비실적(7)<br>- 전시작품(1)<br>- 학술활동(7)</td></tr>
<tr><td>재일<br>한국 · 조선인</td><td>• 총 771건 검색<br>- 학위논문(64)<br>- 국내 학술지논문(243)<br>- 단행본(446)<br>- 기타자료(18)</td><td>• 총 8건 검색<br>- 논문실적(6)<br>- 저 · 역실적(2)</td></tr>
<tr><td>재일<br>코리안</td><td>• 총 242건 검색<br>- 학위논문<br>〔2005년 이후〕(18)<br>- 국내 학술지논문<br>〔1990년대 말 이후〕(97)<br>- 단행본<br>〔1990년대 말 이후〕(112)<br>- 기타자료(15)</td><td>• 총 91건 검색<br>- 논문실적(48)<br>- 저 · 역실적(29)<br>- 연구비실적(5)<br>- 학술활동(9)</td></tr>
</table>

출처: RISS(http://www.riss.kr/index.do: 검색일 2013.04.29)와 KRI(https://www.kri.go.kr/kri/rp/main.jsp: 검색일 2013.04.30)의 통합정보를 바탕으로 필자 작성.

다음으로 '재일교포'라는 용어를 활용한 검색결과를 살펴보면 RISS에서 총 851건이 검색되었다.

그중에서 학위논문 57건, 국내학술지 논문 123건, 단행본 658건, 기타자료 18건이었다. KRI에서는 총 60건이 검색되어 논문실적 43건, 저 · 역서 2건, 연구비실적 7건, 학술활동 7건 등이었다.

'재일한국조선인'이라는 단어로 검색한 결과에서는 RISS에서 총 771건이 검색되었다. 이들 중 학위논문 64건, 학술지논문 243건, 단행본 446건, 기타자료 18건 등이었다. KRI의 검색결과는 총 8건으로 논문 6건, 저역서 2건으로 나타났다. '재일코리안'이라는 용어로 문헌을 검색한 결과, RISS에서는 총 242건으로 학위논문 18건, 학술지논문 97건, 단행본 112건, 기타자료 15건 등으로 나타났다. KRI에서는 총 91건이 검색되었는데, 그중에서 논문 48건, 저 · 역서 29건, 연구비실적 5건, 학술활동 9건이었다.

### (2) 재일코리안 연구의 내용분석

재일코리안 관련 국내 연구의 검색결과, 연구 성과의 대부분이 1990년대 말부터 시작되어 2000년대 이후 국내에서 본격적으로 생산된 것으로 나타났다. 가장 검색 수가 많은 '재일조선인'이나 '재일동포'의 용어가 포함된 연구는 1970년대 초반부터 생산되기 시작하여 비교적 역사성이 깊었다. '재일코리안'이라는 용어가 사용된 연구는 2000년대 이후부터 출현하기 시작하여 가장 최근까지 활용된 것으로 조사되었다. 특히 '재일코리안'이라는 용어를 활용한 학술지 논문이나 단행본은 1990년대 말부터 조금씩 눈에 띄기 시작하였다. 학위논문의 경우 대부분 2005년도 이후에 생산된 것이어서 최근에 관심이 높아진 것으로 나타나 계속해서 연구가 증가할 것으로 예상된다.

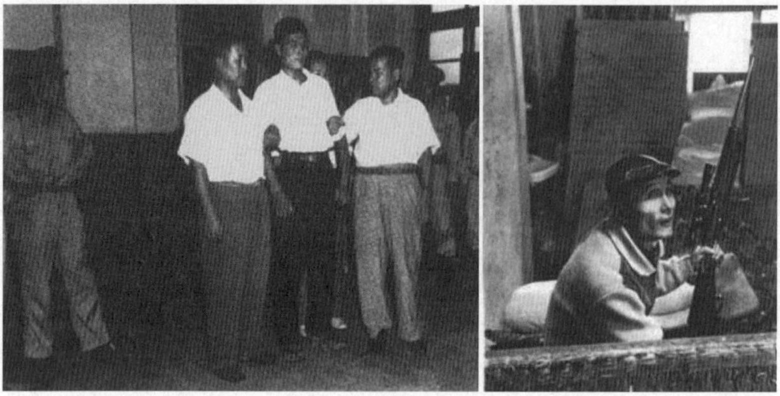

〈사진 2-3〉 1960~70년대 재일코리안 민족차별에 맞선 이진우와 김희로 사건

재일코리안 연구에 대한 내용분석은 RISS 전체 문헌을 분석하기에는 너무 양이 방대하기 때문에 가장 최근에 주목받고 있는 '재일코리안'이라는 단어를 검색하여 학위논문과 학술지논문의 내용만을 중심으로 분석에 활용하였다. 이 연구에서는 단행본의 내용분석을 제외시켰는데, 그 이유는 전체적인 문헌내용을 고찰한 결과 학술지 논문의 내용수준에서 크게 벗어나지 못했기 때문이다.

그러면 '재일코리안'이라는 용어의 검색을 활용한 학위논문의 내용을 구체적으로 살펴보도록 하자. 재일코리안 관련 구체적인 분석내용을 살펴보면 재일코리안의 이주와 취업, 법적 지위 변화, 일본 국적 취득문제, 주민투표권, 민족과정 다양화(민단 동향), 민족차별과 취업차별 관련 재판, 한일문화콘텐츠, 재일조선학교 민족교육문제, 재일한인작가, 선교전략, 재일코리안의 기원과 정체성, 국적문제, 디아스포라 문학, 코리아타운, 한류 등을 다룬 연구가 많았다.

일반적으로 학위논문의 내용분석결과 1960년대 이후 재일코리안이 직면했던 사회문제로부터 최근 한류에 이르기까지 다양하게 접근하고 있는 것으로 나타났다.

그러나 학술지 논문의 경우 주요 내용은 시대적 · 사회적 이슈에 대하여 크게 다음 네 가지로 분류 가능했다. 첫째, 재일코리안 사회를 인식하기 위한 현재적 상황을 다룬 연구들이다. 둘째, 재일코리안 사회에 대한 일본정부의 취업차별, 법적 지위, 지방참정권 등 민족차별에 대한 연구다. 셋째, 재일코리안 기업이나 기업가, 경제활동을 다룬 연구들이다. 넷째, 재일코리안의 민족교육이나 민족정체성, 민족축제나 문화적 갈등을 다룬 연구들이다. 다섯째, 재일코리안의 고령화에 따른 개호보험서비스, 사회보장, 복지프로그램, 결혼이민자 복지정책, 제사의 변용과 '한' 등의 문제를 다룬 연구들이었다. 여섯째, 재일코리안을 디아스포라로서 규정하고 그들의 문화, 축제, 문학, 예술, 그리고 다문화 공생과 코리아타운, 한류를 다룬 연구들이 최근 증가하고 있는 것으로 나타났다.

### (3) 국내외 재일코리안 연구 비교

지금까지 국내외 재일코리안 연구의 내용분석을 통해 대략적인 연구 경향을 살펴보았다. 다음 〈표 2-3〉은 재일코리안 연구의 국내외 연구경향을 간략하게 제시한 것이다. 일본 내 재일코리안 연구동향은 일본에서 발행된 재일코리안 관련 연구목록의 분석을 통해 연구결과를 도출하였으며, 국내연구는 RISS(학술연구정보서비스)와 KRI(한국연구업적통합정보)의 '재일코리안'이라는 키워드의 검색결과를 바탕으로 분석하였다.

먼저 일본에서 재일코리안 연구의 분석결과를 살펴보면, 1945년 해방 전후부터 1960년대까지는 혼란 정국을 통해 재일코리안의 지식인이나 엘리트들을 중심으로 그들 자신의 민족정체성 확립에 매진한 시기였다. 이러한 재일코리안 민족정체성의 확립이라는 기반 위에 일본에서 재일코리안의 '재민족화' 과정은 민족차별에 대응하는 과정에서 기독교계나 각종 단체의 '지지모임', '생각하는 모임'들이 생겨나면서 민족을 동원한 본격적인 사회운동이 전개되었다. 이러한 재일코리안의 사회운동과정에서 생산된 미니코미정보지가 사회운동의 확산에서 매우 중요한 역할을 담당하였다. 이것은 향후 재일코리안 사회의 생생한 역사적 증언사료로서 연구의 가치가 매우 높을 것으로 생각된다. 재일코리안 사회는 1980년대 이후 글로벌시대와 더불어 '탈민족화'를 경험하게 되었다. 이러한 민족정체성의 약화와 글로벌화의 영향으로 1990년대 말 이후에는 재일코리안 연구의 주도권이 재일코리안에서 국내 연구자로 전환되는 계기를 맞이하게 되었다.

일본 내 재일코리안 연구의 분석결과를 살펴보면 다음과 같다. 전술한 바와 같이 1990년대 말 재일코리안의 탈민족의 영향으로 일본 내에

〈표 2-3〉 국내외 재일코리안 연구내용의 비교

| 비교대상 | 일본 내<br>(1945~1990년대 말)<br>재일코리안 관련<br>연구목록 분석 | 한국 내<br>(1990년 말~2012년 현재)<br>RISS와 KRI<br>재일코리안 키워드 분석 |
|---|---|---|
| 재일코리안(재일조선인, 재일동포, 재일교포, 재일한국조선인, 재일코리안) 연구 경향 | ▪ 재일코리안 정체성 확립시기<br>▪ '재민족화' 과정으로서 재일코리안 민족차별에 대응하는 기독교계나 각종 지지모임, 생각하는 모임을 중심으로 투쟁과 사회운동 전개 및 운동과정에서 역사적 사료로서 미니코미정보지가 생산됨<br>▪ 1980년대 이후 일본 글로벌화와 다문화 공생의 영향으로 '탈민족화' 경험<br>▪ 1990년대 말 이후 재일코리안 연구 주도권이 재일코리안에서 국내 연구자로 전환 | ▪ 연구주체 및 장소의 변화<br>▪ 1990년대 말 재일코리안의 탈민족화 영향으로 일본 내 연구 및 연구자 감소<br>▪ 일본 유학생의 귀국 및 1997년 재외동포재단 설립과 재일동포에 대한 관심 증가로 1990년대 말 2000년대 이후 연구 및 연구자 대폭 증가<br>▪ 재일코리안 연구가 민족차별과 사회운동에서 경제활동, 민족교육, 민족정체성, 축제, 다문화 공생, 코리아타운, 한류 등으로 연구주제나 관심 전환 |

주: 내용분석결과를 바탕으로 필자가 작성한 것임.

서는 재일코리안 연구 및 연구자가 대폭 감소하였다. 여기에는 재일코리안의 고령화, 젊은 청년층의 민족정체성 약화 등도 영향을 미쳤겠지만 무엇보다 글로벌시대 일본정부의 다문화 공생 주창과 적극적인 실천의 영향이 큰 것으로 생각된다.

한국 내 재일코리안 연구는 1980년대 전후 대량으로 도일한 유학생들의 한국 귀국 및 1997년 '재외동포재단' 설립에 따른 재일동포에 대한 관심 증가로 1990년대 말 이후부터 재일코리안 연구 및 연구자가 대폭 증가한 것에 기인한 결과로 볼 수 있다. 정확히 말하면 2000년대 이후부터 한국에서 재일코리안 연구 성과가 본격적으로 대량 생산되기 시작하였다. 연구내용은 종래 재일코리안의 주요 관심사였던 일본 내 민족차별과 배제보다는 글로벌화의 영향으로 재일코리안의 경제활동, 민족교육, 민족정체성, 축제, 다문화 공생, 코리아타운, 한류 등 각론적인 연구주제가 증가하여 과거보다 훨씬 다양화되었다.

## 5. 재일코리안 연구 동향과 전망

이 장의 목적은 국내외에서 수행된 재일코리안 연구에 대한 주제별 내용분석을 통해 현재까지의 재일코리안 연구 동향을 파악하고 시사점을 제공함으로써 향후 재일코리안 연구의 지평확대에 일조하는 데 있다.

이 연구의 분석 및 연구방법은 주로 1945년 이후 재일코리안 관련 연구의 내용분석을 통하여 전체적인 연구의 경향을 파악하고자 시도하였다. 분석자료로서 일본 내 재일코리안 연구자료는 전술한 바와 같이 일본에서 발행된 재일코리안 관련 문헌목록과 자료집을 참고하였다. 한국 내 재일코리안 연구자료는 RISS(학술연구정보서비스)와 KRI(한국연구업적통합정보)에서 재일코리안 관련 키워드를 검색하여 연구의 분석에 활용하였다.

이들 재일코리안 연구문헌목록 및 자료의 검색을 통한 분석결과 1945년 전후 일본 내 연구동향은 재일코리안들이 해방과 더불어 혼란한 정국 속에서 재일코리안 지식인이나 엘리트들이 동원되어 그들의 민족 정체성 확립에 매진한 시기였다. 이러한 재일코리안 민족정체성의 기반 위에 1960년대부터는 재일코리안의 '재민족화' 과정으로서 민족차별에 대응하는 기독교계나 각종 사회단체의 '지지모임', '생각하는 모임'들이 우후죽순 식으로 생겨나 이들 단체를 중심으로 본격적인 사회운동이 전개되었다. 1970~80년대 재일코리안 사회는 일본 전국으로 확대된 민족 차별과 배제에 대응한 사회운동으로 당시 재일코리안 사회의 현실을 반영한 미니코미(작은 책자)정보지가 대량 생산되었다.

그러나 한국 내 연구동향을 살펴본 결과 1980년대 이후 일본의 글로벌화와 다문화 공생의 영향이 재일코리안 사회에도 큰 변화를 가져왔다. 일본의 글로벌화는 재일코리안 사회의 탈민족화를 촉진시키는 결과를 초래하였다. 그 결과 1990년을 경계로 일본 내에서는 재일코리안 연구 및 연구자가 대폭 감소하였다. 여기에는 재일코리안의 고령화, 젊은 청년층의 민족정체성 약화 등의 영향도 있었겠지만 무엇보다 글로벌시대 일본의 다문화 공생의 적극적인 제도 도입에 따라 전반적으로 재일코리안 중심의 사회운동이나 활동이 약화되었기 때문이다. 이러한 시대적 추이를 살펴볼 때 향후 재일코리안 사회운동은 기존 형태의 운동이 점차 소멸되고 재일외국인 연대의 형태로 발전할 가능성이 높을 것이다.

전체적인 연구내용의 추이를 살펴보면 재일코리안 관제 연구는 1980년대 이전에 주요 관심사였던 재일코리안의 민족차별과 배제 연구보다는 경제활동, 민족교육, 민족정체성, 축제, 다문화 공생, 코리아타운, 한류 등 연구주제나 관심이 보다 다양화되었다.

재일코리안 관련 국내외 연구의 내용분석을 통한 연구결과를 정리하면 다음과 같다. 첫째, 재일코리안의 각성을 통한 응집성을 기반으로 민족정체성의 강화에 따른 재일코리안의 재민족화와 단체행동의 논리를 구축한 사회구조적 촉진요인, 둘째, 재일코리안 사회단체의 집단적 사회운동에 의한 재민족화와 탈민족화 경향의 동시 출현, 즉 이러한 재민족화와 탈민족화의 과정으로서 개인의 각성과 선택을 통한 그들 자신의 주변화와 글로벌화의 양상, 그리고 세계적인 글로벌화(탈민족화)에 따른 개인(개인화)의 선택에 의한 재일코리안 사회운동의 쇠퇴와 다문화 공생의 확대에 의한 재일외국인 연대의 출현 등으로 설명할 수 있을 것이다. 이렇게 볼 때 향후 재일코리안 사회는 지금과 같이 일본 내에서 소수민족의 한계를 극복하기는 쉽지 않을 것으로 예상되며 소수민족을 응집하기 위한 재민족화와 탈민족화를 반복하는 사회구조와 패턴 속에서 재일코리안 연구의 운명이 결정될 것으로 생각된다.

연구결과 한 가지 흥미로운 사실은 국내 재일코리안 연구에 있어서 시대별 재일코리안 용어의 활용도가 재일조선인-재일동포-재일교포-재일한국조선인-재일코리안 순으로 높게 나타났으며, 이들 용어의 개념도 최근에는 훨씬 다양한 의미로 활용되고 있었다.

향후 연구과제로는 이 연구에서 다루지 못한 국내외 이외의 제3국 연구자들에 의한 재일코리안 연구동향에 주목할 필요가 있을 것이다. 덧붙여 재일코리안의 민족운동을 정리해볼 때 1945년부터 90년대 초반까지의 사회운동, 90년대 이후 문화운동에 대한 추이와 동향에 대한 자세한 연구와 분석이 절실히 필요하다. 또한 본 연구결과에서 제시한 각종 재일코리안의 사회운동의 확산과정에서 파생된 시민사회단체들이 생산한 미니코미(작은 책자)정보지의 자료수집을 통한 내용고찰과 검증작업을 후속 연구에서 기대한다.

**제3장**

# 재일코리안 디아스포라의 형성과 전개

일본에서 총련이 1955년 공식적인 조직으로 출범한 이래 북한은 재외동포들에게 해외공민으로서 정책적으로 많은 관심을 기울여왔고, 재정적인 원조도 아끼지 않았다.[1] 1960~70년대 당시 남한에 비해 경제적 우위에 있던 북한이 일본 식민지시대의 종언과 더불어 발생한 총련계 민족교육기관에 대한 적극적인 재정지원을 통해 재일동포와의 민족적 유대를 강화함으로써 교육원조, 북송문제, 합변투자유치 등 표면적으로는 재외동포정책이 상당히 성공적이었고 어느 정도 가시적인 성과도 거두었다.

그러나 1990년도에 들어서면서 재일총련과 북한과의 관계는 크게 달라진다. 1980년대 북한의 심각한 경제난, 1990년대 김일성 사망과 동구권을 중심으로 한 사회주의 몰락과 그 여파로 재일총련들도 고스란히

1 진희관(2011) "북한의 재외동포정책"『통일문제연구55』pp. 68-69 참조. 북한은 해외공민과 해외동포(교포)를 명확히 구분하고 있으며, 해외공민은 북한의 시민권(국적)을 의미하고 동포는 한 핏줄(민족)을 의미하는 용어로 사용하고 있다. 현재 재일동포는 약 91만 명으로 추산되며, 일본사회에서 북한 국적으로 간주되는 '조선적'은 약 3만 명쯤 되는 것으로 추정되고 있다. 이 연구에서 밝히고 있는 바와 같이 무국적자의 '조선'이란 반드시 친북한(친총련)으로 생각해서는 안 된다는 점을 강조하고 있다(조관자, 2009, p. 207).

받게 되었다. 이 장에서는 재일코리안과 관련하여 이러한 일련의 사건들이 1990년대 전후 글로벌시대의 도래와 더불어 총련-북한-일본과의 관계 변화에 미친 영향을 주목하였다.

이 장에서는 1990년대 전후 대두된 글로벌화를 계기로 재일총련 사회에 어떠한 변화가 일어났는지 살펴보고자 한다.

첫째, 1955년 이후 1990년대까지 재일총련과 북한의 관계에 가장 큰 영향을 미친 사건들을 중심으로 다루고자 한다. 총련과 북한과의 관계에 가장 큰 영향을 미친 사건으로서 민족교육지원사업, 북송사업, 총련기업의 합변투자 등에 대하여 살펴볼 것이다. 둘째, 1990년대 이후 2010년 현재까지 일본과 북한(이후 '북일관계'로 통일)의 관계에 의한 총련의 현재적 위치에 대하여 살펴보고자 한다. 북일관계에서 사회적 · 경제적으로 가장 큰 영향을 미친 사건으로서는 1990년 북일국교정상화 교섭 개시, 2002년 북일평양선언 전후 일본인 납치문제, 핵 개발 의혹 및 미사일발사 문제 등에 의한 상호관계의 변화에 대하여 자세히 살펴볼 것이다.

특히, 일본인 납치문제와 핵 개발 의혹 및 미사일발사 사건을 계기로 일본정부의 정책은 북한에 대한 압박정책으로 바뀜과 동시에 재일총련조직에도 대대적인 탄압정책을 펼쳐왔다. 이로 인해 발생하게 된 총련과 일본과의 경제적 · 정치적 관계에 주목하였다. 즉, 1980년대 이후 총련-북한과의 관계, 그리고 최근 글로벌시대 총련-일본과의 관계 변화는 결국 총련과 북한과의 관계를 반영하고 있으며, 나아가 향후 한국과 재일동포와의 관계에도 직접적인 영향을 미칠 수 있는 중요한 사안으로 생각된다.

따라서 이 장의 목적은 1990년대 전후 재일총련과 북한과의 관계, 재일총련과 일본과의 관계(북한-총련-일본)에 주목함으로써 글로벌시대 총련의 현재 입장과 생존전략을 파악하여 한일관계의 연속선상에서 재일동포에 대한 새로운 정책방향을 제시하는 데 있다.[2]

## 1. 글로벌화와 재일코리안 디아스포라

글로벌시대 초국가주의(transnationalism)는 한마디로 여러 나라에 조직 기반을 둔 기업체를 지칭하는 말로 사용되어온 경향이 있다. 최근 초국가주의는 국경을 초월한 사람들의 사상, 물질, 신앙, 가치, 자본의 이동과 연결망을 포괄하는 개념으로 확대되고 있다(Braziel and Mannur, 2003). 바야흐로 초국가주의는 어느 한쪽에 귀속되지 않고 시간과 공간의 제한을 넘어 국가 형성에 영향을 미치는 역동적인 과정을 함의하고 있다(Hoffman, 2004).

글로벌화와 더불어 디아스포라 연구자들은 사람의 이동에 대하여 초국적인 시점에서 고찰하여 이주국에 존재하는 민족 간의 문화적 이데올로기나 문화정체성이 어떻게 형성되어왔는가에 관심을 가져왔다. 특히 초국적인 이민에 의해 발생된 그들의 자손, 지역주민과 사회적 · 경제적 · 정치적 · 문화적으로 어떻게 연결되어 있는지에 대한 문제에 천착해왔다.

디아스포라와 이민의 개념 차이에 대해서는 연구자들 간에 상당한 이견이 존재하지만, 샤프란(Safran 1991: 83-84)에 의하면 "디아스포라 집단은 거주국에서 모국의 언어, 문화, 종교를 통하여 민족정체성을 유지하고 그들과의 지속적인 관계를 통해 민족공동체 의식을 공유하고 있는 사람들의 집합체"라고 정의한 바 있다.

그는 디아스포라 집단에 대해 역사학적 · 사회학적 특징을 다음과

---

2 재일총련의 역사적 기원은 1945년 8월 하순, 해방 전부터 사회운동에 관여해왔던 재일본조선인 활동가들이 준비한 끝에 10월 15일에 '재일본조선인연맹(조련)'이 출범하게 되었다. 반대적 성향의 우파는 1946년 10월 3일 '재일본조선거류민연맹'을 조직하고 1948년에 '재일본대한민국거류민단(민단)'으로 개칭하였다. 1951년에는 '재일조선통일민주전선(민선)'이 결성되어 미군의 한국전쟁 개입 저지, 군수물자수송 저지 등을 전개하지만 휴전협정 체결 이후 1955년 5월에 발전적 해체를 결의하고 '재일본조선인총연합회(조총련/총련)'가 탄생하게 되었다.

같이 여섯 가지로 정의한 바 있다. 첫째, 어떤 지역에서 다른 두 개 지역 이상의 해외국가나 변경지역으로 이산, 둘째, 모국에 대하여 공유된 집단적 기억과 신화의 유지, 셋째, 유입국 사회에서의 차별, 넷째, 모국으로의 최종적인 귀환 희망, 다섯째, 모국의 유지와 부흥 및 모국의 안전과 복지보장의 애착, 여섯째, 모국과 관련된 민족정체성의 유지 및 민족공동체 의식의 함양, 정신적 교류와 그들과의 관계유지 희망 등이다.

이에 대해 코헨(Cohen, 1997)은 디아스포라 집단에 대하여 다음과 같은 네 가지로 구분하여 설명한 바 있다. 첫째, 고전적 디아스포라(해외에 이산한 많은 소수민족공동체로 형성된 유대인 이민자들), 둘째, 피해자 디아스포라(아프리카나 아르메니아인의 초국적인 이민자들), 셋째, 교역 디아스포라(글로벌시대 해외에 비즈니스나 경제적 기회를 찾아 떠난 중국인이나 레바논 이민자), 넷째, 노동 디아스포라(자유로운 글로벌 이동시대 해외에 직접 직업을 찾아 떠난 인도인과 같은 이민자들)로 분류하였다.

그러나 이들이 주장하는 디아스포라 집단 유형은 모국과의 강고한 관계유지나 귀환 희망 등 어느 면에서는 설득력이 있어 보이지만, 초국가적인 글로벌시대에 매우 다양하게 전개되고 있는 디아스포라 집단을 설명하기에는 충분하지 않다. 가령 쉐퍼(Sheffer, 1986: 11)가 주장하는 바와 같이 "아프리카계 미국인 대다수가 자신의 출신지역, 부족집단, 언어를 거의 모르고 생활하고 있으며", 정치지도자들 역시 "아프리카 귀환 희망보다는 주류사회와의 정치적 교섭단체로서의 민족정체성을 강화하고 있다."고 주장한다(Clifford 1994: 308).

이상과 같이 디아스포라 집단을 이해하기 위해서는 국가 간 혹은 국가와 디아스포라 집단 간의 정치적 이해관계를 이해해야 한다. 초국적인 글로벌시대 재일코리안 디아스포라를 이해하기 위해서는 그들의 정치적 · 경제적 · 사회적 주변화는 물론이고 문화정체성의 성격과 모국에 대한 인식을 포함한 거주지에서의 다양한 경험과 이주역사에 주목할 필요가 있다. 이 장에서는 북한-총련-일본 간의 정치적 · 경제적 · 사회적 관계에 주목하여 고찰하고자 한다.

〈표 3-1〉 세계 디아스포라 집단 개념 정의

| 연구자 | 디아스포라 개념 정의와 유형 |
| --- | --- |
| 쉐퍼 (Sheffer, 1986) | 디아스포라 유형의 다양성과 공동체의 존재 이유는 주류그룹과 교섭기반으로서 그들의 집단적 정체성 강화. 디아스포라의 정의에 대하여 아프리카계 미국인 대다수가 자신의 출신지역, 부족집단, 언어를 거의 모르고 있으며, 정치지도자들 역시 아프리카 귀환 희망보다는 주류사회와의 교섭기반으로서 민족정체성 강화 |
| 사프란 (Safran, 1991) | 디아스포라 집단은 거주국에서 모국의 언어, 문화, 종교를 통하여 민족정체성을 유지하고 그들과의 지속적인 관계를 통해 민족공동체 의식을 공유하고 있음. 디아스포라의 정의는 어느 지점에서 다른 2개 이상의 해외나 변경지역으로의 이산, 모국에 대한 공유(공통)된 집단적 기억이나 신화 유지, 거주국 사회에서의 차별, 모국에 대한 최종적인 귀환 희망, 모국의 유지나 부흥 및 모국의 안전과 복지보장에 대한 고집(애착), 모국과 관련된 민족정체성의 정의 및 민족공동체 의식의 함양, 정서(마음)가 통하는 사람들과의 관계유지 희망 등 |
| 퇴뢰리안 (Tölölian, 1991) | 디아스포라의 의미는 이산, 집산, 분산, 정체성, 전통 등에서 디아스포라의 개념을 확대하여 유대인, 그리스인, 아르메니아인의 분산을 가리켰지만 이제는 이주민, 국외로 추방된 난민, 초빙 노동자, 망명자 공동체, 소수민족 공동체와 같은 집단도 포함하는 넓은 어원을 가진 의미로 규정하였음 |
| 코헨 (Cohen, 1997) | - 디아스포라 형성 원인과 이주동기에 초점(공통요소)<br>첫째, 비극적 이산<br>둘째, 노동이나 상업, 제국 경영을 통한 집단이주, 집합적 기억과 모국신화<br>넷째, 조국 이상화<br>다섯째, 귀환운동<br>여섯째, 민족집단 의식 유지<br>일곱째, 거주국 사회와의 갈등 대립<br>여덟째, 동일 민족집단 연대의식<br>아홉째, 문화적 능력, 정신적 자질 등<br>- 고전적 디아스포라(해외에 이산한 많은 소수민족공동체로 형성된 유대인 이민), 피해자 디아스포라(아프리카나 아르메니아인의 초국적인 이민), 교역 디아스포라(해외에 비즈니스나 경제적 기회를 찾아 떠난 중국인이나 레바논 이민자), 노동 디아스포라(해외에 직업을 찾아 떠난 인도인)로 분류하였음. 이주동기에 따라 박해도피형, 제국식민형, 노동형, 상업형, 그리고 |

| | 문화형 디아스포라로 구분 |
|---|---|
| 베토벡 (Vertovec, 1998) | 사회형태로서 디아스포라(민족집단 내부 관계, 거주국가와 환경 관계, 모국 환경과의 관계 등), 의식형태로서 디아스포라(디아스포라적 경험, 심리적 상태 및 정체성 묘사 등에 중점), 문화양식으로서 디아스포라(초국적인 사회문화현상의 생산 및 재생산, 문화양식과 정체성의 유동성이 강조된 문화 다원주의와 혼종성) |
| 왈벡 (Wahlbeck, 2002) | 디아스포라는 정체성의 탈영토화 경향을 지칭함. 글로벌화의 진전으로 국민국가의 규정력이 약화되고 정체성이 특정한 공간이나 영역으로부터 탈피하여 다중화・혼종화되는 경향을 포착함 |
| 재일코리안 디아스포라 정의 | - 첫째, 샤프란(Safran, 1991)이나 코헨(Cohen, 1997)이 제시한 바와 같이 넓은 의미에서 재일코리안 디아스포라는 상호 공유된 역사적 경험과 공통의 조상에 대한 집합적 기억으로서 준거의 틀(Hall, 1990)을 제공해주는 '역사적 기억', 둘째는 상당히 유동적인 문화적 구축물로서 재일코리안 디아스포라<br>- 따라서 재일코리안 디아스포라의 정의는 집단 구성원들 간에 공유되거나 고정된 것보다는 정치경제, 역사, 문화, 권력의 동향과 밀접하게 관련되면서 변화가 지속되고 현재 직면한 사회적 상황이나 요구에 따라 끊임없이 자기정체성을 형성하는 과정에 있는 집단 |

출처: 쉐퍼(Sheffer, 1986), 사프란(Safran, 1991), 코헨(Cohen, 1997)의 정의를 바탕으로 필자 작성.

일반적으로 재일코리안 디아스포라가 구축한 문화정체성은 크게 두 가지 측면에서 살펴볼 수 있다. 첫째, 사프란(Safran, 1991: 84)이 제시한 바와 같이 공유된 역사적 경험과 공통의 조상에 대한 집합적 기억으로서 준거의 틀(Hall 1990: 223)을 제공해주는 '역사적 기억'에 해당된다. 둘째는 상당히 유동적인 문화적 구축물로서의 재일코리안 디아스포라의 문화정체성이다. 흔히 문화적 구축물은 장소나 공간, 역사를 초월하여 생성된다. 이것은 디아스포라 집단 구성원들 간에 공유되거나 고정된 것이라기보다는 집단의 역사, 문화, 권력의 동향과 밀접하게 관련되면서 변화가 발생된다. 즉, 재일코리안 디아스포라가 현재 직면한 사회적 상황이나 요구에 따라 끊임없이 자기정체성을 형성하는 과정을 의미한다.

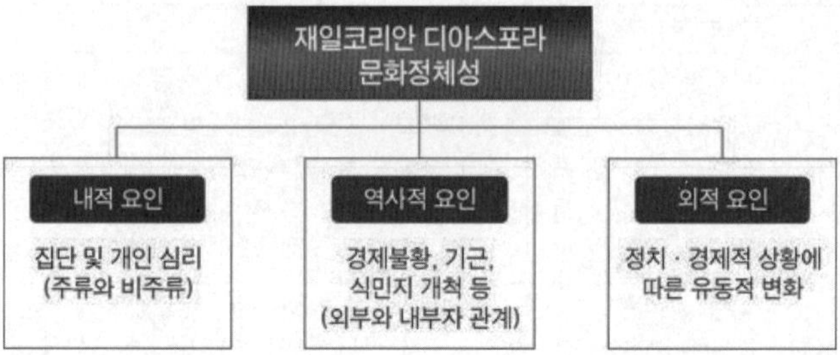


〈그림 3-1〉 재일코리안 디아스포라 문화정체성 구성요소

더욱이 디아스포라 집단으로서 재일코리안 집단의 이론적 틀이나 분석도구를 좀 더 세분하면 〈그림 3-1〉과 같이 역사적, 외적, 내적이라는 세 가지 구성요소로 설명할 수 있다. 첫째, 역사적 요인이라는 것은 디아스포라 집단의 경제불황, 기근, 전쟁, 억류 등 그들이 처한 정치적 · 경제적 · 외적 요인을 가리킨다. 이러한 역사적 요인은 통상 외부자와 내부자의 입장에 따라 서로 상이하게 해석된다. 내부자는 초기 이민세대의 눈으로 내부에서 외부자를 바라보는 경향이 있다. 둘째, 내적 요인은 집단 심리뿐만 아니라 개인의 심리상태도 반영한다. 재일코리안 디아스포라 집단의 문화정체성은 외적 요인에 의해 집단 외부자들이 가지고 있는 심리적 태도나 상태에 의해 구축된다는 것이다. 일반적으로 주류이며 다수파인 외부자가 만들어내는 내부자에 대한 사회적 시각은 역사적 사건에 대한 특정의 권위적 편견이나 이미지(나쁜 말로는 낙인)를 부여하는 힘을 가지고 있다.

재일코리안 디아스포라의 경험적 산물은 〈그림 3-1〉에서 제시한 바와 같이 다음 세 가지 중복된 요인의 상호작용에 의해 설명될 수 있을 것이다. 이 장에서는 세 가지 요소 중 마지막 요인인 외적 요인, 즉 정치적 · 경제적 상황에 따른 재일코리안 디아스포라(총련-북한-일본)의 유동적

변화에 주목하였다.

그러면 구체적으로 이 장과 관련된 기존 연구에 대하여 살펴보고자 한다. 재일총련과 북한과의 관계 연구는 진희관(2011, 2006)[3]의 연구가 대표적이라고 할 수 있다.[4] 이 연구는 북한의 재외동포정책 측면에서 접근하고 있다는 점에서 매우 흥미로운 논문이라고 생각된다. 이 연구에 의하면 북한은 1957년 이후 '교육지원금 및 장학금' 명목으로 재일총련에 전폭적인 지원을 해왔으며, 2000년대 이후에는 북한경제위기로 기존 형태의 관계지속이 어려워졌다고 주장한다. 그 이유는 2001년 광우병파동으로 인한 총련의 핵심 산업이었던 야키니쿠산업의 불황, 그에 따른 재일조선인신용조합의 해체(2001), 2006년 북한 미사일 및 핵실험으로 인한 일본의 경제적 제재조치로 인한 만경봉호 왕래 중단, 대북경제제재조치의 지속과 일본에서 방북자 검문검색의 강화 등을 들고 있다.[5]

그 밖에도 재일총련과 한국사회와의 소통이 중요하다는 점을 지적한 최영호(2009)의 연구[6]와 2006년을 기점으로 최근 민단과 총련과의 관계 변화에 주목한 정진성(2009)의 연구[7]가 있다. 지면관계상 이들 연구에 대한 자세한 설명은 생략하기로 한다.

재일총련의 북송문제를 직접적으로 다룬 박정진(2011)의 연구는 북송문제에서 북한의 역할과 의도, 추진의 역사적 배경 등을 논의하고 있다. 이 논문은 거시적인 측면에서 1958년 당시 북송문제를 둘러싼 북한과 총련과의 관계를 잘 반영하고 있는 연구로 생각된다.[8] 이 연구에 따르

---

3 앞의 논문, pp. 63-106.

4 진희관(2006) "재일 민단-총련 반세기 만에 '화해의 만남'" 『통일한국270』 pp. 23-25.

5 진희관(2011), p. 89.

6 최영호(2009) "재일동포사회, 총련계 동포와 한국사회 소통 중요" 『통일한국309』 pp. 62-64.

7 정진성(2009) "민단-총련 관계의 연구" 『사회와 역사 82』 pp. 283-321.

8 박정진(2011) "북한의 대일접근과 재일조선인 '북송(귀국)문제'" 『북한연구학회보』 제15권 제1호, p. 221.

면 재일총련은 북한의 지도에 의해 제4회 전체대회를 귀국운동으로 추진하게 되었다. 1960년대 당시 북한 내부의 노동자 부족으로 '노동력 확보'라는 의미도 가지고 있었지만 한일회담 반대를 통한 한국 민단과의 대일외교 상의 우위를 획득하기 위한 대규모 조직화를 통해 북송(귀국)사업을 추진했다.[9] 1958년 당시 '집단적 귀국결의'자가 10만 명을 넘어선 것만 보아도 재일총련의 민족차별과 생활고보다는 총련의 조직적 동원과 북한의 개입이 북송에 큰 영향을 미쳤다는 주장이다.[10]

이러한 논리에서 좀 더 발전시킨 김진환(2012)[11]의 연구는 재일총련의 정체성에 대하여 재일총련-북한-한국이라는 삼각관계 속에서 접근하고 있다. 특히 이 논문은 재일총련에 대한 '한민족공동체론'이나 '탈민족 디아스포라론'의 관점보다는 식민주의적 시점에서 억압과 차별, 분단이라는 복잡한 재일코리안 디아스포라의 성격을 잘 지적하고 있는 논문으로 판단된다.

이 장에서 다루고 있는 주제와 밀접한 관련을 가지고 있는 재일총련-북한-일본과의 정치적 경제적 관계를 가늠해볼 수 있는 연구는 조관자(2011)의 연구다. 이 연구의 내용을 살펴보면 첫째, 재일총련과 북한의 정치적 관계는 일본의 내정불간섭 원칙으로 재일총련 운동의 '조국 지향적 내셔널리즘'이 총련 산하단체 및 단원들에게 침투되고, 이로 인한 총련의 북송운동의 추진 및 일본 내 참정권 배제운동, 한국 민주화와 통일운동에도 점차 관여하게 되었다고 지적하고 있다. 둘째, 재일총련과 북한과의 관계에 대하여 1990년대 중국의 개혁개방정책과 동구사회주의권 붕괴에 의해 북한경제는 날로 어려워졌다. 더욱이 1994년 김일성 사

9 박정진(2011), p. 233. 이 논문에서 귀국사업을 추진하게 된 배경에 대하여 경제적 요인의 하나로 거론할 수 있지만 "부족한 노동력을 보충하기 위해 귀국사업을 단행했다"는 주장의 논거는 되지 않는다고 주장한다.

10 앞의 논문, p. 223.

11 김진환(2012) "재일조선인 정체성 연구 현황과 과제" 『한민족문화연구 제39집』 pp. 373-404.

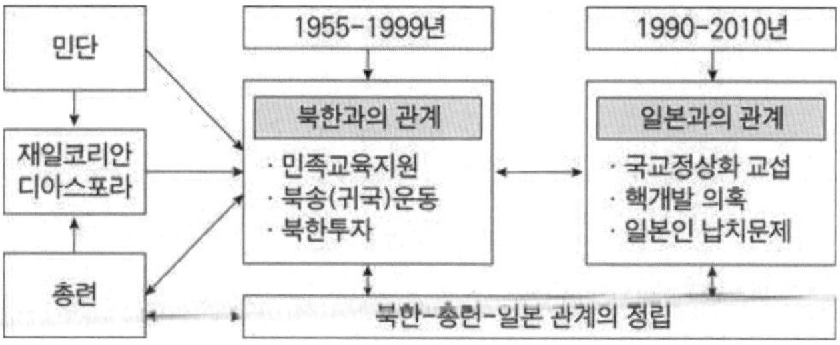


〈그림 3-2〉 재일코리안 사회의 북한-총련-일본 관계

출처: 기존연구를 바탕으로 필자 작성.

망, 식량난의 가중과 탈북자의 증가, 북한 경제개혁의 실패와 재일총련 기업가의 북한투자 실패, 총련계 민족은행의 부실 등이 북한경제의 부담으로 작용하게 되었다. 셋째, 일본에서 2002년 이후 일본인 납치문제와 핵개발 및 대포동 미사일발사 등으로 인하여 재일총련에 대한 일본인의 폭행 및 이지메 사건으로 이어지게 되었다. 이러한 이유로 총련계의 조선적[12] 이탈자나 귀화자가 늘어나게 되었고, 조선적을 유지하고 있는 경우에도 가족 중에 '귀국선'을 탔거나 총련단체나 조직의 활동가가 있는 경우 어쩔 수 없이 조선적을 유지하고 있다는 것이다.[13]

이상과 같이 기존연구를 종합해볼 때 총련, 북한, 일본과의 관계를 〈그림 3-2〉와 제시할 수 있다. 여기에서는 디아스포라적 관점에서 접근하여 새롭게 조망하고 정치경제적 측면에서 총련의 위상과 글로벌적 상을 제시하는 데 역점을 두고자 한다.

---

12 조선적의 탄생은 1947년 5월 GHQ가 공산주의를 견제하고 치안력을 강화하는 차원에서 '외국인등록령'을 실시하자 '조선적'이란 과거의 호적명을 사용하여 외국인등록을 마쳤다. 그러나 1952년 4월 샌프란시스코 강화조약으로 일본주권으로 회복되면서 '외국인등록법'이 시행되었으나 조선인이 일본국적에서 일방적으로 배제되자 '조선적'으로 그대로 남아 있는 경우가 많았다.

13 조관자(2011) "'민족주체'를 호출하는 재일조선인의 민족담론" 『일본학32집』 pp. 195-222.

## 2. 1945년 해방 이후 북한-총련 관계

1945년 민족해방과 더불어 8월 하순경 해방 전부터 재일동포 사회운동에 관심이 많았던 재일조선인활동가들이 10월 15일 '재일본조선인연맹(조련)'을 결성하게 되었다. 이 조직은 주로 조선인 귀국 및 교류를 통한 생활권익보호를 옹호하면서 일본공산당의 혁명운동에 협력하였다. 이들과 반대 성향의 우파는 1946년 10월 3일 '재일본조선거류민연맹'을 조직하였다.[14] 조련의 연장선상에서 재일동포 중 친북 성향을 공식 표명하고 나선 단체는 1951년 결성된 '재일조선통일민주전선(민전)'이었다.[15] 이어 1955년 5월 한덕수 의장을 중심으로 486명의 대의원, 600여 명의 조련 관계자들이 참가하여 재일총련(재일조선인총연합회)을 결성하였다. 1957년 12월에는 북한에서 조국전선 제2회 전체대회가 열려 한덕수 의장이 조국전선 상임위원으로 김일성과 동일하게 의장단에 임명되었다.[16] 그리고 1958년 5월 총련 제4회 전체대회에서 총련의 집단지도체제가 한덕수 의장을 중심으로 단독지도로 전환되었다. 이때부터 재일조선인 운동에 대한 절대 권력화가 진행되었다.[17] 총련은 일본에서 결성된 이래 한국에 대한 견제 차원에서 재일동포의 민족권리 옹호와 확대를 위한 민족운동을 펼쳤으며, 1990년대까지 민족교육, 북송문제, 북한합변투자 등 대대적인 지원활동을 전개했다.

1950년대 초기 총련의 결성과정에서 총련과 북한과의 관계에서 중시되었던 점을 살펴보면 다음과 같다.

---

14 앞의 논문, 조관자(2011), p. 198 참조.

15 앞의 논문, 정진성(2009), p. 293 참조. 북한과의 직접적인 동일시를 표명한 민전은 일본공산당으로부터 독립을 확고히 하는 재일조선인 단체를 세우기 위해 민전의 해산을 선언하고 북한노동당의 지도로 노선을 전환하였다.

16 앞의 논문, p. 224 참조.

17 韓徳銖(1986)『主体的海外僑胞運動の思想と實踐』未來社, p. 145 參照.

〈사진 3-1〉 해방 전후 부산-시모노세키를 연결한 관부연락선과 귀국선

첫째, 총련이 전개하는 모든 해외민족운동에 있어서 조국(북한)의 지도하에 활동한다는 원칙을 정하였다. 즉, 모든 재일조선인을 북한(총련)의 주변에 결집시킨다는 요강 제1항을 견지하고 총련이 조선의 해외공민단체라는 것을 명확히 하였다.[18]

둘째, 일본의 내정 불간섭을 총련 활동의 원칙으로 정하고 조국과 민족을 위해 기여하며, 재일동포가 안고 있는 내재적 과제를 해결하는 것을 기본임무로 규정하였다. 총련이 규정하고 있는 민족단체의 성격은 '애국애족의 동포조직'으로 첫째, 각계각층의 재일동포를 망라한 연합체, 둘째, 재일동포의 민족단체, 셋째, 공화국의 해외동포단체, 넷째, 국제친선 및 평화애호단체로 규정하였다.[19]

그러나 1990년대 초반 시작된 북일(북한-일본)국교정상화 교섭, 최근 2002년 이후 일본인 납치문제, 핵개발 의혹, 탄도미사일발사 등은 일본

18 진희관(2011), p. 80. 일본 거주 재일총련에 대한 북한의 공민단체 규정은 총련이 북한주민이자 북한의 조직기관과 같은 범주이며 북한의 사회주의 건설목표를 지향하는 단체로서 북한의 영도를 받는 북한식 '사회정치적 생명체'로 북한의 지도와 통제를 받아온 단체로 해석하고 있다.

19 북한의 재외동포정책은 진희관(2011) pp. 63-106 참조. 총련의 강령은 재일본조선인총련합회(2005) 『총련』 조선신보사, p. 27 참조.

의 헌법개헌이나 안전보장, 외교정책까지 영향을 미치고 있다. 여기에서는 먼저 1945년 이후를 시점으로 북한과 총련과의 밀접한 관련이 있는 민족교육, 북송문제, 합변투자기업의 탄생 등 일련의 사건을 중심으로 살펴보고자 한다.

### 1) 민족교육 확립과 교육지원금 원조

총련이 결성되기 전에 조련은 1946년 4월부터 일본 도처에 조선어 강습소를 설립하여 초급, 중급, 상급 등 초등학교를 3년제로 개편하여 초등교육을 실시하였다. 같은 해 9월에는 6년제의 정규학교로 발전시켰으며, 1946년 10월에는 도쿄조선중학교 창립을 계기로 중등교육도 시작하였다. 이렇게 하여 1946년 10월까지 일본 각지에 초등학교 525개교, 중학교 4개교, 청년학교 10개교를 설립하였으며 총 1,100여 명의 교사들이 학생 41,000여 명을 지도하면서 민족교육에 박차를 가하였다.

총련은 1955년 5월에 공식적으로 결성된 이후 가장 먼저 민족교육에 큰 관심을 가졌다. 그리고 민족교육기관의 교원 양성을 위하여 1953년 10월 설치된 사범전문학교를 1955년 9월에 개최된 총련중앙위원회 제2회의에서 '조선대학'으로 변경할 것을 결정하게 된다. 그리고 마침내 정식으로 1956년 4월에 조선대학을 개교하였다. 총련이 일본에 민족대학인 조선대학을 설립한 목적은 총련 중심의 일관된 민족교육체계 확립, 재일조선인 운동의 지도적 역할을 담당할 중견간부 양성, 교육활동가(교원) 양성 등이었다. 개교 당시 초대학장은 한덕수 총련중앙위 의장으로 60여 명의 학생과 10명의 교원, 총 7개 학과를 갖춘 2년제 전문대학이었다.

조선대학은 북한의 원조와 총련의 지원에 의해 1956년 6월에 신축공사의 준공식을 거행하였다. 조선대학 설립 이후 김일성은 1957년 4월부터 재일동포 자녀들을 위해 막대한 교육원조금과 장학금[20]을 총련에 지원하게 되었다. 북한이 교육지원금으로 1957년 4월부터 2005년 4월까지 151회에 걸친 송금액은 455억 3,372만 3,000엔 달했다.[21] 김일성의 교육원조비와 장학금은 1955년 9월 조국해방 10주년기념 재일조선인 축하단과의 회견에서 "우리는 공장을 한두 개 설립하지 않더라도 민족교육 지원금을 보내지 않으면 안 된다. 그것도 1~2회가 아니고 일본에 동포 자녀가 존재하고 있는 한 보내지 않으면 안 된다."라고 강력한 의지를 표명하여 1957년 4월 이후 계속되어왔다.

총련과 북한에 의한 조선대학의 설립은 이후 재일총련에 의한 민족교육체계의 확립, 총련사업과 민족 애국운동 활동가(일꾼)의 체계적 교육과 양성, 그리고 김일성 주체교육 사상과 민족간부 양성 등 큰 역할을 담당하였다.

조선대학의 설립과 더불어 총련은 일본 각지에 흩어져 있던 민족학교의 교육 사업을 강화하기 시작했다. 총련의 교육방침은 모든 재일청소년을 대상으로 북한에 충실한 자녀교육, 교육의 질적 향상, 학교교육 강화, 총련 청년과 여성에 대한 교육사업 강화, 교육사업과 진학대책 강화 등이었다. 총련과 활동가들은 대부분 북한의 교육정책을 참고로 민족학교의 교육행정체계를 수립하였으며, 교육전문부서를 각 현 본부에 설치하여 총련이 통일적으로 지도할 수 있도록 시스템을 정비하였다.

1956년 4월에는 규슈지방에 처음으로 규슈조선중고급학교가 설립되었고, 1959년 1월에는 동경조선제1초중급학교가 처음으로 신축교실을 준공하였다. 1955년 4월에 약 23,000명이었던 학생 수도 1960년 4월에는 46,000명으로 두 배 정도 증가하였다. 〈표 3-2〉에 제시한 바와 같이 2005년도 민족학교의 통계를 보면 총련계 민족학교는 대학교 1개, 중

20 임영언 외(2007) 『재일코리안 기업의 네트워크』 북코리아. pp. 303-304 참조.

21 吳圭祥(2005), p. 39 참조.

〈표 3-2〉 재일코리안 민족학교의 지역적 분포

| 지역(지구) | 민족학교 수 |
|---|---|
| 도호쿠(東北)・홋카이도(北海道) | 초등(3), 중등(3), 고등(2) |
| 기타칸토(北關東)・니가타(新潟) | 초등(4) 중등(4), 고등(1) |
| 도쿄(東京)・미나미칸토(南關東) | 유치원(3), 초등(11), 중등(8), 고등(1), 대학(1) |
| 가나가와(神奈川) | 유치원(4), 초등(4), 중등(1), 고등(1) |
| 도카이(東海)・호쿠리쿠(北陸)・나가노(長野) | 유치원(7), 초등(9), 중등(7), 고등(1) |
| 오사카(大阪)・나라(奈良)・와카야마(和歌山) | 유치원(11), 초등(11), 중등(4), 고등(1) |
| 교토(京都)・시가(滋賀) | 유치원(4), 초등(4), 중등(1), 고등(1) |
| 효고(兵庫) | 유치원(7), 초등(7), 중등(3), 고등(1) |
| 주고쿠(中國)・시고쿠(四國) | 유치원(3), 초등(3), 중등(3), 고등(1) |
| 야마구치(山口) | 유치원(7), 초등(3), 중등(3) |
| 규슈(九州) | 유치원(4), 초등(3), 중등(1), 고등(1) |
| 합계 | 유치원[반](45), 초급(62), 중급(38), 고급(11), 대학(1) |

출처: 재일본조선인총련합회(2005) 참조하여 필자 작성.

급학교 38개, 유치원(반) 45개,[22] 고급학교 11개, 초급학교 62개교에 이르며 점차 학생 수의 감소로 학교 수도 감소하고 있는 것으로 나타났다.[23]

### 2) 북송문제(귀국운동)

1945년 해방 전후 일본에 잔류하고 있던 재일코리안 약 240만 명이 모국으로 귀국하기 시작한 이후 약 64만 명이 일본에 남게 되었다.[24] 해방 직후 조선인의 귀국운동은 그들의 모국인 한반도의 고향으로 돌아가

22 앞의 논문, p. 97 참조. 총련 민족학교는 68개 교사(울타리), 102개 조선학교(독립된 유치원 제외)로 파악되고 있음.

23 재일본조선인총련합회(2005) 『총련』 조선신보사, p. 57 참조.

24 일본 내무성 경보국 일본제국통계연감 등에 의하면 1945년 이전 재일조선인 수는 236만 3,262명으로 추정하고 있다.

는 것이었지만, 1953년 7월 한국전쟁이 끝난 이후 귀국운동은 남한을 고향으로 하는 대다수의 사람들이 북한으로 귀국하는 것이 특징이었다. 왜냐하면 당시 일본에 거주하고 있던 재일동포의 97%가 남한출신자들이었기 때문이다.[25]

재일총련의 귀국운동 및 일본인들에 의한 귀국협력운동은 1955년 2월 북한의 남일 외무상이 대일관계에 관한 조선민주주의인민공화국 외무상 성명을 발표하면서 시작되었다. 그 내용을 살펴보면 "일본정부와 무역, 문화관계 및 조일관계 정상화를 위해 모든 문제를 구체적으로 논의할 용의가 있다."는 것이었다. 그리고 1956년 2월 평양에서 북한에 잔류하고 있던 일본인의 귀환 및 재일조선인의 북한 귀국문제를 둘러싼 북일 양국 간 공식교섭이 성사되었다. 이러한 북일평양회담을 계기로 북일협회의 조직력이 급성장했으며 일본인의 방북도 활발히 이루어지게 되었다.[26]

이에 따라 북한과 일본의 사회문화적 교류, 경제무역이 비약적으로 증가하였다. 당시 한일 간 국교정상화가 이루어지기 전이었기 때문에 북한의 재일조선인 사회에 대한 부각으로 총련의 영향력이 극대화된 시기였다. 특히 북한의 총련(재일조선인)에 대한 막대한 교육원조 및 장학금 지원사업은 일본정부의 차별과 억압 속에서 민족경제와 교육이 열악했던 재일조선인사회에 큰 영향력을 발휘하였다.

이러한 일련의 과정 속에서 북한으로의 북송운동이 일본에서 대규모 전국적인 운동으로 발전하였다. 그 동기는 1958년 8월에 개최된 총련 가나가와 현 가와사키시지부 조선인들의 귀국결의집회에서 유래된다. 당시 귀국결의집회에서 주장한 결의문의 내용을 살펴보면 다음과 같은

---

25 吳圭祥(2005)『記錄在日朝鮮人運動朝鮮總連50年』有限會社RAS, p. 44 參照.

26 앞의 논문, 박정진(2011), p. 237 참조.

내용을 담고 있다.[27]

**일본 가나가와 현 가와사키시 나카도메 재주조선인의 결의문(1958년 8월 11일)**

"조국에 돌아가고 싶다."

일본 가나가와 현 가와사키시 나카도메에 거주하고 있는 우리는 조선민족이 소련군의 결정적인 역할에 의해 영원히 해방된 민족 축제일인 8월 15일 해방 13주년 기념일을 맞이하여 조국의 실정에 대하여 듣는 회의를 개최하고 조국의 평화적 통일, 독립과 우리의 생활문제에 대하여 논의한 결과 다음과 같이 결의하였다.

1. 우리는 일본에서 일본정부의 차별과 멸시, 학대 가운데 어려운 생활을 계속하기보다는 당장 조국에 돌아가 조국 건설에 참여함으로써 조국의 평화적 통일, 독립을 달성하는 활동에 참여하고자 한다.
2. 일본정부는 우리의 정당한 요구를 곧바로 수용하고 귀국에 대한 만전의 조치를 취해주기를 요청한다.
3. 우리는 이상의 요구를 관철하기 위하여 동포 간의 단결을 강화하고 일본 인민의 지지를 얻기 위하여 노력할 것이며 당당하게 싸워나갈 것이다.

총련은 위의 귀국결의집회의 결의내용을 김일성에게 전달하고 일본정부에 보내는 요청문도 채택하였다. 집회의 결의문 내용을 살펴보면 귀국사유에 대하여 일본의 조선인 차별정책과 재일동포의 생활 빈곤 등을 주요 문제로 내세우고 있다. 일본의 재일조선인 차별정책에 의한 높은 실업률과 경제적 빈곤, 조국건설 참여, 남북분단에 의한 조선인정책의 차이 등 많은 요인이 귀국문제와 결부되어 있다. 또한 최근 공개된 적

27 박정진(2011), p. 223 참조. 이곳은 집단적 귀국결의의 발생지로 총련 의장 한덕수의 출생지이기도 하며 '재일조선인중앙축하대회'에서 총련의 최우선사업으로서 귀국운동이 일본 전국적으로 추진되었다.

십자국제위원회의 비밀문서에서도 일본당국이 재일조선인의 "대규모 귀환을 위해 일본의 정치 · 행정이 초기단계부터 관여했다."고 명시되어 있어 당시 그들을 북한으로 '추방'하려는 의도도 가지고 있었던 것으로 드러났다.[28]

이러한 재일조선인들의 귀국 주장에 대해 김일성은 1958년 9월 개최된 북한창건 10주년기념 경축대회 보고에서 "재일조선인의 귀국을 열렬히 환영한다."고 표명하였다. 김일성은 "재일동포가 조국에 돌아와 새로운 생활을 할 수 있도록 하는 것이 민족적 의무"라고 화답하였다. 그리고 1959년 12월 일본으로부터 북송의 길이 본격적으로 열리게 되었다. 마침내 북송이 본격적으로 추진되면서 제1차 귀국선에 승선한 재일조선인은 975명(단장 이순영)이었으며, 귀국선은 구소련적의 '쿠리리온호(5,034톤)', '토보리스크호(3,498톤)'였다.[29]

이상과 같이 일본에서 재일조선인은 해방 전후 귀국(제1차 귀환), 북송문제(제2차 귀환)는 일본의 재일조선인 민족차별정책, 경제적 빈곤 생활과 북한에 대한 동경, 당시 남한의 기민정책과 북한의 재일조선인에 대한 민족적 접근 등 여러 가지 요인이 복합적으로 작용한 결과였다. 그리고 1959년부터 시작된 북송으로 23년 동안 약 10만 명의 재일조선인이 북한으로 귀국하였다.[30]

---

28 吳圭祥(2005), p. 45 참조.

29 앞의 논문, p. 240 참조.

30 앞의 논문, p. 90 참조. 보다 정확히 살펴보면 북송자는 1959년 이후(1968~1970년 잠정 중단) 1982년까지 총 9만 3,344명에 이른다.

### 3) 총련기업의 북한투자

총련과 북한에 의한 귀국사업이 1959년 시작된 이래 1960년대 당시 총련은 재일조선인 기술자의 집단 귀국, 1970년대는 생산설비(라면, 간장 등의 각종 식료공장 설비 등)건설과 공장건설 등으로 기여하였다. 1980년대에는 재일조선인 기업의 합변투자, 합작 임가공 등의 기업들이 대거 북한에 투자하기 시작했다.

1945년 전후 북일관계에 대한 기무라 미츠히코(木村光彦) · 아베 케이지(安部桂司, 2008)의 연구에 의하면 2002년 일본인 납치사건이 발각되기 전까지 북한의 군사공업화는 일본의 경제력에 의존하는 경향이 컸다고 한다.[31] 일본은 1950년 한국전쟁을 계기로 급격한 경제성장을 이루었고, 당시 공업력이나 기술력 측면에서 큰 성과를 거두고 있었다. 일본과 북한은 지리적으로도 가까워 운송비용절감 등 경제적 조건을 갖추고 있었다. 거기에다 일본에는 당시만 해도 대부분 북한을 지지하는 재일조선인 총련단체라는 존재가 지원하고 있었다. 이에 따라 북한은 일본의 공업제품인 금속, 철강, 기계기구나 기술적인 면에서는 기술자, 과학자, 과학기술 문헌 등의 확보와 도입이 비교적 용이했다. 처음에는 일본에서 필요한 물자는 밀수에 의존했지만, 1956년경에는 북일무역으로 전환되었다.

또한 북일협회와 총련이 지원하는 귀국운동은 많은 재일조선인이 외화(1960년까지 1억 3천만 엔)를 가지고 귀국함으로써 북한의 주요 외화 수입원이 되었다.[32] 1959년부터 본격적으로 시작된 재일총련의 귀국운동과 배경에 대하여 박정진(2011)은 총련의 조직적 동원과 북한의 개입이 존재했다고 주장한 바 있다. 이들은 총련의 지원으로 외화뿐만 아니라 귀국

31 木村光彦 · 安部桂司(2008) 『戰後日朝關係の硏究—對日工作と物資調達—』 知泉書館, p. 51 참조.

32 박정진(2011) "북한의 대일접근과 재일조선인 '북송(귀국)문제'" 『북한연구학회보』 제15권 제1호, p. 223.

당시 많은 일본 기자재와 물품을 북한으로 반입하게 되었다.

또한 북송사업으로 가능해진 재일총련에 대한 북한의 직접적인 지도는 재일조선인 운동을 변질시켰다. 1965년 한일국교정상화 이후 북송사업은 일본으로부터의 기술 및 물자조달의 수단으로 변질되었다. 귀국선상에서 행해진 북한의 선상지도내용은 공작활동으로 바뀌어 결과적으로 북송사업의 추진은 냉전기 북한에 의한 실패 사례로 남게 되었다.[33]

1961년에는 북일 간 바터(Barter)무역거래, 1962년에는 북일 은행 간 코레스(Correspondence: 환거래계약)계약이 체결되었다. 그리고 1965년 평양에서는 일본상품전시회가 개최되는 등 일본인 과학자, 기술자들의 북한 방문도 활발해졌다.

한편 재일총련은 1952년에 동화신용조합을 설립하고 조은(朝銀)을 육성하는 한편 1956년에는 북한정부가 거액의 자금(2억 2,000만 엔)을 지원하여 과학자와 기술자 양성을 위한 조선대학을 설립하였다. 이와 더불어 일본 전국에 초 · 중 · 고급학교(민족학교)도 잇따라 개교되었다. 1959년 '조선인상공인연합회'는 총련 가입을 결정하고 '재일본조선인상공연합회'로 개칭하였으며, 1961년에는 '민족조합'이 총련에 가입하여 '재일본조선인신용조합협회(조신협)'으로 바뀌었다.

총련은 북한에서의 교육지원금을 조신협 산하은행에 예치하고 동포들에게 자금을 대출해주는 시스템을 형성할 수 있었다.[34] 1960년대와 70년대는 북한의 무역수지 악화와 일본의 볼트너트 제조설비 수출이 북한의 군사력 증강에 기여한다는 한국정부의 의견을 수용하여 총련과 북한관계는 소강상태에 빠지기도 하였다. 그러나 일본 대기업들이 북한 현지의 플랜트 수출계획과 상사원, 기술자 등을 파견함으로써 1972~73년

---

33 북송사업은 1959년 본격적으로 시작되어 1982년까지 총 9만 3,344명이 북한에 귀국한 것으로 알려지고 있다. 현재는 재일총련의 한국적으로 국적변동의 장애요인이 되고 있다.

34 정진성(2009), p. 293 참조.

사이에는 일본인 500~800명이 건너가기도 했으며, 북한 기술대표단의 일본 방문이 실현되기도 하였다.

1980년대에는 총련에 의한 각계의 북일교역촉진운동에 힘입어 총련과 합변회사, 미사일개발협력, 과학기술협력 등이 실시되었다. 또한 1982년 당시 총련은 '한 권의 회(一册の会)'라는 운동을 개시하여 과학기술서나 과학 관련 잡지, 매뉴얼 등 1980년대 말까지 총 22만 권의 일본어 과학문헌을 발송하였다.[35] 1980년대에는 일본으로부터 북한으로의 수입이 급격히 감소하게 되었는데, 그 배경은 1987년도에 발생한 도시바기계사건 때문이었다.[36] 이 사건은 일본정부가 코콤(Cocom: Coordinating Committee for Export Control 대공산권수출통제위원회) 규제의 적용을 엄격히 실시한 결과 발생한 것이었다.[37]

총련기업이 1980년대 북한에 투자하기 시작한 계기는 1984년 9월에 실시한 북한최고인민회의상설회의에서 '조선민주주의인민공화국합변법'을 채택하게 되면서부터다. 조선합변법은 북한에서의 회사조직, 경영활동, 결산과 분배, 해산 등 합변사업의 모든 문제를 종합적으로 제시하고 있다. 가령 합변법 제5조에는 "재일조선상공인을 비롯한 해외에 거주하는 조선동포들도 이 법에 의거해 북한의 회사, 기업소와 합변할 수 있다."고 명시되어 있다.

이와 같이 조선합변법은 각국과의 경제교류를 확대하는 데 목적을 두고 실시되었다. 북한합변법의 시행 취지에 따라 총련은 1986년 6월 '합변사업연구회(회장 전인식 상공연합회 회장, 1987년 4월 총련합변추진취원회로 개칭, 2001년

---

35 앞의 책, p. 54 참조.

36 小尾敏夫(1991), 『ロビイスト アメリカ政治を動かすもの』 講談社, pp. 198-213 참조.

37 도시바(東芝)기계 코콤위반사건은 1987년 일본에서 발생한 외국환 및 외국무역법위반 사건이었다. 공산권에 수출된 도시바공작기계에 의해 소련연방의 잠수함기술이 진보하여 미군에 잠재적인 위험을 주었다고 하여 미일 간 정치적인 문제로 비화하였다. 그러나 제3국 경유에 의한 수입 및 개인에 의한 물자공급 등의 함정은 존재했다.

8월 재일조선합영경제교류협회 회장 여성근)'를 발족시켰다. 이후 총련 상공인들은 일본 각 현 단위, 지역단위, 총련 유지 등이 합변회사에 참여하였다. 이들 대표적인 합변회사들은 주로 양복, 점퍼 등 기성복을 만드는 모란봉합변회사(산하 동대원피복공장, 1988년 조업), 평양 피아노합변회사(1989년 조업), 국제화학합변회사(1991년 조업) 등이었다.

1991년 4월에는 '총련합변제품전시회'가 개최되었다. 1986년부터 10년간 합변회사 41개사, 합작회사 35개사가 북한에 진출하여 총 계약금액 1억 4,816만 3,000달러로 북한의 과학기술과 대외적인 신용도를 높이고 외화획득에도 많은 기여를 하였다.

1980년대 후반 재일총련 기업과 북한과의 경제적 교류를 살펴보면 다음과 같다. 전술한 바와 같이 총련계 재일 1세들의 경우 대부분 남한 출신자들이 많았었다. 그러나 이들 대부분이 철저한 공산주의나 사회주의 신봉자라기보다는 민족차별에 대한 반작용으로 총련에 가입하여 활동하는 경우가 많았다(하명생, 2003).[38] 왜냐하면 1946년에 결성된 '재일본조선인상공연합회'는 가입조건으로서 좌파나 우파의 정치사상적 대립이 존재하지 않았고, 당시 일본은 '제3국인'에 대한 차별과 단속을 강화하던 시기였기 때문이다. 이러한 상황 하에서 재일총련 기업가들은 조직적인 단결력을 강화할 수밖에 없는 처지에 놓이게 되었다. 또한 이승만 정권의 재일동포 '기민정책'에 대한 실망, 5·16 군사혁명에 의한 박정희 정권의 탄생은 역설적으로 김일성 정권에 대한 기대감으로 작용했을 것으로 생각된다. 김일성 정권은 이승만이나 박정희 정권의 '반일정책'보다는 재일총련의 입장에서 그들을 포용하는 정책을 대대적으로 펼쳐나갔다.

1955년에 결성된 총련은 일본의 내정불간섭과 준법정신을 기치로 재일총련의 권리옹호와 미군점령기에 접수된 조선학교 되찾기 운동 등

---

**38** 河明生(2003)『マイノリティ起業家精神: 在日韓人事例研究』株式會社ITA.

으로 중립적인 파벌을 끌어안으면서 지지세력을 확장시켜나갔다. 더구나 당시 총련 민족학교 운영에 필요한 재정적 기반이 약한 상황에서 김일성은 대대적인 민족학교 지원에 나섰다. 예를 들면, 김일성은 1957년 총련에 민족교육 지원금으로서 약 3억 엔을 송금한 바 있으며, 2010년까지 156회에 걸쳐 약 466억 엔 이상을 송금했다(진희관, 2011).[39]

그러나 1973년에 발생한 전 세계적인 '오일쇼크'로 인하여 1974년에는 북한의 무역대금결제가 지연되었다. 1961년에 시작된 북한의 경제개발계획이 실패로 돌아가고, 1978년에 제2차 경제개발 7개년 계획이 재개되었으나 경제상황은 더욱 어려워졌다. 이에 1982년 김일성은 '조선민주주의 인민공화국 사회주의 애국상'을 제정하여 재일총련계 기업의 북한투자를 촉구하게 되었다.

같은 해 총련계 기업가들은 김일성 생일을 계기로 공장건설이나 자동차, 기계 등 약 50억 엔 상당의 자금을 모아 북한에 송금했다. 김일성은 약속대로 1억 엔 이상의 기부자에게 '사회주의 애국상'을 수여했다. 또한 1984년에는 북한에서 외국인의 경영활동을 보장하는 '합변법(合弁法)'을 제정하였다. 1985년에 김일성은 '재일조선청년상공인' 대표단을 초청하여 합변사업에 대한 취지를 직접 설명하기도 하였다. 1986년에는 '재일본조선인상공연합회' 결성 40주년 기념 감사단을 초청하여 총련계 기업가들에게 애국적 합변사업(合弁事業)에 대한 직접적인 지원을 요청하게 된다. 당시 김일성은 합변회사(合弁会社)의 취지에 대하여 "사회주의 조국발전에 기여하며 동시에 재일총련 기업가의 지위를 확립시킨다."는 취지를 강조하였다.

1980년대 말에는 일본에서 대량파괴병기와 관련하여 물자나 기술

39 진희관(2011), p. 89를 보면, 북한은 1957년부터 2012년까지 일본에 거주하는 총련들에게 교육원조금으로 약 466억 엔을 송금한 것으로 알려지고 있다.

의 유출을 규제하는 국제관리제도가 발족되었다. 그리고 1990년대 접어들어 1994년 김일성 사후 김정일 체제가 들어서면서 북한에서는 군사력 증강이 강화되었다. 한편으로는 북일국교정상화 교섭이 시작되어 북일 교역은 동아시아무역연구회가 중심적인 역할을 담당하였다. 또한 코콤(Cocom)에 이어 1996년에 WA(Wassenaar Arrangement)가 발족되고 수출제한이 한층 강화되어 일본으로부터의 수출이 감소하였다. 1997년에는 일본의 버블붕괴와 더불어 조선은행의 파탄, 1999년 동해상사의 파산, 재일총련이 투자한 합변회사의 대대적인 실패 등에 의해 총련의 약화는 물론 북일관계에도 큰 영향을 미치게 되었다.

## 3. 1990년대 이후 북한-일본-총련 관계

2001년도에는 해방 이후 한반도에서 처음 남북수뇌회담 성사, 2002년에는 월드컵 한일공동개최와 대중문화교류 등 한일 간 새로운 움직임이 포착되었지만, 재일조선인(총련)을 둘러싼 문제는 긴장이 더욱 고조되었다.[40] 왜냐하면 북한을 둘러싼 한반도의 정세가 2002년 10월 우라늄 농축 계획의 존재를 인정한 것을 계기로 핵문제가 북동아시아와 국제사회 전반에 주요 현안문제로 떠올랐기 때문이다. 2003년 북한은 1월에 핵무기확산방지조약(NPT)을 탈퇴하여 동결된 원자로나 사용이 완료된 핵연료의 재처리시설을 재가동하는 등 핵문제를 둘러싼 긴장이 더욱 고조되었다. 2003년 8월과 2004년 2월에는 6자회담을 개최하는 등 관계국 간에 핵문제의 평화적 해결을 위한 외교 노력이 한층 강화되었다.

40 이 연구에서 재일조선인(총련)의 정의는 1945년 이후 일본에서 무국적자(조선적)로 생활하고 있는 약 3만 명 정도로 추정되는 올드커머를 지칭한다.

한편 북일 간에는 납치문제라는 또 다른 중대 현안이 기다리고 있었다. 2002년 9월 '북일평양선언' 이후 일본은 귀국한 납치피해자 가족의 귀국조기실현 및 행방불명자의 진상규명 등 납치문제해결을 위한 협의를 북한과 계속해왔다. 또한 재일조선인사회와 일본은 식민지시대의 보상을 비롯한 강제연행, 창씨개명, 지문날인, 우토로문제, 4·24교육투쟁, 제주도4·3사건, 종군위안부문제, 민족교육, 혐한류 등의 문제와도 얽혀있다.

북일(북한과 일본) 간에는 1945년 해방 이후 아직까지 정상적인 외교관계를 수립하지 못하고 있다. 최근에는 북일 간 일본인 납치문제 및 핵과 미사일문제를 비롯한 안전보장상의 문제 등 다양한 문제가 상존하고 있다. 일본의 북한에 대한 기본방침은 2002년 9월 17일 북일수뇌회담 당시 양쪽 수뇌에 의해 서명된 '북일평양선언'에 따라 현안문제를 해결하고 북동아시아의 평화와 안정에 기여하는 형태로 북일국교정상화의 실현에 바탕을 두고 있다. 그러나 당시 북일수뇌회담의 결과로 나타난 성과는 납치피해자 5명의 귀국, 북일국교정상화 교섭에 의한 제12회 본회담 등의 새로운 움직임이 있었던 2002년과는 달리 2003년 북일 간 교섭은 큰 성과 없이 끝났다.

같은 해 8월에 열린 6자회담 시 북일 간의 접촉으로 일본 측으로부터 피해자 가족의 귀국과 조속한 진상규명을 요구한 것에 대하여 북한 측의 김영일 외무차관은 '북일평양선언'에 따라 하나하나 해결해나갈 것이라는 답변만 되풀이하였다. 2004년 1월에는 일본정부 관계자가 북한 당국에 마약범죄 용의자로 구속된 일본인 남성 및 망명신청 일본인 여성과의 면회신청을 위해 평양을 방문했다. 평양방문 시 일본 측에서는 납치문제 해결에 대한 일본정부 입장과 북일정부 간 협의를 요청하였다.

이에 대해 북한 측은 이러한 협의는 방조단의 목적과 크게 어긋나는 것으로 주장하여 결국 일본과 구체적인 협의에 이르지 못하고 내부문제로 취급되었다. 같은 해 2월 중순에는 북일정부 당국 간의 고위급 협의가 평양에서 진행되었고, 일본은 8명의 납치피해자 가족의 무조건 조기귀국과 10명의 행방불명자에 대한 철저한 진상규명을 요구했다. 같은 해 2월 말에 개최된 제2차 6자회담에서도 일본대표단은 기조연설에서 납치문제 해결의 중요성을 호소하였다. 또한 6자회담 시에도 북일 간의 협상이 진행되었지만 납치문제나 핵문제에 대한 구체적인 성과를 거두지 못한 채 정부 간 협의를 계속한다는 원칙적인 선에서 마무리되었다.

일본정부는 납치문제와 관련하여 북한에 남겨진 가족의 귀국, 귀국 조기해결을 위한 북한 측의 적극적인 자세나 구체적인 대응을 기대하고 있었지만 뚜렷한 진전을 보지 못했다. 또한 일본인납치문제와 관련하여 일본은 '요도호' 항공기 납치범에 대하여 계속해서 북한에 신병인도를 요구하였지만, '요도호' 납치범의 전처 증언 등을 통해 유럽에서의 납치사건과도 관여되어 있다는 사실도 드러났다. 2004년 2월 24일에는 '요도호' 구성원인 우오모토 기미히로(魚本公博) 용의자의 아내인 우오모토 다미코 용의자가 북한으로부터 귀국하면서 일본 수사당국에 의해 검거되어 납치사건의 해결에 주력하였다. 북일관계는 일본인 납치문제와 핵문제를 둘러싼 국제정세와 맞물려 경제적인 면에서 북일 무역량에 있어서도 법 집행에 의한 항만출입 시 세관검사를 강화하였기 때문에 대폭 감소하였다.

### 1) 북한과 일본 국교정상화 교섭

1990년대 이후 북일관계는 북일국교정상화교섭, 조일평양선언, 납치문제의 크게 세 가지로 요약된다. 다음 〈표 3-3〉에 제시한 바와 같이 2002년까지 북일국교정상화교섭(북일교섭)은 총 12회에 걸쳐 개최되었다. 주요 의제는 주로 북일 간 과거 청산과 안전보장문제, 납치문제, 종군위

〈표 3-3〉 북한-일본 국교정상화 교섭 발자취(1991~2002년)

| 교섭 횟수 | 일시(장소) |
|---|---|
| 제1회 | 1991년 1월 30~31일(평양) |
| 제2회 | 1991년 3월 11~12일(도쿄) |
| 제3회 | 1991년 5월 20~22일(북경) |
| 제4회 | 1991년 8월 30일~9월 2일(북경) |
| 제5회 | 1991년 11월 18~20일(북경) |
| 제6회 | 1992년 1월 30일~2월 1일(북경) |
| 제7회 | 1992년 5월 13~15일(북경) |
| 제8회 | 1992년 11월 5일(북경) |
| 제9회 | 2000년 4월 5~7일(평양) |
| 제10회 | 2000년 8월 21~25일(도쿄) |
| 제11회 | 2000년 10월 30~31일(북경) |
| 제12회 | 2002년 10월 29~30일(콸라룸푸르) |

출처: 松本英樹(2003) 「日朝國交正常化交渉の経緯と朝鮮半島をめぐる最近の動向」, 『レファレンス』 8月号, p. 33.

안부문제 등을 협의해왔다. 제1차 북일교섭은 1991년 1월 이틀간에 걸쳐 평양에서 개최되었다.

구체적인 북일회담 내용은 〈표 3-4〉에 제시한 바와 같이 일본 측은 불행한 과거에 대한 유감, 청구권문제의 배상 거부, 핵사찰 수용, 북한 거주 일본인 배우자 고향방문, 그리고 북한 측은 일본의 공식사죄, 한일 합병조약 무효, 전후보상문제, 핵사찰의 한국 내 미군 동시 사찰 등을 주장하였다.

제3차 북일교섭에서 일본 측은 처음으로 KAL기 사건의 주범인 김현희에게 일본어를 가르친 일본인 여성 '이은혜'에 대한 조사를 요청했다. 제6차 북일교섭 시 북한 측은 '종군위안부'문제에 대한 사죄와 보상을 요구했다. 이어 제7차 북일교섭 때는 남북한에 의한 '조선반도 비핵화에 관한 공동선언' 합의, 북한과 IAEA와의 '보장조치협정체결'이라는 상황 하에 개최되었다. 북측은 보장조치협정의 체결문제는 모두 해결되었다고 주장하였지만, 일본 측은 북측이 '공동선언'과 '안전조치협정'을 착실히 시행하여 핵병기개발의 의심을 완전히 해소하도록 요구했다.

제8차 북일교섭은 비공식협의로서 일본 측이 '이은혜 문제'를 들고 나오자 북측은 강력히 반발하여 이후 7년 5개월 동안 상호 교섭이 중단되는 사태를 발생시켰다. 이후 본격적인 북일교섭에 대한 개신의 움직임은 1999년 12월 이후부터 시작되었다. 일본 무라야마 전 수상을 단장으로 하는 초당파 의원단이 북한을 방문하여 북일교섭의 조기재개에 합의하고 2000년 4월에 북일교섭이 재개되었다.[41] 북일교섭 재개의 배경에는 미국의 북한에 대한 경제제제조치 완화, 북한의 정책수정 제언 등의 움직임에 따라 제54회 국제연합 총회에 참석한 백남순 외상이 "우리는 일본과의 관계를 개선할 용의가 있다."라는 발언에 의해 일본 측도 무라야마 방문단을 북한에 파견하기에 이르게 되었다.

1992년 11월 북일교섭이 중단된 이후 7년 5개월 만에 재개된 제9회 교섭에서 북측은 과거 식민지지배에 대한 사죄와 보상 등 '과거청산'을 최우선적으로 요구하였다. 일본은 과거의 불행한 역사는 무라야마 총리 담화에서 제시된 것과 같다는 취지를 전달하였다. 또한 일본 측은 북한의 핵사찰 수용, 탄도미사일 개발 · 생산 · 배치 · 수출의 자제를 요청하였지만, 북측은 핵문제의 상대는 미국과 IAEA이며 일본은 관계없고 미사일개발도 자주권에 속하는 문제라고 주장하였다. 제10회와 제11회 북일교섭에서 일본은 한일방식(경제협력방식)의 제기와 일본인 납치문제에 대하여 성실한 대응을 요구했지만, 북측은 '과거청산'을 최우선 과제로 삼았기 때문에 양측의 논의는 난항을 거듭하면서 교착상태에 빠졌다. 이후 북일교섭은 2002년 10월 또다시 재개될 때까지 2년 가까이 중단되었다.

---

41 韓國史事典編纂會 · 金容權(2002) 『朝鮮韓國近現代史事典』 日本評論社, pp. 668-669.

〈표 3-4〉 북한-일본 국교정상화 교섭 시 양측의 주장 내용

| 의제 | 내용 | 일본 | 북한 |
|---|---|---|---|
| 과거 청산 | 사죄 문제 | ▪ 과거 한때 불행한 관계였던 것은 유감(1989년 다케시타 수상의 깊은 반성과 유감의 뜻과 같은 취지 전달) — 제1회<br>▪ 과거 불행한 역사에 대하여 무라야마 수상의 담화(1995년 8월 15일)에서 제시한 것과 같은 인식 — 제9회 | ▪ 일본 및 정부최고책임자의 공식사죄 요구. 공식 사죄한 내용을 외교관계 설정을 위한 공식서류에 명기 — 제1회<br>▪ 식민지시대의 조약/협정은 일본에 강제된 것으로 무효 — 제2회<br>▪ 과거의 식민지지배에 대한 사죄 요구 — 제9회 |
| | 보상 문제 | ▪ 재산청구권의 문제는 북일 간 미해결 인정, 일본과 북한은 전쟁상태가 아니므로 배상/보상에 응할 수 없음 — 제1회<br>▪ 한일합병조약 등 식민지지배 당시 조약/협정은 합법적 체결, 실시 — 제2회<br>▪ 배상/보상에는 응하지 않지만 재산청구권에는 응할 용의 있음 — 제9회<br>▪ 과거 합의한 예로서 한일국교정상화가 있음. 당시 한일방식(경제협력방식)을 연구하여 쌍방의 접점 모색 — 제10회 | ▪ 1945년 전후 식민지지배에 대하여 교전국간에 적용된 '배상', '청구권'의 쌍방에서 보상해야 함 — 제1회<br>▪ 한일합병조약 등 조약은 무력에 의한 것으로 무효 — 제2회<br>▪ 나치스범죄에 대한 구독일 보상을 예로 국제법과 국제관행에 따라 해결에 성실히 응하도록 요구(지금까지의 '교전에 의한 배상'이 아니라 '가해자로서 피해자에 대한 보상' 요구) — 제5회<br>▪ 과거 식민지지배에 대한 보상(인적/물적 손실의 보상, 문화재 반환과 보상, 재일조선인의 법적 지위의 보증 요구 — 제9회)<br>▪ 한일방식에 대하여 접점을 찾는 작업으로서 평가 — 제10회 |
| | 전후 45년 | ▪ 전후 45년의 보상에 대하여 북일 3당 공동선언에 포함되어 있지만 일본정부를 구속하는 것은 아님 — 제1회<br>▪ 전후 양국의 비정상적인 관계는 동서대립하의 냉정한 조선반도 정세와 북한의 정책에 의한 것임 — 제2회 | ▪ 전후 45년간에 대하여 보상이 필요 — 제1회<br>▪ 전후보상을 포함한 북일 3당 공동선언에 정부도 구속됨 — 제2회 |
| 일본 현안 | 이은혜/일본인 납치 문제 | ▪ KAL기 사건의 김현희 전 사형수에게 일본어를 가르친 일본인 여성 '이은혜'에 대하여 조사 요청 — 제4회(제8회 교섭에 계속된 비공식협의에서 일본 측이 다시 '이은혜' 문제에 대하여 제기. 북한 측 강한 반발, 교섭은 2000년 4월까지 중단)<br>▪ 일본인납치문제는 피할 수 없음. 납득할만한 결과를 얻을 수 있도록 성실한 대응 희망 — 제9회, 제10회<br>▪ '행방불명자'의 조사는 현재 어떻게 되었는가? — 제10회 | ▪ 공화국정부를 국제적으로 신용할 수 없는 국가라고 선전하려는 음모 — 제3회<br>▪ 납치는 있을 수 없고 논의 대상이 아님. '행방불명자'의 조사에 대하여 조선적십자에서 대응해나감 — 제9회, 제10회<br>▪ '행방불명자'의 조사는 조선적십자에서 대응하고 있으며 정부 간 교섭의 논제가 아님 — 제11회 |

(계속)

| 의제 | 내용 | 일본 | 북한 |
|---|---|---|---|
| 안전보장문제 | 핵/미사일문제 | ▪ 북한은 핵사찰을 수용해야 함—제1회, 제9회<br>▪ 핵사찰 수용의 국제원자력기관(IAEA)의 협정을 즉시 체결하는 것이 핵확산방지조약상의 의무—제2회<br>▪ '조선반도 비핵화에 관한 공동선언'(1991.12.31)의 합의를 환영하지만 핵병기개발에 대한 불안은 불식되지 못함. 이것의 해결 없이는 국교정상화교섭의 다른 논점의 진전을 시도할 수 없음—제6회, 제7회<br>▪ 탄도미사일 개발, 생산, 배치, 수출의 자제 요구—제9회 | ▪ 사찰을 수용하기 위해서는 미국의 핵 불사용의 약속이 필요. 한국에 있는 미국기지에 대한 동시사찰 필요—제2회<br>▪ IAEA와 사찰협정을 맺고(1992.1.30), 사찰대상 핵시설의 리스트를 제출(1992.5.4). 핵사찰협정문제는 해결 중이며 국교정상화의 조건이 되어서는 안 됨—제7회<br>▪ 평화이용의 연구를 위해 극소량의 플루토늄을 추출함(처음 공식 인정)—제7회<br>▪ 핵문제의 상대는 미국과 IAEA로 일본은 관계없음. 미사일개발도 자주권에 속하는 문제임—제9회 |
| 기타 | 관할권/종군위안부문제 | ▪ 북한에 재주하는 일본인 배우자의 고향방문 배려 희망—제1회<br>▪ 북일국교정상화는 조선반도의 휴전선 북측을 실효 지배하는 북한과의 정상화이며, 북측이 남측의 관할권을 주장하는 것은 인정할 수 없음—제2회<br>▪ 미야자와 수상 방한(1992.1.17) 시 '사죄와 반성' 표명. 가토 국방장관 담화(1992.1.13)를 소개하면서 북한을 포함한 조선반도 출신의 종군위안부 전체를 대상으로 하는 것이라는 것을 설명—제6회 | ▪ 외교관계의 설정에 관할권의 인정은 필요없음—제2회<br>▪ '국교정상화에 관한 기본문제'에 대하여 우선적으로 토의하여 외교관계를 설정한 후 '경제적 문제' 이하의 의제를 처리 희망—제3회<br>▪ 종군위안부문제의 진상규명과 사죄, 보상 요구—제6회 |

출처: 앞의 논문, p. 35 참조.

### 2) 핵개발 의혹과 미사일 발사 문제

2002년 9월 '북일평양선언'에 따라 납치문제, 핵 및 미사일 등의 안전보장상의 문제를 해결하기 위한 일본의 기본방침은 '대화와 압력'을 기본전제로 하였다. '대화'에 대해서는 다양한 루트를 통한 협상이 진행되었다. 2004년 2월에 다나카 외무심의관, 미야나카 아시아대양주 국장의 북한 방문에 의해 북일 정부당국 간 협의가 실현되었으며 두 번에 걸친 6자회담 시에도 북일 간의 협의가 계속되었다. 한편 일본은 국제사회와의 협력으로 북한의 위법행위에 대해 엄중히 항의하는 등 '압력'을 행사하여 북한에 대해 국제사회의 일원으로 책임 있는 태도를 취하도록 촉구했다. 예를 들면 니가타 항에 정박한 '만경봉호'에 대하여 선박의 안전성 검사, 통관검사 등을 관련 법규에 따라 엄격히 규제하는 등 수출관리의 측면에서도 대량파괴병기 및 운반수단의 개발에 이용될 소지가 있는 물자의 수출제한을 강화했다. 더욱이 북한의 관여가 의심되는 위조지폐나 마약의 일본 유입을 막기 위한 단속도 강화했다. 또한 국제연합의 결제 등 국제적인 협조의 전제 없이 일본정부가 독자적인 판단으로 송금정지 등 조치를 취할 수 있도록 외국환 및 외국무역법을 2004년에 개정하기도 하였다.

북한의 핵문제는 15년 이상에 걸쳐 핵병기개발 의혹이 제기되어왔다. 구소련으로부터 강한 요청으로 1985년 핵확산방지조약(NPT) 체결국이 되었고, 1992년에는 국제원자력기관(IAEA)과의 보장조치협정을 체결하기도 하였다. 그러나 북한 영변에 있는 5메가와트 흑연감속로 등을 활용한 핵개발 의혹이 커지는 상황에서 1993년 IAEA에 의한 특별사찰의 수용을 거부하고 NPT 탈퇴를 선언하면서 조선반도에 핵문제를 둘러싼 긴장이 고조되었다. 결국 카터 전 미국 대통령의 북한 방문을 계기로 북미 간에 합의문이 교부되어 미국에 의한 북한 경수로 및 대체에너지 공급, 북한에 의한 핵관련 시설의 동결 및 해체, NPT 준수, 보장조치 협정 이행이라는 조건으로 사태가 수습되었다. 이 합의에 의해 설립된 것이 조선반도에너지개발기구(KEDO)이며 동 기구를 통하여 북한에 경수로(1000메가와트급) 2기 및 중유(연간 50만 톤)를 공급하게 되었다. 이렇게 하여 핵위기는 일단 수습되는 듯했다.

그러나 2002년 켈리 미 국무성 차관보의 북한 방문 시 우라늄 농축에 의한 핵개발을 진행시키고 있다는 지적에 대해 북한 측이 인정하는 취지의 발언을 하면서 북한의 핵개발 의혹은 재연되었다. 일본, 미국, 한국 3개국 정상들은 북한 측의 발언을 중심으로 같은 해 10월 북한에 대하여 우라늄 농축 계획의 폐기를 요구하는 성명을 발표하였다. 또한 KEDO 이사회를 구성하고 있는 일본, 미국, 한국, EU가 2002년 11월 이사회에서 북한의 핵개발행위는 '합의문서'에 위반되는 것으로 동 합의에 의해 KEDO를 통해 당시 공급하고 있던 중유를 12월분부터 정지할 것을 결정했다.

이에 대해 북한은 2002년 12월 '합의문서'를 위반한 것은 미국 측이라는 주장과 함께 동 합의에 의해 동결된 핵관련 시설을 재가동하겠다는 취지를 발표했다. 이후 북한은 핵관련시설의 봉인을 순차적으로 철거, 27일에는 지금까지 수용되어왔던 IAEA 사찰관의 퇴거명령을 내리고 31일에는 사찰관이 북한을 떠났다. 이것으로 국제사회는 북한에 의한 핵개발활동을 직접 감시하는 수단이 완전히 사라지게 되었다. 2003년 1월 6일 IAEA이사회에서는 북한의 핵관련시설의 동결해제를 비난하는 의회가 채택되었지만, 북한은 10일에 NPT 탈퇴와 IAEA 보장조치협정의 구속에서 완전히 탈퇴할 뜻을 표명하였다. 이것을 이유로 IAEA는 본 건을 국제연합 안전보장이사회에 위탁해야 한다는 목소리가 높아지는 가운데 한국 및 러시아는 특사파견을 통해 독자적으로 북한에 대해 NPT체제로의 복귀를 요청했지만 북한은 완강한 태도를 취하였다. 이 때문에 2월 12일 IAEA는 다시 특별이사회를 개최하여 북한이 IAEA와의 보장조치협정상의 의무를 위반하고 있다고 선언하면서 본 건을 국제연합 안보리 및 국제연합 총회에 보고하는 취지의 결의를 채택했다.

이후 주변국에서는 북한의 핵문제에 대하여 평화적 해결을 위한 활발한 외교노력이 전개되어 2004년 4월에는 미국, 중국, 북한의 3자회담이 8월의 6자회담으로 바뀌었다. 또한 북한의 핵계획의 범위에 대하여 일본, 미국, 한국은 '모든 핵계획'의 검증 가능한 완전폐기를 주장하였지만 북한은 원자력의 평화적 이용은 인정해야 하며 폐기의 대상을 '핵병기개발계획'에 한정해야 한다는 입장을 고수하였다. 거기에다 우라늄 농축 계획의 존재를 북측이 부정하는 등 6자 간의 입장 차이가 너무 커 전망이 불투명한 상태였다.

2006년 7월 북한은 7발의 탄도미사일을 발사했다. 이에 일본정부는 만경봉 92호의 입항금지를 포함한 9개 항목의 대북조치를 단행하였다. 또한 같은 해 10월에는 핵실험의 실시를 발표하여 북한 선박의 입항금지 및 북한으로부터 모든 품목의 수입 금지조치를 포함한 4개 항목의 대북조치를 발표하였다.

2009년 4월 5일 북한은 또다시 미사일 발사를 강행하여 일본정부는 4월 10일 모든 북한 선박의 입항금지 및 북한으로부터 모든 품목의 수입금지 조치를 그대로 유지하기로 결정하였다. 또한 북한을 행선지로 하는 지불수단의 휴대반출 시 신고가 필요한 하한금액을 100만 엔에서 30만 엔 초과로 인하하고 북한에 주소지 등을 가진 자연인 등에 대한 지불에 대하여 신고가 필요한 금액을 3,000만 엔 초과에서 1,000만 엔 초과로 인하하기로 하였다. 북한은 같은 해 5월 핵실험을 실시하여 일본정부는 6월 북한을 행선지로 하는 모든 품목의 수출금지 및 북한의 무역 및 금융조치를 위반하여 형이 확정된 외국인 선원의 상륙금지 및 재일외국인이 북한을 방문할 경우 재입국을 원칙적으로 허가하지 않는다는 조치를 단행하였다.

### 3) 일본인 납치문제

일본인 납치문제는 1970년대와 80년대에 걸쳐 행방불명자가 일본에서 나타나게 되었고, 일본당국의 수사와 망명한 북한 공작원의 증언에 따라 이들 사건의 대부분이 북한에 의한 납치라는 의혹이 일었다. 이에

1991년 이후 일본정부는 계속해서 북한에 일본인 납치문제를 제기했지만 북한은 이를 완강히 부정하였다. 그러나 2002년 9월 평양에서 개최된 북일수뇌회담에서 북측은 그동안 부정해온 일본인 납치를 처음으로 인정하여 사죄하고 재발방지를 약속했다.

그 후 일본정부는 15명의 일본인을 북한에 의한 납치피해자로 인정하여 그 가운데 5명에 대해서는 같은 해 10월에 24년 만의 일본 귀국을 실현시켰지만, 나머지 10명은 지금까지 북한당국에 의해 충분한 정보도 제공받지 못한 채 여전히 행방불명 상태가 지속되고 있다. 또한 귀국한 납치피해자 5명의 가족들도 북한에 남겨진 채 가족이 뿔뿔이 흩어져 생활하고 있다. 2002년 9월 17일 북일수뇌회담 준비회합 시 북측은 납치피해자 가운데 4명은 생존, 8명은 사망, 1명은 북한 입국을 확인할 수 없다고 통보했다. 또한 조사 의뢰를 하지 않은 1명에 대하여 납치를 인정한 후 생존을 확인했다. 이 건에 대해 북일수뇌회담 시 고이즈미 총리가 김정일 총서기에게 강력히 항의하여 계속 조사, 생존자의 귀국, 재발방지를 요구하였다. 이에 김정일은 납치를 인정하여 사죄하고 관계자의 처벌 및 재발방지의 약속과 동시에 가족의 면회 및 피해자의 귀국의 편의를 보장한다고 약속하였다.

같은 해 9월 28일 일본정부 파견에 의한 사실조사팀이 북한에 파견되어 생존자와의 면회, 행방불명자들에 대한 정보수집에 노력하였다. 그러나 북한이 제공하는 정보는 제한되어 있고 내용적으로도 일관성이 없었다. 같은 해 10월 개최된 북일국교정상화교섭에서도 일본정부는 이러한 모순점의 지적과 정확한 정보제공을 요구했지만 북측으로부터 응답은 없는 상태였다.

한편 일본정부가 북측에 요구한 2002년 10월 납치피해자 5명이 귀국하여 가족과의 재회가 성사되었다. 그러나 납치피해자 가족은 여전히 북한에 남겨진 상태였기 때문에 자유롭게 자신의 의사결정을 할 수 있는 상황이 아니었다. 이 때문에 일본정부는 북측에 있는 가족의 조기귀국의 실현을 요구했지만 북측으로부터 긍정적인 반응은 없었다. 2003년 8월에는 제1회 6자회담 시 북측과의 접촉에서 북측이 '납치문제'를 포함한 북일 간의 문제는 북일평양선언에 의해 하나씩 해결해나가겠다는 취지를 발언하였다.

그 후 일본은 북측에 대하여 북일 간의 문제 해결을 위한 정부 간 협의를 촉구하여 2004년 2월에 북일 간 고위급 회담이 열렸다. 이 협의에서도 일본 측은 납치문제 해결의 중요성을 지적하여 피해자 가족 모두의 무조건 귀국 및 행방불명자의 피해자 10명에 대해서도 진상규명을 요구하였다. 북측은 5명의 납치피해자를 먼저 북한에 돌려보내는 것이 선결이고 또한 어린이들의 의사확인이 필요하다고 주장하며 진상규명의 문제는 이미 해결된 것이라는 종래의 입장만 되풀이했다.

이렇게 북일 간 협의에서 구체적인 성과에 도달하지는 못했지만 양측 모두 조일평양선언에 의해 모든 현안을 해결할 필요성을 확인하고 정부 간 협의를 계속해나갈 것에 합의하였다. 일본정부는 납치문제 조기해결을 위해 '피해자'로 인정한 15명 이외에도 광범위하게 북한에 의한 일본인 납치문제에 대한 정보를 수집하였으며, 향후 새로 납치로 인정되는 사안이 발생할 경우 적절히 대응해나갈 뜻을 2004년 2월에 열린 북일 고위급 협상에서 전달하였다. 그러나 2004년 5월 22일에 열린 제2차 북일 정상회담에서 행방이 불분명한 납치피해자에 대한 진상규명과 철저한 조사 재개를 천명하였음에도 뚜렷한 진전이 없었다.

2005년 1월 북한은 요코다 메구미의 유골이라고 주장하는 뼛조각에 대한 일본 측 감정의 결과에 대한 입장을 포함하여 일본 측에서 재차 감정결과의 객관성, 과학성을 언급하며 반론하였다. 2006년 2월에는 북일포괄병행협의(납치문제, 핵문제, 미사일 문제 등 안전보장 및 국교정상화 교섭의 세 가지 병행협의)가 개최되었다.

그러나 북측은 "생존자는 이미 모두 귀국했다."는 종래와 같은 입장을 되풀이했다. 일본인 행방불명자에 대한 재조사 약속 회피, 피의자 인도에 대한 정치적 문제 등의 주장으로 인도를 거부했다. 2007년 3월에는 북일국교정상화를 위한 작업부회 제1차회담이 하노이에서 개최되었다. 이 부회에서 일본은 재차 납치 피해자 및 그 가족의 안전 확보와 신속한 귀국, 진상규명, 피의자의 인도를 요구하였으나 북측은 "납치문제는 이미 해결되었다."는 입장만 되풀이하며 북한에 대한 경제 제재의 해제를 요구하였다.

하지만 2008년 6월에는 일본 측에서 모든 납치 피해자의 귀국, 진상규명, 피의자의 인도를 요구하고 북측이 납치문제를 포함한 제반사항에 대한 해결을 위해 구체적인 행동을 취할 경우 북한에 대한 제재조치 중 일부를 해제할 의사가 있음을 전달하자 종래와는 달리 재조사를 실시하겠다고 약속했다. 그러나 2008년 9월 갑작스러운 일본정권의 교체로 조사재개가 보류되었다. 2009년 일본정부는 기존 납치문제에 관한 대책본부를 폐지하고 총리를 본부장으로 납치문제 해결을 위한 대책본부를 설치하여 기동적으로 대처할 수 있는 체제를 정비하였다. 2010년 11월에는 납치문제 대응을 바탕으로 8개 항목으로 구성된 납치문제 해결방안을 제시했다. 북일 간의 납치문제는 2011년 12월 19일 발표된 김정일 사후에도 변함없이 뚜렷한 진전을 보이지 못하고 있는 가운데 일본정부와 총련과의 관계는 답보상태에 있다.

### 4) 북한-일본-총련 관계의 전망

이 장에서는 1955년 이후 총련과 북한과의 관계에 주목하여 정책적 시사점을 도출하였다. 재일총련이 1955년 5월 일본에서 결성된 이후 북한은 막대한 교육원조금과 장학금을 재일총련에 지원하였다. 북한의 재일총련에 대한 지원규모는 1956년 조선대학교의 개교지원을 포함하여 민족학교 지원금이 1957년 4월부터 2005년 4월까지 151회에 걸쳐 총액 455억 3,372만 3,000엔에 달했다. 1959년부터 시작된 재일총련의 북송 문제는 이후 23년 동안 계속되어 1982년까지 약 10만여 명이 북한으로 귀환하였다.

1984년 9월에 북한최고인민회의상설회의에서 '조선민주주의인민공화국합변법'을 채택하여 실시하게 되면서 재일총련 기업의 북한투자가 본격화되기 시작하였다. 이러한 바탕에는 1955년 총련 결성 당시 재일총련이 조선(북한)의 '해외공민단체'라는 사실을 명확히 규정하고 이를 천명함으로써 해방 이후 일본에서 일정 정도 재일코리안의 재민족화에 성공할 수 있었던 실천적 배경이 깔려 있는 것으로 생각된다. 그러나 글로벌시대가 본격적으로 시작된 1990년대 초반의 북일국교정상화 교섭과 2002년 이후 일본인 납치문제, 핵개발 의혹, 탄도미사일 발사 문제 등으로 인하여 조선적 이탈자와 귀화자가 증가하면서 총련의 위상과 영향력이 과거에 비해 크게 위축되어 탈민족화를 부추기고 있는 상황이 전개되었다.

여기에다 재일총련의 약화에 따른 민족학교의 위기는 재일동포 사회 전체에 민족문화의 위기를 초래할 소지가 큰 것으로 나타났다. 과거 총련의 역사성과 그 특수성을 감안할 때 글로벌시대 재일코리안은 탈민족화와 탈경계화의 격랑에 휩싸여 '조국지향'과 '민족이탈'이라는 중간지대에 머물고 있는 재일총련에 대한 특별한 관심과 한국정부의 재외동포 정책에 대한 전반적인 성찰이 절실히 요구되는 민족사적으로 매우 중요한 시점에 서 있다.

한편 일본-북한-총련과의 관계 변화에 따라 총련 계열의 재일조선인이 조선적을 유지하고 있는 경우는 가족 중에 '귀국선'을 탄 사람이 있거나 총련 활동가여서 어쩔 수 없이 조선적을 계속 유지하는 경우가 많은 것으로 나타났다. 따라서 향후 한국정부와 재일총련과의 관계는 정치적 사안과 구분하여 코리안 디아스포라로서 서로 포용하고 함께 공유할 수 있도록 사회문화적 측면에서 새롭게 정립되어야 할 것으로 보인다.

제4장

# 재일코리안 민족정체성 변용과 차세대 전망

## 1. 재일코리안 민족정체성 형성

재일코리안은 일본정부의 동화정책과 일본사회의 차별이라는 특수 상황 속에서 생활해오면서 일본 국적으로의 귀화자가 증가하고 있기는 하지만 여전히 '한국적', '북한 · 조선적'을 유지하면서 생활하는 민족집단의 특징을 보이고 있다. 1945년 해방 이후 65년이 경과되면서 일본에서의 재일코리안의 정치적 위상도 크게 변화되고 있다. 일본에서 글로벌 시대가 본격적으로 시작되기 전인 1990년대 이전만 해도 재일코리안 사회는 일본정부의 동화정책과 민족차별이나 취업차별, 일본 금융기관의 국적차별 등으로 인하여 민족단체나 조직의 필요성이 절박했다.

따라서 재일코리안 사회는 동포사회의 요구에 따라 일본에서 전국적인 조직망을 구축하거나 금융기관에서부터 민족학교까지 운영하였다. 이러한 어려운 여건 속에서도 재일코리안 1~2세들은 소규모 자영업자에서 출발하여 세월이 지나면서 '한상(韓商)', 즉 '재일코리안 기업가'로 성공한 사람들이 점차 많아졌다. 이들 재일코리안 1~2세들은 한민족으로서의 정체성을 가지고 의식적으로 모국과의 교류를 위해 노력해왔으며, 모국의 경제발전과 경제성장 과정에 크게 기여해왔다(최석신 외, 2005).

그러나 1990년대 이후 전 세계적인 글로벌화 현상과 더불어 재일코리안 3~4세들이 민족단체나 조직으로부터의 이탈현상이 가속화되면서 '민족정체성(ethnic identity)'에 대한 관심이 높아졌다. 민족정체성의 성의를 살펴보면 "어느 한 개인이 특정 민족공동체에 소속되어 있음을 자각하는 것(a sense of belonging)"으로 개인의 '자아 개념(self-concept)'의 일부로 설명하고 있다(윤인진, 2000). 이는 객관적 혹은 주관적인 특징들을 바탕으로 자민족과의 동일화 과정과 타민족과의 상이점을 인식하는 과정을 통해 형성된다고 한다(김혜진, 2008). 누구든지 인간은 민족정체성을 통해 자신을 이해하고 평가할 수 있기 때문에 개인의 삶에서 민족정체성은 매우 중요한 요소의 하나다. 특히, 민족정체성의 토대를 만들 수 있는 민족적 가치, 상징, 고정관념, 행동습관 등이 축적되는 과정은 주로 청소년기에 완성되기 때문에 이 시기에 정체성이 어떻게 형성되고 발전되어가는지를 살펴보는 것은 매우 중요하다(김혜진, 2008).

재일코리안 청소년에 해당되는 재일코리안 3~4세들의 경우 일본의 동화정책이나 민족차별, 민족단체 내의 분열, 한국정부의 이들에 대한 정책부재 등으로 인하여 점차 일본사회 속에 급속도로 동화되어감에 따라 구성원 상호간의 경계선이 애매해지고 있으며 이들의 실태를 파악하기란 쉽지 않다. 현재 총련계 민족학교에 재학하고 있는 청소년을 비롯한 많은 재일코리안 청소년들이 일본식 통명을 사용하는 경우가 많고, 한국어가 서투른 것을 당연하게 받아들이고 있는 것이 재일동포 사회의 현실이다. 따라서 재일코리안 청소년들의 민족정체성 확립을 위한 새로운 대안적 제시가 무엇보다 절박한 상황이라 하겠다.

한편 글로벌시대 한류의 영향으로 모국에 대한 관심이 높아지고 모국과의 교류를 원하는 재일코리안 청소년들이 늘어나고 있는 것도 동포

사회의 한 단면이다. 이들 재일코리안 청소년들은 모국과 일본의 가교 역할을 담당할 수 있는 중요한 민족자산으로서 역할이 크게 기대되고 있다. 왜냐하면 재일코리안 청소년들은 일본의 언어와 문화권 내에서 성장하여 일본사회 속의 민족 네트워크에서 생활하고 있어 글로벌시대 모국에 뿌리를 둔 한국의 중요한 인적 자산이 될 소지가 매우 높기 때문이다.

따라서 재일코리안 청소년의 일본사회에서의 민족 네트워크를 전 세계에 흩어진 코리안 디아스포라 네트워크와 연계시킨다면 모국과 그들 단체에 미치는 파급효과는 매우 클 것으로 생각된다. 이러한 기대를 현실적으로 실현하기 위해 먼저 선행되어야 할 것이 재일코리안 청소년이 한민족의 일원이라는 민족정체성을 확고히 확립하는 것이다. 이러한 민족정체성이 기반 될 때 재일코리안 청소년 구성원 간, 모국과 민족집단 간의 네트워크가 형성될 것으로 보인다. 이렇게 볼 때 재일코리안 청소년의 민족정체성 확립과 민족 네트워크 구축은 상호 보완관계에 있다고 생각된다.

따라서 개인이나 집단의 민족정체성은 민족적 가치, 상징, 고정관념, 행동습관 등이 형성되는 청소년기에 주로 완성되기 때문에 재일코리안 청소년들의 민족정체성이 어떻게 형성되고, 더 나아가 민족정체성이 모국과의 관계(네트워크)에 어떠한 역할을 하는지에 대하여 살펴보는 것은 매우 중요한 문제이다. 그러나 이러한 중요성에 불구하고 재일코리안 청소년의 민족정체성 형성요인과 그 효과에 대한 연구는 그리 많지 않다.

이 장에서는 재일코리안 청소년의 민족정체성 형성에 영향을 미치는 요인, 더 나아가 재일코리안 기업이 직면하고 있는 문제점과의 연계성 및 민족정체성의 긍정적인 효과가 무엇인지를 살펴보고자 한다. 글로벌시대 재일코리안 청소년들이 일본 국적으로 귀화하더라도 모국에 대한 관심 제고 및 모국과의 네트워크 구축을 위한 중요한 단서를 제공할 것으로 생각하기 때문이다.

## 2. 차세대 민족정체성 관련 기존 연구 검토

재일코리안 청소년에 관한 연구는 1990년대를 경계로 구분할 수 있다. 1990년 이전까지의 연구들은 재일코리안 사회 전체를 대상으로 하는 연구조사가 진행되었다. 대표적인 연구들로는 박재일(1957)의 「재일조선인에 관한 종합조사 연구」, 이유환(1960)의 「재일한국인 50년사: 발생인의 역사적 배경과 해방 후의 동향」, 박강래와 와타나베 히로시(1963)의 「재일한국인 사회의 종합조사 연구」, 김찬정(1977)의 「조국을 모르는 세대: 재일조선인 2·3세의 현실」 등이 있다. 이 연구들은 연구대상자가 재일코리안 사회 전체이기는 하지만 재일코리안 청소년(교육 등)에 대해서도 언급하고 있다.

박재일(1957)은 해방 전후 재일조선인의 취학 상황, 특히 초등학교, 중학교, 고등학교별 취학자 수와 취학률을 밝히고 당시 재일조선인 청소년의 교육내용이 부모들의 교육의욕에 비해 만족할만한 수준은 아니라고 분석하였다. 이에 대해 박강래 등(1963)은 박재일(1957)의 연구를 확장하여 유치원, 양호학교, 초등학교, 중학교, 고등학교 및 대학교까지 범위를 포괄하여 보다 구체적인 교육과정에 관한 자료를 제시하였다.

1990년 이후의 연구들은 글로벌시대의 도래와 더불어 민족정체성의 약화와 가치관의 다양성이라는 시대적 요구에 의해 시작되었다고 볼 수 있다. 민관식(1990)은 중등학생과 대학생, 일반인을 대상으로 한 「재일한국인의 실태」 연구에서 민족정체성 형성과 직접 관련성이 있는 재일코리안의 통명 사용 여부에 대하여 언급하고 있다.

후쿠오카 야스노리(福岡安則, 1993)는 「젊은 청소년의 민족정체성에 관한 면접조사」를 통해 재일코리안 청소년의 민족성은 "학교나 가정에서의 학습이나 문화적 영향에 의해 크게 좌우되거나 민족단체나 각종 조직에 대한 참가 경험에 의해 획득된다."고 주장하였다.

김명수와 후쿠오카(1997)가 공동으로 실시한 「재일코리안 청년의 생활과 의식조사」는 일본에서 태어나 자란 18~30세까지의 한국적을 가진 재일코리안 청소년들을 모집단으로 하고 있다. 이 연구에서는 "민족정체성이 차별과 불평등에 의해 수동적으로 규정된다."는 기존의 논리와는 달리 '획득'과 '계승'이라는 자생적인 재생산과정을 거친다는 연구결과를 밝히고 있다. 이 연구 이전의 연구에서는 민족정체성이라는 것이 일본사회의 민족차별이나 불평등과 상관관계가 있다고 주장해왔다. 하지만 이 연구에서는 이러한 구성요인과는 상관없이 민족정체성이라는 것이 독립적으로 재생산되는 과정임을 밝히고 있다. 이 연구의 결과가 민족정체성이 세대를 통해 계승되거나 후세대의 노력에 의해 획득되어왔다는 사실을 밝힌 점은 본 연구에도 중요한 시사점을 제공해주고 있다.

재일한국청년상공인연합회(1997)가 실시한 「재일한국인의 사회성층과 사회의식 조사」에서는 재일코리안 청소년과 일본인 청소년 사이의 교육달성과 직업획득에 거의 차이가 없다는 점을 지적하고 있다. 이는 재일코리안 청소년들이 교육에 대한 민족차별을 개인의 도전과 능력에 의해 돌파해왔고, 재일한국인이 비공식적인 민족 네트워크를 활용하여 불평등을 극복해왔다는 것을 의미한다. 이것은 재일코리안 청소년 세대들이 재일코리안 1~2세가 축적한 자원을 계승하여 세대 간 상승이동을 달성해왔기 때문인 것으로 해석할 수 있을 것이다.

민단(2000)이 15~64세까지의 재일한국인들을 대상으로 한 「재일한국인 의식조사」에 따르면, 재일한국인들은 사회적 지위향상 노력, 한국어교실 장소 제공, 남북통일을 위한 노력과 공헌, 각종 행정서비스 절차의 중개, 상호 만남의 장소 개설, 재일동포 사회의 다양화에 따른 대책과 방안 모색, 재일코리안 전문가 및 인재육성 등을 민단에 요구하고 있는 것으로 나타났다.

또한 김정구(2004)는 「재일한국인의 정체성에 관한 연구」에서 재일코리안 2~3세 청소년들이 일본이라는 생활환경 속에서 자신의 정체성을 어떠한 과정을 통해 발견하고 형성해나가는가를 고찰한 바 있다. 그는 재일코리안 청소년의 정체성을 지역사회와의 공생지향형, 조국지향형, 개인지향형, 귀화지향형으로 분류하였다. 더 나아가 오노 치아키(2005)는 「재일한국인의 귀화에 관한 연구: 3세대를 중심으로」라는 연구에서 재일 3세의 정체성을 '귀화'라는 측면에서 접근하고 있다. 그는 귀화의 이유를 '앞으로 계속해서 일본에 거주할 것이기 때문에', '아이에게 일본 국적을 부여하기 위해', '취업 때문에' 등으로 보고 글로벌시대 세계의 흐름 속에서 파악하고자 하였다.

## 3. 차세대 민족정체성 변화

이상과 같은 선행연구들을 통해 본 민족정체성은 민족차별이나 불평등에 의해 수동적으로 규정되기보다는 세대를 통해 계승되거나 후세대의 노력에 의해 획득될 수 있음을 알 수 있다. 그러나 이들 연구들은 주로 민단계 재일한국인을 대상으로 한 실태조사인 관계로 재일코리안 전체를 아우르지 못하고 있다. 따라서 총련계 재일조선인까지를 포함한 재일코리안 청소년의 민족정체성 형성요인을 경험적 데이터에 의해 보다 실증적으로 분석할 필요가 있을 것이다. 또한 선행연구들에서는 재일코리안의 귀화 문제를 다루고 있으나 민족정체성과 귀화 간의 관계를 명확하게 설명하지 못할 뿐만 아니라 민족정체성의 효과나 역할에 대한 언급이 거의 없다. 따라서 민족정체성 확립에 따른 긍정적인 효과들이 무엇인지 탐색할 필요가 있다.

이와 같은 문제인식을 바탕으로 이 연구는 다음과 같은 두 가지 연구목적을 갖고 있다. 첫째, 재일코리안 청소년의 민족정체성을 결정하는

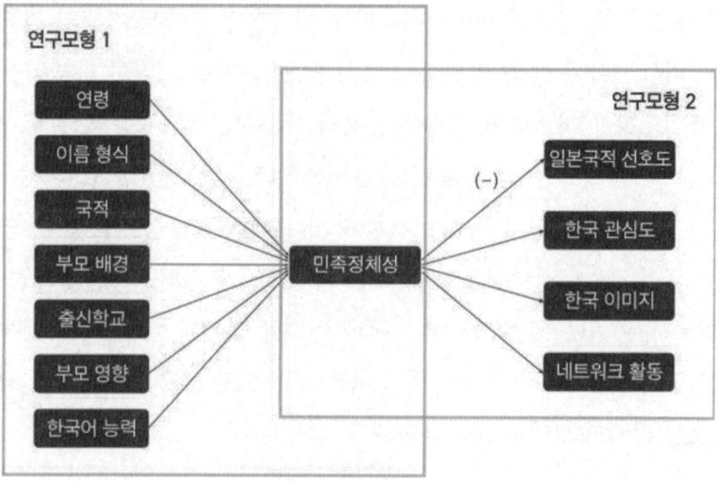


〈그림 4-1〉 재일코리안 차세대 민족정체성 형성요인

요인들이 무엇인지를 분명히 밝히는 것이다. 둘째, 재일코리안 청소년들이 민족정체성 확립으로부터 얻을 수 있는 긍정적인 효과는 무엇인지를 밝히는 것이다. 이러한 연구목적을 수행하기 위하여 다음과 같은 연구모형들을 설정하였다.

기존의 민족정체성에 관한 많은 연구자들은 부모의 민족적 배경(혈통), 언어, 공통의 문화, 관습, 역사적 경험, 민족교육, 국적, 연령 등이 민족정체성 형성에 있어 중요한 영향을 미친다고 주장하였다(윤인진, 2000; 금명자 등, 2006; 김혜진, 2008; 김상호, 2008; 이주연, 2008; 임영언, 2009; 박용구, 2009a; 박용구, 2009b).

먼저 박용구(2009a)의 연구는 재일코리안의 정체성을 귀화, 결혼(배우자의 국적), 이름, 언어, 민족교육, 차별 등을 중심으로 분석하였다. 그 결과 이름에 대해서는 일본 이름 사용자가 민족명 사용자 수를 약간 상회하였고, 일본 이름이든 민족명이든 편리한 대로 사용하면 된다는 비율이 압도적으로 높았다. 한국어 능력은 대체로 높은 수준을 유지하고 있었지만, 후손들이 모국어를 구사하지 못해도 어쩔 수 없다는 입장이 압도적으로 많았다. 또한 자기 세대에는 민족교육을 많이 받지 못했지만 후세에게는 한국 유학이나 연수, 가정교육을 통해 민족교육을 받도록 하겠다는 비율이 높았다. 박용구(2009b)는 후속연구에서 앞의 여섯 가지 내용을 바탕으로 연령대별 재일코리안의 특징을 추가 분석하였다.

한국에서 다문화 가정 초 · 중 · 고생을 대상으로 금명자 등(2006)이 실시한 조사에 따르면 어머니의 출신국가에 따라 민족정체성이 다르게 나타난다는 것을 밝혔다. 즉, 어머니가 비아시안인 청소년의 경우 21.4%가 자신을 한국인으로 인식한 반면, 어머니가 아시아인 청소년의 경우 60.6%가 자신을 한국인으로 생각하고 친구들도 자신을 한국인으로 여긴다고 응답하였다.

이상의 연구들을 바탕으로 민족정체성 형성요인으로 연령, 이름 형식, 국적, 부모의 민족 배경, 부모의 영향, 출신학교 및 한국어 능력을 선정하였다(〈그림 4-1〉 연구모형 1 참조).

민족정체성의 효과에 대해서는 다음과 같은 상반된 주장이 존재한다. 집단적 차원에서의 민족정체성은 다른 집단에 대한 편견과 차별행동 등 부정적으로 작용할 수 있는(Maddens 등, 2000) 반면에, 개인적 차원에서의 민족정체성은 개인의 정체성 형성에 중요한 역할을 하며, 주로 긍정적인 영향을 준다(Phinney, 1990). 청소년기에 있어서 민족정체성은 개인의 자기인식과 정체성 확립에 중요한 영향을 미치며, 특히 재일코리안 청소년에게는 더욱 중요한 자아개념의 요소로서 긍정적인 기능을 한다(양계민, 2009).

한편, 코리안 디아스포라들은 주류사회의 문화에 대한 적응과 대응의 이중적 삶의 태도를 가지고 있다(김왕배, 2003). 이중적 귀속감을 갖고 있는 코리안 디아스포라들은 정체성의 혼란을 극복하기 위해 모국에 대해

아예 무관심하거나, 그와 반대로 모국의 전통을 적극적으로 수용하고 재해석하여 민족 상징의 구성을 통해 자신의 정체성을 확립하려는 상반된 태도를 취하기도 한다(김왕배, 2003). 재일코리안의 경우 역시 일본에 귀화하거나, 반대로 모국에 대한 높은 관심을 가지고 모국과의 다양한 교류활동을 펼치기도 한다.

한민족으로서의 정체성이 확고한 코리안 디아스포라 후세들은 뿌리의식에 기초해 모국의 역사나 문화에 대해 강한 관심을 표명하거나 모국의 정치, 사회적인 문제에 대한 간섭과 참여로 이어지기도 하며, 동족 간의 조직망에 대한 강한 결속력을 보이기도 한다(김왕배, 2003). 따라서 재일코리안 청소년들의 민족정체성은 일본국적 취득에는 부정적인 영향을 미치고, 한국에 대한 관심을 제고하며, 한국과 한국인에 대한 긍정적인 이미지를 가지게 하고, 한민족 네트워크 구축에도 적극적으로 참여할 것으로 가정할 수 있다(〈그림 4-1〉 연구모형 2 참고).

## 4. 차세대 민족정체성 형성요인 분석

### 1) 연구방법 및 자료수집

이 장에서는 재일코리안 청소년의 민족정체성 형성에 영향을 미치는 요인들이 무엇인지를 밝힌 후 민족정체성의 긍정적 효과들이 무엇인지를 탐색하는 것이 주요 목적이다. 이러한 목적을 달성하기 위해 일본 현지 설문조사를 실시하여 분석자료를 수집하였다. 이 연구의 모집단은 일본에 거주하고 있는 재일코리안 청소년들이다.[1] 연구의 대표성 확보

1 일본청소년기본법에서 청소년은 9세 이상 24세 이하의 자를 말함.

와 일반화를 위하여 '재일본대한민국청년회'[2]가 보유하고 있는 명단(약 2,500명)에서 무작위추출(random sampling)하여 표본으로 설정하였다.

본 연구에서 사용하는 자료수집을 위해 먼저 재일코리안 청소년과 민족정체성에 대한 국내외 관련 문헌들(김정구, 2004; 김명수와 후쿠오카, 1997)을 참고하여 설문조사표를 작성하였다. 설문조사표는 토론을 거쳐 1~2차 수정 후 일본 현지 예비조사를 통해 3차 수정을 하여 최종 완성하였다. 이 연구에서 사용된 변수들의 조작적 정의와 측정항목들은 〈표 4-1〉과 같다.

조사는 재일코리안 청소년이 가장 많이 거주하고 있는 것으로 알려진 도쿄, 오사카, 후쿠오카지역을 중심으로 이루어졌다. 그러나 대학에 재학 중인 재일코리안 청소년의 경우 실제 거주하고 있는 곳과 출신지가 일치하지 않는 청소년들이 다수 포함되어 있어 이들 세 지역 이외에 거주하는 청소년들도 상당수 포함되었다.

본 연구의 설문지 회수율을 높이기 위한 방안으로는 재일한국인청년회 각 지부 간부나 NGO 활동가, 유학생동맹 간부 및 각 지역 회원들의 협조를 얻어 사전에 조사 가능성을 타진한 후 우편조사와 방문조사를 병행 실시하였다. 최종적으로 회수된 설문지는 총 633부(25.3%)이며, 이 중 만 9세 미만과 25세 이상인 자들을 제외한 총 565명을 자료분석에 활용하였다. 주요 분석방법은 PASW Statistics 18을 이용하여 빈도분석, 상관관계분석, 요인분석, 신뢰도분석, 회귀분석 등을 수행하였다.

2 재일본대한민국청년회는 일본 도도부현에 지부를 두고 있는 민단 산하단체 중의 하나임.

〈표 4-1〉 민족정체성의 조작적 정의 및 측정항목

| 변수 | 조작적 정의 | 측정항목 | 척도 |
|---|---|---|---|
| 연령 | 재일코리안 청소년의 나이 | ① 만 (  )세 | 비율 |
| 이름 형식 | 일상생활에서 사용하는 이름 | ① 한국 이름(조선 이름) ② 일본식 통명 | 명목 |
| 국적 | 재일코리안 청소년의 국적 | ① 대한민국 ② 북한 ③ 조선 ④ 일본 | 명목 |
| 부모 배경 | 재일코리안 청소년 부모의 민족 배경 | ① 아버지 한인 ② 어머니 한인<br>③ 두 분 모두 한인 | 명목 |
| 출신학교 | 재일코리안 청소년의 출신 초등학교 | ① 민단계 학교 ② 총련계 학교<br>③ 일본계 공립학교 ④ 일본계 사립학교<br>⑤ 기타 외국계 학교 | 명목 |
| 한국어 능력 | 재일코리안 청소년의 한국어 수준 | ① 한국어 듣고 이해하는 능력<br>② 한국어 말하기 능력<br>③ 한국어 읽고 쓰기 가능 정도 | 등간 (1~5) |
| 부모의 영향 | 일상생활에서 부모가 자녀에게 미치는 영향 정도 | ① 대화 시 한국어 사용 여부<br>② 한국에 대한 호감도<br>③ 한국어 공부에 대한 관심도<br>④ 한국 관련 직업 희망 정도<br>⑤ 한국어 교육 정도<br>⑥ 가정에서 한국음식을 먹는 정도<br>⑦ 한국인과 결혼 선호도 | 등간 (1~5) |
| 민족 정체성 | 재일코리안 청소년의 민족적 정체성 | ① 한민족 후손인 것이 자랑스러움<br>② 한민족의 역사, 전통 등을 알려고 노력함<br>③ 한민족 단체에 참여하고 있음<br>④ 한민족 배경에 대해 잘 알고 있음<br>⑤ 한민족 일원이라는 것에 자부심을 느낌<br>⑥ 한민족에 대한 강한 소속감을 느낌<br>⑦ 한민족에 대해 자주 이야기함 | 등간 (1~5) |
| 일본 국적 선호도 | 향후 일본 국적 취득을 고려하는 정도 | ① 예 ② 아니오<br>③ 관심 없음 | 명목 |
| 한국 관심도 | 재일코리안 청소년의 한국에 대한 관심 정도 | ① 한국 뉴스에 관심이 많음<br>② 2~3년 내 한국 방문 계획 있음<br>③ 한국에서 연수·공부 계획 있음<br>④ 한국을 방문하기 원함<br>⑤ 또래 한국 청소년들과 대화하기 원함<br>⑥ 배우자로 한국인 선택 가능 | 등간 (1~5) |

(계속)

| 변수 | 조작적 정의 | 측정항목 | 척도 |
|---|---|---|---|
| 한국 관심도 | 재일코리안 청소년의 한국에 대한 관심 정도 | ⑦ 한국 관련 직업을 희망하고 있음<br>⑧ 한국에서 일어나는 일에 대한 관심<br>⑨ 한국에 대해 많이 알고 있음<br>⑩ 한국어 실력이 진로설정에 유리함 | 등간 (1~5) |
| 한국 이미지 | 재일코리안 청소년의 한국·한국인에 대한 인식 정도 | ① 한국은 좋음 ② 한국은 능력 있음<br>③ 한국은 활동적임 ④ 한국은 친밀함<br>⑤ 한국인은 좋음 ⑥ 한국인은 능력 있음<br>⑦ 한국인은 활동적임 ⑧ 한국인은 친밀함 | 등간 (1~5) |
| 네트워크 활동 | 재일코리안 청소년의 한인 네트워크 활동 정도 | ① 한인단체에서 적극 활동하고 있음<br>② 한국인이나 단체와 자주 연락하고 있음 | 등간 (1~5) |

### 2) 인구통계학적 특징 분석

응답자들의 인구통계학적 특징을 살펴보면 〈표 4-2〉와 같다. 표에 나타난 바와 같이 조사대상자에 대한 성별, 거주지, 신분, 부모 배경, 연령, 국적, 세대, 이름 형식에 대하여 빈도분석을 통하여 알아보자. 먼저 응답자의 성별 분포에서는 여성이 311명(55.2%)으로 남성(253명, 44.8%)보다 높게 나타났다.

응답자의 연령별 분포를 보면, 19~22세까지의 연령이 46.2%로 가장 높았고, 다음으로 16~18세가 34.3%, 23~24세가 13.5%, 13~15세가 6.0% 순이었다. 응답자의 거주지역별 분포를 살펴본 결과, 간토(関東)지역이 2.0%, 아이치 현(愛知県)지역이 42.5%, 간사이(関西)지역이 52.7%, 규슈(九州)지역이 0.8%, 주고쿠(中国)・시고쿠(四国) 등 기타 지역이 2.0%로 주로 간사이지역과 간토지역(아이치지역은 엄밀히 말하면 간토지역에 속함) 응답자의 비율이 높게 나타났다.

〈표 4-2〉 민족정체성 조사대상자의 인구사회학적 특징

| 구분 | | 빈도(%) | 구분 | | 빈도(%) |
|---|---|---|---|---|---|
| 성별 | 남 | 253(44.8) | 연령 | 13~15세 | 34(6.0) |
| | 여 | 311(55.2) | | 16~18세 | 194(34.3) |
| | 무응답 | 1(0.0) | | 19~22세 | 261(46.2) |
| 이름 형식 | 한국식 이름 | 327(57.9) | | 23~24세 | 76(13.5) |
| | 일본식 통명 | 204(36.1) | 국적 | 한국 | 407(72.0) |
| | 무응답 | 34(6.0) | | 북한 | 43(7.6) |
| 거주 지역 | 간토 | 7(2.0) | | 조선 | 52(9.2) |
| | 아이치 | 151(42.5) | | 일본 | 1(0.2) |
| | 간사이 | 187(52.7) | | 무응답 | 62(11.0) |
| | 규슈 | 3(0.8) | 일본 국적 선호 | 예 | 62(11.0) |
| | 주고쿠·시고쿠 | 7(2.0) | | 아니오 | 285(50.4) |
| 출신 초교 | 민단계 | 54(9.6) | | 관심 없음 | 150(26.5) |
| | 총련계 | 183(32.4) | | 무응답 | 68(12.0) |
| | 일본 공립 | 258(45.7) | 부모 배경 | 아버지 한인 | 48(8.5) |
| | 일본 사립 | 34(6.0) | | 어머니 한인 | 36(6.4) |
| | 기타 해외 | 13(2.3) | | 모두 한인 | 457(80.9) |
| | 무응답 | 23(4.1) | | 무응답 | 24(4.2) |
| 신분 | 중학생 | 50(8.8) | 세대 | 재일 1세 | 6(1.1) |
| | 고등학생 | 180(31.9) | | 재일 1.5세 | 2(0.4) |
| | 대학생 | 261(46.2) | | 재일 2세 | 13(2.3) |
| | 대학원생 | 10(1.8) | | 재일 3세 | 395(69.9) |
| | 직장인 | 50(8.8) | | 재일 4세 | 98(17.3) |
| | 무직 | 11(1.9) | | 모름 | 34(6.0) |
| | 무응답 | 3(0.6) | | 무응답 | 17(3.0) |

응답자의 현재 신분을 조사한 결과, 대학생 및 대학원생이 48.0%로 가장 높게 나타났다. 그리고 고등학생이 31.9%, 직장인이 8.8%, 무직이 1.9%, 무응답이 0.6%였다. 따라서 조사대상자의 약 78.1%가 일본 또는 민족계 고등학교나 대학에 재학하고 있는 것으로 나타났다.

부모의 민족적 배경을 살펴보면, 부모 모두가 재일코리안이라고 응

답한 비율이 80.9%, 아버지가 재일코리안이라고 응답한 비율이 8.5%, 어머니가 재일코리안이라고 응답한 비율이 6.4%였다. 이러한 결과는 부모세대의 결혼에 있어서 재일코리안 간의 혼인비율이 압도적으로 높음을 시사해주고 있다.

재일청소년들의 국적을 살펴보면, '대한민국' 국적이 72.0%, '조선'이 9.2%, '북한'이 7.6%, '일본'이 0.2%, '무응답'이 11.0%로 나타났다. 따라서 응답자들의 경우 일본으로의 귀화자가 거의 없음을 알 수 있다.

재일코리안 청소년들에게 "당신은 현재 재일코리안 몇 세대에 해당됩니까?"라고 질문하였다.[3] 응답결과를 보면, 재일 3세대라고 응답한 청소년이 69.9%, 재일 4세대라고 응답한 청소년이 17.3%, 재일 2세대 청소년이 2.3% 순이었다. 따라서 재일 3~4세가 87.2%로 집중되어 있음을 알 수 있다.

재일코리안 청소년들에게 일상생활에서 사용하는 이름에 대해 조사한 결과, 한국식 이름이 57.9%, 일본식 통명이 36.1%, 무응답이 6.0%로 나타났다. 따라서 일본식 통명 사용 비율이 상당히 높음을 알 수 있다.

### 3) 측정도구의 타당도 및 신뢰도 분석

다항목으로 측정된 변수들인 '부모의 영향', '한국 관심도', '한국 이미지', '한국어 능력', '민족정체성', '네트워크 활동'에 대한 측정도구의 타당성을 분석하기 위하여 탐색적 요인분석을 수행하였다. 직각(varimax) 회전방법에 의한 1차 요인분석 결과, '부모의 영향'과 '민족정체성'에서 각각 한 항목씩 탈락하였다. 최종 요인분석 결과, 고유값이 모두 1 이상이고 요인적재량이 0.5 이상으로 나타나 측정항목들이 모두 수렴타당성

3 세대별 질문항목에서 1.5세대는 한국에서 출생하여 6~18세 사이에 도일한 청소년으로서 자신의 정체성이 재일 1~2세와는 다르다고 생각하는 청소년을 가리킴.

(convergent validity)과 판별타당성(discriminant validity)을 가지고 있다고 볼 수 있다. 또한 신뢰도 계수는 0.7 이상으로 높은 신뢰성(reliability)을 갖고 있다고 할 수 있다(〈표 4-3〉 참조).

〈표 4-3〉 민족정체성 요인분석 및 신뢰도 분석 결과

| 변수 | 측정문항 | 성분 1 | 성분 2 | 성분 3 | 성분 4 | 성분 5 | 성분 6 | 신뢰도(α) |
|---|---|---|---|---|---|---|---|---|
| 한국 이미지 | koimage7 | **.878** | .192 | -.021 | -.007 | .032 | .081 | 0.964 |
| | koimage6 | **.878** | .222 | .015 | -.011 | -.008 | .135 | |
| | koimage8 | **.877** | .172 | .000 | -.035 | .012 | .058 | |
| | koimage4 | **.877** | .205 | .017 | .023 | .007 | .046 | |
| | koimage2 | **.865** | .215 | .002 | .019 | .029 | .143 | |
| | koimage5 | **.858** | .215 | -.007 | -.035 | .033 | .118 | |
| | koimage1 | **.840** | .273 | .041 | -.018 | .062 | .054 | |
| | koimage3 | **.840** | .183 | -.023 | .048 | .018 | .073 | |
| 한국 관심도 | interest5 | .263 | **.796** | .222 | .201 | .052 | .157 | 0.954 |
| | interest7 | .241 | **.786** | .250 | .153 | .136 | .057 | |
| | interest8 | .267 | **.782** | .304 | -.021 | .064 | .112 | |
| | interest4 | .320 | **.766** | .113 | .232 | .023 | .234 | |
| | interest1 | .301 | **.760** | .256 | .212 | .105 | .135 | |
| | interest6 | .282 | **.746** | .284 | .193 | .158 | .057 | |
| | interest9 | .232 | **.744** | .279 | -.087 | .146 | .097 | |
| | interest10 | .319 | **.737** | .125 | .218 | .146 | .127 | |
| | interest2 | .230 | **.593** | -.028 | .296 | .051 | .442 | |
| | interest3 | .155 | **.575** | .021 | .253 | .075 | .506 | |
| 민족 정체성 | identity2 | -.055 | .241 | **.783** | .236 | .141 | .072 | 0.908 |
| | identity3 | -.008 | .150 | **.768** | .065 | .051 | .080 | |
| | identity6 | .030 | .224 | **.755** | .180 | .253 | .027 | |
| | identity1 | -.012 | .233 | **.750** | .283 | .130 | .012 | |
| | identity7 | -.010 | .170 | **.730** | .220 | .235 | .130 | |
| | identity4 | .017 | .193 | **.720** | .126 | .373 | .100 | |
| 부모의 영향 | parents3 | .037 | .140 | .182 | **.741** | .082 | -.045 | 0.786 |
| | parents5 | .019 | .016 | .124 | **.684** | .125 | .092 | |
| | parents2 | -.125 | .090 | .024 | **.679** | -.074 | .104 | |

(계속)

| 변수 | 측정문항 | 성분 1 | 성분 2 | 성분 3 | 성분 4 | 성분 5 | 성분 6 | 신뢰도(α) |
|---|---|---|---|---|---|---|---|---|
| 부모의 영향 | parents6 | .032 | .092 | .308 | **.621** | .036 | -.006 | 0.786 |
| | parents4 | -.023 | .241 | .128 | **.590** | .154 | .040 | |
| | parents7 | .073 | .289 | .319 | **.516** | .251 | -.025 | |
| 한국어 능력 | kolanguage2 | .028 | .131 | .295 | .136 | **.910** | .021 | 0.970 |
| | kolanguage1 | .028 | .158 | .298 | .142 | **.894** | .031 | |
| | kolanguage3 | .063 | .162 | .296 | .125 | **.882** | .051 | |
| 네트워크 활동 | network1 | .248 | .279 | .178 | .032 | -.001 | **.809** | 0.859 |
| | network2 | .241 | .295 | .173 | .034 | .075 | **.785** | |
| 고유값 | | 12.968 | 5.987 | 2.383 | 1.841 | 1.415 | 1.193 | |
| 분산비율(%) | | 37.052 | 17.105 | 6.808 | 5.259 | 4.044 | 3.408 | |
| 누적분산비율(%) | | 37.052 | 54.156 | 60.965 | 66.224 | 70.268 | 73.676 | |

### 4) 민족정체성 형성의 영향요인

연구모형 1은 민족정체성 형성에 영향을 주는 요인들이 무엇인지를 밝히는 것이다. 이 연구에서는 '연령', '이름 형식', '국적', '부모의 배경', '출신학교', '부모의 영향', '한국어 능력'을 민족정체성의 형성요인으로 보았다. 이 중에서 이름 형식, 국적, 부모의 배경, 출신초등학교는 명목척도인 관계로 더미변수를 이용하였다.

먼저, 측정변수들의 상관관계를 분석한 결과, '초교더미변수1'과 '초교더미변수2'의 상관관계가 -.681로 가장 높게 나타났으며, 다른 측정변수 간의 상관계수 값은 이보다 아래로 나타났다. 따라서 요인 간의 상관계수가 1이 아닌 것으로 나타나 판별타당도가 있다고 할 수 있다(Anderson and Gerbing, 1988). '민족정체성'은 '연령', '국적더미변수1', '국적더미변수2', '부모배경더미변수2', '초교더미변수1', '부모의 영향', '한국어 능력'과 유의한 정(+)의 상관관계가 있으며, '이름형식더미변수1', '부모배경더미변수1', '초교더미변수2', '초교더미변수3'과는 유의한 부(-)의 상관관계가 있다.

다음으로 민족정체성과 독립변수들 간의 인과관계를 검증하기 위해 회귀분석을 실시하였다. 또한, 회귀모형의 다중공선성을 진단하기 위해 분산팽창계수(VIF)와 공차한계(tolerance)를 조사하였다. 〈표 4-4〉에서 보듯이, 분산팽창계수의 최댓값이 4.590(허용치 기준 10 미만)이고, 공차한계의 최솟값이 0.218(허용치 기준 0.1 이상)로 나타나고 있어 다중공선성은 거의 존재하지 않는 것으로 판단된다(Hair 등, 1979). 이러한 결과는 회귀분석의 결과가 의미 있는 수치임을 보여주고 있다.

〈표 4-4〉 민족정체성 측정변수 상관관계 1

| 구분 | 민족정체성 | 연령 | 이름형식 더미변수1 | 국적 더미변수1 | 국적 더미변수2 | 국적 더미변수3 |
|---|---|---|---|---|---|---|
| 민족 정체성 | 1 | | | | | |
| 연령 | .321*** | 1 | | | | |
| 이름형식 더미변수1 | -.299*** | -.058 | 1 | | | |
| 국적 더미변수1 | .152*** | .151*** | -.161*** | 1 | | |
| 국적 더미변수2 | .264*** | .124*** | -.189*** | -.104** | 1 | |
| 국적 더미변수3 | .033 | .045 | -.033 | -.014 | -.015 | 1 |
| 부모배경 더미변수1 | -.138*** | -.101** | .047 | -.041 | .003 | .187*** |
| 부모배경 더미변수2 | .173*** | .071* | -.158*** | .072 | .053 | -.119*** |
| 초교 더미변수1 | .488*** | .278*** | -.364*** | .259*** | .358*** | -.034 |
| 초교 더미변수2 | -.300*** | -.092** | .345*** | -.238*** | -.246*** | -.041 |
| 초교 더미변수3 | -.072* | .006 | .140*** | -.048 | -.059 | -.011 |
| 초교 더미변수4 | -.007 | -.011 | -.043 | .045 | -.011 | -.007 |
| 부모영향 | .513*** | .163*** | -.196*** | .040 | .118*** | -.056 |
| 한국어 능력 | .562*** | .128*** | -.407*** | .239*** | .234*** | .053 |
| 평균 | 3.206 | 19.349 | 0.384 | 0.085 | 0.103 | 0.002 |
| 표준편차 | 1.042 | 2.582 | 0.487 | 0.280 | 0.305 | 0.045 |

주: *P<0.1, **P<0.05, ***P<0.01

| 부모배경 더미변수1 | 부모배경 더미변수2 | 초교 더미변수1 | 초교 더미변수2 | 초교 더미변수3 | 초교 더미변수4 | 부모영향 | 한국어 능력 |
|---|---|---|---|---|---|---|---|
| | | | | | | | |
| | | | | | | | |
| | | | | | | | |
| | | | | | | | |
| | | | | | | | |
| | | | | | | | |
| 1 | | | | | | | |
| -.623*** | 1 | | | | | | |
| -.114*** | .235*** | 1 | | | | | |
| .047 | -.099** | -.681*** | 1 | | | | |
| -.008 | -.036 | -.185*** | -.247*** | 1 | | | |
| .014 | -.047 | -.112*** | -.149*** | -.041 | 1 | | |
| -.126*** | .161*** | .258*** | -.147*** | -.037 | -.016 | 1 | |
| -.040 | .092** | .622*** | -.611*** | -.147*** | .116*** | .366*** | 1 |
| 0.067 | 0.845 | 0.338 | 0.476 | 0.063 | 0.024 | 3.093 | 2.911 |
| 0.249 | 0.362 | 0.473 | 0.500 | 0.243 | 0.153 | 0.889 | 1.434 |

〈표 4-5〉 민족정체성 회귀분석

| 모형 | 비표준화 계수 | | 표준화 계수 | t | 유의 확률 | 공선성 통계량 | |
|---|---|---|---|---|---|---|---|
| | B | 표준오차 | 베타 | | | 공차 | VIF |
| (상수) | .088 | .320 | | .275 | .783 | | |
| 연령 | .055 | .014 | .144 | 4.030*** | .000 | .864 | 1.157 |
| 이름형식더미변수1 | -.166 | .076 | -.082 | -2.200** | .028 | .791 | 1.264 |
| 국적더미변수1 | .048 | .127 | .014 | .378 | .705 | .851 | 1.175 |
| 국적더미변수2 | .287 | .117 | .091 | 2.461** | .014 | .817 | 1.224 |
| 국적더미변수3 | .928 | .727 | .044 | 1.278 | .202 | .926 | 1.080 |
| 부모배경더미변수1 | -.181 | .190 | -.042 | -.954 | .341 | .570 | 1.753 |
| 부모배경더미변수2 | .027 | .133 | .009 | .205 | .838 | .551 | 1.813 |
| 출신초교더미변수1 | .436 | .143 | .217 | 3.048*** | .002 | .218 | 4.590 |
| 출신초교더미변수2 | .384 | .135 | .197 | 2.836*** | .005 | .229 | 4.361 |
| 출신초교더미변수3 | .371 | .180 | .094 | 2.065** | .039 | .539 | 1.855 |
| 출신초교더미변수4 | -.041 | .265 | -.006 | -.156 | .876 | .789 | 1.268 |
| 부모의 영향 | .296 | .045 | .244 | 6.577*** | .000 | .801 | 1.248 |
| 한국어 능력 | .279 | .036 | .405 | 7.769*** | .000 | .408 | 2.453 |
| 모형 요약 | F=34.625 (0.000)<br>$R^2$=0.498<br>수정된 $R^2$=0.484 | | | | | | |

주: *P<0.1, **P<0.05, ***P<0.01

민족정체성을 종속변수로 한 회귀분석의 결과는 〈표 4-5〉와 같다. 첫째, 연령은 민족정체성에 유의한 정(+)의 영향을 미치는 것으로 나타났다. 따라서 청소년의 나이가 많을수록 민족정체성이 더 높음을 시사해준다. 둘째, 이름형식더미변수1(일본식 통명 사용)은 민족정체성에 유의한 부(−)의 영향을 미치고 있다. 즉, 한국식 이름을 사용하는 청소년과는 달리 일본식 통명을 사용하는 청소년의 경우 민족정체성이 낮음을 알 수 있다. 셋째, 국적더미변수2(조선 국적 청소년)는 민족정체성에 유의한 정(+)의 영향을 미치고 있다. 이것은 조선 국적 청소년이 한국 국적 청소년보다 민족정체성이 더 높음을 시사한다.

반면에, 북한 국적과 일본 국적은 청소년들의 민족정체성 형성에 영향을 주지 못했다. 넷째, 부모배경더미변수1(어머니 한인)과 부모배경더미변수2(부모 모두 한인)는 민족정체성에 유의한 영향을 미치지 못했다. 따라서 부모의 민족배경 유형은 민족정체성 형성에 영향을 미치지 않음을 알 수 있다. 다섯째, 출신초교더미변수1, 2, 3(총련계 학교, 일본 공립, 일본 사립)은 민족정체성에 유의한 정(+)의 영향을 미치고 있다. 이것은 민단계 초교 출신 청소년보다 총련계, 일본 공립계 및 일본 사립계 초교 출신 청소년들의 민족정체성이 더 높음을 시사해준다. 반면에 해외 초등학교 출신(출신초교더미변수4)의 경우에는 민족정체성과 무관하게 나타났다. 여섯째, 부모의 영향은 민족정체성에 유의한 정(+)의 영향을 미치고 있다. 따라서 일상생활에서 부모의 한국어 사용이나 교육, 한국음식 식사 등이 재일코리안 청소년의 민족정체성 형성에 큰 영향을 주고 있음을 알 수 있다. 일곱째, 한국어 능력은 민족정체성에 유의한 정(+)의 영향, 즉 긍정적인 영향을 미치고 있다. 따라서 모국어의 활용수준이 민족정체성 형성에 중요한 결정요인임을 확인할 수 있다.

### 5) 민족정체성의 긍정적 효과

연구모형 2는 민족정체성의 긍정적 효과가 무엇인지를 밝히는 것이다. 이 연구에서는 '일본 국적 선호도', '한국 관심도', '한국 이미지', '네트워크 활동'을 민족정체성의 결과변수로 보았다. 이 중에서 일본 국적 선호도는 명목척도인 관계로 더미변수(일본국적더미변수1: 향후 일본 국적 취득을 고려하지 않음)를 사용하였다.

먼저 측정변수들의 상관관계를 분석한 결과, '한국 관심도'와 '네트워크 활동'의 상관관계가 0.576으로 가장 높게 나타났으며, 다른 측정변수 간의 상관계수 값은 이보다 아래로 나타났다. 따라서 요인 간의 상관

〈표 4-6〉 민족정체성 측정변수 상관관계 2

| 구 분 | 민족정체성 | 일본국적 더미변수1 | 한국 관심도 | 한국 이미지 | 네트워크 활동 |
|---|---|---|---|---|---|
| 민족정체성 | 1 | | | | |
| 일본국적 더미변수1 | .285*** | 1 | | | |
| 한국 관심도 | .493*** | .130*** | 1 | | |
| 한국 이미지 | .069 | -.055 | .530*** | 1 | |
| 네트워크 활동 | .303*** | .023 | .576*** | .403*** | 1 |
| 평균 | 3.206 | 0.573 | 2.702 | 1.721 | 1.516 |
| 표준편차 | 1.042 | 0.495 | 1.432 | 0.976 | 1.140 |

주: *P<0.1, **P<0.05, ***P<0.01

계수가 1이 아닌 것으로 나타나 판별타당도가 있다고 할 수 있다(Anderson and Gerbing, 1988). '민족정체성'은 '일본국적더미변수1', '한국 관심도', '네트워크 활동'과 유의한 정(+)의 상관관계가 있다.

다음으로 민족정체성과 결과변수들 간의 인과관계를 검증하기 위해 회귀분석을 실시하였다. 회귀분석 결과를 살펴보면 다음과 같다. 첫째, 민족정체성이 일본국적더미변수1(향후 일본 국적 취득을 고려하지 않음)에 유의한 정(+)의 영향을 미치고 있다. 따라서 민족정체성이 확고한 재일코리안 청소년은 향후에 일본으로 귀화할 의사가 없음을 시사해준다(〈표 4-7〉 참조).

〈표 4-7〉 일본 국적과 민족정체성 회귀분석

| 모형 | 비표준화 계수 | | 표준화 계수 | t | 유의확률 |
|---|---|---|---|---|---|
| | B | 표준오차 | 베타 | | |
| (상수) | .104 | .074 | | 1.401 | .162 |
| 민족정체성 | .143 | .022 | .285 | 6.614*** | .000 |
| 모형 요약 | F=43.739 (0.000)<br>$R^2$=0.081<br>수정된 $R^2$=0.079 | | | | |

주: *P<0.1, **P<0.05, ***P<0.01

〈표 4-8〉 한국 관심도와 민족정체성 회귀분석

| 모형 | 비표준화 계수 | | 표준화 계수 | t | 유의확률 |
|---|---|---|---|---|---|
| | B | 표준오차 | 베타 | | |
| (상수) | .528 | .170 | | 3.108 | .002 |
| 민족정체성 | .678 | .050 | .493 | 13.455*** | .000 |
| 모형 요약 | F=181.025 (0.000)<br>$R^2$=0.243<br>수정된 $R^2$=0.242 | | | | |

주: *P<0.1, **P<0.05, ***P<0.01

〈표 4-9〉 한국 이미지와 민족정체성 회귀분석

| 모형 | 비표준화 계수 | | 표준화 계수 | t | 유의확률 |
|---|---|---|---|---|---|
| | B | 표준오차 | 베타 | | |
| (상수) | 1.514 | .133 | | 11.407 | .000 |
| 민족정체성 | .065 | .039 | .069 | 1.641 | .101 |
| 모형 요약 | F=2.691 (0.101)<br>$R^2$=0.005<br>수정된 $R^2$=0.003 | | | | |

주: *P<0.1, **P<0.05, ***P<0.01

둘째, '민족정체성'은 '한국 관심도'에 유의한 정(+)의 영향을 미치고 있다. 따라서 민족정체성이 확고한 재일코리안 청소년일수록 한국에 더 많은 관심을 갖고 있음을 알 수 있다(〈표 4-8〉 참조).

셋째, 민족정체성이 한국 이미지에 유의한 정(+)의 영향을 미치지 않고 있다. 이것은 민족정체성이 한국과 한국인에 대한 이미지 형성에는 큰 영향을 주지 못함을 시사해준다(〈표 4-9〉 참조).

넷째, 민족정체성이 네트워크 활동에 유의한 정(+)의 영향을 미치고 있다. 이것은 민족정체성이 확고한 청소년들은 한민족 네트워크에 적극적인 참여와 활동을 하고 있음을 시사해준다(〈표 4-10〉 참조).

〈표 4-10〉 네트워크 활동과 민족정체성 회귀분석

| 모형 | 비표준화 계수 | | 표준화 계수 | t | 유의확률 |
|---|---|---|---|---|---|
| | B | 표준오차 | 베타 | | |
| (상수) | 0.451 | .148 | | 3.048 | .002 |
| 민족정체성 | .332 | .044 | .303 | 7.555*** | .000 |
| 모혀 요약 | F=57.082 (0.000)<br>$R^2$=0.092<br>수정된 $R^2$=0.090 | | | | |

주: *: P<0.1, **: P<0.05, ***: P<0.01

## 6) 민족정체성의 형성요인과 효과

이상과 같은 연구결과를 전체적으로 요약하면 다음과 같다. 재일코리안의 이주가 1910년을 전후하여 본격적으로 시작된 이래로 100여 년이 지난 현 시점에서 일본에는 약 58만 명의 재일코리안이 거주하고 있다. 일본정부와 일본사회로부터 민족차별, 국적차별, 취업차별 등을 받아온 재일코리안 1~2세들은 한민족으로서의 정체성을 갖고 민족단체를 조직하거나 민족학교와 금융기관을 직접 운영하면서 차별을 극복해왔다. 이들 중에서 성공한 기업가들은 모국과의 지속적인 교류를 통해 모국의 경제발전과 경제성장에도 크게 기여해왔다. 그러나 1990년대 이후 세계적인 글로벌 현상과 일본정부의 동화정책 등에 의해 재일코리안 3~4세들의 민족단체나 조직으로부터의 이탈현상이 가속화되면서 재일코리안 청소년의 민족정체성에 관심이 집중되어왔다.

이 연구는 이러한 배경 속에서 재일코리안 청소년의 민족정체성을 결정하는 요인들이 무엇인지를 밝히고, 민족정체성 확립으로부터 얻을 수 있는 긍정적인 효과들이 구체적으로 무엇인지를 탐색하기 위해 시작되었다.

연구결과를 정리하면 다음과 같다.

첫째, 재일코리안 청소년의 연령이 높아질수록 민족정체성이 강화됨을 확인하였다. 이는 연령이 높을수록 자민족중심주의가 강해진다는 Han(1988)의 주장과 일치한다.

둘째, 생활 속에서 일본식 통명을 사용하는 청소년은 민족정체성이 약함을 알 수 있었다. 이는 일본사회에 동화됨에 따라 오는 자연스러운 현상으로, 김정구(2005)의 귀화지향형에 해당하는 청소년들이다.

셋째, 조선 국적을 가진 청소년이 한국 국적, 북한 국적, 일본 국적을 가진 청소년보다 민족정체성이 강한 것으로 나타났다. 이것은 민족정체성이 일본정부의 국적차별에도 굴하지 않고 꿋꿋이 조선 국적을 유지할 수 있는 원동력임을 확인시켜주는 것이다.

넷째, 해외 초등학교 출신의 경우는 민족정체성이 낮았으며, 민단계 초등학교 출신보다는 총련계 초등학교 출신의 민족정체성이 더 높게 나타났다. 이러한 사실은 강한 연대에 의한 비교적 폐쇄적인 집단인 총련계 초등학교의 민족교육이 민족정체성 형성에도 크게 영향을 미치고 있음을 뒷받침해준다.

다섯째, 재일코리안 청소년의 민족정체성 형성에는 부모의 영향력이 매우 컸다. 가정 내에서 부모의 태도, 교육관, 언어습관, 식습관, 전통계승 의지 등이 자녀의 정체성 형성에 큰 영향을 주고 있음을 확인할 수 있었다. 따라서 재일코리안 청소년을 대상으로 한 교육뿐만 아니라 부모들에 대한 민족교육도 병행되어야 함을 시사하고 있다.

여섯째, 재일코리안 청소년의 한국어 사용 능력은 민족정체성 형성에 가장 중요한 요인 중의 하나였다. 일반적으로 언어는 민족성(ethnicity)의 가장 중요한 상징으로 인식되어왔다. 한 민족집단의 민족적 주체성은 민족어(ethnic language)를 통해 세대에 걸쳐 전승되기 때문에 재일코리안 청소년들의 한국어 구사 능력은 세대 간에 민족정체성이 지속될 수 있음을 보여주는 중요한 지표다. 따라서 한국정부는 재일코리안 청소년들을 대상으로 한 모국 언어연수와 문화교육 등을 지속적으로 확대 실시해야 함을 시사하고 있다.

일곱째, 민족정체성이 높은 청소년들은 일본 국적 취득을 덜 선호하는 것으로 나타났다. 사회가 다원화되면서 일본정부가 재일코리안에 대한 동화정책을 강화하는 상황 속에서 민족정체성 확립은 귀화를 억제할 수 있는 중요한 요인 중의 하나였다.

여덟째, 민족정체성이 높은 청소년일수록 한국에 대한 관심도 높고, 글로벌 네트워크 구축에 적극적으로 참여하고 있음을 확인하였다. 이러한 결과는 본 설문의 응답자 중 72%가 재일코리안 중 한국 국적 소유자였기 때문인 것으로 판단된다. 결과적으로 글로벌 경쟁 속에서 한국기업이 성장하기 위해서는 전 세계에 흩어져 있는 한민족을 하나로 연대할 수 있는 글로벌 네트워크 구축과 활용이 매우 절실한 시점에서 민족정체성 확립이 그 시발점인 것을 시사하고 있다.

## 5. 차세대 민족정체성 유형

### 1) 저출산 · 고령화와 귀화자 증가

최근 일본에서 생활하는 재일코리안이 매년 약 1만 명 이상 일본 국적으로 귀화함으로써 민족정체성의 위기의식이 주요 의제로 대두되어 왔다. 그러나 과연 이러한 재일코리안 사회의 변화가 민족정체성의 위기로서만 단정 지을 수 있는가? 흔히 재일코리안 사회의 민족정체성을 거론할 때 일본사회와 재일코리안 사회 자체의 내부 변화를 간과해온 측면이 없지 않다. 따라서 여기에서는 재일코리안의 민족정체성 위기의식에 중점을 두기보다는 글로벌시대 재일코리안의 정체성 유형 변화에 대한 시대적 배경과 환경 변화에 초점을 맞추어 사례연구를 통하여 분석하고자 한다.

1990년대 초반만 해도 일본 입국관리국의 통계에 의하면 외국인 등록자 가운데 재일코리안의 숫자는 69만 명을 초과하였다. 그러나 1990년대 이후 매년 감소추세를 보이다가 2005년에는 60만 명을 채 넘지 못하고 있다. 이러한 재일코리안 감소의 가장 큰 요인 중의 하나는 한국·조선 국적자의 일본 국적 취득에 있다고 할 수 있다. 재일코리안의 일본 국적 취득자 수는 해마다 1만 명 전후로 알려지고 있다. 흔히 말하는 '재일한인'이라고 하면 한국 국적·조선 국적자만 대상으로 지칭할 경우 그들의 실상을 제대로 반영하지 못하는 결과를 초래할 소지가 크다. 따라서 이 연구에서는 일본 국적을 취득한 사람들이 처한 상황, 의식, 민족정체성까지도 포함시켜 '재일코리안'이라는 용어로 전체적인 맥락을 설명하고자 한다.[4]

주지하는 바와 같이 최근 초국가적인 글로벌시대를 맞이하여 일본사회는 다민족·다문화사회로의 이행이 상당히 빠른 속도로 진행되어 왔다. 일본 법무성 입국관리국의 통계(법무성 입국관리국, 2007)에 의하면, 외국인노동자 수는 1996년 37만 명에서 2006년 말에는 75만 5천 명으로 증가하였으며 외국인 등록자 수는 2005년도에 처음으로 200만 명을 돌파하여, 2006년도 말 현재 208만 4,919명으로 역대 최고에 달했다. 이것은 2005년도 말과 비교해 7만 3,364명(3.6%)이 늘어난 수치이며, 10년 전에 비하면 66만 9,783명이 증가한 것이다. 체류자격별 외국인 등록자 수의 추이를 살펴보면, 영주자가 84만 명, 비영주자가 125만 명이었다.

4 2007년 10월 12일자 「재외동포신문」에 의하면 재일한인은 일본 국적 취득자를 포함해 실제로 89만 3,740명으로 집계되고 있다. 이 연구에서 '재일한인'은 일본에 거주하는 재일동포, 재일교포, 재일한국·조선인, 재일조선인, 재일한국인, 재일코리안 등을 포함하는 의미로 사용되고 있다.

2006년도 말 현재 외국인 등록자의 비율은 일본 총인구 1억 2,777만 명 중에 1.63%를 차지했으며, 2005년도에 비해 0.6% 정도 증가하였다. 외국인 등록자의 국적(출신지) 수는 188개국에 달하며, 2002년 138개국에서 50개국 정도가 증가하였다. 〈표 4-11〉에 나타난 바와 같이 출신국가별 구성 비율을 보면 한국·조선 국적자(한국·북한)가 2006년도 말 59만 8,219명으로 28.7%를 차지했으며 다음으로 중국이 26.9%, 브라질이 15%, 필리핀이 9.3%, 페루가 2.8%, 미국이 2.5%, 기타가 14.8% 순이었다. 이러한 수치의 변화에서 알 수 있는 바와 같이 한국·조선 국적자는 특별 영주자 수의 감소로 매년 감소추세이며 2006년도 말 59만 8,219명이지만, 반대로 나머지 국적자들은 매년 증가추세에 있다.

〈표 4-11〉 일본 입국관리국 국적(출신지)별 외국인 등록자 수 추이

| 국적(출신지) | 1997년 | 1998년 | 1999년 | 2000년 | 2001년 | 2002년 | 2003년 | 2004년 | 2005년 | 2006년 |
|---|---|---|---|---|---|---|---|---|---|---|
| 한국·조선 | 645,373<br>(43.5) | 638,828<br>(42.2) | 636,548<br>(40.9) | 635,269<br>(40.9) | 632,405<br>(35.6) | 625,422<br>(33.8) | 613,791<br>(32.1) | 607,419<br>(30.8) | 598,687<br>(29.8) | 598,219<br>(28.7) |
| 중국 | 252,164<br>(17.0) | 272,230<br>(18.0) | 294,201<br>(18.9) | 335,575<br>(19.9) | 381,225<br>(21.4) | 424,282<br>(22.9) | 462,396<br>(24.1) | 487,570<br>(24.7) | 519,561<br>(25.8) | 560,741<br>(26.9) |
| 브라질 | 233,254<br>(15.7) | 222,217<br>(14.7) | 224,299<br>(14.4) | 254,394<br>(15.1) | 265,962<br>(15.0) | 268,332<br>(14.5) | 274,700<br>(14.3) | 286,557<br>(14.5) | 302,080<br>(15.0) | 312,979<br>(15.0) |
| 필리핀 | 93,265<br>(6.3) | 105,308<br>(7.0) | 115,685<br>(7.4) | 144,871<br>(8.6) | 156,667<br>(8.8) | 169,359<br>(9.1) | 185,237<br>(9.7) | 199,394<br>(10.1) | 187,261<br>(9.3) | 193,488<br>(9.3) |
| 페루 | 40,394<br>(2.7) | 41,317<br>(2.7) | 42,773<br>(2.7) | 46,171<br>(2.7) | 50,052<br>(2.8) | 51,772<br>(2.8) | 53,649<br>(2.8) | 55,750<br>(2.8) | 57,728<br>(2.9) | 58.721<br>(2.8) |
| 미국 | 43,690<br>(3.0) | 42,774<br>(2.8) | 42,802<br>(2.8) | 44,856<br>(2.6) | 46,244<br>(2.6) | 47,970<br>(2.6) | 47,836<br>(2.5) | 48,844<br>(2.5) | 49,390<br>(2.5) | 51.321<br>(2.5) |
| 기타 | 174,567<br>(11.8) | 189,442<br>(12.6) | 199,805<br>(12.9) | 225,308<br>(13.4) | 245,907<br>(13.8) | 264,621<br>(14.3) | 277,421<br>(14.5) | 288,213<br>(14.6) | 296,848<br>(14.8) | 309,450<br>(14.8) |
| 합계 | 1,482,<br>707 | 1,512,<br>116 | 1,556,<br>113 | 1,686,<br>444 | 1,778,<br>462 | 1,851,<br>758 | 1,915,<br>030 | 1,973,<br>747 | 2,011,<br>555 | 2,084,<br>919 |

주: 『平成19年版在留外國人統計』(出版) 財団法人入管協會, 2006年末現在
표 안 수치는 실수, ( ) 안은 %

또한 재일코리안 감소의 가장 큰 요인 중 하나는 1985년 일본 국적법 개정으로 국제결혼에 의해 태어난 아이들의 국적 선택에 있어서 '부모양계주의'의 도입에 있다.[5] 이 법이 도입되기 전까지는 국제결혼에 의해 태어난 아이들은 부친의 국적을 계승하도록 정해져 있었지만, 법률개정 후에는 부모 중 어느 쪽 국적을 선택해도 무방하게 되었다.

이번 조사결과에 의하면 어느 일본 국적 취득자는 "한국계 일본인은 재일코리안의 아류가 아니라, 독자적인 가치관과 세계관을 소유한 존재들이다."라고 강조했다. 즉, 일본 국적 취득자의 존재가 재일코리안이라는 존재와 더불어 한국과 일본이라는 양국 국민국가의 존재방식 그 자체를 재인식하게 되었다고 할 수 있다.

1980년대 후반까지만 해도 일본에서 재일코리안이 일본 국적을 취득하기는 상당히 어려웠다. 그 이유는 일본 국적 취득과정에서 중요한 요소로서 재일코리안의 경제적 사정이나 정치적 사상 등이 주요 고려 대상이었기 때문에 일본 국적을 취득할 수 있는 재일코리안은 극히 일부에 불과했다.

그러나 1980년 이후 다문화시대를 맞이하여 일본에는 많은 외국인들이 다양한 나라에서 입국하여 생활하기 시작했다. 특히 1980년대 중반 이후 당시 일본 버블경기를 배경으로 외국인노동자가 대거 입국했으며, 1990년대에는 '출입국 및 난민인정법'이 개정되어 외국으로 이주한 일본인과 그 자손의 일본 입국 및 체류 조건이 대폭 완화되었다.[6] 이것을

---

5 일본은 1985년 1월 1일 개정된 신국적법을 시행하여 국적 취득에 대하여 부계주의로부터 부모양계주의로 바꾸었다. 따라서 부모 중 어느 한쪽이 일본인이라면 그 자녀는 일본 국적을 취득하게 됨에 따라 재일한인 규모의 축소가 더욱 가속화되기 시작했다. 한편 한국도 1998년 국적법이 개정되어 부모양계주의로 바뀌었다.

6 한영혜(2006) 「일본의 다문화공생 담론과 아이덴티티 재구축」, 『한국사회사학회』 제71집, p. 165 참조. 1989년 12월에 개정되어 1990년부터 시행되었는데 일본 내 취로 활동에 제한을 받지 않는 '정주자'라는 체류자격이 신설되었다. '정주자'는 '정주 인도차이나 난민', '일계 3세인 외국인', '영주자 · 정주자 등의 가족'을 포괄하는 형태로 만들어진 범주로서 3년간의 체류 연장과 갱신이 가능하게 되었다.

계기로 '일계인(日系人)'이 일본사회에 급증하기 시작했다.[7] 그러나 일본 출입국업무를 담당하는 법무성은 이와 같이 급속히 진행된 다민족 · 다문화사회의 도래와 급증하는 외국인에 대하여 제도적인 장치로 충분히 대처할 수 없었다. 즉, 일본사회가 직면하고 있는 다민족 · 다문화사회의 현실적인 상황에 대비하여 외국인 정책이나 법률적 제도정비가 미흡한 상태였다.

1980년대까지만 해도 일본사회에서는 '외국인'이라고 하면 일본 소수민족의 대표로서 '재일한인'을 의미했다. 전쟁 전후부터 1980년 이전까지만 해도 과거 일본에서 재일코리안이 거주 외국인 전체의 90%를 차지했던 적도 있었다. 그러나 지금은 재일코리안의 비율이 30%도 채 넘지 못한다. 따라서 이제는 일본에서 '재일외국인'이 '재일코리안'을 대표하던 시대는 이미 과거의 일이라 해도 과언이 아니다.

재일코리안의 국적 취득과 관련된 행정을 담당했던 일본 법무 관리의 인용에 의하면 "다민족 · 다문화시대 일본어를 자유롭게 구사하고, 일본문화와 습관을 100% 이해하고 있는 재일코리안의 귀화(일본 국적 취득)에 많은 노력과 시간을 소모하는 것은 낭비다. 과거에 비해 특별한 사유가 없는 한 거의 대부분 일본 국적 취득을 허가하고 있다."고 했다. 즉, 아이러니컬하게도 1980년대 중반 이후 도일한 외국인의 급증으로 인한 일본의 다민족 · 다문화사회로의 이동이 일본 내 재일코리안의 생활방식에 대한 선택의 폭을 넓혀주는 요인이 되었다고 할 수 있다.

그러면 이 장과 관련하여 재일코리안 사회의 인구통계학적인 특징을 간단히 살펴보도록 하자. 〈표 4-12〉는 2006년도 말 재일코리안 사회

7 일본으로부터 해외에 주거지를 옮겨 영주를 목적으로 생활하고 있는 일본인 및 그 자손의 2~4세 등으로 국적, 혼혈을 포함하여 모두 '해외일계인'으로 정의하고 있다. 그러나 최근에는 이와 같은 일반적인 개념보다는 해외 이주 일본인의 자손으로서 일본에 들어와 거주하는 외국인, 즉 일본인의 혈통을 잇는 외국인을 일컫는 명칭으로 주로 브라질, 페루 등 남미 출신자를 지칭하는 경우가 많다.

〈표 4-12〉 재일코리안 연령별 구성 비율

| 연령별 구분 | 성별 | | 합계(%) |
|---|---|---|---|
| | 남성 | 여성 | |
| 0~4세 | 6,228 | 6,069 | 12,297(2.1) |
| 5~9세 | 8,284 | 7,817 | 16,101(2.7) |
| 10~14세 | 10,021 | 9,436 | 19,457(3.3) |
| 15~19세 | 12,142 | 12,141 | 24,283(4.1) |
| 20~24세 | 18,099 | 22,788 | 40,887(6.8) |
| 25~29세 | 23,929 | 25,751 | 49,680(8.3) |
| 30~34세 | 26,341 | 28,309 | 54,650(9.1) |
| 35~39세 | 25,018 | 29,458 | 54,476(9.1) |
| 40~44세 | 21,908 | 26,800 | 48,708(8.1) |
| 45~49세 | 20,788 | 27,625 | 48,413(8.1) |
| 50~54세 | 21,253 | 26,969 | 48,222(8.1) |
| 55~59세 | 23,434 | 24,676 | 48,110(8.0) |
| 60~64세 | 18,347 | 20,143 | 38,490(6.4) |
| 65~69세 | 14,874 | 17,830 | 32,704(5.5) |
| 70~74세 | 9,685 | 13,362 | 23,047(3.9) |
| 75~79세 | 6,251 | 9,061 | 15,312(2.6) |
| 80세 이상 | 9,593 | 13,789 | 23,382(3.9) |
| 합계 | 276,195(46.2) | 322,024(53.8) | 598,219(100) |

주: 『平成19年版在留外國人統計』(出版) 財団法人入管協會, 2006年末現在

의 성별 및 연령별 분포를 나타내고 있다. 먼저 재일코리안의 성별 구성 분포를 살펴보면 남성이 46.2%, 여성이 53.8%를 나타내고 있다. 재일코리안의 연령별 분포에서는 14세 미만이 8.1%, 20대 이하가 12.2%, 20대가 15.1%, 30대가 18.2%, 40대가 16.2%, 50대가 16.1%, 60대 이상이 21.4%로 높게 나타났다.

이와 같이 재일코리안의 연령별 구성 비율을 보면 30대가 가장 높고, 16~24세까지의 재일코리안 차세대의 비율은 12.9%를 차지했다. 이러한 연령분포의 결과는 재일코리안 사회의 저출산 · 고령화 현상을 그대로 반영하고 있다고 볼 수 있다.

그동안 일본에서 생활하는 재일코리안의 민족정체성의 위기는 다각적인 측면에서 논의되어왔다. 재일코리안의 민족정체성의 위기의식 배경에는 귀화로 인한 일반 영주자의 감소, 일본 내의 외국인 증가와 다민족 · 다문화사회 도래로 인한 재일코리안의 상대적 감소, 재일코리안의 저출산 및 고령화로 인한 자연감소 등이 깔려 있다. 그러나 이러한 재일코리안의 민족정체성 위기의식에는 글로벌시대 재일코리안 자체의 의식적인 변화들을 제대로 반영하지 못하는 오류를 범하고 있다. 그 이면에는 재일코리안의 민족정체성에 대하여 '재일코리안'을 과거 '재일조선인'의 박제된 상태로 보전하려는 의식적인 측면이 강하게 작용한 탓이라고 볼 수 있다.[8] 따라서 여기에서는 재일코리안의 민족정체성 위기의식보다는 다민족 · 다문화시대에 재일코리안들의 민족정체성의 유형적 변화에 대하여 고찰하고자 한다.

### 2) 민족정체성 유형에 관한 논의

재일코리안 연구에 대한 접근방법으로는 오랜 기간 동안 한인사회의 형성사 및 차별과 변화가 주요 연구대상으로 자리매김 해왔다. 한편 이 연구와 관련하여 재일한인의 민족정체성에 대한 연구로서는 후쿠오카(1984), 후쿠오카 · 김명수(1997), 하라지리(1998) 등이 재일코리안의 정체성에 대한 유형론 및 민족의식에 대하여 분석하고 있으며, 이들은 재일코리안을 7가지 유형으로 분류하고 있다. 또한 김정구(2004)는 재일코리안의 민족정체성에 관한 연구에서 생활환경에 따라 공생지향, 조국지향, 개인지향, 귀화지향의 네가지 유형으로 분류하여 분석을 시도하고

8 전준(1972) 『조총련연구』, 고려대학교 아세아문제연구소 논문 참조.

있다. 재일코리안의 디아스포라적 접근방식을 강조하는 연구자로서는 서경식(1998)과 윤건차(2001)가 있다. 이들 연구는 글로벌시대 재일코리안의 민족의식이나 단일민족 신화의 국민국가적인 입장에서 접근을 시도하고 있다.

한편 소냐 량(2005)은 총련계 재일조선인 민족정체성의 형성과정을 총련계 민족학교의 언어교육과 이념교육에 있다고 분석하고 있다. 그녀는 재일조선인의 디아스포라적 특징에 대하여 샤프란(1991)의 연구를 인용하여 6개의 구성요인으로 설명하고 있다.[9] 즉, 특정의 기원적 중심을 떠나 주변 외국 지역으로의 이주, 모국에 대한 집단적 기억, 현지사회에 수용될 희망이 거의 없고 현지사회에서 소외와 고립, 언젠가는 돌아가야 할 조상의 땅을 이상적인 모국으로 상상의 조국, 모국에 대한 정치·경제적인 관여, 모국과의 계속적인 관계 등 모국에의 귀향 의식과 현지사회로부터 고립 등이다. 그러나 그녀는 최근 디아스포라의 의미가 이들을 포괄하는 이민, 이주, 국적 변경이라는 훨씬 확대된 의미로 사용된다고 주장하였다.[10]

이와 같은 재일코리안 민족정체성에 대한 논의는 글로벌시대 민족과 국가의 관계만 강조하는 지역적인 한계를 가질 수밖에 없다. 또한 최근 다민족·다문화시대의 도래 이후 급변하고 있는 일본사회와 실제로 재일코리안 사회의 내부 변화에 대해서는 충분히 설명할 수 없다는 약점을 가지고 있다. 따라서 이 연구는 특히 1990년대 중반 이후 글로벌시대 재일코리안 청소년 자신들이 정체성에 어떠한 변화를 겪고 있는지 면접조사를 통해 그들의 입장에서 조명해보는 데 중점을 두고자 한다.

이미 알려진 바와 같이 일본에는 재일코리안의 대표적인 집단으로 민

---

9 ソニア リヤン, 中西恭子(譯)(2005)『コリアン・ディアスポラ』明石書店, pp. 139-141 참조.

10 Safran, William(1991) Diasporas in Modern Societies: Myths of Homeland and Return. Diaspora(Spring), pp. 83-99.

단계의 한국적과 총련계의 조선적으로 구분된다. 그러면 일본에서 한국적과 조선적의 생성배경에 관한 일련의 과정에 대하여 살펴보도록 하자.

민단계의 한국적과 총련계의 조선적 구분의 직접적인 계기가 된 사건은 1951년 샌프란시스코 강화조약이라고 볼 수 있다. 그 이전까지는 '재일조선인'이란 한반도 출신지 모두를 포함했다고 할 수 있다. 재일조선인의 도일은 한일강제병합이 시작된 1910년 전까지만 해도 돈을 벌기 위한 이주노동자들이 대부분이었고, 그 이후에는 일본식민지 출신자들이 외지인으로서 일본에 거주하는 사람들이었다. 또한 1939년 이후에는 강제징용이나 징병에 의해 도일한 조선인들이 많았다. 따라서 재일조선

〈사진 4-1〉 조선인 강제징용 루트

인들은 1945년 일본의 패전과 1951년 샌프란시스코 강화조약이 체결될 때까지 '일본국민'으로 존재한 상태였다.[11]

그러나 샌프란시스코 강화조약을 계기로 재일조선인들은 '일본국민'으로부터 해방됨과 동시에 일본 국적 상실이라는 아이러니컬한 상황이 발생하였다. 당시 국제법상 식민지로부터 해방된 구식민지 출신자들에게 국적 선택의 용인이나 국적 박탈을 하지 못하는 것이 관례였으나, 일본정부는 구식민지 출신자들에게 국적 선택권을 부여하지 않았고 재일조선인들에게 일본 국적 상실을 일방적으로 통보하였다. 이런 과정을 통하여 일본 국적을 상실하게 된 재일조선인은 결국 일본 내에서 '무국적' 상태가 되고 말았다.

1945년 일본의 패전, 그리고 1948년 대한민국 정부수립과 동시에 '한국적'이 공식적으로 선포되고, 1952년 발효된 샌프란시스코 강화조약에 의해 '재일조선인'이 '한국적'과 '조선적(무국적)'으로 이분되면서 현재까지 공식·비공식적으로 존재하는 계기가 되었다고 볼 수 있다. 이것은 '재일조선인'이라는 본래의 의미를 상실한 한국적 보유자에게만 한정되었다는 것을 의미한다. 엄밀히 말하면 1947년 이후 '외국인등록령' 혹은 '외국인등록법'에 의해 일본에서 '한국적'으로 외국인 등록을 한 '재일조선인'만 '한국적'으로 남게 되었고, 민단과 총련이라는 남북한의 지지 여부와 관계없이 '조선적'을 유지한 '재일조선인'들은 '무국적' 상태로 고착화된 것이다.[12]

이러한 가운데 한국정부는 1997년 '재외동포재단법' 시행, 1999년 '재외동포법' 제정과 2004년 개정을 통하여 한국적의 대상과 범위에 외

11 일본정부는 1991년 5월 출입국관리특례법을 제정하여 제2차 세계대전 전부터 일본에 계속 거주한 자로서 일본 국가에 의해 샌프란시스코 강화조약 발효에 따라 일본 국적을 상실한 것으로 간주된 구식민지 출신자 및 그 자손 모두에게 '특별영주자'의 자격을 부여하였다.

12 정인섭(1996), 『재일교포의 법적지위』, 서울대학교 출판부, p. 22 참조.

국 국적 보유자까지 확대해 중국조선족까지 포함시키고 있지만, 총련계 조선적들은 여전히 '무국적' 상태로 남아 있다.[13] 따라서 여기에서는 민단계와 총련계를 포함하는 재일코리안의 민족정체성이 어떠한 유형으로 변용되어가고 있는지에 대하여 고찰하고자 한다.

### 3) 민족정체성의 유형별 분류

재일코리안 청소년의 생활방식과 민족정체성의 지향성에 대하여 1994년도 후쿠오카·김명수의 기존 연구에 의하면, 생활방식의 지향성이나 민족의식의 강약 정도에 근거하여 7개 유형으로 분류하였다.[14] 이

〈표 4-13〉 재일코리안 차세대 유형별 분류

| 생활방식의 지향성 | 유사한 성격 집단 | 집단의 특징 |
|---|---|---|
| 조국지향형 | 총련 소속 | 민족학교 출신자 및 민족 귀속의식이 강함 |
| 동포지향형 | 총련 또는 민단 간부, 활동가 | 재일동포사회의 살기 좋은 환경조성과 민족내실화 노력 |
| 공생지향형 | 민투련 회원 | 민족차별 투쟁과 일본사회 내에서 상생의 사회를 만들기 위해 노력 |
| 개인지향형 | 민단 소속 | 개인적 노력과 일류대학, 대기업 취직이 목표 |
| 귀화지향형 | 민단 소속 | 주변 일본사람과 똑같이 되기 위한 귀화가 목표 |
| 갈등회피형 | 민단 소속 | 정체성에 대한 고민 없이 그때그때 상황에 따라 적절히 행동하는 유형 |
| 갈등형 | 민단 소속 | 항상 일본인과 한국인 사이에서 정체성의 혼란을 겪는 유형 |

주: 상기 표는 福岡安則 · 金明秀 『在日韓國人青年の生活と意識』(東京大學出版會, 1997)의 내용을 근거로 작성함.

13 '재외동포법'은 '재외동포의 출입국과 법적 지위에 관한 법률'이며 법률 1조에 의하면 '대한민국 국민으로서 외국의 영주권을 취득한 자 또는 영주할 목적으로 외국에 거주하는 자', '재외국민', '대한민국 국적을 보유하였던 자(대한민국 수립 이전에 국외로 이주한 동포 포함) 또는 그 직계비속으로서 외국 국적을 취득한 자들 중 대통령령이 정하는 자'를 '외국국적동포'로 규정하고 있다.

14 福岡安則(1994), 『在日韓國・朝鮮人: 若い世代のアイデンティティ』 中央公論社, pp. 18-19 참조.

들은 그중에서 민족의식이 강한 집단의 유형은 '조국지향형', '동포지향형', '공생지향형', '개인지향형'으로, 민족정체성이 약한 집단으로서는 '갈등회피형', '갈등형', '귀화지향형' 순으로 분류하였다.

먼저 〈표 4-13〉에 제시한 바와 같이 재일코리안 민족정체성 유형화에 대해 간단히 설명하면 '조국지향형'이란 "민족학교를 졸업하고 총련에 대한 귀속의식이 강한 조선적 소유의 재일코리안 청소년들"이라고 정의할 수 있다. 일본에서 태어나 자랐지만 자신들은 '조선민주주의인민공화국'이라는 '재외공민'으로서 살아간다는 것을 강조하며 '재일코리안'이라는 현실보다는 '조국을 위하여'라는 이상적인 현실을 안고 살아가는 유형이다.

이와 비슷한 형태의 '동포지향형'은 재일코리안청년회의 간부나 일군(활동가)으로 활약하고 있는 청소년 집단이 대표적이라 할 수 있다. 이들은 일본사회에서 재일코리안 청소년들이 살아가기 쉬운 여건 조성과 '민족으로서의 내실'을 기하기 위하여 노력하는 유형이다. 좀 더 진보적인 형태의 '공생지향형'은 과거 '민투련'과 같이 민족차별 철폐운동을 실천하고 일본인과 재일코리안이 상호 차이를 인정하는 공생사회를 만들기 위해 노력한다.[15]

'개인지향형'은 재일코리안이라는 핸디캡을 극복하고 개인적인 노력을 통하여 자신의 능력을 발휘하고 사회적으로도 인정받고자 하는 청소년을 대표하는 유형이다. 열심히 공부하여 일류대학 졸업과 외국기업이나 일본 대기업 취업을 목표로 하는 유형이 여기에 속한다. 이와는 반대로 귀화지향형은 '주변의 일본인과 똑같이 되고 싶다'는 욕망 때문에

15 민투련의 결성은 1970년에 시작된 '히다치재판'에서 만난 동료들을 중심으로 1975년 '민족차별과 싸우는 연락협의회(민투련)'가 모태가 되었다. 일본 전국조직으로 각 지부가 구체적인 차별을 발견하여 상호연계를 통한 차별철폐를 목적으로 하였다. 자치단체의 공영주택 입주, 일본육영회의 장학금 지급, 직업차별 철폐, 지방공무원 채용 등 국적차별을 없애기 위해 각지에서 운동이 전개되었다.

실제로도 귀화 의향을 강하게 지니고 있는 청소년들이다.

'갈등회피형'은 '재일코리안'으로서 일본사회에서 태어나 생활하고 있는 현실에 대하여 자기 자신의 현실을 비관하지 않고 그때그때의 상황에 따라 마음 편히 행동하는 유형을 말한다. 반대로 '갈등형'은 '재일코리안'으로서 일본에서 태어나 자라는 과정에서 자신을 '일본인' 또는 '재일한국 · 조선인'이라는 어느 한쪽으로 귀속시키지 않고 늘 정체성의 갈등과 혼란 속에서 생활하고 있는 청소년들의 유형을 지칭한다.

이상과 같이 후쿠오카와 김명수(1997)가 제시한 재일코리안 청소년의 유형별 연구는 재일코리안과 일본사회와의 관계만을 상정하는 지역적인 한계를 가지고 있다. 또한 일본의 다민족 · 다문화시대의 도래 이후 재일코리안의 변화에 대해서는 설명력의 한계를 지닐 수밖에 없다.

이러한 기존연구를 참고로 이 연구에서는 〈표 4-14〉에 나타난 바와 같이 면접조사에 응한 재일코리안 청소년 35명에 대한 질적 조사 자료에 근거하여 새로운 분석틀을 제시하면 다음과 같다.

제1유형은 주로 민단계 청소년들이 '개인지향형'에서 '글로벌지향형'으로 이동하는 현상을 나타낸다.[16] 과거 '개인지향형'의 유형은 재일코리안이라는 사회적 차별이 있을지라도 개인적인 노력으로 자신의 능력을 발휘함으로써 사회적으로도 인정받을 수 있게 되리라고 생각하는 유형이다. 일본사회에서 열심히 공부하여 자신의 노력으로 일류대학을 졸업하고 외국기업이나 일본 대기업에 취직하려는 청소년들이다. 그러나 최근에는 민단계의 청소년들이 자기 부모의 영향으로 개인지향형보다는 민족정체성이나 민족의식의 회복 차원에서 점차 글로벌지향형으로 바뀌고 있는 것으로 나타났다.[17] 이러한 현상은 전 세계적인 글로벌

16 福岡安則・金明秀『在日韓國人青年の生活と意識』(東京大學出版會, 1997), pp. 129-135 참조.

〈표 4-14〉 재일코리안 차세대 민족정체성 유형 분석

| 유형 | 국적별 구분 | 유형화 분류 | |
|---|---|---|---|
| 제1유형 | 민단(한국 국적자) | 개인지향형 | 글로벌지향형 |
| 제2유형 | 총련(조선 국적자) | 조국지향형 | 동포지향형 |
| 제3유형 | 일본 국적 취득자(귀화자) | 귀화지향형 | 독자지향형 |

주: 재일코리안 청소년들을 대상으로 면접조사에 의한 분류 작성.

화의 영향으로 부모세대의 재일코리안 1세들이 글로벌 네트워크를 구축하여 재일코리안 3~4세들의 안목과 시야를 넓혀주고, 재일코리안은 물론 해외 거주 재외동포와의 만남을 중요시하는 결과로 해석된다.

제2유형은 '조국지향형'에서 '동포지향형'으로 이동하는 현상을 나타내고 있다. '조국지향형'은 주로 민족학교 출신자들로, 총련에 대한 귀속의식이 강한 조선적의 청소년들이 주로 여기에 속한다. '동포지향형은' 일본에서 태어나 자란 재일코리안 3~4세들이 '한국적'보다는 자신의 고향이 북한도 남한도 아닌 조선(한반도)이라고 주장하는 재일조선인들이 '조선적'을 유지하고 있는 상태를 가리킨다. 그러나 최근 조선적 소유자들이 한국적으로 국적을 변경한다든지 '재일동포생활자센터'를 설립하여 일본사회에서 내실 있는 동포사회를 만들기 위해 노력하는 모습에서 '동포지향형'의 예를 찾을 수 있다. '동포지향형'의 청소년들은 일본사회 내의 민족단체나 조직에서 적극적인 민족활동을 선도하며 민단청년회 간부나 총련의 활동가를 준비하는 일꾼이나 간부후보군이라고 할 수 있다.

제3유형은 재일코리안 청소년들이 '귀화지향형'에서 '독자지향형'으

17 장인성(2003) 「총련계 재일한인의 민족정체성」, 『국제지역연구』 12권4호, p. 59 참조. 이 연구의 결과에 의하면 총련의 변화로서 민단계 학생들에게 민족학교 개방, 각 지부 차원의 한국과의 교류 증대 등을 지적하고 있다.

로 이동하는 현상을 나타내고 있다. '귀화지향형'이란 재일코리안이 주변의 일본인과 똑같이 되고 싶다고 생각하는 것을 의미하며, 실제로 일본인으로 '귀화'하는 유형을 가리킨다. 이 연구에서 귀화한 일본 국적 취득자(귀화자) 10명을 대상으로 재일코리안 청소년을 면접 조사한 결과, 귀화는 했지만 '한국에 뿌리를 둔 일본 국적자'라는 정체성을 가짐과 동시에 한국인임을 강조하는 유형이 다수 존재했다. 이러한 유형에는 재일코리안 청소년들의 민족정체성의 지향점이 일본인도 한국인도 아닌 '재일코리안'이라는 새로운 독자적인 정체성을 추구하는 청소년들이 포함된다.

#### 4) 민족정체성의 유형별 사례분석

여기서는 면접조사에 응해준 재일코리안 청소년 35명을 대상으로 분석틀에 의거하여 민족정체성의 유형에 대하여 사례별로 분석하고자 한다.

먼저 사례 연구대상자의 기본적인 특성은 다음과 같다. 면접대상자의 출신 지역별로는 도쿄지역이 19명, 오사카지역이 11명, 후쿠오카지역이 5명이다. 성별로는 남성이 21명, 여성이 14명이었다. 연령별로는 면접조사의 목적이 재일코리안의 민족정체성 유형에 관한 의견 및 전문가의 조언이었기 때문에 19세에서 51세까지 다양했다. 이민 세대별 분류에서는 재일코리안 2세가 6명, 재일코리안 3세가 26명, 재일코리안 4세가 3명 등 재일코리안 3세가 많았다. 직업구성별로는 회사원, 대학생, 청년회 간부, 취업준비생, 연구원, 재수생, 기자 등 업종별로 매우 다양한 분포를 나타냈다. 그러면 면접대상자들의 조사결과에 대하여 전술한 분석틀에 근거하여 각 유형에 대한 사례를 중심으로 상세히 살펴보고자 한다.

이 장에서는 재일코리안을 지칭하는 용어의 혼동을 피하고 개념을 명확히 구분하기 위하여 다음과 같이 제한하여 사용하도록 할 것이다.

먼저 해방 전후 민단계에서 활동하며 한국국민 또는 한국 국적자는 '재일한국인', 주로 총련계 조직에서 활동하면서 1952년 샌프란시스코 강화조약 이후 국적 상실과 무국적 상태로 머물러 있는 경우는 '재일조선인', 일본 국적으로 귀화하여 국적을 취득하였지만 새로운 민족정체성을 자각하거나 추구하는 경우 '재일한인'으로 구분하여 사용하였다.

### (1) 민단(한국 국적자) — 글로벌지향

민단계 재일한국인 청소년들은 대개 부모의 권유로 한국에 어학연수나 유학을 경험한 청소년이 많은 것으로 나타났다. 유학 경험이 없는 경우 대부분 한국어가 서투르다. 그 이유는 초등학교부터 대학까지 일본학교 출신이 많기 때문이다. 따라서 정부와 민단이 지원하는 청년회 활동이나 잼보리대회 등 민족성이나 정체성이 발휘될 만한 어떤 특별한 계기가 없으면 대부분의 민단계 재일한국인의 경우 일본사회에 귀화하거나 동화되어가는 비율이 높은 것으로 나타났다.

G씨는 도쿄본부 청년회장이다. 그가 민단청년회 회장이 된 계기는 '재일본한국인청년회'가 주관하는 어린이 잼보리대회에 참가한 이후 선배로부터 많은 것을 배웠고 후배들에게 전수해야겠다는 생각에서 청년회 활동에 꾸준히 참가해왔다고 한다. 현재 그는 회사원이지만 아내도 일본 홋카이도 출신의 '재일한국인'으로 이곳 청년회 활동을 통하여 만났다고 했으며 지금도 틈나는 대로 부부가 함께 청년회에서 봉사활동을 계속하고 있다.

또한 L씨는 "나는 '재일한국인'과 1980년대에 도일한 뉴커머인 어머니 사이에서 태어난 1.5세다. 아버지가 민단 사무국장으로 일하시기 때문에 늘 민단활동에 관심을 가지고 있었으며 동경한국학교 졸업 후 서울대학교에서 신문방송학을 전공했다. 글로벌시대 '재일한국인'들에게 민족정체성을 고취하기 위해서는 무엇보다도 한국정부나 일본정부가 한인의 역사를 가르쳐 한인의 실정을 널리 알리고 이해하는 데 주력해야 한다."고 말했다. 즉, '재일한국인'으로서 그가 가장 강조한 것은 초국가적인 다민족 · 다문화시대 한국, 재일한국인, 재외한인과의 연대 가능성은 먼저 재일한국인의 실정과 아픔을 이해하고 신뢰를 회복하는 것이 선결조건이라고 했다.

이상과 같이 민단계 재일한국인들에게서는 총련계 재일조선인 청소년들에게 나타나는 민족학교 선후배를 중심으로 하는 끈끈한 정과 민족교육 및 민족경제를 중시하는 민족 간 연대는 약한 것으로 나타났다. 그 대신에 민족학교나 대학 서클활동을 통한 민족의식의 재구축 없이 일본 공교육 시스템 속에서 재일한국인 1세와 민단이 지원하는 각종 청소년활동을 통하여 자연스럽게 동료의식과 민족정체성을 배양함으로써 약한 연대의 글로벌 네트워크 구축을 지향하고 있는 것으로 나타났다. 민단계 재일한국인 청소년의 활동 방식은 약한 연대의 글로벌 지향형이지만 여전히 한국인에 가까운 민족정체성을 지향하며 총련계 재일조선인 청소년보다는 개방적인 네트워크 구축(일본, 한국 등)에 관심을 가지고 있는 것으로 해석할 수 있다.

### (2) 총련(조선 국적자) — 동포지향

현재 총련계 재일조선인 청소년의 경우 한류와 일본정부의 압박정책으로 인해 재일조선인 1세의 권유로 조선적에서 한국적으로 변경하는 사례가 늘어나고 있으며, 부모가 한국과 친밀한 청소년일수록 한국 방문 횟수나 교류가 많은 것으로 나타났다. 면접조사에 응한 재일조선인 청소년 7명은 '유학동(재일본조선인유학동맹)' 출신이었는데 일본 내 '한류'의 영향으로 한국에 대해서는 대단히 긍정적인 태도를 보였지만, 북한에 대해서는 일본인 납치문제나 핵개발 의혹문제 등으로 부정적인 태도를 보였다.

민단계 재일한국인 청소년이 생각하고 있는 바와 같이 이들은 어떤 이데올로기나 사상적인 측면에서 북한(총련)에 호의적이기보다는 '재일조선인'으로서의 민족정체성을 강조하는 경향이 강했다. 면접조사 도중에 아직도 자기들(친구) 사이에서는 가끔씩 '동무'라고 부르기도 하며 그들 사이에 자신들을 지칭하는 단어로 '재일코리안'이나 '재일한인'을 사용하기보다는 무의식적으로 '재일조선인'이라는 호칭을 즐겨 사용했다. 또한 과거 그들 자신이 일본 통명을 사용했을지라도 현재는 한국명을 사용하고 있다고 강조했다.

조선 국적자인 C씨는 "나 자신이 '재일조선인'이라는 사실을 증명할 수 있는 것은 아무것도 없다. 그렇기 때문에 더욱더 조선어를 완벽하게 구사하고 싶고 극단적일지도 모르지만 자신의 본관과 한국 이름을 몸에 새기고 다니고 싶다고 생각한 적도 있었다."고 말했다.

또한 유학동 출신 K씨와 J씨는 유학동연구회(학습회)를 통하여 재일조선인의 역사, 문화, 법적 지위나 권리 등을 공부하여 자신이 '재일조선인'이라는 사실을 재인식하게 되었다고 했다. 즉, 유학동 활동을 통하여 일본 속에서 재일조선인으로서의 정체성과 '민족'을 회복하는 계기가 되었으며 앞으로도 계속해서 '재일조선인'이라는 정체성을 가지고 살겠다고 했다. 유학동연구회는 총련계 '재일조선인' 대학생이 중심이 되어 재일조선인의 역사, 문화전통, 재일본조선인 형성사, 재일조선인 법적 지위와 권리, 전후보상 문제처리 등 재일조선인의 주된 관심분야를 가지고 매주 2회 이상 토론하고 한 달에 한 번 정도 지역별 연구회를 개최하고 있다.

이와 같이 '유학동'은 재일조선인 청소년들이 대학생활을 통하여 재일조선인으로서의 재인식, 자기정체성의 형성, 민족정체성의 확립이라는 중요한 역할을 담당하고 있었다. 또한 재일조선인 청소년들로 하여금 일본사회에서 새로운 정체성과 긍정적이고 자랑스러운 민족적인 자부심을 확립하는 계기를 만들어주고 있었다.

총련계 재일조선인 청소년의 경우 초등학교에서 고등학교 졸업 때까지 민족학교 출신이 압도적으로 우세하지만 일본 학교를 졸업한 경우 민족의식이 희박해지고 심지어는 아무런 민족적 의식 없이 지내다가 대학 유학동에 참가하게 되면서 민족의 재발견과 정체성을 새롭게 인식하는 계기가 되었다고 응답했다. 즉, 유학동 활동은 민족정체성으로 방황하거나 혼란을 겪고 있는 총련계 재일조선인 청소년들에게 민족의 재발견이라는 계기를 가져다주는 중요한 역할을 하였다. 그러나 이들 대부분은 재일조선인 청소년 부모나 같은 대학 동료의 권유로 유학동에 참가하고 있었으며, 최근 한국과 북한정세에 밝지만 일본 내 동포 중심의 네트워크를 지향하고 있기 때문에 일본사회와는 상당히 단절된 생활 형태를 보였다.

본 조사결과 총련계 재일조선인 청소년들은 대학졸업 전후를 통해 세대 간 단절이 가장 큰 문제인 것으로 나타났다. 왜냐하면 재일조선인들은 대학졸업 전까지는 각종 민족단체나 조직에 참여하여 왕성한 활동을 전개하지만 대학졸업 후에는 OB나 OG 등 선후배 간 모임, 기타 단체나 조직에 가입하여 재일조선인 단체나 조직에서 계속해서 활동하는 경우는 매우 드물었다. 대개는 대학졸업과 동시에 일본사회에 동화되면서 민족단체나 조직에서 점점 멀어지고 있는 것으로 나타났다. 이러한 현상은 재일조선인들에게 있어서 당분간 가속화될 것으로 전망된다.

결과적으로 총련계 재일조선인 청소년들은 과거와는 달리 일본, 한국, 북한사회와의 민족적인 연결고리가 약해지면서 외부와의 단절된 상태로 일본 내 '재일조선인'이라는 동포지향형의 자기정체성을 새롭게 형성해가고 있는 것으로 생각된다.

지금까지 총련계 재일조선인 청소년들이 초등학교에서 대학까지 민족정체성의 형성과정을 살펴보았다. 다음은 대학졸업 후 사회인으로 통합되어가는 과정에서 단체나 조직과의 단절현상의 극복과 민족의식의 재발견이 어떠한 과정을 통하여 계승되고 통합되는가에 대해 살펴보고자 한다.

### (3) 일본 국적 취득자(귀화자) — 독자지향

이번에는 일본 국적 취득자(귀화자)에 대해 재일조선인 청소년 10명을 인터뷰한 결과, 이들은 일본사회의 차별적 경험과 환경에 의해 일본 내 소수민족으로서 한국인(민족)이라는 젊은 세대 특유의 새로운 의미를 부여하고 그들만이 공유할 수 있는 독자적인 정체성을 구축해나가려는 적극적인 태도를 가진 유형들이다. 반대로 일본사회의 차별적 상황 때문에 적극적이고 긍정적으로 재일조선인이라는 사실을 제대로 수용하지 못하고 자신들의 부정적인 측면을 크게 의식해버리는 유형들도 존재하는데, 이들을 '재일코리안'의 독자지향형으로 정의하였다.[18]

일본 국적자인 P씨는 인터뷰에서 다음과 같이 강조하였다. "여러 가지 사소한 부분에서도 가령 습관이나 감성 등이 같다고 '동질의 한국인'이라고 말할 수는 없다. 한국에 살고 있는 한국인과 재일코리안은 전혀 다른 성격의 사람들이라고 생각한다. 가령 법적으로 한국적을 소유하고 있는 재일코리안일지라도 문화나 습관적인 부분은 일본적일 수도 있다. 한국인과 재일코리안은 비슷한 습관도 많지만 생활의식이나 문화적인 상호 인식과 허용범위, 척도(기준)가 다르며 그의 기준은 거의 100% 일

18 조현미(2002) 「韓日間 相互意識의 変化와 에스닉 아이덴티티」 『일본어문학』 제20집, pp. 425-426 참조. 이 연구에 의하면 '재일'이라는 용어는 재일동포들이 자신들의 주체를 나타내는 호칭으로, 1970년대 후반부터 사용되기 시작했다고 한다. 이 용어의 공통된 성향에 대하여 종래의 강한 '조국'지향적 의식에서 탈피하여 재일동포로서의 삶을 살아간다는 의미로 사용되기 시작했다는 점이며, 즉 고국의 동포와는 다르지만 일본인과도 다른 새로운 민족정체성을 가진 하나의 독립된 개체로서의 존재를 주장하고 있다고 설명하고 있다.

본식에 가깝다."

상기와 같이 재일코리안 사회에서 '한국인'을 거론할 때, 재일동포 또는 일본 국적 취득자들에게 있어서 한국인이란 반드시 한국에 사는 '한국인'을 의미하지 않는다. 그것은 '재일코리안이 가지고 있는 독특한 한국인성'을 가리키며, 일본 국적자로서 '한국에 뿌리를 둔 일본 국적자만의 한국인성' 혹은 '한국에 뿌리를 둔 일본 국적자의 독자적인 정체성'으로 해석할 수 있을 것이다.

전술한 바와 같이 "한국에 뿌리를 둔 재일코리안 차세대의 한국인성 혹은 민족정체성이란 무엇인가?"라는 것은 그들 자신이 현재 몸소 경험하고 있는 문제이기는 하지만, 이것을 한마디로 표현하기란 매우 어려운 문제이다. 이러한 재일코리안 차세대들의 "독자적인 정체성이 무엇인가?"라는 것은 후속연구과제로서 보다 많은 일본 국적자를 조사하여 그들이 독자적인 한국인성(정체성)을 느끼는 구체적인 장면과 대상을 실증적으로 입증해나가는 과정에서 좀 더 확실하게 검증될 것으로 판단된다.

### 5) 차세대 민족정체성의 유형과 전망

이 장에서는 글로벌시대 재일코리안 차세대의 정체성을 유형별로 분류하여 최근 어떻게 변화되고 있는가에 대하여 면접조사 결과를 통하여 살펴보았다. 특히 1994년 후쿠오카와 김명수가 수행한 재일코리안 차세대의 생활방식과 지향성에 관한 유형별 분류 연구가 이 연구의 분석틀이나 연구방법에 많은 시사점을 던져주고 있다. 그들의 연구는 1988년 이후 한국적, 조선적, 일본 국적 취득자(귀화자)를 포함하여 약 150명의 재일코리안 청소년을 대상으로 면접조사를 실시하여 분석한 연구결과다. 그러나 이 연구는 상당한 시간이 지난 현시점에서 당시 그들의 연구결과가 하루가 다르게 급변하고 있는 글로벌시대 재일코리안 사회의 변화, 특히 청소년들의 변화를 잘 반영하고 있는지는 의문이다.

따라서 이 연구는 일본 내 재일코리안 차세대의 다양성을 반영하면서도 현실적인 측면에서 민족정체성의 변화를 짚어보고 문제점을 정확히 파악하여 재조명하는 데 초점을 두었다. 왜냐하면 "지금 그들의 민족정체성이 어떻게 변화하고 있으며 민족정체성의 지향점이 어떻게 바뀌어갈 것인가?"라는 것은 향후 재일코리안 사회의 정책수립과 글로벌 네트워크 구축의 목표 및 방향성 설정에 큰 영향을 미치기 때문이다.

면접조사 결과를 바탕으로 살펴보면 재일코리안 차세대의 민족정체성 변화는 크게 다음 세 가지로 요약할 수 있다.

먼저 재일코리안 차세대들은 민단계 한국적자의 경우 일본사회 내에서의 취직이나 성공을 위한 개인지향에서 최근 한류나 초국가적인 글로벌시대를 맞이하여 한국이나 재외한인 혹은 기타 외국과의 네트워크를 중시하는 글로벌지향형으로 변화하고 있었다. 이러한 현상은 재일코리안 내부의 정체성 위기에 대한 대안으로 차세대들의 만남이나 이벤트를 주선하는 각종 모임에서 찾을 수 있다. 과거 부모세대의 이데올로기적인 성향에서 벗어나 차세대들이 민족학교의 교육과정 개선이나 총련과 민단의 연대 움직임 등도 이러한 시대적인 흐름을 잘 반영하고 있는 것으로 생각된다.

둘째, 재일코리안 차세대들은 과거 부모세대가 생각하는 언젠가는 돌아가야 할 모국으로서 한반도를 지향하는 조국지향형에서 이제는 일본에 정착해야 할 자신들의 처지를 잘 이해하는 차원에서 일본사회 내부의 동포간 네트워크를 중시하는 동포지향형으로 전환되고 있었다. 1990년대 초까지만 해도 과거 일본 내 소수민족으로서 재일코리안이 대부분을 차지했던 시대가 있었지만, 일본 내 외국인의 급증과 다민족 · 다문화사회의 도래로 민족차별이나 취업차별이 완화되면서 다양한 외국인과의 공존과 공생이 일본사회의 주요 쟁점으로 부각되고 있다. 이러한 시대적 변화와 맞물려 재일코리안들도 일본 지역사회와의 공존과 공생의 방향으로 다양한 정책 변화를 경험하고 있다. 이러한 예로서는 재일코리안이 지역사회 축제에 적극적으로 참가하거나 '생활자보호단체'를 중심으로 재일코리안의 일본생활 지원 및 연대강화 모색에서 찾을 수 있다.

셋째, 재일코리안 차세대들은 과거 일본 국적 취득을 지향하는 귀화지향형에서 '재일'이라는 독자적인 정체성을 추구하려는 독자지향형의 출현을 들 수 있다.[19] 불과 몇 년 전만 해도 재일코리안에게 있어서 귀화는 배신행위였으며 자신들의 의지와는 상관없이 귀화했을지라도 한인사회 내에서 알려져서는 안 되는 공공연한 비밀이었다. 그러나 최근 일본사회 내의 귀화자와 뉴커머의 증가, 재일코리안의 저출산・노령화 등의 영향으로 기존의 민단, 총련, 귀화자로 구분되는 '재일'이라는 민족의 틀이 크게 완화되었다. 즉, 글로벌시대 재일코리안 사회의 민족정체성의 위기의식과 다양성은 반대로 새로운 '재일'이라는 틀 속에 재일코리안 모두를 포함시키려는 움직임이 독자적인 정체성을 추구하려는 세력들을 결집시키는 요인으로 작용했다고 볼 수 있다.[20]

이 장에서 중요한 시사점은 재일코리안의 민족정체성 유형이 일본 내의 다민족・다문화사회의 영향으로 글로벌지향, 동포지향, 독자지향 등 다양한 형태로 존재하며 일본사회의 차세대 변화와 밀접하게 연계되어 있다는 점이다. 또한 대학졸업 전후 재일코리안의 민족정체성의 존재 형태, 단절과 지속에 관한 연구는 후속연구에서 구체적인 사례를 통해 계속해서 심화시켜나갈 수 있기를 기대한다.

---

19 原尻英樹(1998)『'在日'としてのコリアン』講談社 p. 3 참조.

20 민단은 재일한인의 세대교체와 함께 국제결혼의 증가, 출생자 수의 감소, 귀화자의 증가 등으로 재일한인 수가 감소하는 상황에서 2005년 2월 24일 개최된 임시 중앙대회에서 일본 국적 재일한인에게도 단원 자격을 부여하는 방침을 결정한 적이 있다.

제5장

# 재일코리안 민족은행의 창업과 기업의 성장

## 1. 재일코리안 민족은행

일본에서 1945년 해방 이후 샌프란시스코 강화조약(1952년)과 더불어 생겨난 약 60만 명의 재일코리안(재일교포를 지칭하는 학술 명칭)은 일본에서의 각종 차별로 인해 소규모 영세 자영업자로 전락할 수밖에 없었다. 재일코리안 영세 자영업의 창업과 성장과정에 있어서 생존에 가장 시급했던 것은 민족금융기관의 설립이었을 것이다.

당시 일본 국내의 혼란한 정국 속에서 민단과 총련이라는 두 단체가 본격적으로 출범하기 전에는 총련계 동화신용조합(현 조선은행 도쿄신용조합)이 1952년에 설립되면서 재일코리안 사회도 상호 협력적인 모습이 비춰지기도 하였다. 그러나 일본 내 좌우대립이 격화되면서 민단계를 중심으로 한 상업은행이 출범하였고, 점차 재일코리안 사회가 정치적 · 경제적으로 민단계와 총련계로 분열되기 시작했다.

재일민단계와 총련계에 의한 민족은행 설립은 1950년대 초기에는 지방은행을 중심으로 소규모였지만 1960년대에는 전국적인 규모로 확대 전개되어갔다. 양 은행은 그러한 정치적 · 경제적 배경 속에서 창업하여 재일코리안의 조직과 경제적 기반을 다져나가면서 제도적인 금융기관으로 성장 발전하였다.

재일코리안 금융업에 관한 기존연구는 양경희(2009)나 한재향(2007)의 연구가 대표적이라 할 수 있다. 양경희(2009)의 연구는 일본에서 재일코리안의 신용조합 설립과 모국 진출, 신한은행의 설립과정 등 재일코리안 기업가들이 한국사회 및 금융업계에 미친 영향에 대하여 논의하고 있다. 그러나 한재향의 연구는 재일코리안 조은과 상은의 설립과정과 재일코리안의 경제활동 및 기능분석에 초점을 맞추고 있다(韓載香, 2007).

이와는 달리 미국에서의 민족금융기관에 대한 연구는 안현효 외(1999)와 정연선 외(2006)의 캘리포니아 주의 민족은행 성장과정에 대한 연구이다. 이들 연구는 민족은행의 특징에 대하여 고객이나 시장이 특정화되어 있는 틈새은행으로서 포지셔닝되고 있다는 점에 주목하였다. 연구 결과 민족은행들은 소규모 자영업자 대상의 대출로 한인공동체 성장에 기여하였으며, 틈새은행 경영의 효율성과 민족 관계성에 의존한 1990년대 민족은행의 급성장, 민족은행 간 과잉경쟁으로 새로운 시장개척(히스패닉 시장 공략, 고도기술 신산업 투자, 영업지역의 확대, 합병에 의한 자산증가)에 역점을 두고 있는 것으로 나타났다.

본 연구의 목적은 이들 연구를 바탕으로 일본에서 재일코리안의 특수성을 고려하되 민족은행의 창업과 성장과정에서 발생한 정치적·경제적 요인에 주목하여 두 영리조직의 특징을 비교분석하는 데 있다(그림 5-1).

1950년대 초 재일코리안 사회는 정치적 이념을 달리하는 민단계와 총련계로 양분된다. 1950년대 초기부터 시작된 민족은행의 설립은 1960년대 일본 전국에서 본격적인 전개양상을 보이게 되었고, 1970년대의 소강기를 거쳐 1980년대 초반까지 계속되고 있다. 민족은행의 창업도 각 지역이나 현의 지지세력 및 조직규모에 따라 달리 출범하게 되었다. 그러나 21세기에 들어서면서 세계경제의 글로벌화와 전 세계적인 금융

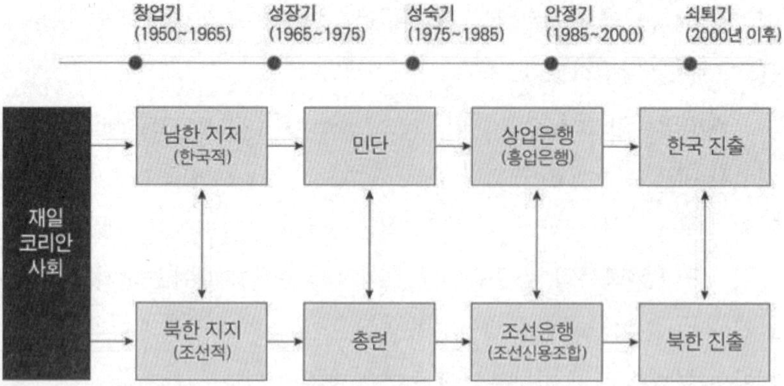


이 그림은 기존연구를 토대로 필자의 추론에 근거하여 작성하였음(2013년 4월 20일).

〈그림 5-1〉 재일코리안 민족은행의 성장과정

위기, 일본경제의 지속적인 불황 등으로 인해 민족금융기관도 정체성 약화에 따른 연대성의 약화로 기존의 폐쇄적인 틈새은행으로서의 이점마저 유지해나갈 수 없게 되었다.

이 장에서는 이러한 시대적 상황에 유의하면서 재일코리안 민족은행을 민단계와 총련계로 구분하여 정치적 요인으로서 민족은행의 창업과 성장배경, 경제적 요인으로서 민족은행 성장과정상의 전략적 오류와 쇠퇴과정을 규명하고자 한다. 구체적으로 재일코리안 민족은행의 창업, 성장과정, 민족적 연대와 공동체 내의 상호관계, 민족은행의 파탄과 통폐합 등 일련의 과정을 규명한다.

## 2. 민단계 민족은행의 창업과 성장

### 1) 오사카흥업은행의 창업과 성장

1953년에 오사카상업은행, 아이치상업은행이 설립되었고 계속해서 1960년대에 걸쳐 일본 각지에 신용조합이 설립되었다.[1] 총련계와 마찬가지로 민단계 기업도 일본인 기업에 비해 융자를 받기가 쉽지 않은 상황에서 민단계 금융기관의 필요성은 시급했다(韓載香, 2010). 다만 민단계나 총련계 기업을 불문하고 재일코리안 기업 전반적인 거래경향으로서 제조업과 토목업은 일본의 일반 금융기관, 음식업·부동산업·고철업 등은 민족계 금융기관, 그리고 파칭코산업은 계열 구분 없이 양쪽 은행과의 거래가 일반적이었다(韓載香, 2010).

이들 민족계 금융기관 중에서도 1955년에 설립된 오사카흥업은행은 창업 이래 가장 기발한 고객서비스를 전개하여 1980년대 후반에는 급성장을 이루게 된다. 예를 들면 오사카 동부의 야오(八尾)지점에서는 고객을 위한 건강기구를 설치하거나 파티용 정원을 설치하여 중소기업에서 일하는 여성고객으로부터 좋은 반응을 얻었다. 또한 오사카의 우메다, 난바 등 번화가 주변에서는 오후 7시까지 영업하는 출장소를 개설하는 등 보수적이라 여겨지던 금융업계에서 획기적인 아이디어를 도입하였다.[2] 1990년 10월에는 처음으로 예금총액이 1조 엔을 돌파하여 오키나와은행, 시미즈은행 등 도쿄주식시장 1부 상장은행의 평균예금총액을 초과하였다.[3]

---

1 「民団新聞」 홈페이지(http://www.mindan.org/enkaku/rekishi/zainiti.htm) 참조.

2 「日本経済新聞」(1989年1月9日).

3 「日本経済新聞」(1991年7月23日).

### 2) 간사이흥업은행 시대

민족금융기관의 본격적인 창업, 성장과정에 앞서 주목해야 할 것은 창업주체인 재일코리안 기업의 기업가 정신(ethnic entrepreneurship)을 고찰할 필요가 있다. 재일코리안 기업의 창업자들이 어떤 경영철학과 사회적 책임의식(CSR)을 가지고 있었는가 하는 문제는 민족금융기관의 성장에 중요한 설명변수이기 때문이다. 종전 일본에 정착한 재일코리안 기업가들은 일본사회로부터 가혹한 차별과 배제의 대상이 되어 재계에서 고난의 길을 걷게 된다. 이들에 대한 사회적 억압과 차별은 위기감에 따른 풍부한 발상력, 불리한 기업조건을 극복하려는 반응문화이론(reactive cultural theory)이라는 기업문화를 탄생시킨 것으로 설명할 수 있다(Waldinger & Roger, 1989). 즉 거주국 일본에서의 사회적 억압과 반발에 의해 기업에 의한 성취동기를 강화시키는 기업가 정신 행동이론을 의미한다. 여기에다 재일코리안 기업가의 해방 전 금의환향이라는 기업동기가 해방 후 모국투자의 목표로 전환되어 민족기업이나 금융기관의 발전으로 이어지게 된다(河明生, 1996).

1993년에는 고베 시, 나라 현, 시가 현, 와카야마 현의 각 상업은행들이 오사카흥업은행과 합병하여 간사이흥업은행을 설립하였다. 이러한 은행 설립에 대해 민관식(1994)은 "민단조직의 역사에서 매우 중요한 한 페이지를 장식했다."고 평가한 바 있다. 합병 전 오사카흥업은행은 당시 일본에서 영업 중인 393개 신용조합 중 자금규모 면에서 제1위였다(민관식, 1994).

오사카흥업은행의 이사장(이승재)은 민단계 신용조합의 상부기관인 '재일한국인신용조합협회(한신협)'의 회장이었다. 그는 1955년에 오사카흥업은행을 창업한 이희건 회장의 아들로, 민단사회에 영향력이 있는 부자(父子)가 합병을 추진한 것이다. 당시 신용조합의 대출액 한도는 한 건당

자기자본비율이 20% 이하로 제한되었던바, 합병에 의해 자기자본이 증가하여 보다 많은 융자가 가능해졌다.[4] 이들 두 은행의 합병 후 예금총액은 1조 2,000억 엔을 초과하여 일본의 중견 지방은행과 비슷한 규모로 확대되었다.[5]

이러한 오사카흥업은행의 급성장은 오사카에서 재일민단 기업의 경쟁력 향상에 크게 공헌하였다. 1990년대까지 민단계 기업이 관련된 산업에서 계속 성장을 이룬 분야는 파칭코산업, 음식업, 부동산업, 공사현장의 인력파견업 등 서비스업 분야였다.

예를 들면 당시 오사카 부 내 약 1,100개의 파칭코 점포의 60%가량은 재일민단 소속기업이 경영하고 있었다고 오사카흥업은행은 분석했다. 이들 은행들은 재일민단계 파칭코 점포의 대부분을 거래처로 삼아 설비자금 등을 융자하고 있었다. 또한 오사카 남쪽의 번화가나 니시나리 '아이린'지구의 노동자용 간이숙박시설 등에도 오사카흥업은행의 융자금이 흘러들어간 것으로 나타났다.[6]

심지어 이들 민족은행이 재일코리안의 대표적 축제인 '시텐노지왓소(四天王寺ワッソ)' 축제를 후원한 것도 흥미롭다.[7] 이 행사는 백제 사절단이 고대 한반도로부터 일본에 도착했을 때의 광경을 재현한 축제이다. 제1회 축제는 1990년에 개최되었던바 이것은 오사카흥업은행이 현대 한일간의 문화적 가교 역할을 담당하려는 노력과 의지를 보여주고 있다.

오사카흥업은행은 신한은행의 '모기업'이다. 신한은행은 1982년 한국의 여섯 번째 시중은행으로 설립되어 불과 5년 만에 49개 지점으로 확대되면서 한국의 시중은행 중에서 경상이익 제1위의 은행으로 성장하였

4 「日本経済新聞」(1993年2月24日).
5 「日本経済新聞」(1993年7月5日).
6 「日本経済新聞」(1991年7月23日).
7 오사카지역을 중심으로 펼쳐지는 재일코리안이 주최하는 대규모 축제임.

다. 신한은행의 오사카지점 이사를 맡은 이승재는 야마토은행(현 리소나은행)과 산와은행(현 도쿄미쓰비시 UFJ은행)을 벤치마킹하여 은행의 경영이념, 장기계획의 수립, 컴퓨터시스템 등을 도입하였다. 또한 은행 역사상 처음으로 은행지점에서 창구업무와 후방사무업무를 완전히 분리하는 방식의 미국식 은행시스템을 도입하였다.[8]

### 3) 버블경제 시대의 도래

그러나 오사카흥업은행의 전성기는 오래 지속되지 못했다. 버블경제 붕괴에 따른 일본경제의 불황은 재일민단의 경제에도 지대한 영향을 미쳤다.[9] 지방 상업은행을 합병해 간사이흥업은행으로 더 큰 성장을 지향한 지 약 10년 후인 2002년, 간사이흥업은행은 긴키산업신용조합으로부터 사업을 양도받게 되었다. 긴키산업신용조합은 2001년 오사카상업은행, 2002년에는 교토상업은행의 사업을 양도받은 바 있다.

오사카상업은행은 1998년, 교토상업은행은 2001년에 각각 경영파탄이 발생했다. 긴키산업신용조합은 오사카 부, 교토 부, 효고 현, 시가 현, 와카야마 현, 나라 현, 기후 현, 나가사키 현을 중심으로 하는 지역금융기관으로, 회장은 MK택시 창업자인 아오키 사다오(青木貞男)였다.

긴키산업신용조합은 2005년 3월 말 동 신용조합의 MK그룹 대상융자가 82억 엔에 달한 것으로 밝혀져 사조직화되고 있다는 비판을 받게 되었다. "도쿄미쓰비시(東京三菱)은행이나 미쓰이스미토모(三井住友)은행까지 파칭코산업이나 야키니쿠점포에 융자를 시작한 가운데 긴키산업신용조합의 높은 예대율(예금 대출률)을 유지하기 위해서는 어쩔 수 없었다."

---

8 「日本経済新聞」(1983年8月25日). 経常利益とは、營業利益に營業外収益を加え、これから營業外費用を控除した後の利益を指す。

9 「日本経済新聞」(2011年8月25日).

는 아오키 회장의 발언은 재일코리안 기업 대상 융자가 이제 더 이상 재일코리안 금융기관의 '전유물'이 아니라는 사실을 밝히고 있다.[10]

2011년 말 현재 남아 있는 기타 상업신용조합은 아스카신용조합, 중앙상업은행신용조합, 아스나로신용조합, 신용조합아이치상업은행, 신용조합오카야마상업은행, 신용조합히로시마상업은행, 규슈행은(幸銀) 신용조합 등이다. 상업신용조합은 전성기 때 총 38개 조직이 영업 중이었지만 현재는 10개 이하로 감소되었다. 2009년 한신협은 모든 조합이 '이월결손의 증가, 자기자본비율의 감소, 만성적인 무배당' 등의 문제를 안고 있어 생존전략으로서 타 기관과의 합병・통합은 피할 수 없다고 인식하기에 이르렀다.[11] 민단계 금융기관은 여전히 버블경제 이후 경기불황의 늪에서 벗어나지 못하고 있다.

### 4) 민단기업의 한국투자와 신한은행 발족

민단계 기업을 연구함에 있어서 먼저 모국인 한국과의 정치경제적 상관성을 규명하지 않을 수 없다. 1958년 11월 서울에서 '재일교포 생산본국전시회'가 개최됨에 따라 한국과 재일민단계 상공인과의 교류 기운이 높아졌다(永野慎一郎, 2010). 1959년에는 재일민단계 상공인을 총망라하는 전국적인 조직으로 '재일한국인경제연합회(한경련)'가 결성되었다.

1960년대 초 재일민단계 기업가들이 모국을 방문할 때마다 지참한 금액의 공식적인 통계는 밝혀지지 않고 있지만 상당한 액수에 달한 것으로 추정된다(永野慎一郎, 2010). 민단계 상공인들의 공식조직은 '재일한국인상공회연합회(한상련)'로 1962년에 결성되었으며, 한국정부로부터 '유일한

---

10 「日経金融新聞」(2005年4月19日).

11 「東洋経済日報」 홈페이지(http://www.toyo-keizai.co.jp/news/society/2009/post_2588.php).

재일코리안 경제단체'로서 인정받아 민단의 산하단체로 승인되었다. 결국 1963년에 재일한국인경제연합회를 통합하여 거대한 경제인조직으로 출범하였다.

1965년 한일국교정상화가 성사됨에 따라 일본 기업뿐만 아니라 민단계 기업에 의한 한국투자의 길도 열렸다. 예를 들면 서울 영등포에 있는 구로공단이 한국 최초의 수출산업공업단지였으나, 한국 기업은 물론 일본 기업과 재일코리안 기업도 다수 진출했다. 1967년 4월 동 공단 준공단계에서 전체 기업 수는 한국 기업이 11개사, 외국 기업이 2개사, 그리고 민단계 기업이 18개사였다(永野慎一郎, 2010). 그 후 마산수출자유지역, 반월공단 등지에도 민단계 기업은 계속 진출하여 결국 민단은 서울에 재일한국인본국투자협회를 설립하였다(1974).

당시 한국에 진출한 민단계 기업은 한국정부로부터 충분한 금융지원을 받지 못했기 때문에 오사카한국상공회가 1973년에 '교민(동포)은행 설립'을 결의하고 동 상공회가 중심이 되어 일본 전국 민단상공회에 호소한 결과 당시 약 50억 엔에 달하는 설립자금을 모금하기에 이르렀다.[12] 이 자금을 바탕으로 한국에서 1977년에 설립된 것이 '제일투자금융주식회사'였다.

1982년에는 한국정부가 금융업계의 활성화를 목적으로 재일코리안 민단에게 민간은행 설립을 허가하여 제일투자금융주식회사는 신한은행으로 성장하였다.[13] 1980년대에 주목할 만한 일은 1988년에 이루어진 서울올림픽에 대한 재일코리안 민단계 상공인들의 막대한 자금지원이었다. 또한 재일코리안 민단계 기업에 의한 한국투자의 대표적인 사례는 〈표 5-1〉과 같다.

---

12 「日本経済新聞」(1989年8月30日).

13 「日本経済新聞」(1983年8月25日).

〈표 5-1〉 민단계 기업의 한국 진출

| 회사명 | 창업연도 | 주요 사업내용 |
|---|---|---|
| 방림방적(邦林紡績) | 1963년 | 민단의 거물 기업가인 서갑호(坂本榮一) 씨가 창업. 일본에서는 사카모토방적(阪本紡績)으로 알려져 있음. 나중에 한국에서 철수. 주일한국대사관 부지/건물 기부 |
| 한일합섬그룹 | 1956년 | 김한수 씨 창업. 오사카에서 양복점 경영. 1944년 귀국. 1948년 부산국제시장 직물도매. 1956년 경남모직 설립 |
| 코오롱그룹 | 1962년 | 이원만 씨 창업. 일본회사와의 합작으로 한국나일론 설립. 나일론 무역업에서 제조업으로 사업 전환. 1965년 한국 최초 수출산업공단 설립. 1972년 구로공단 가발공장 설립 제안. 가발산업은 1970년대 초 한국의 수출주력상품 |
| 한국 롯데그룹 | 1967년 | 신격호(重光竹雄) 씨 창업. 추잉껌으로 시작하여 1970년대 제과, 소매, 호텔, 오락을 비롯한 석유화학, 건설사업에도 진출하여 다각적 경영. 일본과 한국에서 재벌로 성장 |
| 대한합성화학주식회사 | 1967년 | 송재우 씨 창업. 1939년 오사카에서 야스모토화학공업소 설립. 합성수지제조업. 1956년 고향 제주도에 초등학교 교사 신축, 회관 건설, 전기 가설, 도로 포장. 1967년 대한합성화학주식회사를 설립하여 합성수지 및 포르말린 제조. 일본유기화학과의 합병으로 기술 및 원재료를 수입하여 완제품 일본 수출 |
| 소프트뱅크 코리아 | 1981년 | 손정의 씨 창업. 1991년 포스코와 소프트뱅크 코리아 설립. IT 관련 기업 투자. IT 관련 소프트웨어 및 하드웨어 제품 유통 등을 통해 한국 내 IT산업 발전에 기여 |
| 신한은행 | 1982년 | 1989년 3월 주식공개. 재일코리안 100% 출자 은행. 2003년 주식상장 글로벌 은행으로 성장. 동화은행, 제주은행을 편입하고 2004년 조흥은행을 흡수하여 종합금융그룹으로 발전. 현재 은행업무뿐만 아니라 생명보험, 증권업무 분야에도 진출하여 한국 최대 시중은행 중의 하나로 성장 |
| 기아자동차 | 1944년 | 창업자 김철호 씨는 1922년부터 1944년까지 일본 체류. 1997년에 현대자동차그룹에 편입되었지만, 2010년 판매대수는 현대·기아그룹 합계 세계 제5위 |

출처: 『日本經濟新聞』(2011年3月3日). 민단신문 홈페이지(http://www.mindan.org/shinbun/news_view.php?category=1&page=69)(검색일: 2005년 4월 6일). 在日本大韓民國民団 홈페이지(http://www.mindan.org/front/newsDetail.php?category=1&newsid=12222)(검색일: 2010년 1월 1일).

〈사진 5-1〉 롯데그룹 신격호 회장과 일본 소프트뱅크 손정의 회장

1990년대 이후부터 심각한 경제난에 빠진 북한의 지원 및 대북관계 구축에도 박차를 가하였다. 2000년에는 '재일본조선인상공연합회'와 '한상련'이 화합하면서 민단계 단체로서는 처음으로 북한경제의 시찰을 주도하였다. 또한 2004년에는 북한의 용천에서 발생한 열차폭발사고, 2005년에는 탈북자지원민단센터에 대한 금융을 지원하였다. 2011년 말 한상련 산하의 개인·법인회원을 합하면 기업가 수는 약 1만 명에 이르고 있다.

## 3. 총련계 민족은행의 창업과 성쇠

### 1) 신용조합의 창업과 성장배경

총련계 상공업조직으로서는 '재일본조선상공연합회'가 있는데 1946년에 결성된 '재일본조선인상공연합회본부'가 그 전신이다. 그 후 1952년에 '재일본조선상공연합회(이후 '상공연')'로 개편하여 총련에 가맹하였다(1959). 현재 '상공연'은 산하단체에 46개 도도부현상공회, 151개 지역상공회, 82개 경리실을 관장하며, 기관지로서 「조선상공신문」을 발행하고 있다.[14]

주요 업무로서 경리세무상담이라는 일상적인 업무는 물론이고 '세금문제의 공정한 해결'을 지원하고 있다. '세금문제의 공정한 해결'이란 일본정부가 총련계 기업을 대상으로 실시하는 탈세혐의에 관한 조사요청 시 협상을 의미한다. 총련 당국은 "일본당국의 부당한 세무조사를 시정하여 세금문제를 공정히 해결한다."고 밝히고 있다.[15]

상공연과 총련의 관계에서 상공연은 중립적인 입장을 유지해야 한다는 여론에도 불구하고 1959년 상공연이 총련계 금융기관의 연합체인 '재일본조선신용조합협회(조신협)'에 가입하여 총련 산하의 기업과 금융의 연합체로 재탄생하였다(呉圭祥, 1992).

1961년에는 총련과 북한과의 무역이 개시되었다. 총련의 북송사업이 시작되면서 많은 기술자가 북한에 귀환하였으며,[16] 같은 해 총련의 지도하에 경제경영교육을 실시하는 경제학원이 일본 각지에 설립되었다. 당시 총련들 사이에서는 "경제학원에 다녀왔습니까?"라는 인사말이 유행할 정도로 경제학원을 통해 기업가에 대한 총련의 사상교육이 철저하게 이루어졌음을 짐작할 수 있다(呉圭祥, 1992).

1970년대는 총련의 직업구성 가운데 상공업자의 비율이 급증한 시기였다. 그 배경은 동 시기의 북송사업 때문에 재일총련계 일용 노동자의 비율이 감소한 결과 나타난 현상으로 '통계상의 변화'에 불과했다(韓載香, 2010). 북한과의 왕래가 활성화되었기 때문에 총련과 북한지도층과의

14 在日本朝鮮人總聯合會 홈페이지(http://www.chongryon.com/j/cr/index10.html).

15 在日本朝鮮人總聯合會 홈페이지(http://www.chongryon.com/j/cr/index10.html).

16 朝鮮新報 홈페이지(http://www1.korea-np.co.jp/sinboj/j-2004/01/0401j0226-00001.html).

관계도 한층 강화되었다.

1973년 11월에는 평양에서 '재일조선상공인생산품전시회'가 개최되어 전시상품 출품 수는 9,250개 품목에 달했다(永野慎一郎, 2010). 또한 총련계 상공인이 제조공장 설비를 북한으로 보내기도 하였다(呉圭祥, 1992).

1980년대에 들어서자 북한과 총련과의 관계는 한층 더 강화되었다. 1984년 김일성은 재일조선상공회 활동가대표단과 회견한 이후 연례회의를 개최하였다. 또한 1986년에는 '조선총련합영사업추진위원회'(후에 '재일조선합영경제교류협회'로 명칭 변경)를 설립하여 총련계 기업가뿐 아니라 일본경제계와 북한의 '합변, 합작, 가공무역 등 경제교류사업의 활성화와 거래확대'를 추진하였다.

이러한 경제정책을 통해 '한강의 기적'으로 불릴 정도로 급성장을 이룬 한국보다 경제면에서 열세에 놓여 있다고 판단한 북한은 재일총련 상공인뿐만 아니라 일본경제계와의 연계를 강화하는 데 주력하였다. 북한당국은 재일총련계 상공인들이 설립한 공장에 '애국'이라는 명칭을 붙여 '충성비'를 세우고 업적을 오랫동안 기렸으며 노동영웅 칭호를 비롯한 국가수훈과 표창이라는 명예를 주어 감사의 뜻을 표명하였다.

그러나 북한에서는 일본으로부터 귀국한 재일총련을 '귀포(帰胞)'라 불렀으며, 그들은 멸시와 감시의 대상이었다(金元祚, 1984). 북한정부는 경제회복을 위해 재일총련계 상공인을 일종의 '돈줄'로 이용한 것으로 추정할 수 있다.

총련과 북한의 합변기업의 통계는 1986년부터 1996년까지 합변회사 41개사, 합작회사 35개사가 설립되어 순계약금액은 1억 4,816만 달러에 달했다. 대표적인 합변기업은 〈표 5-2〉와 같다.

〈표 5-2〉 총련과 북한의 합변기업 및 유관조직/제도

| 조직/제도명 | 설립연도 | 주요 사업내용 |
|---|---|---|
| 조선민주주의 인민공화국 합변법 | 1984년 9월 | 조선민주주의인민공화국 최고인민회의 상설회의 '합변법' 채택 실시 |
| 합변사업연구회 | 1986년 6월 | 오사카에서 북한과의 합변사업 추진을 기본목적으로 하는 '합변사업연구회' 발족 |
| 합변회사 국제전시회 | 1987년 3월 | 모스크바에서 합변총회사 주최 북한경공업제품전시회 개최, 북한 간부 및 재일총련 기업가 12명 참가 |
| 재일총련 기업 | 1987년 9월 | 제3회 총련합변경제대표단과 6개(야마구치, 군마, 나라, 니가타, 오사카, 사이타마 등) 북한방문단 합변사업을 위해 북한 방문 |
| 만장합변회사 | 1987년 4월 | 북한 만수무역회사와 재일동포 조창산업주식회사와의 합변회사. 조선 약초류 생산과 판매. 1987년 11월 제품 일본 출하 |
| 조국과 합변 추진을 위한 동포상공인 모임 | 1988년 2월 | 총련 중앙 합변사업추진위원회 임원과 동포상공인 130명 참가, 합변생산품 전시회 개최 |
| 평양피아노합변회사 | 1988년 4월 | 재일코리안 기업가 2세 유한회사 PACO와 북한 문화예술부조선악기총회사가 설립한 피아노 생산판매 합변회사. 1987년 현지조사, 1988년 설립. 1989년 조업을 시작으로 1990년 파코브랜드 피아노 판매 개시. 자동연주 기능을 갖춘 피아노(1992), 그랜드피아노 생산(1996)을 각각 개시함 |
| 모란봉합변회사 | 1988년 9월 | 합변회사의 모델, 동사 산하공장의 동대원피복공장(창업 1988년 9월 4일)이 양복, 점퍼, 와이셔츠 등을 제조, 구소련과 일본에 수출 |
| 조선합변은행 | 1989년 4월 | 조선국제합변총회사와 총련합변사업추진위원회가 1986년 6월부터 준비. 초대 총재로 총련합변사업추진위원회 전인식 회장 취임. 외국환은행으로 외국환업무와 일반은행업무 개시. 1989년 12월 코레스은행(Correspondent Bank)은 6개 은행 7개 점포(도쿄, 런던, 쿠바, 홍콩, 북경, 오스트리아 등) |
| 국제화학합변회사 | 1991년 4월 | 함흥 공장이 모나즈 광석으로부터 토륨, 우라늄, 희토류 등을 분리 추출함. 희토류제품생산 판매회사. 3만 평 부지의 최초 화학합변회사 |
| 합변회사 | 1986년 2월부터 5년간 총 85개사 합변계약, 39개사 조업. 처음에는 음식업이나 찻집 등 서비스업종이 대부분이었으나 점차 생산합변기업으로 확대발전, 총 투자금 약 100억 엔에 달함 | |

출처: NORTH KOREA TODAY 홈페이지(http://www.pyongyangology.com/index.php?option=com_content&task=view&id=626&Itemid=81) 자료를 근거로 필자가 정리 작성함.

그러나 이러한 합변기업의 경영은 모두 적자상태로, 손실은 전부 총련계 상공인이 감수하게 되었다. 예를 들면 1990년대 초기 북한제 피아노는 수출을 하면 할수록 적자가 적체되어 경쟁력이 없는 상품으로 혹평을 받았다(李英和, 1994).

1990년대 초기부터 1995년에는 총련 결성 40주년을 기념하여 30대의 젊은 총련계 상공인을 중심으로 '재일본조선청년상공회(청상회)'가 설립되었다. 청상회의 설립에 이어 각 도도부현이나 지역에도 지방청상회가 설립되었다. 민족문화계몽사업이나 조선학교 신입생들에게 새 교복을 선물하는 등 민족교육을 지원하는 운동도 지속적으로 이루어졌다.

### 2) 반북감정, 버블붕괴 및 도덕적 해이

1990년 이후에는 총련 자체 세력의 약화와 총련계 상공인 조직의 쇠퇴가 명확해진 시기였다. 1990년대 후반부터 재일본조선신용조합협회(조신협)의 파탄이 잇달았다. 당시 일본 금융계 전체가 도태와 선별이라는 '추운 겨울 시대'에 접어들고 있었다. 1997년에는 조선은행오사카신용조합, 1999년에는 조선은행나가노신용조합이 파탄함에 따라 2000년까지 14개 조선은행신용조합이 잇달아 도산하였다.

물론 민단계 금융기관도 동 시기에 어려움을 겪었지만, 유독 총련계 상공업 및 금융조직에 어려움을 가중시킨 것은 일본인 납치문제에 기인한다. 1997년경부터 대중매체에서 집중적으로 거론되어온 이 문제는 고이즈미(小泉) 일본 총리의 북한 방문 시 김정일에 의한 납치문제 인정과 사죄로 커다란 전기를 맞이하게 되었다(2002). 이로 인해 일본 국내에서 북한의 이미지는 결정적으로 악화일로에 접어들었다.

예를 들면 2006년 조선오사카부상공회가 강제수사를 받았다. 일본인 납치는 1980년대에 발생한 사건으로, 북한 공작원 신광수에 의한 하라 다다아키(原敕晁) 납치사건에 대한 혐의였다. 하라(原)는 납치 당시, 오사카 시내의 중화요리점에서 근무하고 있었으며 요리점의 경영자인 이삼준은 1970년대 말부터 1980년대 중반까지 동 상공회 이사장을 역임했기 때문에 신광수의 협력자로 의심받게 된 것이다.

2007년 2월에는 세무사법위반 혐의로 총련 효고 현 본부와 효고현 상공회 등이 수사를 받았고, 소득세법위반으로 총련 홋카이도 본부와 산하단체가 강제수사를 받았다. 2008년에는 세무사법위반 혐의로 교토부 상공회와 산탄(三丹)상공회 등에 대한 강제수사가 진행되었다. 2008년 말에는 도쿄 상공연단체를 비롯한 도쿄도상공회, 신주쿠상공회도 세무사법위반 혐의로 강제수사를 받았다. 2000년대 중반 이후 총련 단체에 대한 계속된 일본정부의 강제수사 결과를 보면 "총련상공조직은 북한으로의 송금원이며, 북한의 대일공작 하부조직이기 때문에 엄격히 다스릴 필요가 있다."는 판단을 일본의 공안기관이 내리게 되었다.

총련 자체도 2002년 이후, 위급한 상황에 직면하게 되었다. 당시만 해도 총련은 비자나 여권의 발행을 주관하고 있었기 때문에 '외교기관에 준하는 기관'으로 인정받아 과세감면 혜택을 받고 있었다. 그러나 총련 관련 시설 소유자의 대부분이 영리조직인 총련 관련 기업이었으며, 따라서 고정자산세 감면대상에 해당되지 않는다고 판단하여 도쿄도가 관련 시설에 과세를 단행하게 되었다(2003). 기타 몇 개 지방자치단체도 도쿄도의 관례에 따랐다. 이에 대해 총련은 도쿄도를 상대로 과세처분 취소 등을 요구하는 민사소송을 벌였지만 2009년 일본 최고재판소에서 패소가 결정되었다.

2006년에는 일본 총무성이 총련 관련 시설에 대한 과세를 엄격히 집행하도록 각 도도부현에 지시하면서 일본 지방자치단체와 중앙정부가 집중적으로 총련계 상공업조직에 엄중한 조치를 단행하였다. 버블경제 붕괴 이후 일본의 계속된 장기 경제불황으로 상공회의 활동도 불황에 빠졌다. "일본의 버블경제 붕괴와 일부 조선은행의 파탄에 의해 많은 동포들과 상공업자들이 막대한 타격을 받아 난관에 봉착했다."라고 총련은 홈페이지에 쓰고 있다. 일본에서 총련 상공회의 경영활동은 더욱 어려워지게 되었다.

그러나 이 현상은 조선은행긴키가 모두 문제를 수용한 것으로 해결되지는 않았다. 1996년 말부터 1997년에 걸쳐 수용기관이었던 조선은행긴키 자체가 경영난에 빠지고 만 것이다. 조선은행긴키뿐만 아니라 1997년 5월, 조선은행오사카지점의 경영난 이후 2년간 16개의 총련계 금융기관이 경영파탄을 맞이하게 되었다. "버블경기 시 유치한 거액의 고금리예금을 부동산투자로 돌린다."는 융자방침은 각 조선은행에 공통된 것이었다. 그 결과 거액의 불량채권이 발생하였다.[17] 16개 조선은행에 대한 경영부도 처리에 투입된 일본의 공적자금은 1조 3,000억 엔에 달했다.[18]

2001년 12월에는 조선은행긴키의 구 경영진들이 배임혐의로 체포되는 사례가 발생했다. 이것은 1997년에 경영파탄이 발생한 조선은행오사카와 1999년에 경영파탄이 난 조선은행아이치의 불량채권 변제를 위해 조선은행긴키로부터 가공계좌나 차명계좌를 통해 부도난 조선은행에 약 10억 엔을 융자한 사건이었다.[19] 당시 변제할 능력이 전혀 없는 은행에 융자를 의도적으로 수행했다고 고소당한 구 경영진 중에는 조선신용은행의 전 회장 2명도 포함되어 있었다. 4명의 구 경영진에게 10억 4,000만 엔의 배상명령이 내려진 것은 2004년 4월이었다. 그리고 1993년에 38개사였던 조선은행계 신용조합은 2002년에 7개사로 정리되었다.

조선은행의 계속된 부도는 총련의 활동에 큰 영향을 미쳤다. 왜냐

---

17 「日本經濟新聞」(2001年11月8日).

18 「日本經濟新聞」(2007年6月18日).

19 「日本經濟新聞」(2001年12月6日).

하면 조선은행은 총련의 유력한 자금공급원이었기 때문이다. 그뿐 아니라 총련계 기업으로부터의 헌금도 감소했다. 그들의 헌금이 북한에 대한 '상납금'이 되어왔다고 총련계 기업들은 생각했기 때문이다. 일본인 납치문제나 핵미사일문제 등으로 일본인뿐 아니라 재일코리안으로부터 총련에 대한 비난이 더욱 거세졌다. 총련의 세대교체가 진행되어 북한으로의 귀국자나 그들 친족의 영향력도 계속 약화되는 상황이었다. 더구나 그러한 배경으로 총련은 자금 기반까지 잃어가고 있는 상황에 직면하였다.[20] "자립적 토대를 공고히 하고, 동포로부터 한층 신뢰받는 민족금융기관으로서의 역할을 수행하기 위해 밤낮으로 분투하고 있다."는 총련 홈페이지의 메시지가 당시 상황을 짐작하게 한다.[21]

### 3) 민족은행의 승계와 전망

두 조직에서 기업의 승계문제는 민단계와 총련계 기업이 공통적으로 직면하고 있는 문제이다. 더구나 재일코리안 1세는 물론 2세들의 고령화가 가속화되면서 승계문제는 재일코리안 사회에서 중요한 문제로 대두하게 되었다. 총련계 신문인 「조선신보」에서는 2005년 시점에서 "동포법률·생활센터에서 진행된 상담 중 상속문제는 가장 많은 상담 사례의 하나"라고 진술하고 있다.[22]

우선 중요한 것은 일본법의 상속법 적용 여부이다. 이것은 피상속인이 한국과 관계가 깊으면 한국법, 북한과 관계가 깊으면 일본법이 적용된다는 논리이다(한국적인지 조선적인지는 매우 중요한 판단자료가 되지만, 그것만으로 판단하지 않는다).[23] 상속분에 관해서는 양국에서 배우자의 법적 상속분이 서로

---

20 「日本経済新聞」(2007年6月18日).

21 在日本朝鮮人總聯合會 홈페이지(http://www.chongryon.com/j/cr/index10.html).

22 朝鮮新報 홈페이지(http://jp.korea-np.co.jp/article.php?action=detail&pid=9998).

다르다. 한국법의 경우에는 자녀가 많으면 배우자의 상속분은 그만큼 감소하게 된다.[24]

총련계 재일코리안에게 일본의 민법이 적용되는 것은 얼핏 무리한 적용으로 이해될 수 있다. 그러나 북한과 관계가 깊은 기업인에게 일본법이 적용되는 것은 그들의 본국법인 북한의 대외민사관계법[25]이 재외공민에게는 현지국의 민법이 적용된다고 정해져 있는 것에 기초하고 있다.[26] 다만 민단계 기업에 관해서는 한국적 보유자로 한국과의 관계도 잔존하고 있기 때문에 한국법이 적용되는 경우가 일반적이지만, 피상속인이 유언을 남겼다면 한국의 국제사법 제27조 제3항의 규정에 따라 일본법으로 상속을 추진하는 것도 가능하다.[27]

글로벌화와 고령화가 지속되면서 재일코리안 기업의 상속문제는 재일코리안에게 매우 중요한 문제다. 매스컴은 버블경제 붕괴 이후 지속된 경제불황 탓으로 경영이 어려워진 기업이 신용카드회사나 '소비자 금융회사'에 다중채무를 남긴 채 기업가가 사망하여 이러한 상담사례를 들고 방문하는 기업들이 많아졌다고 기술하고 있다.[28]

---

23 朝鮮新報 홈페이지(http://jp.korea-np.co.jp/article.php?action=detail&pid=9998).

24 在日本大韓民國民団 홈페이지(http://www.mindan.org/sidemenu/sm_seikatu_46.php).

25 북한에서는 1984년 9월 8일 합영법을 제정, 공포한 후 대외경제관련법을 정비해왔다. 북한은 이에 기초하여 세계 여러 나라와의 경제교류를 추진하는 한편 재일동포들을 지원해왔다. 대외관계법에는 북한 가공무역법, 금강산관광지구법, 기술수출입법, 개성공업지구법, 대외경제계약법, 대외경제중재법, 대외민사관계법, 라선경제무역지대법, 무역법, 수출입상품검사법, 세관법, 출입국법, 토지임대법, 합작법, 합영법, 외국인투자법, 외국인기업법 및 외국인세금법, 외국투자은행법, 외국인투자기업파산법, 외화관리법 등과 그에 따르는 규정, 시행규칙 등이 있다(재일본조선인총연합회 2005).

26 朝鮮新報 홈페이지(http://jp.korea-np.co.jp/article.php?action=detail&pid=9998).

27 朝鮮新報 홈페이지(http://jp.korea-np.co.jp/article.php?action=detail&pid=10003).

28 朝鮮新報 홈페이지(http://jp.korea-np.co.jp/article.php?action=detail&pid=10115).

## 4. 민단계와 총련계 민족은행의 비교

### 1) 민단계와 총련계 민족은행의 지역별·규모별 비교

'재일본조선신용조합협회(조신협)'는 총련계의 대표 금융기관이며, 1952년 동화신용조합(현재 조선은행 도쿄신용조합)이 그 효시다. 효고 현(1952), 교토 부(1954), 오사카 부(1955) 등 주요 도시에 총련계 금융기관이 설립된 이후 1990년에는 38개 조합에 176개 점포로 확대되었다. 1993년 민단계 대 총련계 금융기관의 세력구조를 살펴보면, '상업은행'이라는 명칭이 붙여진 민단계는 35개사로 총수신고가 2만 5,610억 엔에 달했으며, '조선은행'의 명칭이 붙여진 총련계는 38개사로 총수신고가 2만 3,611억 엔에 달했다.

1960년대까지 거슬러 올라가 총수신고를 비교해보면, 1960년대는 민단계가 우세하였고, 1970년대는 양쪽이 거의 동등하였으며, 1980년대는 다시 민단계가 우위였다(閔寬植, 1994). 그러나 총련계 금융기관은 민단계의 은행과 막상막하의 세력을 펼치고 있었다고 생각된다.

재일코리안 민족은행은 1950년대 초반에 설립되기 시작하면서 1960년대 일본 전국으로 확대 전개되었다. 1950년 이후 민단계와 총련계의 지역별·연도별 민족은행의 현황을 살펴보면 〈표 5-3〉과 같다. 재일코리안의 지역별 인구비율을 살펴보면 오사카 부가 28.0%로 가장 높게 나타났고, 도쿄 도 11.6%, 효고 현 10.5%, 아이치 현 8.4%, 교토 부 6.9%, 가나가와 현 4.6%, 후쿠오카 현 3.7%, 히로시마 현 2.5% 등 순으로 나타났다.

일반적으로 금융기관은 1950년대 초반부터 재일코리안 집거지를 중심으로 설립되어 1980년대 초반까지 일본 대부분의 지역에 진출하고 있다. 오사카지역만 민단계 상업은행과 홍업은행이 두 개이고, 나머지

〈표 5-3〉 민단계와 총련계 금융기관 연도별 · 지역별 비교(1974년 기준)

| 민단계 상업은행(상은) | | 총련계 조선은행(조은) | | 재일코리안 지역별 인구비율(%) |
|---|---|---|---|---|
| 조합명 | 설립연도 | 조합명 | 설립연도 | |
| 오사카상은 | 1953 | 조은오사카 | 1955 | 오사카 부(28.0) |
| 도쿄상은 | 1954 | 조은도쿄 | 1952 | 도쿄 도(11.6) |
| 아이치상은 | 1954 | 조은아이치 | 1953 | 아이치 현(8.4) |
| 교토상은 | 1954 | 조은교토 | 1954 | 교토 부(6.9) |
| 오사카흥은 | 1955 | - | - | - |
| 고베상은 | 1956 | 조은효고 | 1952 | 효고 현(10.5) |
| 미에상은 | 1956 | 조은미에 | 1960 | 미에 현(1.2) |
| 구마모토상은 | 1956 | - | - | 구마모토 현(0.3) |
| 후쿠오카상은 | 1958 | 조은후쿠오카 | 1953 | 후쿠오카 현(3.7) |
| 히로시마상은 | 1961 | 조은히로시마 | 1961 | 히로시마 현(2.5) |
| 요코하마상은 | 1962 | 조은가나가와 | 1952 | 가나가와 현(4.6) |
| 오카야마상은 | 1962 | 조은오카야마 | 1962 | 오카야마 현(1.3) |
| 야마구치상은 | 1963 | 조은야마구치 | 1961 | 야마구치 현(2.3) |
| 사이타마상은 | 1963 | 조은사이타마 | 1958 | 사이타마 현(1.4) |
| 치바상은 | 1963 | 조은치바 | 1960 | 치바 현(1.4) |
| 시가상은 | 1963 | 조은시가 | 1964 | 시가 현(1.0) |
| 와카야마상은 | 1963 | 조은와카야마 | 1963 | 와카야마 현(0.8) |
| 나가사키상은 | 1963 | 조은나가사키 | 1977 | 나가사키 현(0.4) |
| 기후상은 | 1965 | 조은기후 | 1954 | 기후 현(1.7) |
| 시즈오카상은 | 1965 | 조은시즈오카 | 1960 | 시즈오카 현(1.3) |
| 홋카이도상은 | 1965 | 조은홋카이도 | 1965 | 홋카이도(1.2) |
| 나라상은 | 1965 | 조은나라 | 1964 | 나라 현(0.9) |
| 후쿠이상은 | 1965 | 조은후쿠이 | 1963 | 후쿠이 현(0.7) |
| 미야기상은 | 1966 | 조은미야기 | 1966 | 미야기 현(0.6) |
| 니가타상은 | 1967 | 조은니가타 | 1964 | 니가타 현(0.4) |
| 이시카와상은 | 1969 | 조은이시카와 | 1969 | 이시카와 현(0.5) |
| 아오모리상은 | 1969 | 조은아오모리 | 1968 | 아오모리 현(0.3) |
| 이와테상은 | 1969 | 조은이와테 | 1969 | 이와테 현(0.3) |
| 아키타상은 | 1970 | 조은아키타 | 1970 | 아키타 현(0.2) |
| 도야마상은 | 1971 | 조은도야마 | 1970 | 도야마 현(0.3) |
| 시마네상은 | 1971 | 조은시마네 | 1971 | 시마네 현(0.2) |
| 군마상은 | 1972 | 조은군마 | 1963 | 군마 현(0.4) |
| 이바라키상은 | 1973 | 조은이바라키 | 1953 | 이바라키 현(0.6) |
| 나가노상은 | 1976 | 조은나가노 | 1963 | 나가노 현(0.8) |
| 오이타상은 | 1977 | 조은오이타 | 1958 | 오이타 현(0.5) |
| 도치기상은 | 1977 | 조은도치기 | 1964 | 도치기 현(0.3) |
| 사가상은 | 1978 | 조은사가 | 1977 | 사가 현(0.2) |
| 고치상은 | 1978 | - | - | 고치 현(0.1) |
| 후쿠시마상은 | 1982 | 조은후쿠시마 | 1955 | 후쿠시마 현(0.3) |
| - | - | 조은에히메 | 1973 | 에히메 현(0.3) |
| - | - | 조은가가와 | 1983 | 가가와 현(0.2) |
| 합계 | 39개 | 38개 | | |

지역은 모두 민단계와 총련계 은행이 각각 1개씩 주요 지역에 거점을 두고 있다.

〈표 5-3〉에서와 같이 재일코리안이 가장 많이 살고 있는 지역 순으로 먼저 민단 계열의 상은 39개, 총련 계열의 금융기관인 조은 38개 등 총 77개 조합의 민족은행이 각 지역에 설립되었다. 이러한 금융기관의 설립 경향은 남북대립 성향이 재일코리안 사회에도 그대로 반영되어 나타났다. 전체적인 설립 경향을 지역별로 살펴보면 조은이 먼저 설립되어 오사카, 도쿄, 효고, 아이치, 교토, 가나가와. 히로시마, 후쿠오카 순이며 대도시 밀집지역을 중심으로 설립되었다. 양 기관의 특징으로 상은은 주로 일본 대도시, 조은은 조직원 상호간 강한 연대와 네트워크를 기반으로 소도시에까지 진출할 수 있었던 것으로 추정된다(韓載香, 2007).

다음은 재일코리안 금융기관의 규모별 특징을 살펴보고자 한다. 〈표 5-4〉는 민단계 상업은행과 총련계 조선은행의 예금, 대출금, 출자금, 조합원 수를 비교하여 제시하고 있다(韓載香, 2007). 당시 재일코리안 민족은행의 제도적 특징이었던 신용조합은 중소 영세 자영업자들의 협동조직에 의한 조합 형태로 상호부조의 성격을 가진 금융기관이었다. 1949년 당시 일본 법률로 규정된 신용조합협동제도는 1951년 '신용금고시행법'의 공포로 '신용금고'로 개정되었고, 1952년 최초 민족금융기관으로서 도쿄에 '동화신용조합'이 설립되었다.

상은과 조은의 규모별 특징을 비교해보면 예금이나 대출금, 출자금 면에서는 민단계 상은이 우위를 차지하고 있지만, 조합원 수에서는 총련계 조은이 우위를 점하고 있다. 왜냐하면 재일코리안 민족은행 모두가 일본 금융시장에서 불리한 입장에 처해있었고, 총련계 조은이 먼저 설립되어 동일민족이라는 점이 회원자격을 가능하게 했기 때문이다. 1957년 당시 총련은 북한으로부터 교육지원금으로서 총액 32억 엔이 송금되어 조선은행을 신설하고, 교육기관의 정비 등 조직 강화에 열을 올리고 있던

〈표 5-4〉 민단계와 총련계 금융기관 규모(1973년 3월, 단위: 만 엔)

| 민단계 상업은행(상은) | | | | | 총련계 조선은행(조은, 조신) | | | | |
|---|---|---|---|---|---|---|---|---|---|
| 조합명 | 예금 | 대출금 | 출자금 | 조합원 수 | 조합명 | 예금 | 대출금 | 출자금 | 조합원 수 |
| 오사카흥은 | 111,559 | 98,294 | 2,278 | 29,267 | 조은오사카 | 80,775 | 70,647 | 1,635 | 32,182 |
| 오사카상은 | 90,549 | 76,731 | 2,017 | 23,425 | 조은도쿄 | 80,554 | 68,012 | 1,530 | 21,885 |
| 도쿄상은 | 66,356 | 47,272 | 1,085 | 12,879 | 조은효고 | 44,551 | 40,246 | 840 | 13,094 |
| 가나가와상은 | 23,357 | 18,368 | 535 | 4,719 | 교토조신 | 43,845 | 39,173 | 743 | 11,925 |
| 고베상은 | 23,036 | 17,860 | 488 | 6,496 | 조은아이치 | 43,754 | 39,067 | 658 | 12,263 |
| 교토상은 | 21,602 | 17,833 | 669 | 5,405 | 니가타조신 | 27,777 | 2,469 | 92 | 1,365 |
| 아이치상은 | 20,118 | 13,962 | 530 | 6,649 | 가나가와조신 | 24,058 | 21,605 | 493 | 8,298 |
| 히로시마상은 | 14,301 | 11,469 | 366 | 7,003 | 조은야마구치 | 17,817 | 15,881 | 438 | 5,864 |
| 후쿠오카상은 | 12,597 | 9,847 | 363 | 5,408 | 후쿠오카조신 | 17,650 | 15,460 | 451 | 7,722 |
| 야마구치상은 | 10,310 | 7,865 | 301 | 4,689 | 치바조신 | 17,237 | 14,275 | 358 | 4,980 |
| 오카야마조신 | 8,505 | 7,042 | 229 | 4,866 | 사이타마조신 | 12,286 | 11,210 | 304 | 4,583 |
| 미에상은 | 7,601 | 5,874 | 256 | 2,418 | 조은히로시마 | 11,923 | 10,362 | 337 | 7,176 |
| 나라상은 | 7,036 | 6,049 | 200 | 1,608 | 미에조신 | 10,375 | 8,295 | 284 | 4,062 |
| 사이타마상은 | 6,941 | 5,387 | 220 | 2,752 | 조은기후 | 8,204 | 6,202 | 207 | 3,300 |
| 오가야마상은 | 6,926 | 5,930 | 147 | 2,928 | 시가조신 | 8,158 | 6,472 | 300 | 2,021 |
| 와카야마상은 | 6,801 | 6,145 | 204 | 2,240 | 시즈오카조신 | 7,205 | 6,028 | 162 | 3,517 |
| 치바상은 | 4,505 | 3,285 | 222 | 1,532 | 조은후쿠시마 | 4,735 | 3,774 | 118 | 3,246 |
| 시가상은 | 4,459 | 4,064 | 188 | 1,811 | 나가노조신 | 4,655 | 4,024 | 168 | 2,371 |
| 구마모토상은 | 3,928 | 3,081 | 82 | 2,459 | 홋카이도조신 | 4,357 | 4,339 | 148 | 2,223 |
| 시즈오카상은 | 3,773 | 3,264 | 158 | 1,319 | 이와테조신 | 4,028 | 3,135 | 112 | 1,305 |
| 홋카이도상은 | 3,153 | 2,494 | 116 | 1,445 | 조은이바라키 | 3,688 | 2,878 | 93 | 2,444 |
| 기후상은 | 2,973 | 2,524 | 113 | 2,044 | 후쿠이조신 | 3,543 | 2,964 | 81 | 1,976 |
| 니가타상은 | 2,930 | 2,301 | 84 | 1,049 | 와카야마조신 | 3,465 | 3,118 | 109 | 1,801 |
| 후쿠이상은 | 2,740 | 2,176 | 92 | 1,156 | 나라조신 | 3,313 | 2,697 | 101 | 1,387 |
| 미야기상은 | 2,558 | 1,877 | 102 | 1,397 | 조은군마 | 2,725 | 2,195 | 70 | 1,297 |
| 나가사키상은 | 2,288 | 1,756 | 95 | 1,383 | 도치기조신 | 2,707 | 2,460 | 86 | 1,114 |
| 아모모리상은 | 1,922 | 1,168 | 105 | 895 | 미야기조신 | 2,569 | 2,117 | 98 | 681 |
| 이와테상은 | 1,864 | 1,523 | 76 | 937 | 조은에히메 | 2,131 | 1,995 | 83 | 594 |
| 나가노상은 | 1,864 | 1,659 | 121 | 1,119 | 오이타조신 | 2,029 | 1,716 | 97 | 1,773 |
| 이바라키상은 | 1,804 | 1,252 | 106 | 717 | 아오모리조신 | 1,536 | 910 | 103 | 559 |
| 이시카와상은 | 1,738 | 1,104 | 69 | 813 | 도야마조신 | 1,494 | 1,238 | 59 | 798 |
| 군마상은 | 1,607 | 1,025 | 91 | 637 | 이시카와조신 | 1,361 | 1,092 | 71 | 879 |
| 도치기상은 | 1,319 | 708 | 92 | 558 | 조은아키타 | 1,218 | 914 | 36 | 663 |
| 사가상은 | 1,285 | 957 | 71 | 591 | 사가조신 | 903 | 363 | 50 | 564 |
| 오이타상은 | 1,184 | 819 | 100 | 607 | 나가사키조신 | 664 | 474 | 34 | 478 |
| 고치상은 | 880 | 647 | 94 | 528 | 35개 | | | | |
| 도야마상은 | 787 | 707 | 58 | 473 | | | | | |
| 아키다상은 | 731 | 558 | 41 | 433 | | | | | |
| 시마네상은 | 606 | 431 | 59 | 526 | | | | | |
| 39개 | | | | | | | | | |

시기였다. 북한으로부터 이러한 막대한 자금의 유입을 통해 총련은 예금의 이자로 조은을 신설하고 상은에 비해 강력한 조직 체제를 갖출 수 있었다.

이에 반해 자금력이나 조직력이 약했던 민단계 상은은 1960년대 '한신협'이라는 조직을 중심으로 재일중소기업육성자금의 지원에 나섰다. 이에 앞서 재일코리안 민단계 신용조합의 전국단체로서 1956년 '한신협'이 결성되어 육성자금의 모금에 나섰지만 실현되지 못했다. 1960년 12월경 한국정부로부터 육성자금의 일부로 50만 달러가 송금되었고, 한신협의 대표운영위원회가 결성되어 지원금의 운용을 맡게 되었다. 당시 한국정부가 한신협에 막대한 자금을 지원한 이유는 1959년 '재일조선인 귀환 협정'이 북일 간에 체결됨으로써 북송운동의 본격화와 한국정부의 정권교체시기에 재일코리안 사회의 좌경화에 따른 총련의 견제 차원에서 이루어진 것으로 추정된다. 그 후 한신협을 중심으로 한 민단계 상업은행은 민단계 공동체 내의 지원과 한국정부의 지원금을 활용하여 집중적으로 조은이 진출한 지역 및 진출예정지역에 설립되었다.

이와 더불어 당시 재일코리안은 일본계 조합이나 은행과의 거래를 기피하는 경향이 있어 민단계 상은이 없는 곳에서는 총련계 조은과의 거래를 선호하였다. 그러한 상황 하에서 민단계와 총련계 은행들의 조합원 유치 경쟁으로 번져 민단계에서도 상은을 전국적으로 확대시킬 필요가 있었을 것이다.

1996년에 총련계 금융기관의 예금총액은 2조 5,000억 엔을 돌파했다. 총수신고로 비교하자면 이 시기가 총련계 금융기관의 전성기였으나, 1997년 이후 총련계 금융기관을 둘러싼 상황은 불리하게 전개되었다. 1997년 5월 교토 부, 효고 현, 시가 현, 와카야마 현, 나라 현 의 5개 조선은행이 조선은행긴키와 합병하여 경영난에 빠진 조선은행오사카의 사업을 조선은행긴키에 양도하도록 대장성(현재 재무성)과 오사카 부에 의해

〈표 5-5〉 조선은행 창립, 지점 설치, 점포 수(1952년~1991년 3월 기준)

| 창립연도 | 조합 신설 현 | 지점 신설 | 점포 수 |
|---|---|---|---|
| 1952.9 | 도쿄, 효고 | 0 | 2 |
| 1953.3 | 가나가와 | 1 | 4 |
| 1954.3 | 이바라키, 후쿠오카, 아이치, 교토 | 3 | 10 |
| 1955.3 | 기후 | 4 | 15 |
| 1956.3 | 후쿠시마, 오사카 | 4 | 21 |
| 1957.3 | - | 4 | 25 |
| 1958.3 | - | 3 | 28 |
| 1959.3 | 사이타마, 오이타 | 0 | 30 |
| 1960.3 | - | 2 | 32 |
| 1961.3 | 미에, 아키타, 치바 | 3 | 38 |
| 1962.3 | 야마구치, 히로시마 | 6 | 46 |
| 1963.3 | 오카야마 | 3 | 50 |
| 1964.3 | 나가노, 후쿠이, 와카야마, 군마 | 4 | 58 |
| 1965.3 | 시가, 니가타, 나라, 도치기 | 3 | 65 |
| 1966.3 | 홋카이도, 미야기 | 7 | 74 |
| 1967.3 | - | 9 | 83 |
| 1968.3 | - | 11 | 94 |
| 1969.3 | 아오모리, 이와테, 이시카와 | 6 | 103 |
| 1970.3 | 아키타 | 5 | 108 |
| 1971.3 | 도야마, 시마네 | 4 | 114 |
| 1972.3 | - | 1 | 115 |
| 1973.3 | 에히메 | 3 | 119 |
| 1974.3 | - | 4 | 123 |
| 1975.3 | - | 7 | 130 |
| 1976.3 | - | 5 | 135 |
| 1977.3 | - | 3 | 138 |
| 1978.3 | 나가사키, 사가 | 2 | 142 |
| 1979.3 | - | 5 | 147 |
| 1980.3 | - | 5 | 152 |
| 1981.3 | - | 6 | 158 |
| 1982.3 | - | 3 | 161 |
| 1983.3 | - | 1 | 162 |
| 1984.3 | 가가와 | 6 | 169 |
| 1985.3 | - | 5 | 174 |
| 1986.3 | - | (−1) | 173 |
| 1987.3 | - | 2(−2) | 173 |
| 1988.3 | - | 2 | 175 |
| 1989.3 | - | 0 | 175 |
| 1990.3 | - | 1(−2) | 174 |
| 1991.3 | - | 4 | 178 |
| 총계 38개 지역 | | | 178 |

결정되었기 때문이다. 조선은행오사카의 예금총액은 약 4,000억 엔으로 당시 조선은행신용조합 중 가장 높은 수준이었으나, 버블경기 붕괴 후 대량의 불량채권이 발생되면서 자금사정이 악화되어 조선은행은 경영을 재편하지 않으면 안 되었다.

〈표 5-5〉는 총련 조선은행의 일본 지역별 지점 설립과 점포 수를 정리한 것이다(吳圭祥, 1992). 일본사회에서 재일총련의 발전 모체는 상공단체들이 중심이었기 때문에 1952년부터 1991년까지 조선은행을 중심으로 한 상공단체의 강화는 매우 중요한 문제 중의 하나였다. 이러한 총련 사회의 수요에 의해 조선은행은 1952년 창립 이후 일관되게 증가해온 것으로 나타나고 있다. 그러나 1980년대 후반부터 지점 신설이나 점포 수는 증가세가 둔화되고 있다.

민단계 상은의 경우 1980년대 초반까지 총 39개 지점이 일본 전국에 설치되었으며, 현재 경영파탄이나 합병으로 8개의 조합이 존재하고 있다. 이들 중 긴키신용조합이 2004년 한신협분담금 등을 이유로 재일한국인 신용조합협회로부터 탈퇴하였다. 총련계 조은의 경우 1991년 시점에서 일본 전국 총 38개 지점, 178개 점포가 존재했지만 2000년대 이후 경영파탄이나 합병으로 7개의 신용조합이 생존하고 있다. 이들 중 조은신용조합에 뿌리를 두고 현존하는 조은은 우리신용조합, 이어신용조합, 조은니시신용조합 등이다. 여기에다 경영파탄이 난 조은과의 합병으로 설립한 조합에 일본인 임원을 수용한 조합으로는 미래신용조합, 하나신용조합, 게이지신용조합, 효고히마와리신용조합 등이다.[29]

〈표 5-6〉은 전체적으로 민단 상업은행과 총련 조선은행의 양 조직의 특징을 간략하게 정리하여 표로 제시한 것이다. 양 조직을 전체적으로 개괄하면 다음과 같다. 먼저 창업연도를 살펴보면 총련계 조선은행이

29 민단신문(http://ja.wikipedia.org/wiki/)(검색일: 2013년 5월 21일)

〈표 5-6〉 양 조직의 비교(단위: 1만 엔)

| 비교대상 | 민단계 상업은행 | 총련계 조선은행 |
|---|---|---|
| 창업연도 | ▪ 1953년 도쿄 한성신용조합 발족을 계기로 재일한국인신용조합 설립 개시<br>▪ 1956년 재일한국인신용조합협회가 발족하면서 상업은행 설립 증가<br>▪ 1953~1982년에 집중 설립 | ▪ 1949년 1월 도쿄 상공인에 의해 '도쿄조선인상공신용조합' 설립발기인대회 발족<br>▪ 1952년부터 인가받아 창립<br>▪ 1955~1983년에 집중 설립 |
| 설립자금 출처 | ▪ 1960년대 '한신협(재일한국인신용조합협회)' 중심 재일중소기업육성자금<br>▪ 한국정부 50만 달러 송금 | ▪ 1957년 북한의 총련에 대한 교육지원금 32억 엔 송금, 설립자금 |
| 금융기관 현황 | ▪ 1955년 신용조합 설립<br>▪ 1977년 제일투자금융 설립<br>▪ 1981년 4월 한신협(재일한국인신용협동조합) 청원서 제출<br>▪ 1982년 7월 7일 신한은행 창립 | ▪ 1952년 창립 이후 1991년 3월 38개 조합, 178개 점포<br>▪ 1997년 합병과 재편성<br>▪ 2002년 7개 조합의 합병<br>▪ 금강보험—1977년 4월 18일 설립 |
| 지점 수 | ▪ 39개<br>▪ 현재 아스카, 중앙상은, 아스나로, 신용조합 아이치상은, 긴키산업신용조합, 신용조합 오카야마상은, 신용조합 히로시마상은, 규슈행은 신용조합의 8개 존립 | ▪ 38개<br>▪ 현재 우리신용조합, 이어신용조합, 조은니시신용조합, 미래신용조합, 하나신용 조합, 게이진신용조합, 효고히마와리신용조합의 7개 존립 |
| 지역별 인구비율 | 오사카, 도쿄, 효고, 아이치, 교토 등 재일코리안 집중거주지역 인구 비례 순 | 오사카, 도쿄, 효고, 아이치, 교토 등 재일코리안 집중거주지역 인구 비례 순 |
| 총수신고 | 488,493억 엔 | 507,290억 엔 |
| 총대출금 | 395,308억 엔 | 417,807억 엔 |
| 총출자금 | 12,223억 엔 | 10,549억 엔 |
| 조합원 수 | 147,181명 | 170,390명 |
| 설립자 및 설립배경 | ▪ 이희건-이승재-신상훈 등 재일코리안 기업가 개인 중심<br>▪ 민단의 조직적인 활동 | ▪ 1949년 1월 도쿄 상공인에 의해 '도쿄조선인상공신용조합' 설립발기인대회 발족(발기인 최송원 외 20명)<br>▪ 총련의 조직적인 활동 |
| 조직문화와 경영이념 | ▪ 상호부조를 기본 이념으로 중소영세자영업자나 개인금융서비스<br>▪ 주인의식(Ownership Mind), 도전정신(Challenge Mind), 팀워크(Team Work) | ▪ 재일조선상공인 생활권 및 기업권 확립 운동<br>▪ 동포생활과 애국운동발전에 기여 |
| 주요 투자처 | 1982년 재일코리안 투자가 341명의 모금액 25억 원으로 신한은행 설립 한국투자 | 1984년 9월 '조선민주주의인민공화국 합변법'이 실시되면서 합변기업으로 북한투자 |

(계속)

| 비교대상 | 민단계 상업은행 | 총련계 조선은행 |
| --- | --- | --- |
| 상속문제 | 한국법 적용(피상속인의 유언에 따라 한국의 국제사법 제27조 제3항의 규정에 의거 일본법으로 상속 추진 가능) | 일본법 적용(북한 대외민사관계법에 의거 재외공민에게는 현지국의 민법 적용 원칙) |
| 경제활동 기여 및 공헌 | 정치적 배경과 지지 세력에 의한 경제 조직기반 구축 | 민족에 기반을 둔 두 종류의 민족은행 설립 |

주: 표는 연구과정에서 수집된 자료에 근거하여 필자가 작성한 것임.

민족금융기관 설립에 전국적으로 발 빠르게 움직이고 거기에 따라 민단계 상업은행이 추격하는 양상을 보이고 있다. 민족은행 설립자금의 모태는 총련계 조은은 북한의 교육지원금, 민단계 상은은 한국정부 지원금인 것으로 나타났다.

민족금융기관의 현황에서 지점 수나 총출자금은 비슷하지만, 신용조합의 총수신고, 총대출금, 조합원 수는 총련계 신용조합이 민단계 신용조합보다 우위로 나타나고 있다. 양 조직의 투자처를 살펴보면 총련계 신용조합은 나중에 북한기업과의 합변기업으로, 민단계 신용조합은 '한신협'에 이은 한국 내 신한은행 설립으로 본격적으로 한국에 진출하였다.

민족금융기관의 조직문화 차이를 보면 총련계 신용조합은 재일동포의 생활권 및 기업권 확립 운동을 중심으로 한 조직적인 특수성을 보이는 반면, 민단계 신용조합은 조합원 간 상호부조와 도전정신의 성향이 강한 것으로 나타났다.

### 2) 재일코리안 민족은행의 과제와 전망

1950년대 초부터 설립되기 시작한 재일코리안 금융기관은 일본에서 민단계와 총련계의 분열에 의해 영세적인 자영업 수준의 신용조합들이 우후죽순처럼 설립되었다. 재일코리안 민족은행의 설립 배경에는 민단과 총련의 조직적인 활동이 큰 영향을 미쳤다. 재일코리안 민족은행의 설립은 종전부터 축적된 사회적 자본인 민족 네트워크를 통한 재일동포간 공유된 정보전파에 의해 전국적인 전개활동이 가능했다.

재일코리안 공동체 내에 축적된 사회적 자본은 정보전파를 통한 민족은행의 확대와 신규산업 전환, 사양산업으로부터의 탈출 등 사회적 기능을 담당했다고 추정된다. 1952년 샌프란시스코 강화조약으로 일본 국적을 상실하기 전까지 남북대립이라는 한반도 정세의 영향은 민족은행 설립에 대한 영향이 미미했지만, 민족은행 설립은 점차 상이한 지지세력이나 남북한정부의 지원에 의해 각각 상이한 구조로 설립되어갔다.

그러나 재일코리안 사회에서 민단과 총련의 대립은 정치적 배경과 지지세력에 의한 경제 조직기반 구축에도 큰 영향을 미치게 되었다. 결국 민단과 총련의 정치적 대립은 일본사회에서 지지기반에 따른 두 종류의 민족은행 설립을 야기했지만, 민족에 기반을 둔 경제조직으로서 자금수요의 한계, 지역에 따른 규모의 격차가 큰 민족은행의 설립으로 이어졌다.

한편 이러한 민단계와 총련계의 대립과 경쟁관계는 금융기관의 성장발전에도 기여하였을 뿐만 아니라 영세 자영업자가 대부분인 민족기업의 성장에도 크게 공헌한 것으로 보인다. 일본에서 영세 자영업 수준의 금융기관이 난립하게 된 근본적인 배경에는 민족차별에 의한 일본 금융기관의 대출제한으로 재일코리안 기업들이 성장과정에서 민족은행에 의존할 수밖에 없는 경제구조를 가지고 있었기 때문이다.

그러나 글로벌 경제시대의 도래와 더불어 2000년대 이후 민족금융기관은 일본 내 반북 분위기의 확산에 따른 일본사회의 우경화, 글로벌 외환위기와 경제불황, 민족금융기관 경영자의 도덕적 해이와 배임 등 다양한 요소로 인해 경영파탄을 맞이하게 되었다. 이러한 일본정부의 영향으로 재일코리안 금융업은 민단계의 경우 일본 금융업계와의 합작을 선호하게 될 것이고, 총련계는 강한 민족연대를 기반으로 신용조합이 당분간 존재할 것으로 예상되며, 향후 제3지대의 은행 설립을 주도할 것으로 전망된다. 일본경제의 장기불황과 기업의 통폐합에 따라 재일코리안 금융기관도 규모의 경제에 따른 민족금융기관의 통폐합, 범위의 경제에 따른 보험과 펀드 등 다양한 금융서비스 제공 등으로 새로운 길을 모색하는 재편과정에 있는 것으로 보인다.

제6장

# 재일코리안 기업의 형성과 경영활동

## 1. 재일코리안 기업의 지역별 · 업종별 분포

1945년 일본 식민지 지배로부터 조국해방과 더불어 당시 일본에 체류했던 240만 명의 재일코리안은 귀국 후 60여만 명이 일본에 남게 되었다. 재일코리안이 소수민족으로서 일본 노동시장에서 배제되어 어려운 노동환경에 처하게 되자 소규모 영세자영업으로 생계를 유지할 수밖에 없었다. 재일코리안은 오사카와 도쿄를 중심으로 고철업, 토목 · 건축업, 고무 · 플라스틱업, 야키니쿠, 헤푸샌달, 파칭코산업 등에서 활로를 찾기 시작했다.

민단이 1975년 재일코리안 기업 6,753개사를 대상으로 한 설문조사 결과를 보면(표 6-1), 개인 기업이 압도적으로 많아 60% 이상이 유한회사나 주식회사 등 정식 회사조직을 가지고 있지 않는 것으로 나타났다. 업종 면에서는 서비스업, 제조업, 도 · 소매업, 건설업, 오락게임업 등이 전체 90% 이상을 차지하고 있다. 자본금도 500만 엔 미만이 대부분을 차지하며, 종업원 수는 20명 미만이 70% 이상을 차지하여 재일코리안 기업 대부분이 영세자영업에 해당된다고 볼 수 있다.

〈표 6-1〉 재일코리안 기업의 업종과 경영형태(1975년)

| 업종 | 기업 수(%) | 경영형태 | | 평균 종업원 수 |
|---|---|---|---|---|
| | | 개인 | 회사 | |
| 서비스업 | 1,724(25.5) | 1,256 | 464 | 1.2 |
| 제조업 | 1,493(22.1) | 822 | 670 | 27.5 |
| 도・소매업 | 1,186(17.6) | 837 | 346 | 9.8 |
| 건설업 | 943(14.0) | 442 | 501 | 24.1 |
| 오락유기업 | 917(13.6) | 533 | 340 | 24.5 |
| 부동산업 | 286(4.0) | 90 | 178 | 22.8 |
| 운송업 | 118(1.7) | 23 | 94 | 68.7 |
| 금융업 | 37(0.5) | 2 | 35 | 58.9 |
| 광업 | 37(0.5) | 6 | 31 | 28.3 |
| 농림수산업 | 30(0.4) | 27 | 3 | 13.5 |
| 합계 | 6,753(100) | 4,038 | 2,662 | 17.5 |

출처: 民団中央本部(1981)『差別白書』民団中央本部 第5集, p. 381.

이와 같이 거주국에서 외국 국적을 소유한 재일코리안은 일본 금융기관으로부터 융자를 받을 수 없었기 때문에 자금조달과 기업 확장에 큰 어려움을 겪었다. 이러한 일본 금융기관의 융자상의 민족차별을 극복하기 위하여 일본 각지에서 상은이나 조은 등 재일한국・조선계의 금융기관이 민족 네트워크를 기반으로 탄생하게 되었다.

재일코리안이 소규모 영세자영업에 집중될 수밖에 없는 이유는 민족차별과 취업차별로 일본 기업이 재일코리안을 고용하지 않았기 때문이다. 재일코리안은 대부분 소규모 영세자영업에 진출하기 시작했으며 일본인들이 기피하는 파칭코산업, 야키니쿠산업, 고철수집 및 판매업, 토목건축업, 운수업 등에 종사하는 사람이 비교적 많다. 1997년 통계에 의하면 재일코리안의 기업체 수는 총 9,494개사에 달했다(〈표 6-2〉 참조). 기타 가수, 배우, 운동선수, 소설가, 영화감독 등 자유업에 종사하는 재일코리안 2세들도 상당수 존재한다. 이와 같이 재일코리안 기업의 업종이

〈표 6-2〉 재일코리안 기업의 업종별 분포(단위: 사, %)

| 업종 | 기업 수(%) | 업종 | 기업 수(%) |
|---|---|---|---|
| 오락업 | 1,816(19.1) | 도소매업 | 832(8.8) |
| 건설업 | 1,380(14.5) | 전문서비스업 | 449(4.7) |
| 서비스업 | 1,236(13.0) | 금융・보험업 | 285(3.0) |
| 제조업 | 1,150(12.1) | 운수업 | 200(2.1) |
| 음식업 | 1,121(11.8) | 농림・광업 | 41(0.4) |
| 부동산업 | 984(10.4) | 합계 | 9,494(100) |

출처: 在日韓國商工會議所(1997)『在日韓國人會社名鑑』 자료 기준에 의거 작성.

다양하게 발전해왔음에도 불구하고 그 현황과 특성에 대해서는 아직까지 제대로 알려지지 않고 있다.

〈표 6-3〉에 나타난 바와 같이 재일코리안 기업은 대부분 도쿄와 오사카에 집중되어 있기는 하나, 일본 전 지역에 걸쳐 분포하고 있는 특징을 보여주고 있다. 이러한 점은 기존 연구에서 이민기업이 대개 한 지역에 집중된다는 가설과 정면으로 배치되는 점이다. 즉, 재일코리안 기업은 이민자 집단의 지역적 집중과 기업과의 관계(이민사회의 규모가 클수록 기업이 많이 창업한다는 가설)뿐만 아니라, 민족집단의 배경을 벗어나 일본사회 속에서 보편적인 기업으로 성장하고 있다는 것을 설명하는 것으로(민족집단을 벗어나 거주국가의 기업활동에 편입되어간다) 생각할 수 있다. 따라서 재일코리안 기업은 재일코리안 민족집단 내에서뿐만 아니라 일본사회가 요구하는 기업활동을 광범위하게 전개해왔다는 점을 추정할 수 있을 것이다(〈표 6-3〉 참조).

그러나 재일코리안은 일본 각 지역의 인구대비 기업 수의 비율에서 살펴보면 그 수치가 매우 낮기 때문에 이민기업의 활동이 재일코리안 사회활동을 전적으로 설명하고 있다고 볼 수 없을 것이다. 대체적으로 이민사회에서는 사회적 상승의 수단으로서 창업을 선택한다는 가설이 존재하지만, 재일코리안의 경우 일본에서 다른 사회적 활동 또한 동시에

〈표 6-3〉 재일코리안 기업의 지역별 분포

| 지방 | 현명 | 기업 수(%) | 지방 | 현명 | 기업 수(%) |
|---|---|---|---|---|---|
| 도호쿠 (東北) | 홋카이도 | 338(3.6) | 긴키 (近畿) | 시가 현 | 263(2.8) |
| | 아오모리 현 | 45(0.5) | | 교토 부 | 747(7.9) |
| | 이와테 현 | 62(0.7) | | 오사카 부 | 1,492(15.7) |
| | 미야기 현 | 94(1.0) | | 효고 현 | 1,058(11.1) |
| | 아키타 현 | 40(0.4) | | 나라 현 | 44(1.5) |
| | 야마가타 현 | 45(0.5) | | 와카야마 현 | 94(1.0) |
| | 후쿠시마 현 | 68(0.7) | | | |
| 간토 (關東) | 이바라키 현 | 55(0.6) | 주고쿠 (中國) | 돗토리 현 | 63(0.7) |
| | 도치기 현 | 92(1.0) | | 시마네 현 | 41(0.4) |
| | 군마 현 | 82(0.9) | | 오카야마 현 | 200(2.1) |
| | 사이타마 현 | 146(1.5) | | 히로시마 현 | 207(2.2) |
| | 치바 현 | 174(1.8) | | 야마구치 현 | 126(1.3) |
| | 도쿄 도 | 1,312(13.8) | 시고쿠 (四國) | 도쿠시마 현 | 13(0.1) |
| | 가나가와 현 | 532(5.6) | | 가가와 현 | 13(0.1) |
| | 야마나시 현 | 62(0.7) | | 에히메 현 | 65(0.7) |
| | | | | 고치 현 | 21(0.2) |
| 신에츠 (信越) | 나가노 현 | 115(1.2) | 규슈 (九州) | 후쿠오카 현 | 426(4.5) |
| | 니가타 현 | 63(0.7) | | 사가 현 | 48(0.5) |
| 호쿠리쿠 (北陸) | 도야마 현 | 45(0.5) | | 나가사키 현 | 40(0.4) |
| | 이시카와 현 | 43(0.5) | | 구마모토 현 | 24(0.3) |
| | 후쿠이 현 | 60(0.6) | | 오이타 현 | 38(0.4) |
| 도카이 (東海) | 기후 현 | 244(2.6) | | 미야자키 현 | 45(0.5) |
| | 시즈오카 현 | 85(0.9) | | 가고시마 현 | 15(0.2) |
| | 아이치 현 | 430(4.5) | | 오키나와 현 | 14(0.2) |
| | 미에 현 | 165(1.7) | 합계 | | 9,494(100) |

출처: 在日韓國商工會議所(1997)『在日韓國人會社名鑑』 자료 기준에 의거 작성.

중요하게 참여하고 있다고 볼 수 있기 때문이다. 다만 한 가지 유의해야 할 것은 재일코리안이 일본사회에 점차적으로 동화되는 과정에 있으며, 초기 기업형성과정에서 민족차별에 의한 틈새시장(niche)에 진출하여 민족집단 내부의 네트워크를 활용한 기업성장을 지향했지만, 점차 일본기업과의 네트워크 구축도 중시해왔다는 점을 간과해서는 안 될 것이다.

〈사진 6-1〉 취업차별과 민족차별 반대운동

## 2. 상공회연합회 결성과 기업활동

### 1) 재일한국상공회연합회 결성

한국에서 1961년 집권에 성공한 박정희 정권은 1962년 '경제개발 5개년 계획'을 발표하고 통화개혁을 단행하였다. 1963년에는 정식으로 대통령에 취임하고 경제개발 5개년 계획 수정과 수출지향의 경제정책을 본격적으로 가동하였다. 1965년 한일국교정상화를 계기로 '한일기본조약'에 의한 '한국과 일본의 재산 및 청구권에 관한 문제해결, 경제협력에 관한 협정', '재일한국인 법적지위협정체결'은 재일코리안 1세 기업가의 모국 투자를 촉진시키는 계기가 되었다. 더욱이 1966년 8월 박정희는 '외자도입법(법률 제1802호)'을 선포하였다. '외자도입법'은 재일코리안 1세

〈사진 6-2〉 재일코리안 기업의 모태인 폐품수집업

들에게 "한국 투자를 외국인 투자로 우대하는 것을 보장한다."라는 내용으로 '외자도입시행규칙'을 정비하였다. 이러한 일련의 정책에 의해 재일코리안 기업가의 한국 투자의 길이 본격적으로 열리게 되었다.

일본에서 모국 투자의 모체인 재일한국상공회연합회(이하 '연합회')가 1963년에 결성되기까지 재일한국인 상공업자는 재일한국인상공회연합회(한상련)와 재일한국인경제연합회(한경련)로 나누어져 있었다. 한경련은 1958년 '재일교포 생산품 본국 전시회'를 계기로 상공인의 친목과 단결을 목적으로 1959년 총회에서 박용구 회장을 중심으로 '재일동포경제연합회'를 발족하였다. 한상련은 1962년 재일동포 기업가의 전국 규모 조직으로 창립되었다. 창립목적은 일본 전국 한교(韓僑) 상공인들이 상호 단결하여 협력하고 경제적 향상 도모, 모국 경제발전 기여와 국제적인 경제교류와 친목을 위해 이강우 회장을 중심으로 발족되었다. 그러나 재일코리안에 의한 양 조직의 상호 합병 필요성과 요청으로 1963년 통합총회가 열려 일본 전국 규모의 조직을 갖춘 한상련이 한경련을 흡수하는 방식으로 통합되었다.

마침내 1965년에는 14년간 지속되어온 '한일회담'이 타결되어 한일국교정상화가 수립되었다. 당시 한일회담 협상 시 '한국상공인연합회'는 재일상공인들의 희망사항으로 '한상(韓商)은행' 설립을 추진한바 있다. 한상은행은 민단, 상공회, 각 지역 신용조합이 협력하여 조직적으로 추진하기에 이르렀다. 하지만 상공인연합회 허필섭 회장이 당시 이동원 외무장관 및 정부요인들에게 금융기관 설립을 강력히 제안했지만 일본정부의 외국인자본에 의한 은행설립허가는 법적으로 불가하다는 취지에 따라 결국 실패로 끝나고 말았다. 1972년까지 상공인연합회의 활동은 조직체로서 적극적인 활동을 하지 못하고 있는 상태로 유명무실한 존재였다. 그러나 1972년 이후 허필섭 회장을 중심으로 한국상공인연합회와 지역상공회의 활동을 한층 강화시킨다는 취지하에 본격적인 체제정비와 구축에 들어갔다. 당시 상공인연합회의 주요 활동으로서는 상공회의 연대강화 및 미결성지역의 회원가입 촉진, 한일 양국 정부 및 경제단체, 각 기관에 대한 가교 역할, 모국 투자 안내 및 사업달성 협력, 모국 투자 촉진을 위한 '모국경제협력합동위원회' 설립 등 민족 내부의 네트워크 구축은 물론 모국과의 네트워크 구축과 관계강화에 결정적인 역할을 담당하였다.

### 2) 세대교체와 청상(青商)의 출현

1980년대 들어 재일코리안 기업가 1세대들이 2~3세대로 세대교체가 활발히 진행된 가운데 '청년상공인연합회' 결성의 필요성이 제기되었다. 1980년 이후 재일동포사회에서 최대 이슈 중의 하나가 세대교체였다. 재일코리안 1세가 급격히 감소하고 있는 상황에서 재일코리안 3~4세 젊은 청년상공인들의 동포사회에 대한 참여활동이 매우 저조한 가운데 일본 전국과의 연대활동은 물론 교류장소가 절실히 필요한 때였다.

그리고 마침내 청상연합회는 모국방문사업, 미결성지역의 조직화 촉진, 전국연수회 개최, 모국 및 일본청년단체와 교류 등을 모토로 1981년 전국 청년상공인의 단결을 도모하는 전국 조직의 결성대회가 민단중앙회관에서 열려 정식으로 발족되었다.

1982년 10월에는 재일한국인상공회연합회 20주년 기념식과 총회가 열렸고, 20주년 기념사업의 일환으로 『한상련 20년사』를 발행하였다. 1984년에는 전국의 청년상공회가 확대 강화됨에 따라 민단중앙본부가 승인하는 가운데 '청상연합회'를 재일한국인상공회연합회의 산하단체로 인정하였다.

1988년 9월에 개최된 서울올림픽 대회는 개최 이전부터 성공적 개최를 위한 재일코리안의 투자와 기부 등 물심양면으로 지원을 아끼지 않았다. 당시 노태우 대통령이 올림픽 종료 후 재일코리안의 돈독한 지원에 대한 고마움의 표시로 직접 메시지를 전달하기도 하였다. 같은 해 9월에는 재일한국인상공회연합회가 산업시찰단을 구성하여 처음으로 중국을 방문하기도 하였다. 1989년 7월에는 재일한국청년상공인연합회 결성 10주년 기념 일본전국대회를 개최하여 재일코리안 사회의 세대교체라는 시대적 요청을 통해 대회를 계기로 청상운동을 실질적으로 전개시켜나가고 싶다는 결의를 표명하였다. 1989년 11월에는 '재일상공회간부모국연수회'를 개최하였다. 모국연수 목적은 서울올림픽 이후 모국경제의 동향파악, 한상련 조직운영의 활성화 등 대한상공회의소와 전면적인 협력 하에 실시되었다. 재일한인상공회연합회는 조직 강화 및 기능 충실을 도모하기 위해 1992년 3월에 '재일한국상공회의소'로 명칭을 개정하기 위한 준비 작업에 착수하여 같은 해 5월에 일본 통상산업성으로부터 명칭 사용에 대한 공식허가를 인정받았다.

### 3) 민족은행 설립과 경영활동

1980년대에는 한국경제가 정부주도에서 민간주도로 바뀌면서 금융산업의 자유화와 근대화의 필요성이 대두되었다. 이러한 상황에서 재일코리안 기업가들 사이에서는 모국 경제발전을 위해 민간은행을 설립해야 한다는 의견이 지배적이었다. 이러한 재일코리안의 희망에 따라 1982년 그들이 중심이 되어 출자한 '신한은행'이 모국에서 출범하게 되었다. 재일한국인신용조합협회(한신협)는 일본 전국 29개 신용조합을 통합하여 '신은행'을 설립한다고 발표하였다. 신은행은 민족금융기관, 민단, 상공회의소 등 삼위일체의 협력이 필요함에 따라 재일코리안의 생활과 장래의 지침으로서 전국적인 은행화를 도모하였다. 당시 한신협은 일본 금융제도의 개혁에 의해 전국 신용조합을 6개 지역으로 통합하는 계획을 추진해오고 있었다. 신은행 설립 배경에는 1997년 재편계획발표 이후 통합이 실현되지 못하고 있다가 은행에 대한 일본 전국 일제 검사가 시작되면서 은행 설립으로 판단이 기울여졌다. 한신협회 회원 조합은 2000년 3월 말 총예금액이 2조 1,068억 엔, 부채 1조 9,908억 엔, 총출자금액 597억 엔, 조직 회원이나 총 회원 수는 22만 2,414명, 점포 수는 170여 개에 달했다.

2000년 12월에는 간사이흥은과 도쿄상은이 일본 금융재생위원회로부터 채무초과를 이유로 파탄을 통고받고 금융정리관리인이 업무 및 재산의 관리를 수행하도록 처분을 받았다. 양 은행은 한때 일본 금융기관으로부터 정식 지원을 받을 수 없는 재일코리안 중소자영업자들에게 운전자금을 융자해주거나 고금리정책으로 급성장을 달성하였다. 그러나 버블기 부동산융자, 담보 없이 계열기업이나 경영진의 연고자에게 융자 제공, 그리고 버블붕괴 후 일본은행의 재일코리안 기업과의 거래로 인한 양 은행의 고객감소로 이어져 결국 파탄에 이르렀다. 한때 간사이홍은이 보통은행으로의 전환을 꾀하여 규모 확대와 함께 재일한국계 신용조합의 합병을 시도하기도 했지만 불량채권 증대로 재무구조가 더욱 악화되었다.

이에 따라 간사이홍은과 도쿄상은, 교토상은이 2001년 4월, 후쿠오카상은이 1998년 5월에 경영파탄을 맞이하면서 이들 재일한국계 은행의 통합 민족금융기관으로서 탄생할 조짐을 보이기도 하였다. 양 은행은 재일한국상공인을 자금 면에서 지원해온 재일한국계 2대 신용조합으로 버블기의 과잉융자에 의한 재무구조 악화로 경영파탄을 맞이하였다. 이들 은행의 경영파탄은 재일한국인신용조합(한신협)을 중심으로 신은행 설립을 추진해온 재일동포의 금융, 경제계는 물론 재일코리안 사회에 큰 충격을 안겨주었다. 간사이홍은과 도쿄상은은 한신협 산하의 대표적인 재일동포 신용조합으로 한신협이 추진해온 신은행 설립 구상에도 큰 차질을 빚게 되었다. 따라서 한때 이들 파탄 신용조합이 신은행을 '드래건은행'이라는 명칭으로 경영기반을 승계하여 영업을 계속하기로 합의하고 재일한국인 사회로부터 출자를 받아 은행을 설립하기도 했다. 당시 간사이홍은, 도쿄상은, 교토상은, 후쿠오카상은을 구제 합병하는 것으로 2001년 10월 모체가 되는 '주식회사드래건'을 설립했다.

그러나 은행 설립이 재일코리안 사회 내의 주도권 싸움으로 번지면서 간사이홍은 및 교토상은에 대한 우선 교섭권은 드래건보다 유리한 조건을 제시한 긴키산업신용조합이 획득하면서 통합에 실패하였다. 그 결과 신은행 설립 구상은 결국 좌절되어 2002년 2월에 해산하게 되었다. 나중에 간사이홍은과 교토상은은 긴키산업신용조합에 흡수되었고 후쿠오카상은은 구마모토상은, 도쿄상은은 아스카신용조합에 흡수 통합되었다.

재일한국상공회연합회는 연합회 활동의 일환으로 1962년 8월부터 「한상(韓商)」이라는 잡지를 발행하고 있다. 1977년 4월에는 연합회와 도쿄 한국상공회가 공동으로 '회보'를 발행하였으며 1985년부터 「한상신문」으로 변경하여 발행해오고 있다. 「한상신문」은 1985년부터 격주로, 1988년 1월부터는 오사카에서 발행하고 있다. 「한상신문」은 1994년 1월까지 블랭킷 판으로 발행되다가 1994년부터 회보지가 월간에서 격월로 바뀌어 발행되고 있다.

### 4) 골프장 국적조항 철폐운동

재일한국상공회의소는 부당한 민족차별에 맞서 1994년 전국회장단회의에서 골프장 국적조항 철폐운동을 결정하고 일본 전국 1,794개 골프장을 대상으로 설문조사를 실시했다. 조사내용은 일본 전국 골프장에 설문지를 우송하여 회원자격의 국적에 의한 차별 유무와 개선의향에 대하여 재일코리안의 회원권 취득자 여부, 국적 제한, 국적조항 철폐 예정, 외국인경기자의 매너 등에 대한 의견을 조사하였다. 조사결과는 다음과 같다.

〈표 6-4〉 재일코리안 대상 골프장 국적조항 관련 조사결과[1]

| 구분 | 있다 | 없다 | 무응답 | 합계 |
|---|---|---|---|---|
| 재일한국조선인 회원권 취득자 | 596(72.6%) | 205(25.0%) | 20(2.4%) | 821(100%) |
| 입회 시 국적 제한 | 170(20.7%) | 630(76.7%) | 21(2.6%) | 821(100%) |
| 국적조항 철폐 예정 | 23(13.5%) | 136(80.0%) | 11(6.5%) | 170(100%) |

주: 1994년도 조사결과에 의거 필자 작성.

〈표 6-4〉의 조사결과를 살펴보면 총 응답자 수가 821부로 회수율은 45.7%에 해당되며, 응답거부가 2건이었다. 먼저 한국조선인 회원권 취

1 앞의 책, p. 179 참조.

득자의 여부를 묻는 질문에 72.6%가 '있다'고 응답했으며, '없다'가 25%에 달했다. 입회 시 국적 제한 여부에 대한 질문에서는 20.7%가 '있다', 그리고 76.7%가 '없다'고 응답했다. 향후 국적조항 철폐 여부에 대해서는 '예정이 있다'가 13.5%, '예정이 없다'가 80.0%, '무응답'이 6.5%였다. 재일코리안의 골프경기자의 매너에 대해서도 '나쁘다'라는 의견이 46건, 일본인보다 '좋다'라는 응답이 3건이었다. 조사결과 일본에서 골프장회원권의 국적 제한이 '있다'고 응답한 골프장은 821건 중 170건으로 예상보다 낮은 비율이었지만, 무응답자가 973건이었다는 점을 감안하면 상당히 높은 비율인 것으로 나타났다.

이러한 결과에 대해 재일한국상공회의소는 조사결과를 한상기관지 및 일본사회에 공표하고 의견광고를 게재하여 골프회원권의 국적차별 철폐를 위한 여론형성에 주도적인 역할을 담당하였다. 그 밖에도 재일한국상공회의소는 취직차별, 민간주택 입주차별, 로터리클럽과 라이온스클럽의 입회차별 등 재일한인 차별정책에 적극적으로 대처하기도 하였다.

## 3. 재일코리안 기업의 성장과 모국 기여

### 1) 재일한국상공회연합회와 한일관계

#### (1) 모국경제단체 및 개인 초청사업

재일한국상공회연합회의 취지는 무엇보다 재일코리안 기업의 모국기업과의 상호 연대강화, 인적교류, 거래알선 등에 역점을 두고 추진하였다. 연합회는 인적교류활동으로서 단체나 개인의 초청사업을 한일국교정상화 전후 본격적으로 시작하였다. 1965년 전후 재일코리안 기업가

〈표 6-5〉 재일한국상공회연합회 모국 단체 초청사업(1963~1972)

| 구분 | 연도 | 초청자 수(%) | 도일 목적 |
|---|---|---|---|
| 단체 | 1963 | 163(26.0) | 산업시찰 |
| 단체 | 1964 | 49(7.3) | 산업시찰 |
| 단체 | 1965 | 251(40.1) | 산업시찰 및 참관 |
| 단체 | 1966 | 58(9.3) | 산업시찰 |
| 단체 | 1967 | 88(14.1) | 산업시찰 |
| 단체 | 1972 | 17(2.7) | 산업시찰 |
| 합계 | | 626(100) | |

주: 재일한국상공회연합회 자료를 근거로 필자 작성.

출처: 在日韓國商工會議所(2002)『韓商連40年の歩み』pp. 70-80.

들이 중개역할을 하여 모국 단체나 기업가, 개인 등이 일본에 초청된 숫자는 32단체에서 626명, 개인자격으로 221명에 달했다. 좀 더 구체적으로 살펴보면 연합회가 한일 인적교류 사업으로 1963년부터 1976년까지 모국에서 초청한 단체 및 개인을 살펴보면 다음 〈표 6-5〉와 같다.

〈표 6-5〉와 〈표 6-6〉을 살펴보면 모국에서 단체로 초청받아 도일한 사람들의 목적은 주로 연합회의 중개에 의한 일본 기업의 산업시찰이나 참관이었다. 1963년도 모국으로부터 단체 초청자 수가 26.0%였는데, 이것은 1962년 민단 산하단체로서 연합회가 공식으로 인정받아 민단, 상공회, 신용조합 등 주요 3기관조직의 하나로 연합회가 강한 연대의식을 가지고 있었기 때문에 가능하였다.

〈표 6-6〉 재일한국상공회연합회 주선 모국 개인 초청사업(1963~1976)

| 구분 | 연도 | 초청자 수(%) | 도일 목적 |
|---|---|---|---|
| 개인 | 1963 | 7(3.2) | 산업시찰, 연수, 거래상담 및 강연 |
| 개인 | 1964 | 24(10.9) | 산업시찰 및 거래상담 |
| 개인 | 1965 | 53(24.4) | 산업시찰, 거래상담, 시장조사, 연수 |
| 개인 | 1966 | 58(26.2) | 산업시찰, 거래상담, 시장조사 |
| 개인 | 1967 | 27(12.2) | 산업시찰, 거래상담 |
| 개인 | 1968 | 14(6.3) | 산업시찰, 거래상담 |
| 개인 | 1969 | 3(1.4) | 산업시찰, 거래상담 |
| 개인 | 1970 | 2(0.9) | 산업시찰, 거래상담 |
| 개인 | 1971 | 3(1.4) | 산업시찰, 시장조사 |
| 개인 | 1972 | 6(2.7) | 산업시찰 |
| 개인 | 1973 | 9(4.1) | 산업시찰, 연수 |
| 개인 | 1974 | 2(0.9) | 산업시찰, 거래상담 |
| 개인 | 1975 | 10(4.5) | 산업시찰, 거래상담, 연수, 시장조사 |
| 개인 | 1976 | 3(1.4) | 산업시찰, 시장조사, 연수 |
| 합계 | | 221(100) | |

주: 재일한국상공회연합회 자료를 근거로 필자 작성.

출처: 위의 책, 在日韓國商工會議所(2002), pp. 80-88.

〈표 6-7〉에 의하면 1961년 말 재일코리안 기업가의 모국방문 시 한국정부로부터 훈련연수생의 수용을 요청받아 모국 경제발전에 기여한다는 취지에서 승낙하여 1962년부터 연합회의 주관으로 산업시찰 및 상담관련 수용 기업을 모집하였다. 직종은 섬유공업, 기계 및 금속, 화학공업 분야로 한국정부로부터 처음 200명의 수용 요청이 있었지만, 최종적으로 재일코리안 기업 25개사로부터 133명의 승낙으로 초청장이 발송되었다. 그러나 일본 입국비자문제로 먼저 32명이 결정되어 초청되었지만, 일본정부는 수용기업의 건전성, 훈련계획의 명료성, 훈련기간 후 귀국 가능성 등을 이유로 1962년부터 시작된 기술훈련생은 결국 1964년 3명만 허가되었다.

〈표 6-7〉 재일코리안 기업의 모국 기술훈련생 초청자 수

| 직종 | 초청기업 | 일본지역 | 초청인원 |
|---|---|---|---|
| 기계금속 부문<br>(機械金屬部門) | 朝光工業株式會社 工作機械部品 | 東京 | 2 |
| | 昭和工業株式會社 コンベアー製作 | 大阪 | 1 |
| | 大原工作所 ベアリング部品加工 | 京都 | 1 |
| | 光陽精密製作所 各種計器 | 東京 | 2 |
| | 大野工作所 鈑金プレス | 京都 | 1 |
| | 大成鐵工所 鐵筋鐵骨 | 大阪 | 1 |
| | 丸一精株式會社 | 靜岡 | 2 |
| | 不二金屬化學工株式會社 金屬表面處理 | 靜岡 | 2 |
| | グランドミシン製造株式會社 ミシン製造 | 名古屋 | 1 |
| | 南星ステンレス製造株式會社 特殊溶接 | 東京 | 1 |
| | 三國精機工業株式會社 鈑金加工 | 東京 | 2 |
| 화학공업 부문<br>(化學工業部門) | 株式會社三富産業 合成樹脂成型 | 靜岡 | 2 |
| | 親光ビニール工業所 ビニールシート | 大阪 | 1 |
| | 東洋化學株式會社 合成高分子製造 | 大阪 | 2 |
| | 新興ゴム株式會社 タイヤチューブ一貫作業 | 大阪 | 2 |
| | 大日硝子株式會社 理化學用ガラス | 東京 | 2 |
| 섬유공업 부문<br>(纖維工業部門) | 坂本紡績株式會社 織物一切 | 大阪 | 2 |
| | 大榮紡績株式會社 各紡毛系 | 大阪 | 1 |
| | 明大製歳莫株式會社 毛メリヤス內外衣 | 大阪 | 2 |
| | 京美染色株式會社 染色加工 | 京都 | 2 |
| | 以上20社 | 5地域 | 32人 |

주: 재일한국상공회연합회 자료를 근거로 필자 작성.

출처: 在日韓國人商工會連合會(1982), 『韓商連20年史: 1962-1982』 pp. 200-201.

1961년에 탄생한 박정희 정권은 1962년부터 경제개발 5개년 계획을 발표하였으며, 이러한 가운데 재일한국인상공회연합회가 발족되었다. 1963년에는 재일동포 기업의 수출산업기업을 유치하여 수출산업을 발전시키겠다는 계획을 수립하여 수출산업공단사업 추진, 1964년 말 대규모 공업단지를 서울 외곽지역에 조성하기 시작하였다. 1965년 한일국교정상화가 수립됨에 따라 연합회에 의한 모국단체 및 개인의 도일은 더

〈표 6-8〉 재일코리안 기업 구로공단 입주 현황

| 기업 | 대표자 | 업종 |
|---|---|---|
| 東興電機製作(株) | 兪一龍 | 電氣機器生產 |
| 韓國マーベル(株) | 金容太 | 電氣機器生產 |
| 大阪代纖維(株) | 金山豊 | ゴム風船他 |
| 三和合成工業(株) | 吳福琛 | 玩具, 布靴 |
| 大阪交易(株) | 張仲均 | 纖維類 |
| 大韓光學(株) | 金相吉 | 光學機器 |
| 平和工業(株) | 裵贊斗 | 眼鏡 |
| 大陸金屬(株) | 許弼奭 | 水道柱 栓 |
| サニー電氣(株) | 郭泰石 | 工業用宝石 |
| 豊田工業(株) | 秦孔曆 | 鞄皮ジッパー |
| 三和製罐(株) | 鄭煥武 | 金屬玩具 |
| 心山產業(株) | 張奉昊 | ベルト關係 |
| 大慶物產(株) | 朴成珍 | 合成織物 |
| 光和物產(株) | 미상 | 미상 |

주: 한국상공인연합회 자료를 근거로 필자 작성.
출처: 앞의 책, pp. 196-197.

욱 활기를 띠게 되었다. 단체의 경우 당시 40.1%가 일본기업의 산업시찰이나 참관을 목적으로 도일하게 되었으며, 개인들도 1965년을 전후로 산업시찰이나 거래상담, 시장조사를 목적으로 초청받아 도일하였다.

특히 1964년 말 시작되어 1965년 말 완공된 한국수출산업공단에 재일코리안 기업의 유치정책으로 동포기업이 14개사가 입주하였다(〈표 6-8〉 참조). 당시 한국에 진출한 재일코리안 기업들 대부분은 5개 지역에서 전기기기, 고무풍선, 완구, 섬유류, 수도파이프, 안경, 공업용 보석, 피혁, 지퍼, 금속완구, 벨트 등 분야에서 두각을 나타냈다.

또한 1964년 10월에 개최된 도쿄올림픽을 계기로 1965년 모국 국회의원 총 19명이 연합회의 초청을 받아 도일하였다. 그들은 주로 도쿄,

오사카, 고베, 교토, 기타큐슈, 요코하마 등지에 퍼져 있는 재일코리안 단체, 재일코리안 기업, 일본의 각종 산업시설을 시찰하고 재일코리안 기업의 실태파악과 한국의 경제협력을 요청하기도 하였다. 한일양국의 국교정상화와 교류가 활발해짐에 따라 한국으로부터 정부요인, 국회의원, 연구자, 경제계 요인 등의 일본시찰이 계속되었다. 특히 1969년에는 한국 여 · 야당 국회의원단이 대거 도일하기도 했다.

이상과 같이 연합회는 1965년 전후 한국 측 각계 인사들의 도일, 한국정부 요청에 의한 기술훈련생의 수용에 따른 절차, 국회의원들의 일본시찰단 초청, 한국정부 경제개발계획의 실태조사 등 모국과의 경제교류와 협력에 중개역할을 담당하였다.

재일코리안 기업가는 1973년 오사카를 중심으로 한 긴키지구상공협의회를 구성하여 모국 진출에 대한 요망서를 한국정부에 제출하기도 하였다. 요망서에는 모국에 기업진출 시 신청 서류의 간편화, 동포에 의한 금융기관(교민은행) 설립 등을 제안하였다. 이러한 가운데 당시 재일코리안 기업가 중에는 모국의 경제발전에 공헌하려는 의도에서 이미 투자활동을 진행 중인 기업가도 상당수 있었다.

특히 '대한광학공업주식회사'는 재일코리안 기업가가 1965년에 모국기업가와 제휴하여 한국에 설립한 최초의 광학회사이기도 하였다. 1961년에 발족되어 1974년에 정식으로 재일코리안 기업가들이 '아세아기술협회'를 설립하여 한국이나 아시아국가로부터 기술연수자의 초청, 혹은 공동 프로젝트를 실시하였다. 당시 매년 30~40명의 연수자 알선, 40~50명의 산업시찰자 초청, 공장견학안내 및 기술협력알선 등을 수행했다. 1962년부터 1981년까지 모국으로부터 연수생 2,400명을 수용하였으며, 시찰단도 1963년 이래 100팀 이상이 일본 산업시찰을 견학했다.

그러나 당시만 해도 상당수 재일코리안 기업가들이 모국 투자를 시도할 경우 절차나 법률상담 등을 일원적으로 수행하는 조직은 존재하지 않았다. 마침내 1974년 '재일한국인모국투자위원회' 결성총회가 개최되어 이희건 회장을 중심으로 재일코리안 기업 200개사가 참가하였고 1977년부터는 모국에 투자사무소를 설치하기에 이르렀다.

### (2) IMF와 바이코리안 운동

1990년대 일본 버블경기 붕괴 후 장기불황에 휩싸인 일본은 '잃어버린 10년'이라고 불릴 정도로 정치, 경제, 사회가 정체하여 아주 폐쇄적인 시대였다. 당시 한국은 1993년 대전엑스포를 계기로 산업경제와 과학 산업의 발달에 자신감을 갖는 계기를 마련하고자 하였다. 대전엑스포에는 일본으로부터 민단, 한상련을 중심으로 단원이나 회원 및 관계기관 사람들 약 30만 명이 관람하였다. 대전엑스포 개최를 계기로 한상은 모국 지원태세를 구축하여 자금과 참가자모집에 적극 협력하였다. 또한 재일코리안은 '재일한국인 대전엑스포홍보위원회'를 정식 발족하여 참가단의 파견, 재일동포에 의한 일본인 홍보, 해외동포의 날 행사 등에 참가하기도 하였다. 재일한국상공회의소는 대전엑스포 박람회 조직위원회 위원장에게 시설기증금으로서 1억 7,000만 원을 전달하기도 하였다.

그러나 1997년 말 금융 불안에 의한 IMF관리체제는 한국경제의 위기를 그대로 보여주었다. 이러한 가운데 재일코리안 기업가들은 한국의 금융위기에 대하여 전국회원들에게 자금지원을 요청하였다. 지원방안은 구체적으로 모국 투자 추진, 1세대 1통장을 개설하여 10만 엔 이상 송금, 국산품애용운동, 상공회의소 회원기업의 사원여행 한국 가기, 한상 이사회나 모국연수여행 시 모국 사회복지시설 기부활동 장려 등 각 지방 한상이 자체적으로 모국 통화위기에 기여할 수 있도록 장려하였다.

또한 재일코리안 기업가들은 IMF를 계기로 바이코리안 운동을 전개하여 모국의 대일무역 적자 감소에 조금이라도 보탬이 되고자 노력하였다. 한국은 무역구조상 대일무역 적자에 시달려왔다. 이러한 모국에 조금이라도 공헌하고자 오사카에서 바이코리안 운동이 일어났다. 바이코리안 운동은 민단, 한신협, 한상련이 일체가 되어 추진하여 오사카에서는 상설전시판매장이 설치되고, 도쿄와 지방 각지에서 한국제품의 전시판매가 실시되었다.

버블경기 붕괴는 재일코리안이 운영하는 금융기관에도 큰 후유증을 남겼다. 한신협 산하 39개 신용조합 가운데 약 절반이 예금감소로 경영이 어려워졌다. 이렇게 되자 오사카흥업은행 등은 여러 가지 불리한 조건을 극복하고 생존하기 위해 합병이나 통합을 시도하였다.

그러나 2000년 말 간사이흥업은행과 도쿄상업은행이 파탄하자 재일한국상공회의소는 동포의 경제생활에 중심적인 역할을 담당하면서 바이코리안(아이러브 코리안) 운동을 전개하여 큰 성과를 거두었다. 재일코리안 기업가에 의한 국산품애용운동인 바이코리안 운동은 나중에 '아이 러브 코리안 운동'으로 변경되어 일본에서 운동을 더욱 확산시켜나갔다. 이러한 배경에는 한국 상품에 대한 일본에서의 이미지 제고와 일상생활에 밀착된 운동으로 전개시켜나가고자 하는 재일코리안 기업가들의 숨은 배려가 있었다. '아이 러브 코리안' 캠페인은 일본시장에 우수한 한국상품을 보급하기 위한 선도적인 역할 담당, 한국 상품의 모니터적인 역할과 품질향상 공헌, 재일코리안뿐만 아니라 주변 일본인에게도 선전하여 한국 상품을 홍보하기 위한 수단으로 활용하기도 하였다.

### 2) 재일코리안 기업과 모국 투자

일본에서 사업에 크게 성공한 재일코리안 기업가들은 모국에 투자하거나 각계각층에 기부하는 사람들도 많았다. 1965년 한일국교정상화가 되기까지 재일코리안의 모국 투자는 재산반입 형태로 1965년도까지

2,000만 달러에 달하는 것으로 나타났다.[2] 당시 한국의 수출액이 연간 1억 달러 미만이었던 점을 감안하면 재일코리안의 모국 재산반입액은 상당한 자본유입에 해당되며, 1960년대 한국 경제발전에 크게 공헌하였다.

재일코리안의 모국 투자가 본격적으로 시작된 것은 1965년 이후부터로 1974년에 '재일한국인모국투자협회'가 설치되면서 모국 투자가 급증하였다. 1965년부터 1978년까지 재일코리안에 의한 모국 투자액은 400개사의 10억 달러에 달한 것으로 나타났으며, 1960~70년대 한국 경제의 고도성장에 크게 공헌하였다.[3] 이들 중 모국에서 성공한 대표적인 재일코리안 기업은 코오롱, 롯데, 제일투자금융, 신한은행 등이다.

그러면 재일코리안 기업의 모국 투자에 대하여 구체적으로 살펴보고자 한다. 먼저 재일코리안 기업과 한국기업과의 관계이다. 1961년 5월 정권 장악에 성공한 박정희는 같은 해 재일코리안 기업가 50여 명을 초청하여 한국 투자와 지원을 요청하였다. 그들에게 경제적 지원 요청이 가능했던 이유는 일부 재일코리안 1세들이 군사쿠데타를 군사혁명으로 지지했고, 지지세력 기반이 동향인 경상도 출신들이 많았다는 점도 크게 작용했다. 다음〈표 6-9〉에서 알 수 있는 바와 같이 1964년 당시 경상도 출신 재일코리안은 63.5%를 나타내고 있으며, 다음이 전라도, 충청도 순이다. 이와 같이 재일코리안 1세 기업가 2명 중 1명이 경상도 출신이었다. 출신 지방별로 보면 경상도에 이어 제주도가 2위를 차지하고 있다.

제주도는 20세기에 들어와 일본식민지 지배 경험, 4·3항쟁, 한국전쟁을 경험하면서 역사의 슬픈 상처를 안고 육지와는 다른 생활양상을 형성하였다. 재일제주도인 연구결과에 의하면 제주도인의 지연 네트워크로서 '마을친목회'를 대표적인 조직으로 주장한다(고선휘, 1998). 해방 전후

2 朴一(2002), "在日コリアンの経濟活動に關する一考察", 『韓商連40年の步み』(在日韓國商工會議所), pp. 438-439.

3 위의 책, p. 439 참조.

〈표 6-9〉 재일코리안 출신 지역별 분포(단위: %)

| 연도 | 경남 | 경북 | 제주도 | 전남 | 충남 | 전북 | 충북 | 경기 | 강원 | 기타 |
|---|---|---|---|---|---|---|---|---|---|---|
| 1938 | 37.5 | 23.1 | 20.6 | | 3.6 | 6.1 | 2.8 | 1.8 | 1.1 | 3.4 |
| 1964 | 38.3 | 25.2 | 14.9 | 10.2 | 2.2 | 2.1 | 1.9 | 1.6 | 1.0 | 2.5 |

주: 1938년 전남과 제주도가 하나로 통합. 기타는 북한지역을 포함. 재일한인 총수는 1938년 79만 9,878명, 1964년에는 67만 8,572명임.

출처: エドワード W. ワグナー(1951), 『日本における朝鮮少數民族: 1904年-1950年』(流刑書舍), p. 154.

〈표 6-10〉 재일제주인 제주도 기부실적(단위: 천 원)

| 연도 | 교육사업 | 공공사업 | 문화사업 | 기타 | 총금액 |
|---|---|---|---|---|---|
| 1966~1999 | 19,342,384 | 7,028,067 | 746,089 | 672,016 | 27,788,556 |

출처: 제주도 정책기획관실(1999), 『애향의 보람』, p. 35.

일본에서 제주출신 마을의 지역별 친목회가 결성되었다. 친목회의 성격도 다양하여 해방 이전에는 새로운 환경에 적응하기 위한 상호부조의 목적이 강했지만, 해방 이후 특히 1960년대에는 출신지역, 제주도, 한국 등으로 시대의 요청에 따라 광범위한 초국적인 네트워크를 구축하였다.

재일제주인 각 친목회는 규약을 정하고 연중행사나 출신지역에 대한 지원, 일본에서의 상호부조의 정신을 강화시켰다. 이러한 네트워크 구축을 통한 마을 친목회의 역할이 지연결합의 기능에 따른 재일제주인 정체성의 유지나 강화에 큰 역할을 담당해왔다. 재일제주인의 네트워크 구축과 유지는 출신마을의 지역발전을 위한 기부와 상호교류를 활성화시키는 데 크게 기여했다. 〈표 6-10〉에 나타난 바와 같이 제주도 출신 기업가들은 특히 제주지역 교육 사업에 많은 기부를 해온 것으로 나타났다.

〈표 6-11〉은 '재일코리안의 재산반입 실태'를 나타내고 있다. 주로 나일론이나 기계부속품, 화공약품이 많으며 특히 섬유류의 한국 투자가

〈표 6-11〉 재일코리안 기업의 재산반입 실태(단위: 달러)

| 품목 | 통관(허가) | 품목 | 통관(허가) | 품목 | 통관(허가) |
|---|---|---|---|---|---|
| 나일론실 | 5,476(7,806) | 기계부속품 | 1,092(4,186) | 화공약품 | 1,247(3,502) |
| 털실 | 652(1,151) | 철강 | 261(1,388) | 의약품 | 381(831) |
| 비단실 | 535(1,271) | 비철금속 | 205(91) | 염료 | 242(280) |
| 무명솜 | 259(0) | 합성수지 | 264(313) | 파라핀왁스 | 150(607) |
| 무명실 | 39(0) | 자동차량 | 100(4) | 우지 | 92(0) |
| 기타 섬유 | 1,219(4,122) | 시멘트 | 32(116) | 한약재 | 54(62) |
| 고무류 | 8(341) | 기타 원자재 | 114(3) | 우유제품 | 8(10) |
| 기타 종이류 | 166(119) | 기타 | 608(1,732) | 동물성 유지 | 2(0) |
| 합계 | 통관 합계 13,208(허가 합계 27,935) | | | | |

출처: 해외교포문제연구소(1966) 『교포정책자료 No.3 해외교포재산반입문제』(1963년 1월부터~1964년 8월까지)

많다. 개인적인 재산반입자의 경우에도 경공업 분야인 섬유류가 당시의 주요 투자 산업이었음을 나타내고 있다. 또한 섬유산업에 필요한 화공약품이나 기계류가 투자의 대부분을 차지하고 있다.

다음 〈표 6-12〉는 1965년부터 1987년까지 재일코리안에 의한 한국 투자 상황을 나타내고 있다. 표를 보면, 1964년 이전과는 달리 전기전자 산업이나 관광호텔업에 투자가 집중되어 있다는 것을 알 수 있다. 1965년 한일기본조약 체결, 1967년 베트남 파병과 제2차 경제개발 5개년 계획을 시작으로 한국의 경제도 비약적으로 성장하였다. 그리고 대부분이 재일코리안 기업의 기술에 의존한 노동집약적인 섬유산업에 집중되었다. 박정희 정권은 재일코리안 기업의 기술, 미국의 베트남 파병 대가, 그리고 한국의 값싼 노동력을 이용하여 미국시장에 섬유제품을 가공 수출하는 수출 주도형 분업체제를 확대시켜 비약적인 경제발전을 이룩하였다.

〈표 6-12〉 재일코리안 기업가의 1만 달러 이상 모국재산반입자(단위: 달러)

| 반입자 | 품목 | 금액 | 반입자 | 품목 | 금액 |
|---|---|---|---|---|---|
| 서갑호 | 기계섬유류 | 1,523,738 | 장준근 | 아크릴, 쿠바이보 | 1,224,411 |
| 최남 | 나일론, 비단실 | 935,861 | 노영환 | 나일론, 기계류 | 903,093 |
| 김태병 | 나일론, 규소철판 | 790,835 | 장석찬 | 기계섬유류 | 731,996 |
| 이원만 | 섬유류 | 483,123 | 김재식 | 나일론 | 362,285 |
| 임원택 | 실과 화공약품 | 338,812 | 최규찬 | 나일론, 합성고무 | 324,063 |
| 김영갑 | 원모, 섬유류 | 294,486 | 박인덕 | 원모 | 206,287 |
| 하서감 | 나일론, 비단실 | 193,113 | 정인식 | 나일론, 화공약품 | 174,654 |
| 송무산 | 기계류, 염료 | 159,412 | 장태근 | 철강, 합성고무 | 141,313 |
| 김상묵 | 화공약품 | 128,017 | 조이령 | 합성수지, 기계류 | 111,479 |
| 오양숙 | 종이류 | 105,328 | 이기수 | 나일론 | 103,407 |
| 합계 | 4,952,725 | | 합계 | 4,282,988 | |

출처: 해외교포문제연구소(1966) 『교포정책자료 No.3 해외교포재산반입문제』(1963년 1월부터~1964년 8월까지)

〈표 6-13〉과 〈표 6-14〉는 '재일한인 본국투자협회'가 1995년에 발표한 모국 투자 업종 및 지역을 나타내고 있다. 이 협회는 "재일한인의 모국 투자 유치와 한국진출기업의 발전 및 상호연대강화에 의한 모국의 경제발전을 기여한다."는 취지하에 1977년에 설립되었다. 1965년 한일국교정상화 이후 한국정부는 경제발전에 필요한 기술과 자본을 선진국으로부터 도입하려 했지만, 열악한 경제수준과 혼란한 정국으로 인하여 한국 진출을 기피하던 시기였다. 당시 재일코리안들이 솔선수범하여 정부정책에 적극 협력하였다. 그 결과 많은 기업이 한국으로 진출하게 되었고 민간자본에 의해 신한그룹과 제일투자금융, 제일스포츠센터, 가야개발 등 종합운동오락시설, 그리고 한국전자, 롯데그룹, 신한일전기, 방림방적 등 다수의 기업이 모국에 진출하여 한국 경제발전에 기여하였다. 그 밖에도 전술한 바와 같이 재일코리안들은 재산반입과 기부 등을 통해 한국의 경제와 지역사회발전에 크게 공헌했다.

〈표 6-13〉 재일코리안 기업 업종별 모국 투자 현황(1995년 기준)

| 업종 | 회원사 기업 수 | 가입대상 기업 수 | 합계 |
|---|---|---|---|
| 전기전자 | 23 | 7 | 30 |
| 금속 | 8 | 4 | 12 |
| 화공 | 14 | 2 | 16 |
| 기계 | 8 | 2 | 10 |
| 식품 | 8 | 5 | 13 |
| 섬유의복 | 4 | 0 | 4 |
| 기타 제조 | 8 | 4 | 12 |
| 무역 | 4 | 2 | 6 |
| 호텔숙박 | 16 | 9 | 25 |
| 금융 | 9 | 1 | 10 |
| 건설 | 7 | 0 | 7 |
| 골프 | 11 | 3 | 14 |
| 운송 | 4 | 0 | 4 |
| 건물대여관리 | 9 | 0 | 9 |
| 기타서비스(식당) | 22 | 7 | 29 |
| 합계 | 155 | 46 | 201 |

출처: 民団50年史編纂委員會(1997)『民団50年史』, 在日本大韓民國民団, p. 853.

〈표 6-13〉과 〈표 6-14〉를 보면 1995년 기준으로 모국에 투자한 재일코리안 기업은 모국투자협회 회원 기업이 155개사, 비회원사가 46개사로 총 201개사에 달했다. 투자기업의 업종별 분포를 보면 전기전자, 호텔숙박, 화공, 골프, 기타서비스(식당) 등이다. 지역별 분포는 서울, 경상도, 경기, 부산지역 순으로 높게 나타났다. 한국 내 투자지역의 집중현상은 재일코리안 기업가의 한국출신지역과도 밀접하게 관련되어 있다는 것을 알 수 있다.

〈표 6-14〉 재일코리안 기업 모국 지역별 분포 현황(1995년 기준)

| 지역 | 기업 수 | | 합계 |
|---|---|---|---|
| | 회원기업 | 회원가입 대상기업 | |
| 서울 | 99 | 20 | 119 |
| 부산 | 10 | 2 | 12 |
| 대구 | 3 | 1 | 4 |
| 인천 | 5 | 1 | 6 |
| 경기 | 20 | 6 | 26 |
| 경남 | 12 | 4 | 16 |
| 경북 | 11 | 1 | 12 |
| 충남 | 2 | 1 | 3 |
| 충북 | 3 | 0 | 3 |
| 전남 | 0 | 1 | 1 |
| 광주 | 0 | 1 | 1 |
| 제주 | 0 | 8 | 8 |
| 합계 | 155 | 46 | 201 |

출처: 民団50年史編纂委員會(1997) 『民団50年史』, 在日本大韓民國民団, p. 853.

〈표 6-15〉는 재일코리안 기업가가 모국 투자와 기부행위로 역대 한국 대통령으로부터 받은 훈장수여자를 나타내고 있다. 박정희 정권 하에 많은 재일코리안 기업가들이 투자하게 된 배경은 당시 모국 투자가에 대한 한국정부의 훈장제도와 애국심의 고양에 있었다(하명생, 2003: 101).

상기 표를 분석해보면 박정희 정권의 재임기간인 1963년 12월부터 1980년 10월까지 재일코리안 57명이 국민훈장을 수여했다. 국민훈장은 정치·경제·사회·교육·학술 분야에 공적을 세워 국민의 복지향상과 국가발전에 기여한 공적이 뚜렷한 자에게 수여하는 것이다. 다음은 전두환 정부의 재임기간인 1980년 9월부터 1988년 2월까지 동백장 수여자가 76명이었고, 노태우 정권의 재임기간인 1988년 2월부터 1993년 2월까지 동백장 수여자가 38명으로 가장 많았다. 특히 체육훈장 수여자 67명의

〈표 6-15〉 재일코리안 기업가 모국 훈장수여자(1965~2005년, 단위: 명)

| 훈장명 | 1965~1980년 | 1981~1990년 | 1991~2005년 | 합계 |
|---|---|---|---|---|
| 애족장 | 0 | 0 | 5 | 5 |
| 무궁화장 | 6 | 3 | 5 | 14 |
| 모란장 | 12 | 3 | 6 | 21 |
| 동백장 | 30 | 102 | 18 | 150 |
| 목련장 | 6 | 17 | 17 | 40 |
| 석류장 | 3 | 1 | 3 | 7 |
| 청룡장 | 0 | 14 | 0 | 14 |
| 맹호장 | 0 | 12 | 0 | 12 |
| 거상장 | 0 | 41 | 0 | 41 |
| 합계 | 57 | 193 | 54 | 304 |

주: 건국훈장—대한민국장, 대통령장, 독립장, 애국장, 애족장/국민훈장—무궁화장, 모란장, 동백장, 목련장, 석류장/체육훈장—청룡장, 맹호장, 거상장, 백마장, 기린장 등. 이상은 1등급에서 5등급 순임.

출처: 在日本大韓民國民団大阪府地方本部(2006) 『大韓民國國民勳章受賞者』에 의거 작성.

대부분은 모두 전두환 정부 때 1988년 서울올림픽 후원공로로 1987년 11월에 수여한 것들이다. 목련장의 경우 박정희 정부 5명, 전두환 정부 15명, 대전엑스포 후원공로로 노태우 정부 15명, 기타 5명이었다. 이와같이 재일코리안의 모국 투자는 기업가들의 경영활동상 합리적인 선택보다는 이러한 훈장제도와 친인척이라는 비합리적인 감정에 의존한 경향이 있었다.

### 3) 한국 청년실업과 모국 경제발전 공헌

#### (1) 한국 청년실업의 실태와 민단의 역할

한국에서 청년실업의 정의는 "15세에서 29세까지의 경제활동이 가능한 청년들이 일할 능력과 의사가 있지만 일자리를 얻지 못한 것"을 의미한다. 일반적으로 청년실업자는 UN, OECD에서는 15~24세 연령대의 청년실업자로 정의하고 있다. 그러나 한국은 20대 남성이 국방의 의무인 군복무가 의무화되어 있어 기타 외국의 다른 국가에 비해 경제활동을 시작하는 시기가 상당히 늦어지고 있다. 이 때문에 한국 청년들이 군복무 후 대학을 마치고 사회에 진출하는 연령은 평균 27세이며, 일반적으로 15~29세 사이의 무직자를 청년실업으로 정의하고 있다.

삼성경제연구소(2010)에서 발표한 한국 청년실업의 실태를 보면 2010년 상반기 중 일자리가 전년 동기 대비 28만 3,000개 증가하면서 고용회복세가 실현되었지만, 같은 기간 청년층 일자리는 3만 4,000개가 감소하여 부진한 상태이다. 글로벌 금융위기가 청년층 노동시장에 큰 영향을 미치면서 고용률은 최근까지 위기 이전 수준을 회복하지 못하고 있다.

〈표 6-16〉에 나타난 바와 같이 통계청 발표에 의하면 2010년 상반기 청년 체감 실업률은 청년실업률(8.6%)보다 2.7배 높은 23.0%로 청년층의 약 1/4이 구직활동에 어려움을 겪고 있는 것으로 나타났다. 청년 취업애로층은 실업자 37만 명의 3.14배인 116만 2,000명으로 글로벌 금융위기의 영향이 컸던 2009년의 115만 9,000명을 상회하고 있다.[4]

〈표 6-16〉 한국 청년실업률과 청년층 체감실업률 비교(단위: %, 만 명)

| 구분 | 2009년 | 2010년 1~6월 |
|---|---|---|
| 청년실업률(청년실업자) | 8.1(37.7) | 8.6(37.0) |
| 청년층 체감실업률(청년층 취업애로층) | 22.9(115.9) | 23.0(116.2) |

주: 1) 청년층 취업애로층을 체감실업자로 간주하고 계산, 2) 청년층 체감실업률은 청년층 취업애로층(실업자+비자발적 단시간취업자+취업준비 비경제활동인구+쉬었음 비경제활동인구+기타)을 수정하여 청년층 경제활동인구(취업자+실업자+취업준비비경제활동인구+쉬었음 비경제활동인구+기타)로 나누어서 도출, 3) 실업률: 실업자/경제활동인구, 4) 체감실업률: 취업애로층/(경제활동인구+취업준비+기타+쉬었음), 5) 통계청, 경제활동인구 원 자료를 이용하여 삼성경제연구소가 계산.

4 삼성경제연구소, "청년실업의 경제적 파장과 근본 대책—교육시스템 혁신을 중심으로—," CEO Information 제766호(2010), 2010.07.28.

〈표 6-17〉 글로벌 청년리더 10만 명 양성계획

| 기간 | 해외파견 종류 | 인원(명) |
|---|---|---|
| 2009~2013년 | 해외취업 | 50,000 |
| | 해외인턴 | 30,000 |
| | 봉사활동 | 20,000 |
| | 합계 | 100,000 |

주: 해외인턴 취업지원사업은 대학 졸업예정자(또는 졸업 후 2년 이내)를 3개월 동안 해외인턴으로 파견, 근무토록 하는 사업.

출처: 연합뉴스 2008년 7월 25일자 참조.

〈표 6-17〉에 나타난 바와 같이 정부는 2008년 4월 이러한 높은 청년실업률을 해소하기 위하여 2009년부터 2013년까지 5년간 해외취업 5만 명, 해외인턴 3만 명, 해외 봉사활동 2만 명 등 '글로벌 청년 리더 10만 명 육성계획'을 발표하였다. 특히 향후 금융, 문화콘텐츠, 정보통신, 첨단의료 등 미래 핵심 산업 수요에 부응하여 핵심인력을 양성하고 미래 산업 청년 리더로서 100만 명을 양성할 계획이다.

〈표 6-18〉에 나타난 바와 같이 노동부 산하 해외취업 교육기관인 산업인력공단이 2001년 이후 해외취업업무를 전담한 이후 해외취업 희망자에 대한 취업률을 살펴보면 2007년 50.8%에서 2009년 40.9%로 약 10% 정도 감소하였다. 해외취업자는 해외유학 경험이나 취업경험자들

〈표 6-18〉 산업인력공단 해외취업연수 알선 현황

| 연도 | 해외취업자(명) | 취업률(%) |
|---|---|---|
| 2007 | 1,548 | 50.8 |
| 2008 | 1,434 | 46.2 |
| 2009 | 1,571 | 40.9 |

출처: 기획재정부, 산업인력공단(2009); 「매일경제」 2010년 8월 20일자 참조.

〈표 6-19〉 국내기업 해외법인에 의한 해외인력 진출 현황

| 연도 | 2006 | 2007 | 2008 | 2009 |
|---|---|---|---|---|
| 취업자 수(명) | 22,000 | 24,000 | 17,000 | 11,000 |

출처: 기획재정부(2009): 「매일경제」 2010년 8월 20일자 참조.

이 취업을 희망한다는 가정에서 아직까지 현지 외국기업의 기대에 크게 못 미치는 수준에서 점점 감소하고 있는 추세이다.

1998년 8월부터 해외취업이 개시된 이후 2004년이 되어서야 한국산업인력공단에 해외취업을 전담하는 부서와 인력, 예산이 책정되어 체계적이고 효율적인 해외지원사업을 본격적으로 시작하게 되었다. 그동안 한국의 인력이 가장 많이 진출한 국가는 일본으로, 대부분 소프트웨어 프로그래머 등 IT 분야로 취업하였다. 이것은 2001년 이후 개설된 일본 취업 전체 IT 연수 프로그램 수료생이 꾸준히 일본에 진출한 결과인 것으로 풀이된다. 중국은 중국진출 한국기업, 사우디아라비아는 간호사와 의료기사 등 의료 관련, 미국은 간호사 진출이 많은 것으로 나타났다. 〈표 6-20〉에 나타난 바와 같이 한국산업인력공단에서 2006년도 자료에 의하면 한 해 동안 총 3,911명이 해외취업을 한 것으로 나타났다. 취업 국가별로는 일본 44.4%, 중국 32.3%로 1~2위를 차지하였다.

〈표 6-20〉에 제시한 바와 같이 2009년까지 국내기업의 해외법인을

〈표 6-20〉 한국산업인력공단 국가별 해외취업 현황(2006년)

| 국가 | 취업자 수(%) | 국가 | 취업자 수(%) |
|---|---|---|---|
| 일본 | 1,737(44.4) | 호주 | 108(2.8) |
| 중국 | 1,265(32.3) | 인도네시아 | 26(0.7) |
| 미국 | 391(9.9) | 캐나다 | 14(02.4) |
| 아랍에미리트 | 370(9.5) | 합계 | 3,911(100) |

통한 외국진출 인력현황을 보면 11,000명 이상이 해외취업에 성공한 것으로 나타났으며, 취업한 사례들은 사무 · 서비스 분야였다. 다음으로 IT 분야, 의료, 기계 분야가 뒤를 이었으며, 국가별로는 중국, 일본의 높은 취업률과 함께 호주, 캐나다, 미국, 아랍에미리트 순으로 경력 위주의 취업이 이루어진 것으로 알려졌다. 일본 취업의 경우 지금까지 대부분이 IT산업, 의료 및 간호복지 분야에 치중되어왔다. 따라서 향후 호텔 및 숙박서비스업, 뷰티산업(이용사 및 미용사) 등 다양한 직종으로의 취업프로그램 개발과 재일코리안 기업의 네트워크를 활용한 취업 및 재료부품소재산업의 기술이전 등 민단의 역할이 어느 때보다 중요해지고 있다.[5]

### (2) 모국 경제발전과 공헌

재일코리안은 일본의 민족차별과 동화정책, 단체 내부 갈등, 그리고 한국정부의 관심 부족 등으로 매년 1만 명 정도가 귀화하고 있는 추세이다. 이들은 1960~70년대 모국의 경제발전 과정에서 기여하는 바가 매우 컸다. 이러한 재일코리안의 모국 사랑을 재평가하는 작업은 향후 한국의 경제발전과 국가경쟁력 제고 차원에서 매우 중요한 일이 될 것이다. 따라서 여기에서는 1950년 이후 재일코리안 기업의 모국 기업과의 긴밀한 관계를 살펴보고, 글로벌시대 모국 경제발전을 위한 민단의 역할이 무엇인지에 대하여 모색하고자 한다.

초기 재일코리안 기업은 민족차별과 취업차별로 동질 민족집단의 강한 연대를 바탕으로 야키니쿠산업, 파칭코산업, 토목건축업 등과 같은 틈새시장의 3대 산업에서 기업가 정신을 발휘하였다. 이들 기업을 중심으로 재일코리안은 기업가단체를 형성하여 모국의 경제발전에 지원하기 시작하였다.

---

5 「경제투데이」 2010년 11월 4일자 참조.

〈사진 6-3〉 재일코리안의 우상 역도산과 장훈

최초 재일코리안 기업가의 모국 투자는 1953년 7월 재일한국인상공업자들의 모국 산업시찰단 파견에서부터 시작된다. 이후 재일코리안들은 모국과의 협력 방안을 모색하면서 1956년에는 재일한교(韓橋) 생산품 수출조합, 재일한국인 무역협회, 재일한국인 상공회 무역부회 등을 설립하였다. 재일코리안 기업가들은 모국에서 '재일코리안 생산품 전시회'를 개최하는 등 모국과의 무역확대와 경제발전에 박차를 가하였다.

1961년에 출범한 박정희 정권이 근대화와 수출지향적인 경제개발 5개년 계획을 수립하자 재일코리안 기업가의 모국 투자는 더욱 활발하게 전개되었다. 재일코리안 기업가가 최초로 모국 투자기업으로 설립한 회사는 1963년 자본금 115억 엔을 투자한 방림방직이었다. 또한 1964년에 조성된 서울 구로동 수출산업단지에 재일코리안 기업들이 1965년에 입주하기도 하였다.

1962년까지 재일한국인상공회연합회 결성 당시 재일한국인상공업자는 '재일한국인상공회연합회'와 '재일한국인경제연합회'라는 두 조직으로 분리되어 있었다. 그러나 이 두 조직의 합병으로 1963년 '재일한국인상공회연합회'가 탄생하였고, 1980년 이후에는 재일코리안 기업의 세대교체론 등장으로 '재일한국청년상공인연합회'가 조직되었다. 이러한 민족집단 내부의 강한 연대를 통한 경제 네트워크를 바탕으로 재일코리안 기업들은 1960~70년대 동질민족을 대상으로 이민기업을 형성하기 시작하였다. 1970~80년대 이후에는 모국 투자의 활성화, 글로벌화가 시작된 1990년대 이후에는 글로벌 코리안 네트워크 구축을 통해 글로벌 기업으로 성장단계를 거치고 있다.

재일코리안 기업가들은 1973년 '모국투자사무소 설립추진위원회'를 구성하여 1974년에 '재일코리안 투자기업연합회'를 발족하였다. 1976년에는 모국 서울의 무역회관센터 내에 모국투자협회 설립준비위원회를 설립하고 1977년에 '사단법인 재일코리안 모국투자협회'를 정식 출범하였다. 1978년 한국정부는 한일국교정상화 이후 재일코리안 기업가에 의한 모국투자 총액이 10억 달러를 초과하였다고 발표한 바 있다.

당시 한국에서 일본을 포함한 외국인 투자총액이 9억 3,700만 달러 정도였기 때문에 재일코리안 기업의 모국 투자는 상당한 투자임에 틀림없다. 모국 투자 부문으로는 섬유, 기계, 전자, 전기, 금속 등 제조업을 비롯하여 금융·호텔에서 서비스업까지 다양하다. 또한 재일코리안 기업은 모국 투자로 경제발전에 기여하였을 뿐만 아니라 일본의 첨단기술이나 선진경영기법 등을 모국에 전수함으로써 산업근대화에도 앞장섰다. 당시 재일코리안 기업의 모국 투자기업 회원 수는 74개 기업이었지만, 1990년 이후 200개 이상으로 증가했다. 그러나 2000년대 이후 재일코리안 기업의 모국 투자기업은 90여 개 전후로 해마다 감소하고 있는 추세이다.

재일코리안 기업가들은 신용조합 설립에 의한 창업지원, 민족차별에 대한 적극적인 투쟁을 전개하기도 하였다. 재일코리안들은 일본에서의 차별과 박해를 극복하고 성공한 기업가들이 중심이 되어 모국에 대한 사랑을 적극적으로 보여주었다. 1960년대 초반 재일한국인상공회연합회를 중심으로 모국으로부터 단체나 개인을 적극 초청하여 일본기업의 산업시찰과 연수, 시장조사를 지원하였으며 모국으로부터 기술훈련생을 초청하여 모국 경제발전에 기여하고자 노력하였다.

또한 재일코리안은 1965년 말 완공된 한국수출산업공단에 동포기업 14개사가 입주하여 전기기기, 고무풍선, 완구, 섬유류, 수도파이프, 안경, 공업용 보석, 피혁, 지퍼, 금속완구, 벨트 분야 등에 기술을 지원하여 수출증대와 모국 경제발전에 공헌하였다. 1997년 모국의 IMF경제위기에 당면해서는 '바이코리안 운동'을 전개하여 모국 상품 애용과 모국투자 촉진, '재일코리안 모국투자협회'를 통한 모국으로의 재산반입과 투자확대, 그리고 이들에 대한 한국정부의 훈장에 의한 따뜻한 배려 등이 모국 사랑으로 이어졌다고 할 수 있을 것이다.

이와 같이 재일코리안 기업가는 1946년 민단(재일본조선거류민단)이 결성된 이후 1960~70년대 모국 기업가의 산업시찰 지원과 기술연수생 초청으로 모국 경제발전에 대한 끊임없는 애정을 보여주었다. 이들의 경제적 지원에 힘입어 한국은 경제선진국으로 발돋움하고 있으며, 국가경쟁력 강화를 통한 선진국 진입의 기로에서 민단의 역할은 더욱 중요해지고 있다. 글로벌시대 국가경제의 갈림길에서 민단(재일코리안)의 모국 사랑이 다시 한 번 절실히 필요한 상황이 도래하고 있다.

현재 한국이 당면하고 있는 가장 시급한 문제는 청년실업의 해소와 국가경쟁력 강화를 위한 부품소재 및 첨단산업의 원천기술 확보문제이며, 이는 재일코리안 기업을 통해 가능할 것이다. 먼저 청년실업을 해소하기 위한 차원에서 재일코리안 기업에 대한 우수인재 수요조사와 인성과 전문성을 갖춘 맞춤형 인재양성이 필요할 것이다. 이를 위해 모국 대학이나 공공기관, 민단이 연계하여 일본 취업을 위한 청년취업스쿨 및 창업스쿨 운영이 시급히 이루어져야 할 것이다. 또한 청년실업 해소를 위한 지속적인 연구와 프로그램이 동시에 개발되어야 할 것이다. 이러한 한국 청년실업과 국가경제의 중대한 기로에서 중개역할을 담당할 수 있는 조직은 양국 사회문화를 잘 이해하는 재일코리안들이다.

해방 이후 1953년부터 시작된 재일코리안 1~2세들의 모국 사랑에 의한 적극적인 투자와 기부는 한국 경제발전에 기여해온 것이 틀림없다. 그러나 이제 글로벌시대 또 다른 차원에서 한국이 국가경쟁력을 강화하고 선진국으로 진입하기 위해서는 가장 가까운 곳에 위치하면서 한국 경제와 가장 밀접한 관련을 맺고 있는 재일코리안의 역할은 필수적이다.

제7장

# 재일코리안 기업의 경영승계와 기업가 정신

## 1. 재일코리안 기업의 초국적 성향과 기업가 정신

21세기 초국적인 글로벌시대 소수민족집단과 소수민족기업(ethnic entrepreneur)에 대한 연구는 많은 진전을 거듭해왔다. 흔히 민족집단(ethnic group)은 사회문화적 혹은 역사적으로 동질적인 정체성을 표현하는 집단으로 정의된다(Dimaggio, 1997). 또한 민족집단 내 사람들 간의 민족 네트워크는 매우 강한 것으로 알려져 왔다(Marger, 2001). 이 때문에 민족집단들이 형성하고 있는 소수민족기업의 기업가 정신을 이해하고자 할 때 민족 네트워크 요소를 도입하여 설명하는 것은 매우 중요한 요인 중의 하나이다. 그러나 소수민족기업이 현지에서 기업으로의 성장과정에 접어들게 되면 기업가 정신이 보다 보편적인 조건 하에서 이루어지길 원하기 때문에 기업가의 네트워크 속성이 변할 것이라는 주장이 우세하다.

기존 연구에 의하면 대부분의 민족집단은 지역 공동체의 하부그룹(Bates, 1994)으로 도시지역에 위치하고 있으며(Light 외, 1988) 사회문화적으로나 역사적으로 그리고 종교적으로 동질성을 유지한다고 주장하고있다. 또한 민족집단의 수요와 공급시장의 기회에 반응하면서 비즈니스 기회를 창출한다는 것이 일반적인 경향이다(Jamal, 2004). 이러한 민족집단의 성향은 민족시장 경제권을 형성하도록 유도했으며, 이민자들이 집거하고 있는 차이나타운이나 코리아타운 등이 민족경제(ethnic economy)의 대표적 지역이라 할 수 있다.

이러한 맥락에서 현지 거주국에서 지리적인 경계를 가진 민족집단의 비즈니스 활동은 지금까지 많은 연구가 이루어져왔다. 기존 연구자들의 조사에 의하면 민족기업은 자본의 집단 내 조달, 은행 조달보다는 집단 내 자체 조달로 비즈니스 자체가 영세성을 면하기 어려운 구조라고 설명하고 있다(서인석, 2003).

이와는 다른 각도에서 차별성을 가진 연구로는 1990년 구소련의 붕괴과정에서 이스라엘로 이주한 집단에 관한 연구이다. 이들 이민자 집단 대부분이 이주하기 전에 고등교육을 받은 고학력의 지식노동자 그룹에 속한 경우가 많아 벤처형 비즈니스나 전문직에 진출했다는 것이다. 하지만 민족경제는 현지사회에서 언어와 문화적 차이로 인하여 어느 한 지역에 집중적으로 거주하면서 소규모 영세자영업에 진출하는 양상을 보여왔다(Lerner 외, 1996).

그러나 최근 이러한 민족집단의 원칙과도 같은 질서에서 벗어나는 현상으로 도시주변지역에서 거주하면서 민족집단의 영향으로부터 탈피하여 거주지역의 환경에 영향을 받거나 보다 보편적인 국가 환경에 영향을 받는 민족기업이 출현하고 있다. 글로벌시대에 접어들면서 좀 더 확장된 기업형태인 민족기업이 탄생하고 있다는 것이다. 비록 초기 민족기업의 창업과정이나 진출과정에서 민족집단 내 자본조달 및 민족 네트워크가 중요한 역할을 했다 하더라도 기업의 성장과정에서는 자본 및 자원조달이 민족집단의 한계를 탈피하여 외부집단과 다각적으로 이루어지고 있다. 즉, 기존의 민족집단의 환경조건과 규칙에서 탈피하는 초국적인 기업가 정신의 탄생이 불가피하게 되었다. 이와 같은 사례연구는 실리콘밸리(Silicon Valley)의 첨단기술을 가진 이민자(high-tech' immigrant)들의 기업가 정신에 관한 연구가 대표적이다. 비록 여전히 어느 측면에서는 민족집단의 규칙과 질서에 의존하지만 글로벌시대 민족기업이 성장하기 위해서는 보다 보편적인 조건에서 글로벌 기업가 정신이 요구되고 있는 것이다.

이 연구의 목적은 이러한 맥락에서 재일코리안 기업가의 기업가 정신의 발달과정을 살펴보고 네트워크 구조의 특성과 기업가 정신의 성향[1]을 분석하여 바람직한 네트워크 결합의 방향성을 제시하고자 한다.[2]

### 1) 기업가 정신의 발전단계

최근까지 소수민족기업의 기업가 개인의 차이를 살펴볼 수 있는 경제학적 측면에서 행동 과학적인 연구방법이 폭넓게 연구되어온 만큼 기업가 정신(entrepreneurship)이 무엇인가에 대한 연구에도 적용할 수 있을 것이다. 이 연구에서도 소수민족기업의 기업가 정신의 발달단계를 설명하기 위해 이 연구방법을 도입하고자 한다.

우선 소수민족기업의 기업가 개인 수준에서 기업가 정신의 개념과 정의는 다음과 같다. 첫째, 어떤 기회를 인지하는 잠재적 기업가의 천부적 소질로서 ① 창의성을 통해 습관적으로 무엇인가 만들어내려는 창조적인 상상력 ② 경제 환경의 불확실성을 낙관적으로 보고 창조성을 발휘하는 동물적 감각에 의한 기업가 정신을 나타난다. 둘째, 비즈니스 기회를 구체적으로 개발하게 하는 인지단계로서 선호, 개성, 학습역량이 기

1 이 연구에서는 재일코리안 기업가의 기업가 정신을 '트랜스내셔널리즘'이라는 개념으로 규정하고, 이를 초국적인 네트워크 활동, 문화활동, 경제적 연계, 모국과의 심리적 연계(귀국 여부)로 개념화하여 자료수집을 통하여 분석을 시도하였다.

2 이 연구에서 재일코리안 기업가는 1980년대 이전의 올드커머와 1980년대 이후 도일한 뉴커머를 포함한 개념으로 사용하고 있다.

업가 정신을 발동시키는 데 ③ 직업선택(기업형태)에 대한 가치와 태도를 말하는 선호도 ④ 내향적 통제 위치와 성취욕구, 인내심을 말하는 개성에 의해 기업가 정신이 발현하게 된다. 이에 따라 연속적인 비즈니스기회의 개발에 따른 기회의 평가 또는 확신으로서 실제적 창업 또는 이후 기업성장(조직창출)에 의한 기업가 정신(신조직 창출—지금까지 분리되어온 시장욕구와 자원 사이의 격차를 새롭게 결합하려는 비즈니스의 창출 또는 비즈니스 개념의 발전과정)으로 이어지게 된다(Krueger, 2000). 한편 기업가의 환경적인 측면에서 개인과 환경이 접목되는 영역이 있다. ⑤ 다양한 업무를 수행할 수 있는 개인적 흥미와 경영관리 지식의 용량을 말하는 역량이 기업가 정신의 발현 및 지속성을 유지하게 한다(Ardichvili 외, 2003).

하지만 이 영역은 전술한 개인 수준의 기업가 정신의 기반 위에서 환경보다는 개인 능력의 문제로서 접근할 수 있다. 달리 말하면 한 개인이 기업가가 되는 과정에서 환경조건에 의해 발생하는 기회를 어느 정도까지 흡수할 수 있는가를 판단하는 흡수역량의 개방성이다. 이는 기업가 정신이 진화되는 전 과정에 해당되며 시장 기회나 비즈니스 개발 기회까지는 '흥미지식'이 중요한 역할을 하며, 신조직의 창출이 시작되는 창업 단계부터는 '경영관리지식'이 필요하다. 그리고 하나의 사업단위가 성장하면 또 다른 기업가 정신의 단계인 스핀오프(spin-off) 조직을 요구하는 단계에서는 흥미지식과 경영관리지식이 모두 요구된다. 이들을 종합해보면 기업가 정신의 발달단계는 시장 기회 인지능력, 비즈니스 개발 기회 인식, 신조직 창출, 조직 성장, 조직 창출(spin-off)의 순서로 진행된다고 볼 수 있다.

### (1) 네트워크의 수준

일반적으로 소수민족기업의 민족 네트워크가 기업가 정신의 구현에 중요한 역할을 한다는 주장에 대해(Davidsson 외, 2002) 가장 설득력 있는 것은 바로 민족 네트워크의 규칙과 질서 속에 비즈니스 기회가 존재한다는 사실이다(Uzzi, 1996). 그 때문에 소수민족기업에서 기업가 정신이 확립되기 위해서는 민족집단 내 네트워크의 상호 결합이 필수적이다. 그런데 이러한 민족 네트워크는 기업가의 개인 수준에서 설명하기보다는 기업 환경의 제도적 조건에서 접근하는 것이 일반적이다. 소수민족기업가가 민족 네트워크를 결합한다고 하지만, 네트워크의 생성 여부는 어디까지나 민족집단의 환경조건에 영향을 받는다. 중요한 사실은 민족 네트워크의 결합 정도(밀도)가 소수민족기업의 기업가 정신 형성에 영향을 미친다는 점이다.

힐즈(Hills 외, 1997)는 네트워크의 결합 정도가 기업가 정신(민첩성과 창조성)에 영향을 줄 수 있다고 가정했으며, 기업가의 "광범위한 네트워크가 기회를 더욱 확신으로 만든다."는 것을 증명하였다. 특히 소수민족기업가의 네트워크에 대하여 그라노베타(Granovetter, 1990: 99)는 "소수민족 기업가는 지속적으로 사회적 관계 시스템을 유지하려 하고 사회적 관계는 수익추구와 임대추구(rent seeking)의 행동을 촉진하거나 제한을 배태(embeddedness)시킨다."고 주장하였다. 여기에서 말하는 네트워크의 결합 정도는 그라노베타(Granovetter, 1985)가 제시한 사회적 네트워크의 배태성을 지칭한다. 그러면 소수민족기업가의 사회적 관계, 즉 사회적 네트워크를 구체적으로 파악할 수 있는 기준이 무엇인지 살펴보자.

그라노베타(Granovetter, 1985)는 사회적 관계를 첫째, 인적 접촉을 통한 개인적 친분관계와 사회활동 범위의 밀착성, 둘째, 개인 및 제도적 금융, 정보, 지식의 조달 또는 기업 및 산업적인 물질수단 등의 유무형적 자원의 밀착성, 셋째, 사회의 구조적 차원(지원기관 등)에 대한 밀착성이라고 주장하였다. 다른 연구자(Greve 외, 2003)들은 이를 세분하여 구조적 특성, 인적 및 자원으로 구분하였다.

이러한 이유 때문에 네트워크의 결합 정도(밀도)는 측정이 가능하고 이를 바탕으로 실행 가능한 비즈니스를 창출하며, 이는 곧 소수민족기업의 전략적 기업가 정신(entrepreneurship)을 발흥시키는 핵심으로 작용하기도 한다. 또한 소수민족기업의 네트워크 밀도(density)는 네트워크의 접근 정도에 따른 신뢰 정도를 파악할 수 있게 해준다. 결국 네트워크는 계층적으로 구성되어 있으며, 네트워크에 대한 밀도의 차이는 기업가 정신을 차별화하는 데 영향을 주게 된다(Basu, 1998). 이에 따라 기업가의 차별화된 네트워크 구조나 기회 형태가 다양하게 생성된다는 것이다(Raijman, 2001).

세케이라(Sequeira 외, 2004)는 기업가 정신의 발전단계와 네트워크의 결합과정을 다음과 같이 분석하였다. 먼저 창업 전 단계에서는 대인관계를 통해 교환이 이루어지고, 약한 연대가 우세하다고 주장하였다. 창업단계에서는 대인관계를 통해 교환이 이루어지기는 하지만, 강한 연대가 우세하다고 보았다. 그리고 성장단계에서는 대인관계 및 조직과의 인적관계가 혼합되어 있지만, 약한 연대가 우세한 것으로 가정하였다.

한편 아이어(Iyer 외, 1999)는 글로벌 비즈니스의 발전단계를 포함하여 성공적인 비즈니스의 확장단계(네트워크)를 제시한 바 있다. 그는 소수민족기업의 비즈니스 단계를 다음과 같이 설명했다. 제1단계는 민족집단내부에서 이민자 노동단계로 모국의 가족을 지원하기 위해 수입(income)의 일부분 송금하는 단계, 제2단계는 민족집단의 이민자가 자가경영단계로 모국에 수익의 일부분을 송금하는 단계, 제3단계는 민족집단의 틀을 벗어나 다른 민족집단의 영역까지 시장을 확대하는 수평적 확장단계, 제4단계는 글로벌 투자단계로 모국의 소기업 또는 주식 자본시장에 투자하는 단계, 제5단계는 모국의 비즈니스 활동에 투자하는 글로벌 확장단계, 제6단계는 모국 또는 거주지역에서의 기업 간 공급체인을 전국 혹은 전세계적인 네트워크로 연결하여 기업 간의 연결단계를 거친다고 주장하였다.

이러한 연구결과로부터 도출할 수 있는 연구의 핵심은 세케이라(Sequeira 외, 2004)의 경우, 성장단계에서 대인 및 조직과의 인적관계 속에서 약한 연대가 우세하다고 본 반면에 아이어(Iyer 외, 1999)는 제3단계와 제4단계 이후부터 가족이나 친척관계를 통해 초국적 거래나 글로벌 비즈니스를 시도하지만 가족기업의 특성을 유지한다고 주장하였다. 따라서 이들 연구의 결과에 따라 소수민족기업의 창업과 성장과정에서 네트워크 구조에 어떠한 변화가 발생하고, 이에 따라 기업가 정신이 어떻게 발현하는지 살펴보고자 한다.

### (2) 조사방법 및 연구내용

민족집단은 거주국에서 경제적으로는 물론이고 사회 심리적으로 매우 취약한 상태에 처해 있다. 그렇기 때문에 소수민족기업가가 기업가 정신을 발현하기 위해서는 집단 간을 상호 연결하는 네트워크는 매우 중요한 요소 중의 하나이다(Light, 1988). 소수민족기업의 성장과정에서 거주국의 일반적 환경에 구조화된 네트워크와의 결합은 필수적이라는 것이다. 따라서 네트워크의 속성에도 여러 가지 변화가 동반된다. 즉, 민족집단에서의 네트워크 속성은 기업가 정신을 발휘하게 하는 매우 중요한 요소임과 동시에 거주국 환경과의 네트워크 결합 정도(밀도)에 따라 성장기의 기업가 정신의 형성에도 영향을 주게 된다.

민족집단의 경제적인 측면에서 구조적(수요와 공급) 환경요인은 기업가 정신의 수준(기업형태: 생계형, 중소기업형, 무역형, 벤처형, 기회형태: 시장기회인지, 비즈니스개발기회인식, 창업조직화 기회인식, 조직성장의 기회인식) 정도를 결정한다. 이러한 소수민족기업의 구조적 환경에 따른 제도적 성향을 포함하고 있는 것이 네트워크이며, 결국은 네트워크의 속성과 밀도가 기업가 정신의 발현이나 형성에도 많은 영향을 주게 된다.

이 장에서는 이러한 소수민족기업의 기업가 정신의 성향을 재일코리안 기업가의 네트워크에 적용하여 살펴보고자 일본 현지기업가 대상으로 설문조사를 실시하였다. 또한 지금까지 제시된 이론적 근거에 따라 재일코리안 기업의 구조적 변화에 대한 사례 수집을 위해 면접조사를 실시하였다.

이 연구를 위한 설문조사표는 다음과 같은 내용을 구조화하여 설문지를 작성하고 현지에서 조사를 실시하였다. 첫째, 소수민족기업의 기업가 정신의 발달과정은 '시장 기회 인지, 비즈니스 개발 기회 인식, 창업 전 조직 창출, 창업(조직 창출), 조직성장, 그리고 새로운 사업 분야 개척(신조직 창출)'으로 분류했다. 그러나 민족집단에서 기업가 정신의 발전과정을 확실하게 판단할 수 있는 단계는 창업 및 성장과정이다.

전술한 바와 같이 이 연구에서 사용하고 있는 변수의 개념들을 정리하면 다음과 같다. 먼저 소수민족기업의 기업가 정신이 대개 창업과 관련되어 있기 때문에 창업단계에서는 기업의 생존(survival)이 매우 중요하므로 3년간 지속적인 영업이 주요 관건이다. 조직성장단계는 '시장 확장과 외부자금의 조달 정도'로 정의하고 두 변수의 차원을 비교하여 기업가 정신을 측정하였다.

둘째, 네트워크는 그라노베타(Granovetter, 1990)가 지적한 바와 같이 인적, 자원, 구조적으로 계층화되어 있다. 보통 네트워크는 개인적 차원과 제도적 차원으로 구분하여 네트워크 형성 과정에서의 신뢰도(trust)를 사회적 자본(social capital)으로 간주하여 측정하기도 한다. 여기에서는 제도적 차원을 자원과 구조적 네트워크로 분류하여 측정하였다. 이에 따라 민족집단 내부 및 민족집단 외부(일본사회)라는 네트워크로 구분하여 네트워크의 각 수준마다 '믿음의 확신 정도를 말하는 신뢰도'로서 '밀도(density)'를 측정하였다. 이러한 과정을 거치게 되면 소수민족기업가들이 접하는 네트워크의 배태성을 어느 정도 측정할 수 있을 것으로 생각된다(〈표 7-1〉 참조).

〈표 7-1〉 재일코리안 기업의 기업가 정신 분석체계

| 독립 | | | 종속 |
|---|---|---|---|
| 네트워크 | | | 기업가 정신의 진화단계 |
| 형태 | 예상된 기준 | 밀착성(믿음을 확신하는 정도: 신뢰도) | (명성과 신뢰의 진화과정) |
| 본 연구에서는 skip | | | 시장 기회 인지 |
| | | | 비즈니스 개발 기회 인식 |
| 조직이나 단체 참가 여부 | strong ties | 한국정부사무소, 비즈니스협회, 재일한국인연합회, 취미서클, 계모임, 동창회, 교회, 절, NGO, 학생조직 등 | 창업(start-up) |
| | weak ties | | |
| 참가 정도 | strong ties | ① 전혀 참가하지 못함<br>② 거의 참가하지 못함<br>③ 보통 ④ 가끔 참가 ⑤ 자주 참가 | |
| | weak ties | | |
| 참가 만족도 | strong ties | ① 매우 불만족 ② 약간 불만족 | |
| | weak ties | ③ 보통 ④ 약간 만족 ⑤ 매우 만족 | |
| 참가 빈도 | strong ties | ① 전혀 못 만남 ② 거의 못 만남 | |
| | weak ties | ③ 보통 ④ 가끔씩 만남 ⑤ 매우 자주 | |
| 친밀도 | strong ties | ① 전혀 친밀하지 않음<br>② 거의 친밀하지 않음<br>③ 보통 ④ 약간 친밀 ⑤ 매우 친밀 | |
| | weak ties | | |
| 네트워크 활동 | strong ties | 한국 선거나 정치단체활동 참가 | |
| | weak ties | | |
| 네트워크 문화 | strong ties | 한국 TV 드라마, 영화, 신문, 잡지, 인터넷사이트 접촉 여부 | |
| | weak ties | | |
| 자녀의 한국 방문 | strong ties | 단체나 조직의 프로그램 참가 여부 | |
| | weak ties | | |
| 경제적 연대 | strong ties | 한국 가족이나 친척에게 송금이나 선물 여부 | |
| | weak ties | | |
| 모국 귀국 | strong ties | 향후 모국에 귀국할 의향 여부 | |
| | weak ties | | |
| 상동 | | | 조직성장(네트워크 확대) |
| 본 연구에서는 skip | | | 새로운 사업 분야 개척<br>(트랜스내셔널리즘 성향) |

주: 약한 연대(weak ties)는 '비즈니스와 관련 없는' 네트워크의 밀도, 다만 글로벌적 관계에서는 지역과 단위를 벗어나기 때문에 비즈니스와 관련 있는 네트워크를 연결한다고 볼 수 있음.

이 연구에서는 독립변수로서 네트워크의 혼합된 배태성(mixed embeddedness)과 모국과의 연결 정도(Waldinger, 1995), 즉 밀도 변화에 따른 재일코리안 기업가의 네트워크 특성(초국적 성향)을 종속변수로 측정하였다. 연구의 분석방법으로는 '빈도분석', '상관분석'과 '다중 회귀분석'을 실시하여 연구결과를 도출하고자 한다.

## 2) 기업의 경영활동과 기업가 정신 분석

### (1) 재일코리안 기업가의 경영활동

이 연구는 재일코리안 기업가의 네트워크 특성과 초국적(트랜스내셔널리즘적) 성향을 분석하여 기업가 정신을 고찰하는 데 있다. 이 연구의 자료 수집은 연구자의 일본 방문조사와 현지조사자를 통해 2012년 1월부터 2012년 6월까지 약 6개월간 진행되었다. 재일코리안 기업의 폐쇄적인 특성상 자료를 수집하는 데 상당한 기간이 소요되었으며 어려움도 많았다. 그럼에도 불구하고 재일코리안 기업가를 대상으로 총 184부의 설문조사표를 회수하였다는 것은 상당히 큰 성과라고 할 수 있다.

그러면 먼저 조사대상자의 인구통계학적 환경요인에 대하여 조사결과를 토대로 순서대로 살펴보도록 하자. 〈표 7-2〉에 제시한 바와 같이 성별로는 남성이 64.7%, 여성이 35.3%로 남성 비율이 높게 나타났다. 연령별로는 30~40대가 56.5%로 과반수를 넘어섰고, 50대 이상이 32.1%, 그중에서도 60대 이상이 10.9%나 되었다. 60대 이상이 높은 비율을 차지한 이유에 대해서는 재일한국인 기업의 특성상 고령의 경영자가 아직도 현역에 종사하고 있는 경우가 많다는 것을 보여주고 있는 것으로 생각된다.

다음은 조사대상자에 대하여 출생지를 질문한 결과, 한국 출생이

〈표 7-2〉 재일코리안 기업의 인구통계학적 환경요인(N=184)

| 구분 | | 빈도(%) | 구분 | | 빈도(%) |
|---|---|---|---|---|---|
| 성별 | 남성 | 119(64.7) | 학력별 | 초등학교 졸업 | 2(1.1) |
| | 여성 | 65(35.3) | | 중학교 졸업 | 6(3.3) |
| 연령별 | 20대 이하 | 21(11.4) | | 고등학교 졸업 | 16(8.7) |
| | 30대 | 49(26.6) | | 전문대학 졸업 | 17(9.2) |
| | 40대 | 55(29.9) | | 대학 졸업 | 108(58.7) |
| | 50대 | 39(21.2) | | 대학원 졸업 | 35(19.0) |
| | 60대 이상 | 20(10.9) | 거주기간 | 0~9년 | 46(25.0) |
| 출생지 | 일본 | 47(25.5) | | 10~19년 | 65(35.3) |
| | 한국 | 137(74.5) | | 20~29년 | 33(17.9) |
| 직업별 | 관리직 | 100(54.3) | | 30~39년 | 5(2.7) |
| | 전문직 | 26(14.1) | | 40~49년 | 11(6.0) |
| | 서비스 | 21(11.4) | | 50~59년 | 15(8.2) |
| | 사무직 | 12(6.5) | | 60년 이상 | 9(4.9) |
| | 기타 | 25(13.5) | 거주지 | 동경 | 94(51.1) |
| 국적별 | 한국 | 105(76.6) | | 기타지역 | 18(9.8) |
| | 일본 | 32(23.4) | 동거자 | 아버지 | 15(5.1) |
| 도일 연도 | 1950~1989년 | 19(10.3) | | 어머니 | 13(4.4) |
| | 1990~1994년 | 28(15.2) | | 배우자 | 117(39.8) |
| | 1994~1999년 | 37(20.1) | | 자녀 | 101(34.4) |
| | 2000~2004년 | 28(15.2) | | 친척 | 2(0.7) |
| | 2005년 이후 | 31(16.8) | | 지인 | 12(4.1) |
| | 무응답 | 41(22.3) | | 기타 | 34(11.6) |

74.5%, 일본에서 출생한 비율이 25.5%를 나타냈다. 따라서 응답자의 경향은 주로 한국에서 태어나 도일한 재일코리안 1세가 많은 것으로 나타났다. 직업별 특성을 보면 관리직 54.3%, 전문직 14.1%, 서비스 11.4%, 사무직 6.5%, 기타 13.5% 등이었다.

국적별로는 한국적이 76.6%, 일본적이 26.4%로 주로 한국적이 대부분을 차지하고 있지만 비즈니스의 특성상 일본적도 26.4%를 차지하였다. 도일 연도별로 재일코리안 기업의 특성을 살펴보면, 1989년 이전이 10.3%, 1990~94년 15.2%, 2000년 이후가 54.3%로 절반 이상을 차지하였다. 따라서 이 연구에서는 1990년 이전의 올드커머들이 10.3% 정도 차지하고 있지만, 약 90% 정도는 1990년대 이후 초국적인 글로벌시대 일본에 도일하여 기업에 종사하고 있는 기업가들로 생각된다.

재일코리안 기업가의 학력별 특성을 살펴보면 고졸 이하가 13.1%,

〈표 7-3〉 재일코리안 기업의 경영활동

| 구분 | | 빈도(%) | 구분 | | 빈도(%) |
|---|---|---|---|---|---|
| 기업수입 (N=69) | 1억 엔 이하 | 40(57.9) | 업종별 (N=69) | 다방, 스낵업 | 4(5.8) |
| | 5억 엔 미만 | 14(20.3) | | 금융업 | 2(2.9) |
| | 5억 엔 이상 | 8(11.6) | | 부동산업 | 11(15.9) |
| | 10억 엔 이상 | 7(10.1) | | 음식업 | 14(20.3) |
| 종업원 수 (N=184) | 자신 | 14(7.6) | | 오락업 | 9(13.0) |
| | 가족 | 9(4.9) | | 재생자원업 | 29(42.0) |
| | 1~4명 | 30(16.3) | 경영형태 (N=69) | 1업종 | 36(52.2) |
| | 5~9명 | 30(16.3) | | 2업종 | 17(24.6) |
| | 10~29명 | 40(21.7) | | 3업종 | 11(15.9) |
| | 30~99명 | 29(15.8) | | 4업종 이상 | 5(7.2) |
| | 100~299명 | 9(4.9) | 영업연수 (N=69) | 1~10년 | 24(34.8) |
| | 300~499명 | 1(0.5) | | 11~20년 | 18(26.1) |
| | 500명 이상 | 1(0.5) | | 21~30년 | 15(21.7) |
| | 무응답 | 21(11.4) | | 30년 이상 | 12(17.4) |
| 세대별 (N=69) | 1세대 | 26(37.7) | 경영조직 (N=69) | 개인 | 14(20.3) |
| | 2세대 | 34(49.3) | | 법인 | 53(76.8) |
| | 3세대 | 9(13.0) | | 기타 | 2(2.9) |
| 모국 투자 계획(N=68) | 전혀 생각 없음 | 11(15.9) | 기업 계속 여부(N=68) | 전혀 생각 없음 | 16(23.5) |
| | 생각 없음 | 16(23.2) | | 생각 없음 | 20(29.4) |
| | 모름 | 16(23.2) | | 모름 | 29(42.6) |
| | 생각 있음 | 25(36.2) | | 매우 생각 있음 | 3(4.4) |
| 가족종업원 (N=68) | 있음 | 43(63.2) | 동포종업원 (N=68) | 있음 | 49(72.1) |
| | 없음 | 25(36.8) | | 없음 | 19(27.9) |

전문대학 졸업이 9.2%, 대학 졸업이 58.7%, 대학원 졸업이 19.0%를 차지하였다. 기업가의 학력별 성향을 살펴보면 대졸이 58.7%로 가장 많았고, 대학원 졸업도 19%나 되었다. 그러나 고졸 이하가 13.1%를 차지한 것은 해방 전후나 1980년대 이전에 도일한 기업가도 상당수 포함되어 있다는 것을 의미한다. 해방 전후 재일코리안 기업가의 특성은 무학력자가 많았고, 민족차별과 직업차별로 인해 한정된 업종의 틈새산업에서 차별성을 가지고 있는 것으로 나타났다.

재일코리안 기업가의 거주기간별로는 10년 이하가 25.0%, 10~30년 사이가 43.2%, 30년 이상이 21.8%로 주로 최근에 도일한 경우가 78.2%를 차지하였다. 따라서 이 연구에서는 1990년대 이후 일본에 건너가 기업을 창업하여 경영하는 기업가들이 많다는 것을 전제로 이해할 필요가 있다. 거주지별로는 도쿄가 51.1%, 기타지역이 9.8%로 주로 도쿄지역에 거주하는 기업가들이 많았으며, 나머지는 무응답자들에 해당된다. 기업가의 동거자별 특성으로서는 배우자나 자녀와의 동거가 74.2%, 부모 9.5%, 친척이나 지인 4.8%, 기타가 11.6%였다. 재일코리안 기업가의 거주별 특성은 부부와 자녀가 동거하는 핵가족이 대부분을 차지하고 있었지만, 9.5%는 조부모와 동거하는 특성을 보이고 있었다.

다음은 재일코리안 기업가의 경영활동에 대하여 살펴보았다. 일본에서 소수민족기업의 경영활동은 거주국의 차별이나 현지사회의 정치적 분위기와 민감하게 작용하기 때문에 기업활동의 공개를 꺼려 연구 상애로사항이 상당히 많았다. 여기에서는 기업수입, 종업원 수, 세대별, 모국 투자, 가족종업원, 업종, 경영형태, 영업연수, 경영조직, 기업의 계속여부, 동포종업원의 유무 등으로 측정하였다.

먼저 재일코리안 기업가의 수입은 1억 엔 미만이 57.9%, 5억 엔 미만이 20.3%, 5억 엔 이상이 11.6%, 10억 엔 이상이 10.1% 등이었다. 조사결과를 자세히 살펴보면 주로 수입이 1억 엔 미만이 절반 이상을 차지하고 있어 영세자영업자들이 대부분임을 알 수 있다. 재일코리안 기업의 종업원 수를 살펴보면 가족중심의 자가경영(self-employment)은 12.5%를 차지하였으며, 1~10명 이하가 32.6%, 10~100명은 37.5%, 100명 이상이 5.9%, 무응답이 11.4%였다. 대부분의 다른 민족(ethnic)기업과 마찬가지로 재일코리안 기업도 가족경영이 12.5%로 상당히 높은 비율을 차지하고 있는 것으로 나타났다. 또한 재일코리안 기업의 기업 내 가족종업원 유무에 대해서는 '있다'가 63.2%, '없다'가 36.8%로 나타나 가족종업원의 고용이 상당히 높은 것을 알 수 있다. 동질민족인 재일동포의 고용 여부에 대해서는 '고용'이 72.1%, '비고용'이 27.9%로 동질민족의 종업원 고용이 높은 비율을 차지하였다. 재일코리안 기업의 세대별 특징에서는 재일 2세대가 49.3%, 재일 1세대가 37.7%, 재일 3세대가 13%를 나타냈는데, 주로 재일 2세들이 기업일선에서 활동하는 비율이 높은 것으로 파악된다.

재일코리안 기업의 글로벌적 수준을 확인할 수 있는 모국 투자에 대한 조사결과는 향후 모국 투자에 대하여 고려하고 있다는 응답자가 36.2%로 나타났으며, '잘 모르겠다'가 23.2%, 나머지 39.1%는 모국 투자를 고려하지 않는다고 응답하였다. 이러한 응답비율은 한국의 글로벌화와 경제성장에 따라 과거 조사에 비해 상당히 모국 투자에 대한 고려비율이 높아진 것이다. 재일코리안 기업의 업종별 특징을 살펴보면, 폐기물 재생자원업이 42.0%, 음식업이 20.3%, 부동산업이 15.9%, 파칭코오락업이 13.0%, 다방 스낵업(주류와 음식판매)이 5.8%, 금융업이 2.9%로 비교적 다양한 분포를 보이고 있다. 특히 재일코리안 3대 산업은 파칭코오락업, 음식업, 부동산업인데 이들은 거의 비슷한 분포를 보이고 있으며, 특징적인 것은 폐기물 에너지 재생업이 가장 높은 비율을 차지하고 있다는 점이다. 이것은 재일코리안 기업의 최근의 기업성향을 반영하는 것으로 매우 특기할만한 점으로 생각된다.

기업의 경영형태 면에서는 단일 업종만 취급하는 경우가 52.2%로 절반 이상을 차지하고 있으며, 2개 업종 이상을 취급하는 경우도 47.7%로 나타났다. 이러한 비율은 재일코리안 기업의 대부분이 다양한 업종을 취급하는 다각적인 경영을 겸하고 있는 것으로 풀이된다. 기업의 영업연수에 있어서도 10년 미만이 34.8%, 30년 이상도 17.4%나 되었다. 영업연수가 10년 미만의 경우의 2000년대 전후 도일하여 창업한 뉴커머기업들이 여기에 해당된다.

최근에는 한류열풍으로 한류상품이나 한류음식을 중심으로 일본으로 진출하는 기업들이 상당히 많은 것으로 나타났다. 경영조직의 경우 개인인지 법인인지를 묻는 질문에서 법인이 76.8%, 개인이 20.3%, 기타 2.9%로 응답자의 약 70% 이상이 법인으로 나타났지만, 아직까지 개인이 경영하는 경우도 여전히 높은 것으로 나타났다. 재일코리안 기업이 향후 영업을 계속할 것인지의 여부를 묻는 질문에서는 '지속할 생각이 없다'가 52.9%, '잘 모르겠다'가 42.6%, '지속할 생각이다'가 4.4%였다. 이 질문에 대한 응답결과는 주지하는 바와 같이 기업가의 고령화와 재일동포 젊은 세대의 일본기업 취업에 의한 민족기업의 위기상황을 그대로 반영하는 결과로 생각된다. 그러나 재일코리안 기업 중 아직까지 차후의 승계 여부를 보류하고 있는 기업도 42.6%나 되었다.

### (2) 재일코리안 기업의 기업가 정신

재일코리안 기업가의 기업가 정신이란 창업 동기나 창업과정에서 형성된 기업가의 경영관이나 가치관으로 정의할 수 있다. 김미덕(2002: 34)은 재일코리안 기업의 경우 중소 영세업자가 많고 경영자원에 한계가 많기 때문에 지금까지 정면 승부보다는 틈새나 기습전법 혹은 상식파괴 등으로 상당한 성공을 거두어왔다고 분석하면서 향후 기업가들이 정면 돌파로 새로운 분야를 개척하고 계속해서 기업의 경영, 발상 · 창조, 기술개발을 해나가지 않으면 어려움에 직면할 것이라고 주장하였다. 또한 실제로 최근 재일코리안 기업가들 중에는 경제원리 및 원칙, 이론을 공부하고 정면승부를 원칙으로 하는 기업가들이 탄생하고 있다고 주장하였다.

그는 최근 재일코리안 기업가들 중 체인점 이론에 따라 다점포화를 전개한 파칭코점포 출현, 프랜차이즈 이론을 적용한 야키니쿠 체인점의 등장, IT산업이나 소프트 시스템개발과 마케팅 이론을 구사하고 있는 네트워크 · 비즈니스 회사의 출현 등을 사례로 들었다. 재일코리안 기업가들은 대개 각종 책, 세미나, 연구회, 자신의 스승이나 지도자 등을 통하여 기업의 경영방법이나 비즈니스 노하우를 습득하고 있는 것으로 나타났다. 이와는 반대로 재일코리안 기업가 중에는 기업규모나 조건 등에서 젊은 기업가들이 존경하고 따를 만한 마땅한 기업가 모델이 없는 것도 큰 약점으로 작용하고 있다.

그는 특히 재일코리안 기업가들의 기업가 정신에 대하여 다음과 같이 분석했다. 재일 1세의 경우 식민지 지역 출신이라는 이유로 박해와 차별을 받았다. 또한 재일코리안은 1945년 해방 전후 조국분단, 조국통일의 염원 등 한 맺힌 반세기를 살 수밖에 없었다. 그들 가슴에 맺힌 한(恨)은 세월이 갈수록 더욱 커져 비즈니스에 대한 강한 의욕을 불러일으켰다. 따라서 재일 1세의 경우 생계유지 차원이 '창업동기'의 가장 큰 요인 중의 하나였다. 또한 재일코리안 기업가들에게는 '모국발전에의 기여', '재일코리안 사회조직에 대한 공헌', '일본 지역사회에 공헌에 의한 재일코리안의 사회적 지위향상 도모' 등이 기업가 정신의 저변에 깔려 있다는 것이다. 그 증거로서 재일 1세들이 무턱대고 돈벌이를 한다거나 기업규모를 확대하지 않고 소박하고 검소한 생활을 함으로써 모국, 재일코리안 사회와 조직, 일본 지역사회에 물심양면으로 공헌해온 점을 들었다.

재일 1세와는 달리 재일 2~3세 기업가 정신의 특징은 장기간에 걸쳐 구축된 재일코리안 특유의 문화로 분석했다. 1910년 일제강점기 이후 오랜 세월 동안 재일코리안의 사회와 역사가 형성되어오면서 탄생한 독자적인 '재일문화'를 말한다. 좀 더 확대해서 말하면 재일코리안 기업가의 '기업문화'란 조국의 문화, 일본의 전통적인 문화, 서구의 영향을 받은 일본의 현대문화 등의 혼합이 빚어낸 독자적인 산물로 볼 수 있다.

이상과 같은 가설로 재일코리안 기업가를 분석한 그는 재일코리안 기업가에 대하여 다음과 같은 결론을 내렸다. 첫째, 재일코리안 기업가 정신은 네거티브라는 것이다. 이것은 재일코리안 기업가들이 역사적인 이유에서 국적이나 민족차별로 기업가의 길을 선택했다는 의미이다. 둘째, 사람의 마음을 움직일 수 있는 정력과 정열을 소유하고 있었다는 점이다. 재일코리안 기업가는 자본, 지식, 노하우, 인맥(네트워크)이 없었지만, 그 대신에 역경을 극복하는 과정에서 습득한 무한한 정력과 정열을 가지고 있었다. 셋째, 도전정신에 가치를 두는 벤처 기업가 정신이다. 재일코리안은 기업가의 학력, 교육방침에서 알 수 있듯이 일본 대기업의 샐러리맨이나 국가공무원으로서의 삶에 가치를 둘 수 없었다. 그렇기 때문에 파칭코나 음식업 등과 같이 일본에서 일종의 산업으로 인정받지 못한 분야에 도전하는 벤처 기업가 정신을 가지고 있었다. 넷째, 기존의 기업들이 지니고 있는 상식의 틀을 큰 저항감 없이 깨뜨리고 수용하는 기업가 정신이다. 재일코리안은 이론이나 지식, 정보에 흔들리지 않고 항상 자신의 머리로 새로운 규칙을 계속해서 참조해왔다. 음식업이나 소비자금융, 각종 서비스업 등 지하경제에서 자본을 축적하여 호텔업, 첨단기술 산업, 무역업, 대학경영으로까지 발전시켰다. 일본인들이 투자를 꺼려하는 업종에서 각고의 노력과 연구, 인내, 선견성을 가지고 모든 것을 쏟아 부었다. 다섯째, 재일코리안 기업가는 일본의 규제나 보호에 얽매이지 않는 야성적인 성격이 강하기 때문에 자유시장이나 환경변화에 대한 적응력이 뛰어났다. 여섯째, 재일코리안 기업가는 위기에 강했다.

재일코리안은 일본에서 법적 지위나 사회적 신뢰성이 낮기 때문에 안정된 생활수단이나 방법을 선택하기보다는 위기를 기회로 비즈니스를 선택한다는 발상이다. 일곱째, 사기와 배신을 당해도 다시 일어서는 칠전팔기의 오뚝이 정신이다. 일본사회의 차별과 박해 속에서 파란만장한 격동의 시대를 살아온 재일코리안은 상호 신뢰할 수 있는 힘과 용기, 도전정신과 생동감 등 기업가들에게 반드시 필요한 기업가 정신을 소유하고 있었다.

이와 더불어 하명생(2003)은 재일코리안 기업가의 활동을 기존 연구로부터 다음과 같이 정리한 바 있다. 재일코리안은 일본사회에서 공직이나 회사에 취업할 수 없었으므로 영리활동 이외에는 자기실현이 불가능했다. 그들 중에는 재능이 뛰어난 사람과 경제적 상승에 대한 지향성이 강한 사람들이 영리활동에 의해 자기실현을 이루고자 하였다. 그들은 영리활동에서 일본인들보다 상대적으로 뛰어난 탁월성을 발휘하였다.

그는 이러한 내용을 바탕으로 재일코리안 기업가들의 유형화를 시도했다. 먼저 재일코리안 기업가들은 저임금 노동력을 존립기반으로 하는 노동 집약적인 경공업의 노동자로 종사하면서 기술과 노하우, 자본을 축적하여 소규모 자영업자로 전환하였다. 이러한 가정 하에서 그는 재일 1세 기업가들을 독립형, 전업형(기존산업 전업형, 미지산업 전업형, 모방 전업형)으로 분류하였다. 독립형은 해방 전후 일본에서 노동자로서 종사하는 과정에서 독립에 필요한 노하우를 축적하여 동일 업종을 창업한 경우이며, 전업형은 업종에서 독립한 후 전업하여 기업활동을 전개한 기업가를 가리킨다.

또한 그는 재일코리안 2~3세 기업가의 활동유형에 대하여 신독립형(전통산업 독립형, 신산업 독립형), 신전업형(신모방 전업형, 신미지 산업 전업형), 개척형으로 분류하였다. 신독립형은 재일 1세가 종사하거나 개척한 산업에 노동자로서 종사하는 과정에서 독립에 필요한 노하우를 축적하고 동종업종을 창업한 경우이며, 신전업형은 독립 후 전업하여 기업활동을 전개한 기업가이다. 개척형은 재일코리안의 취업 및 기업활동과는 관계없는 미개척 또는 미발전 분야에서 창업한 경우라 할 수 있다.

이러한 재일코리안 기업가의 활동을 그는 한마디로 유교적 가치관인 '금의환향'의 기업가 정신이라고 주장하였다. 재일코리안 기업가의 '금의환향' 지향은 한민족적 소양이 높은 재일 1세 기업가들의 지향성을 한마디로 표현한 것으로 생각된다. 재일코리안 1세들은 일본에서 경제적인 성공을 달성한 후 모국 투자나 고향에 대한 물질적인 공헌에 의해 '금의환향'을 실현하고자 했다. 왜냐하면 재일 1세들은 모국의 풍토, 풍습, 언어 등에 익숙하고 '금의환향'이 현실적으로 가능한 상태였기 때문이다. 그러나 재일 2~3세의 경우 일본에서 태어나 자랐기 때문에 귀국은 비현실적이며 한민족 소양이 점차 희박해지고 일본사회로의 동화가 진행되어 재일코리안 1세와 비슷한 유교적 가치관의 문화구조가 없었기 때문에 '금의환향'의 기업가 정신을 기대하기란 힘들다.

이상과 같이 기존 연구들을 통해 재일코리안 기업가 정신을 살펴보면, 김미덕(2002)은 재일코리안 기업가의 독자적인 기업문화, 하명생(2003)은 한민족적 긍지의 유교적 가치관이 담긴 금의환향의 정신 등으로 정리할 수 있다.[3]

### (3) 재일코리안 기업의 네트워크 특성과 기업가 정신 분석

재일코리안 기업의 네트워크 특성 및 기업가 정신(트랜스내셔널리즘적 성향)에 대하여 ANOVA분석과 상관분석, 다중회귀분석을 통해 살펴보고자 한다. 재일코리안 기업의 네트워크(트랜스내셔널리즘) 성향은 〈표 7-4〉에 제시한 바와 같다. 먼저 네트워크 특성에 관한 질문으로서 재일코리안 기

3 임영언 외(2006)『재일코리안 기업의 경영활동』 북코리아, pp. 45-49.

업가의 조직이나 단체에 대한 참가 정도, 조직과 단체 참가 만족도, 접촉 빈도, 친밀도를 종합하여 대응 T검정 및 ANOVA분석을 실시하였다. 분석결과 성별, 출생지, 직업에서 통계적으로 유의미한 차이를 보였다.

재일코리안 기업의 네트워크는 성별에서 남성의 경우 출생지는 한국에서 출생한 사람인수록, 그리고 직업이 관리지인 경우 상호 강한 인내를 보이고 있었다. 또한 여기에 분석결과는 제시하지 않았지만 재일코리안 기업의 한국단체와 제도적 연대에 대해서는 한국선거 투표나 정치정당, 단체활동과 성별에서 차이를 보였다. 재일코리안 기업가의 일본 거

〈표 7-4〉 재일코리안 기업의 인구통계학적 요인과 네트워크(참가 정도, 참가 만족도, 접촉 빈도, 친밀도)

| | 구분 | N | 평균 | 표준편차 | T or F | P |
|---|---|---|---|---|---|---|
| 성별 | 남자 | 58 | 3.80 | 1.07 | 2.278 | 0.025 |
| | 여자 | 54 | 3.30 | 1.25 | | |
| 연령 | 20대 이하 | 21 | 3.56 | 1.32 | .938 | 0.445 |
| | 30대 | 45 | 3.33 | 1.31 | | |
| | 40대 | 32 | 3.83 | .91 | | |
| | 50대 | 12 | 3.60 | 1.07 | | |
| | 60대 이상 | 2 | 4.13 | 1.24 | | |
| 출생지 | 일본 | 5 | 3.45 | 1.50 | −2.477 | 0.014 |
| | 한국 | 107 | 3.57 | 1.18 | | |
| 거주연수 | 10년 이내 | 43 | 3.40 | 1.39 | 1.478 | 0.233 |
| | 10~19년 | 55 | 3.57 | 1.07 | | |
| | 20~29년 | 14 | 4.02 | .84 | | |
| 직업 | 관리직 | 30 | 4.28 | .64 | 7.823 | 0.000 |
| | 전문직/사무직 | 37 | 3.10 | 1.33 | | |
| | 노동 | 11 | 4.00 | .74 | | |
| | 서비스/기타 | 34 | 3.29 | 1.19 | | |
| 학력 | 전문대 이하 | 27 | 3.68 | .87 | .276 | 0.759 |
| | 대학 | 56 | 3.57 | 1.25 | | |
| | 대학원 | 29 | 3.44 | 1.32 | | |

주연수는 한국 자녀 방문의 빈도에 영향을 미치고 있었다. 이것은 재일코리안 기업가의 일본 거주연수가 오래될수록, 즉 거주연수가 20년에서 29년 사이인 경우 한국으로의 자녀 방문 비율이 높은 것으로 나타났다.

다음 〈표 7-5〉는 재일코리안 기업가와 모국과의 경제적 · 재정적 연계에 대한 질문에 대하여 대응 T검정 및 ANOVA분석을 실시한 결과, 성별, 연령, 거주연수가 모국과의 재정 연계에 영향을 미치고 있었다. 즉, 재일코리안 기업가가 여성이고 40대일수록, 일본 거주연수가 짧을수

〈표 7-5〉 재일코리안 기업의 인구통계학적 환경요인과 모국 연대(대응 T검정 및 ANOVA 분석)

| 구분 | | N | 평균 | 표준편차 | T or F | P |
|---|---|---|---|---|---|---|
| 성별 | 남자 | 118 | 1.65 | .40 | −2.218 | 0.028 |
| | 여자 | 63 | 1.78 | .36 | | |
| 연령 | 20대 이하 | 21 | 1.69 | .43 | 2.853 | 0.025 |
| | 30대 | 47 | 1.70 | .39 | | |
| | 40대 | 54 | 1.81 | .30 | | |
| | 50대 | 39 | 1.60 | .42 | | |
| | 60대 이상 | 20 | 1.53 | .47 | | |
| 출생지 | 일본 | 47 | 1.51 | .47 | −0.254 | 0.800 |
| | 한국 | 134 | 1.76 | .34 | | |
| 거주연수 | 10년 이내 | 45 | 1.71 | .38 | 5.402 | 0.001 |
| | 10~19년 | 63 | 1.79 | .34 | | |
| | 20~29년 | 33 | 1.74 | .31 | | |
| | 30년 이상 | 40 | 1.49 | .47 | | |
| 직업 | 관리직 | 99 | 1.66 | .41 | .655 | 0.581 |
| | 전문직/사무직 | 37 | 1.73 | .37 | | |
| | 노동 | 11 | 1.73 | .41 | | |
| | 서비스/기타 | 34 | 1.75 | .37 | | |
| 학력 | 전문대 이하 | 41 | 1.70 | .40 | .342 | 0.711 |
| | 대학 | 107 | 1.68 | .40 | | |
| | 대학원 | 33 | 1.74 | .36 | | |

록 모국과의 재정적 연계가 큰 것으로 나타났다. 반대로 재일코리안 기업가가 60대 이상이거나 일본 거주연수가 30년 이상인 경우 모국과의 연대는 낮은 것으로 나타났다. 종합해보면 재일코리안 기업가가 여성이고, 나이가 젊고, 일본 거주연수가 짧을수록 모국과의 연대의 필요성을 강하게 느끼고 있으며, 트랜스내셔널리즘적 성향(모국과의 연계)이 강한 것으로 나타났다.

다음 〈표 7-6〉은 재일코리안 기업가에게 향후 한국에 귀환할 의향이 있는지에 대하여 5점 척도로 질문한 결과를 나타낸 것이다. 분석결과

〈표 7-6〉 인구통계학적 요인과 귀국 여부(대응 T검정 및 ANOVA분석)

| 구분 | | N | 평균 | 표준편차 | T or F | P |
|---|---|---|---|---|---|---|
| 성별 | 남자 | 116 | 3.14 | 1.27 | −0.851 | 0.396 |
| | 여자 | 62 | 3.31 | 1.24 | | |
| 연령 | 20대 이하 | 21 | 3.24 | 1.26 | 3.488 | 0.009 |
| | 30대 | 47 | 3.60 | 1.08 | | |
| | 40대 | 54 | 3.31 | 1.27 | | |
| | 50대 | 36 | 2.81 | 1.19 | | |
| | 60대 이상 | 20 | 2.60 | 1.43 | | |
| 출생지 | 일본 | 46 | 2.59 | 1.29 | −3.298 | 0.002 |
| | 한국 | 132 | 3.41 | 1.18 | | |
| 거주 연수 | 10년 이내 | 45 | 3.80 | 1.12 | 8.699 | 0.000 |
| | 10~19년 | 61 | 3.15 | 1.15 | | |
| | 20~29년 | 33 | 3.30 | 1.26 | | |
| | 30년 이상 | 39 | 2.49 | 1.23 | | |
| 직업 | 관리직 | 97 | 2.98 | 1.29 | 2.336 | 0.075 |
| | 전문직/사무직 | 37 | 3.51 | 1.02 | | |
| | 노동 | 10 | 3.20 | 1.14 | | |
| | 서비스/기타 | 34 | 3.47 | 1.35 | | |
| 학력 | 전문대 이하 | 40 | 2.90 | 1.32 | 4.716 | 0.010 |
| | 대학 | 105 | 3.13 | 1.20 | | |
| | 대학원 | 33 | 3.76 | 1.23 | | |

를 살펴보면 향후 모국으로 귀국할 의향은 연령, 출생지, 거주연수, 학력에 따라 차이를 보였다. 분석결과를 좀 더 상세히 살펴보면 재일코리안 기업가의 경우 연령이 낮을수록, 출생지가 한국일수록, 거주연수가 짧을수록, 고학력자일수록 모국으로의 귀환의식이 높은 것으로 나타났다.

다음 〈표 7-7〉은 재일코리안 기업가의 네트워크 특성에 대한 상관분석 결과를 나타낸 것이다. 네트워크 문화와 재정적인 연계의 상관분석을 살펴보면, 네트워크문화(한국 TV나 드라마, 영화를 자주 본다. 한국 신문이나 잡지, 인터넷사이트를 자주 보고 있다)에 강한 연대를 가지고 있는 기업가일수록 네트워크 문화와 재정적 연계(한국의 가족이나 친척에게 송금이나 선물을 보낸 적이 있다. 한국의 가족이나 친척으로부터 송금이나 선물을 받았다)도 강한 것으로 나타났다(r = 0.340). 또한 한국과의 문화접촉이 빈번한 재일코리안 기업가일수록 모국으로의 귀환의식이 강한 것으로 나타났다(r = 0.251). 마찬가지로 재일코리안 기업가의 모국과의 경제적 · 재정적 연계가 강할수록 한국으로의 귀환의식이 강한 것으로 나타났다(r = 0.232).

덧붙이면 재일코리안 기업가의 기업가 정신(트랜스내셔널리즘적 성향)은 모국문화와의 접촉빈도와 재정적 연계, 경제적 연대가 강할수록 모국으로의 귀환의식도 강한 것으로 해석할 수 있다.

〈표 7-7〉 재일코리안 기업가의 네트워크 특성 상관관계분석

| | 네트워크 | 네트활동 | 네트문화 | 한국 자녀 방문 빈도 | 경제적 연계 | 귀국 여부 |
|---|---|---|---|---|---|---|
| 네트워크 | 1 | .045 | −.015 | .051 | −.059 | −.092 |
| 네트활동 | | 1 | .106 | −.020 | −.003 | .033 |
| 네트문화 | | | 1 | .097 | .340 | .251 |
| 한국 자녀 방문 빈도 | | | | 1 | .187 | .111 |
| 경제적 연계 | | | | | 1 | .232 |
| 귀국 여부 | | | | | | 1 |

다음 〈표 7-8〉은 재일코리안 기업가의 조직이나 단체의 참가, 참가 만족도, 친밀도, 한국에 가족이나 친척 여부를 다중회귀 분석한 결과이다. 독립변수로서 가족처럼 지내는 친구나 이웃이 많은 기업가(행복 1), 남들이 선망하는 직업을 가지고 있다고 생각하는 기업가(행복 4), 성별, 거주기간이 재일코리안 기업가의 네트워크 활동(트랜스내셔널리즘 성향), 즉 종속변수에 영향을 미치고 있는 것으로 나타났다. 즉, 재일코리안 기업가는 친구나 이웃이 많은 사람일수록, 행복도가 높은 사람일수록, 거주기간이 길수록, 남성일수록 네트워크 활동이 활발하며 외부적인 네트워크 확대(트랜스내셔널리즘적 성향)의 성격이 강한 기업가로 나타났다.

〈표 7-8〉 재일코리안 기업가의 기업가 정신

| | 비표준화 계수 | | 표준화 계수 | t | p |
|---|---|---|---|---|---|
| | B | 표준오차 | 베타 | | (유의확률) |
| (상수) | −.433 | .939 | | −.461 | .646 |
| 행복 1 | .343 | .074 | .476 | 4.650 | .000 |
| 행복 2 | −.116 | .089 | −.145 | −1.291 | .200 |
| 행복 3 | −.155 | .097 | −.177 | −1.591 | .115 |
| 행복 4 | .455 | .112 | .373 | 4.044 | .000 |
| 성별 | −.390 | .197 | −.165 | −1.983 | .050 |
| 태어난 곳 | .384 | .486 | .067 | .790 | .432 |
| 거주기간 | .036 | .016 | .196 | 2.279 | .025 |
| 한류상품 관심 | .054 | .147 | .039 | .367 | .714 |
| 한류상품 접촉 빈도 | −.104 | .145 | −.076 | −.717 | .475 |
| 인식 변화 | .274 | .194 | .158 | 1.415 | .160 |
| 이미지 변화 | .015 | .134 | .014 | .116 | .908 |
| 재일한국인 변화 | −.082 | .155 | −.066 | −.529 | .598 |
| 관심도 변화 | −.142 | .131 | −.129 | −1.084 | .281 |
| 의식 변화 | .036 | .166 | .018 | .217 | .829 |
| 한류 영향 1 | −.029 | .236 | −.014 | −.124 | .901 |
| 한류 영향 2 | .029 | .193 | .017 | .152 | .879 |

주: F=4.794(P<0.001), R^2=0.447

### 3) 재일코리안 기업가 정신의 전망

초국적인 글로벌시대를 맞이하여 대표적 이민집단인 화교, 유태인, 한국인들의 에스닉 기업가 정신은 다양한 학문에서 연구주제로 다루어지고 있다. 대체적으로 초기 이주자들은 에스닉 집단에서 직업을 찾고, 점차 기업가로 발전하는 양상을 보이며, 에스닉 비즈니스 또는 마이너리티 비즈니스로서의 특징을 보여준다. 하지만 점차 비즈니스 경향이 글로벌화되면서 에스닉 기업가들 또한 기업가 정신이 변화하는 것으로 나타났다. 특히 탈경계와 탈문화를 강조하는 트랜스내셔널리즘(transnationalism) 시대 현지거주 사회와 좀 더 폭넓은 네트워크를 활용하여 거주사회의 비즈니스에 진입하거나, 모국과의 거래관계를 확장하고, 더 나아가서는 글로벌 비즈니스 활동까지 영역을 확장하는 보편적 기업가 정신이 대두되고 있다. 이 장에서는 이러한 현상을 한마디로 재일코리안 기업가의 기업가 정신(트랜스내셔널리즘적 성향)으로 정의하였다.

다른 측면에서 에스닉 기업가 정신은 에스닉 집단의 직업선택에 대한 연구로서 자가고용(self-employment)에 대한 이론정립에 공헌해왔으나, 비즈니스 성장과정이나 글로벌화 과정에 대한 연구 관심은 최근에야 대두되었다. 따라서 아직까지 연구의 이론적 정리나 실증적 증거가 제한적으로 제시되고 있는 상황에 있다. 이 연구는 향후 에스닉 기업가 정신의 발전에 대한 연구의 기초자료 및 이론적 확장, 그리고 에스닉 집단의 성장이론으로서 초국가시대 기업가 정신(트랜스내셔널리즘)의 중요성을 지적하였다.

이 연구는 재일코리안 기업가의 기업가 정신의 발전과정을 살펴보고 네트워크 구조의 특성 및 기업가 정신의 분석을 통해 바람직한 네트워크 결합방향을 제시하는 데 있었다. 자료수집은 연구자의 일본 방문조사와 현지조사자를 통해 2012년 1월부터 약 6개월간 진행되었다. 재일코리안 기업의 폐쇄적인 특성상 자료를 수집하는 데 상당한 기간이 소요되었으며, 자료수집 과정에서 여러 가지 어려움도 많았다. 그럼에도 불구하고 재일코리안 기업가를 대상으로 총 184부의 설문조사표를 회수하였다는 것은 상당한 큰 연구성과라고 할 수 있다.

이 연구의 분석결과는 다음과 같이 정리할 수 있다.

첫째, ANOVA분석 결과, 재일코리안 기업가가 여성이며 나이가 젊고 일본 거주연수가 짧을수록 모국과의 연대의 필요성을 강하게 느끼는 트랜스내셔널리즘적 기업가 정신이 강한 것으로 나타났다.

둘째, 재일코리안 기업가의 경우 연령이 적을수록, 출생지가 한국일수록, 거주연수가 짧을수록, 학력이 높을수록 모국으로의 귀환의식이 높은 것으로 나타났다.

셋째, 상관분석 결과, 재일코리안 기업가의 기업가 정신은 모국문화와의 접촉 빈도와 재정적 연계, 경제적 연대가 강할수록 모국으로의 귀환의식도 강한 것으로 나타났다.

넷째, 회귀분석 결과, 재일코리안 기업가는 일본 친구나 이웃이 많은 사람일수록, 행복도가 높은 사람일수록, 거주기간이 길수록, 남성일수록 네트워크 활동이 활발하며 외부적인 네트워크 확대(트랜스내셔널리즘적 성향)도 강한 기업가로 나타났다.

결론적으로 이 연구는 연구가설에서 제시한 바와 같이 소수민족기업의 비즈니스 활동과정에서 민족집단 내부 및 민족집단 외부(일본사회)와의 네트워크에 밀착하면 할수록 기업이 발전하게 된다는 것이다. 이러한 연구결과는 재일코리안 기업이 일본사회와의 상호작용으로 비즈니스의 성장에 영향을 줄 수 있기 때문에 현지사회와의 네트워크 관계를 정립할 필요가 있음을 시사하고 있다.

즉, 21세기 재일코리안 기업가 정신은 김미덕(2002)이 주장하는 재일코리안 기업의 독자적인 기업문화 구축, 하명생(2003)이 제시한 유교적 가치관의 금의환향 정신을 초월하는 초국적인 글로벌 네트워크 구축에 있음을 시사하고 있다. 이 연구는 재일코리안 기업에 이론적 학문적 영역의 확대뿐만 아니라, 실증적으로 일본 내 재일코리안 기업가의 비즈니스 성장을 위한 기업가 정신의 방향성을 제시하고자 시도했다는 점에서 시사하는 바가 크다.

따라서 이 연구는 재일코리안 기업가가 재일코리안 사회와 일본사회와의 실질적인 경제활동의 방향설정에 있어서 네트워크 특성을 고려하고 초국적(트랜스내셔널리즘적) 성향의 기업가 정신의 고취를 통해 기업의 잠재적 가능성을 실현해나가야 한다는 점을 시사하고 있다.

## 2. 재일코리안 기업의 경영승계와 후계자 계승문제

다음은 재일코리안 기업의 경영승계와 관련하여 먼저 1989년 조사 이후 20년이 지난 시점에서 재일코리안 기업의 후계자 계승에 어떤 변화가 있었는지 후계자 계승에 관한 결정요인과 모국 투자에 미치는 영향에 대하여 인구통계학적 측면에서 분석하고자 한다. 또한 재일코리안 기업의 기업계승이 성별 · 연령별 · 출신지역별 · 거주연수별 · 직업별 · 학력별로 어떤 차이가 존재하는지, 후계자 계승과 모국 투자 사이에는 어떤 관계가 있는지, 그리고 기업승계에 있어서 인구통계학적 요인들이 어떤 영향을 미치는지를 고찰하고자 한다.

본 연구에서 고찰하고자 하는 연구문제는 다음과 같다.

연구문제 1: 재일코리안 기업의 후계자 계승과 인구통계학적 변인들 사이에는 어떤 차이가 있는가?

연구문제 2: 재일코리안 기업의 후계자 계승과 모국(해외) 투자 사이에는 어떤 관계가 있는가?

연구문제 3: 재일코리안 기업의 후계자 계승과 인구통계학적 변인들 사이에는 어떤 관계가 있는가?

먼저 1989년도 조사에서 기업가의 연령별 구성을 보면 60세 이상이 9.7%, 50대 17.2%, 30~49세 65.2%, 29세 이하 7.5%였다. 성별 분포는 남성이 86.3%, 여성이 9.4%, 무응답이 4.3%로 기업가 10명 중 1명이 남성인 것으로 나타났다. 세대구성별 분포를 보면 자신이 창업자인 경우가 58.6%, 물려받은 경우가 41.4%로 기업가 10명 중 4명이 2대째 기업을 계승하고 있는 것으로 나타났다. 이번 조사에서는 60세 이상이 10.9%, 50대 21.2%, 40대 29.9%, 30대 26.6%, 20세 이하 11.4%였다. 성별로는 남성이 64.7%, 여성이 35.3%로 과거조사에 비해 여성기업가가 상당히 높게 나타났다.

〈표 7-9〉는 재일코리안 기업의 후계자 계승에 관한 조사결과를 나타내고 있다. 1989년도 조사와 2012년도 본 조사의 후계자 계승에 관한 조사결과를 비교해보면 다음과 같다. 먼저 1989년도 조사에서 향후 기업의 계속 여부를 묻는 폐업 의향에 대한 질문에서는 '계속할 작정이다' 51.6%, '자신의 대에서 그만두겠다.' 22.0%, '잘 모르겠다' 24.7%, '무응답' 1.7%였다. 이번 조사에서는 '전혀 그렇지 않다' 31.0%, '그렇지 않다' 30.2%, '보통' 28.4%, '약간 그렇다'와 '매우 그렇다'를 합하여 10.3%였다. 과거조사에 비해 기업 계속 여부에서는 향후 불투명하다는 응답이 매우 높아진 것으로 보인다.

재일코리안 기업의 모국 투자나 해외 투자 여부에 대한 질문은 과거조사에서 '모국 투자를 하고 있다'가 6.3%, '해외 투자를 하고 있다'가 약 2.6%로 총 8.9%였다. 이번 조사결과는 '투자 중이다' 10.3%, '투자경

〈표 7-9〉 재일코리안 기업의 경영승계 빈도분석

| 질문항목 | 빈도(%) | | 질문항목 | 빈도(%) | |
|---|---|---|---|---|---|
| 경영승계 정도 | 함께 일함 | **77(65.8)** | 업종변경 이유 | 후계자 없음 | 8(7.0) |
| | 고문 역할 | 21(17.9) | | 장래성 없음 | 34(29.8) |
| | 은퇴 | 13(11.1) | | 경영이 힘듦 | **40(35.1)** |
| | 사망 | 6(5.1) | | 자본력 부족 | 10(8.8) |
| 경영계승 상황 | 자신이 적극적으로 | 34(50.0) | | 기타 | 22(19.3) |
| | 어쩔 수 없어서 | 8(11.8) | 업종 계속 여부 | 전혀 그렇지 않음 | 36(31.0) |
| | 알게 모르게 | 26(38.2) | | 그렇지 않음 | 35(30.2) |
| 경영계승 시 어려움 | 전문지식 | 29(25.0) | | 보통 | 33(28.4) |
| | 인간적 문제 | **49(42.2)** | | 약간 그렇다 | 7(6.0) |
| | 금융기관 신뢰 | 19(16.4) | | 매우 그렇다 | 5(4.3) |
| | 점포 노후화 | 14(12.1) | 모국투자 경험 | 투자 중 | 7(10.3) |
| | 기타 | 5(4.3) | | 투자 경험 있음 | 8(11.8) |
| 후계자 결정 여부 | 결정함 | 20(29.4) | | 조건에 따라 | **17(25.0)** |
| | 결정 못함 | 48(70.6) | | 생각 없음 | 23(33.8) |
| 후계자 | 자녀 | **46(40.0)** | | 전혀 생각 없음 | 13(19.1) |
| | 친척 | 8(7.0) | 해외투자 예상 | 투자 중 | 7(10.3) |
| | 기업 내 인물 | 28(24.3) | | 투자 경험 있음 | 9(13.2) |
| | 기타 | 33(28.7) | | | |
| 다각적 경영 | 전혀 고려 안함 | 17(15.0) | | 조건에 따라 | **17(25.0)** |
| | 고려 안함 | 14(12.4) | | 생각 없음 | 24(35.3) |
| | 보통 | 10(8.8) | | | |
| | 조금 고려 | **38(33.6)** | | 전혀 생각 없음 | 11(16.2) |
| | 매우 고려 | 34(30.1) | | | |

험이 있다' 13.2%로 총 23.2%가 과거에 비해 해외투자비율이 증가하였다고 응답하였다.

재일코리안 기업의 세대교체 정도를 보면 과거 조사에서는 '자신의 세대에서 창업했다'고 응답한 기업가가 약 60%, '부모의 사업을 계승한 세대'가 35%, '형제나 기타 친척으로부터 계승'이 5%, '친족 이외 사람으로부터 계승'이 2.3%였다. 기업의 세대교체 정도를 살펴보면 현역에서

'함께 일하고 있다'가 37.2%, '제일선에서 물러나 고문역할을 하고 있다'가 23.1%, '은퇴하여 일하고 있지 않다'가 9.2%, '사망'이 23.1%, '무응답'이 7.5%였다. 기업계승의 상황은 '자신이 적극적으로' 44.5%, '어쩔 수 없어서' 20.7%, '알게 모르게' 23.3%, '무응답' 11.4%였다. 이번 조사결과에서는 기업계승의 정도에서는 '함께 일하고 있다' 65.8%, '고문역할을 하고 있다' 17.9%, '은퇴했다' 11.1%, '사망' 5.1% 순이었다. 기업계승 상황에서는 '자신이 적극적으로' 50.0%, '어쩔 수 없어서' 11.8%, '알게 모르게' 38.2%였다. 기업계승 정도에 관한 이번 조사결과는 기업현장에서 함께 일하고 있다는 비율이 절반 정도 높아졌고, 남들이 알게 모르게 서서히 기업계승을 진행하고 있다는 비율이 과거에 비해 다소 높아진 것으로 나타났다.

재일코리안 기업의 기업계승 시의 문제점에 대해서는 과거 조사에서 '전문지식의 습득' 31.4%, '종업원의 신뢰 등 인적 문제' 30.3%, '거래처나 금융기관의 신뢰' 26.2%, '설비점포의 노후화' 25.6%였다. 본 조사에서는 기업가들이 '인간적인 신뢰'가 42.2%, '전문지식 습득' 25.0%, '금융기관 신뢰' 16.4%, '점포 노후화' 12.1%로 과거의 전문지식습득보다는 인적자원 확보와 신뢰가 무엇보다 중요하다고 생각하고 있는 것으로 나타났다.

재일코리안 기업의 후계자 결정 여부에 대한 질문에서는 과거의 조사결과 '결정하지 못했다'가 52.2%, '결정했다'가 38.1%, 무응답이 9.7%였다. 기업가가 후계자를 이미 선택하고 있는 경우 누구인지를 묻는 질문에서는 '자신의 자녀'가 90.4%로 압도적으로 높게 나타났으며, 다음은 '기업 내 유능한 인물'이 4.3%, '친척'이 3.7%, '무응답'이 1.5%였다. 본 조사결과 후계자 결정 여부에 대하여 '결정했다' 29.4%, '결정 못했다' 70.6%로 과거에 비해 결정했다는 비율이 낮게 나타났다. 그 이유는 20년 전의 조사에 비해 현재 경제불황으로 기업의 계속 여부를 결정짓지 못하고 있는 데 따른 결과로 해석된다.

재일코리안 기업가가 현재 기업을 그만두려고 할 경우 그 이유에 대한 응답 결과를 살펴보면 과거 조사에서는 '자녀가 희망하지 않거나 후계자가 없다' 43.5%, '업계에 장래성이 없다' 39.6%, '경영이 힘들고 어려움이 많다' 26.9%, '현재 자본력으로 발전이 없다' 15.2%였다. 재일코리안 기업의 다각적 경영 정도에 대해서는 한 가지 업종에만 종사하는 기업가가 약 80%, 타 업종으로의 진출의욕은 전체 약 80%로서 매우 높게 나타났다. 좀 더 자세히 살펴보면 '가까운 장래에 진출하고 싶다' 28.4%, '가능하다면 진출하고 싶다' 50.9%, '진출할 예정이 없다' 18.9%, '무응답'이 1.8%였다. 본 조사의 결과 기업의 업종 변경이유에 대하여 과거 조사에서 후계자가 없다는 비율이 높게 나타났으나 이번 조사에서는 '경영이 힘들다'가 35.1%, '장래성이 없다'가 29.8%로 나타났다. 과거 재일코리안 기업가들이 기업을 물려줄 후계자에 대해 고민을 많이 한 것으로 나타났으나 지금은 기업경영 그 자체에 어려움을 느끼고 있는 것으로 추정된다.

다음은 모국 투자에 대한 의향을 질문한 결과 과거 조사에서는 '조건에 따라 생각해보겠다' 26.7%, '모국에 대한 투자는 전혀 생각하지 않는다' 35.3%, '잘 모르겠다' 24.9%, '현재 모국에 투자하고 있다' 6.3%, '모국에서 사업을 한 적이 있다'가 4.4%, '무응답'이 2.3%였다. 재일코리안 기업의 해외투자에 대해서는 '조건에 따라 생각해보겠다' 21.9%, '전혀 투자할 생각이 없다' 41.5%, '잘 모르겠다' 24.5%, '검토하고 있다' 4.4%, '해외투자를 하고 있다' 2.6%, '무응답' 5.1%였다. 이번 조사결과에서는 '조건에 따라 투자를 생각해보겠다'가 25.0%로 과거와 비슷했으나 모국 투자 중이거나 투자경험에 대한 비율은 과거에 비해 상당히 높은 비율을 차지했다. 해외 투자에 대해서도 '조건에 따라 투자하겠다'는 비율이 25.0%로, 과거 21.9%에 비해 약간 높아졌다. 향후 해외 투자계획에 대해서는 해외 투자 중이거나 투자경험이 있다고 응답한 비율이 23.5%로, 과거 7.0%에 비해 상당히 높게 나타났다.

## 3. 재일코리안 기업의 후계자 계승 상관관계 및 회귀분석

### 1) 인구통계학적 요인과 후계자 계승 정도 차이

재일코리안 기업의 후계자 계승과 인구통계학적 변인들 사이에는

〈표 7-10〉 재일코리안 기업의 경영승계 정도 차이분석

| | 구분 | N | 평균 | 표준편차 | T or F | P |
|---|---|---|---|---|---|---|
| 성별 | 남자 | 97 | 1.45 | .84 | −2.825 | 0.006 |
| | 여자 | 20 | 2.05 | .94 | | |
| 연령 | 20대 이하 | 6 | 1.83 | .75 | 1.275 | 0.284 |
| | 30대 | 18 | 1.17 | .71 | | |
| | 40대 | 42 | 1.64 | .88 | | |
| | 50대 | 32 | 1.66 | .97 | | |
| | 60대 이상 | 19 | 1.47 | .90 | | |
| 출생지 | 일본 | 41 | 1.49 | .81 | −3.973 | 0.000 |
| | 한국 | 76 | 1.59 | .93 | | |
| 거주연수 | 10년 이내 | 10 | 1.50 | 1.08 | .641 | 0.590 |
| | 10~19년 | 37 | 1.46 | .87 | | |
| | 20~29년 | 31 | 1.74 | .93 | | |
| | 30년 이상 | 39 | 1.51 | .82 | | |
| 직업 | 관리직 | 94 | 1.53 | .86 | .202 | 0.895 |
| | 전문직/사무직 | 8 | 1.75 | 1.16 | | |
| | 노동 | 6 | 1.50 | 1.22 | | |
| | 서비스/기타 | 9 | 1.67 | .71 | | |
| 학력 | 전문대 이하 | 21 | 1.90 | 1.04 | 3.602 | 0.030 |
| | 대학 | 77 | 1.40 | .75 | | |
| | 대학원 | 19 | 1.79 | 1.08 | | |

주: P<0.05일 경우 유의미.

어떤 차이가 존재하는가? 〈표 7-10〉은 인구통계학적 변인과 성별, 연령별, 출생지별, 거주연수별, 직업별, 학력별로 T검정 및 ANOVA분석 결과를 나타내고 있다.

분석 결과를 살펴보면 성별, 출생지별, 학력이 자영업 계승 정도에 영향을 미치고 있는 것으로 나타났다. 재일코리안 기업의 후계자 계승 정도(진척도)를 살펴보면, 남성이면서 출생지가 한국이고 학력이 높을수록 현재 재일코리안 2세나 3세에게 기업을 계승하고 있는 비율이 높은 것으로 나타났다. 다음은 재일코리안 기업이 이미 후계자를 결정했는지, 즉 기업의 후계자 결정 여부에서는 성별만이 영향을 미치고 있는 것으로 나타났으며 남성일수록 후계자를 이미 결정하고 있는 비율이 높았다(남자 > 여자). 이것은 아직까지 재일코리안 기업가의 대부분이 남성이 많다는 것을 반증하며, 아직까지 재일코리안 1세들에게 존재하는 유교적 가부장제도의 영향으로 재일코리안 사회에서 남성일수록 후계자 계승에 관심이 많은 것으로 나타났다.

### 2) 기업 후계자 계승과 모국 투자 상관분석

재일코리안 기업의 후계자 계승과 모국(해외) 투자 사이에는 어떤 관계가 존재하는가? 〈표 7-11〉은 재일코리안 기업의 모국 투자 경험과 후계자 계승 사이의 상관분석을 나타낸 표이다. 전체적으로 상관분석 결과를 살펴보면 해외투자를 예상하고 있는 기업가의 경우 모국 투자의 경험이 있으며, 기업 계속 여부와 자영업 계승 정도가 강한 것으로 나타났다. 즉, 기업이 불황으로 매우 어려운 상황에도 불구하고 모국 투자를 통해 향후 기업을 지속하려는 의지가 강한 것으로 생각된다. 또한 재일코리안 기업가가 다각적 경영을 고려하고 있는 경우 매출액이 향후 증가할 것으로 예상하였다.

〈표 7-11〉 재일코리안 기업의 모국 투자 경험과 후계자 계승 상관관계 분석

| | 경영승계 정도 | 후계자 결정 여부 | 매출액 예상 | 기업 계속 여부 | 다각적 경영 | 모국 투자 경험 | 해외 투자 예상 |
|---|---|---|---|---|---|---|---|
| 경영승계 정도 | 1 | −.240 | −.046 | .102 | −.192 | .218 | −.087 |
| 후계자 결정 여부 | | 1 | .126 | −.372 | .110 | −.025 | .114 |
| 매출액 예상 | | | 1 | −.270 | .296 | −.121 | −.198 |
| 기업 계속 여부 | | | | 1 | −.166 | .271 | .184 |
| 다각적 경영 | | | | | 1 | −.254 | −.255 |
| 모국 투자 경험 | | | | | | 1 | .475 |
| 해외 투자 예상 | | | | | | | 1 |

반대로 일본 국내에서 다각적 경영을 생각하고 있는 기업가일수록 모국 투자나 해외 투자에 부정적이었으며, 기업의 계속의지가 강한 기업가일수록 후계자 결정이나 매출액 예상에는 부정적인 것으로 나타났다. 또한 후계자 계승의 의지가 강한 기업가일수록 후계자 결정에 신중하여 아직 결정을 하지 못하고 있는 것으로 나타났다.

상관분석 결과를 구체적으로 살펴보면, 재일코리안 기업가의 모국 투자 경험이 있는 기업가의 경우 해외투자계획도 가지고 있으며($r = 0.475$), 기업의 후계자를 결정한 기업가일수록 현재 기업을 자신의 대에서 그만둘 생각이 전혀 없는 것으로 나타났다($r = -0.372$). 또한 재일코리안 기업가는 최근 일본에서 한류의 영향으로 기업의 매출액이 증가할 것이라 예상하는 기업가들은 기업의 다각적 경영을 고려하는 경향이 약한 것으로 나타났다($r = 0.296$).

즉, 재일코리안 기업의 이러한 현상은 일본에서 한류상품이라는 한 상품에 재일코리안 기업가들이 경영의 집중도를 보이고 있는 것으로 생각된다. 현재 기업을 자신의 대에서 그만둘 생각이 없는 기업가일수록 매출액이 약간 증가할 것으로 판단하고 있었다(r = −270). 그러나 재일코리안 기업가가 기업계승에 적극적일수록 기업의 후계자 결정을 여전히 미루고 있는 경향이 강한 것으로 나타나 후계자 결정력이 약한 것으로 나타났다(r = −0.240).

### 3) 기업 후계자 계승 결정 여부 회귀분석

다음은 재일코리안 기업의 후계자 계승과 인구통계학적 변인들 사이에는 어떤 관계가 있는가? 〈표 7-12〉의 회귀분석 결과를 살펴보면, 먼

〈표 7-12〉 재일코리안 기업의 경영승계 결정 여부 회귀분석

| | 비표준화 계수 | | 표준화 계수 | t | 유의확률 |
|---|---|---|---|---|---|
| | B | 표준오차 | 베타 | | |
| (상수) | .885 | .696 | | 1.271 | .209 |
| 행복 1 | −.026 | .079 | −.044 | −.324 | .747 |
| 행복 2 | −.052 | .071 | −.126 | −.734 | .466 |
| 행복 3 | .058 | .087 | .121 | .668 | .507 |
| 행복 4 | .106 | .078 | .214 | 1.364 | .178 |
| 성별 | −.305 | .199 | −.224 | −1.530 | .132 |
| 영업연수 | .005 | .004 | .137 | 1.014 | .315 |
| 태어난 곳 | −.523 | .165 | −.554 | −3.164 | .003 |
| 거주기간 | −.012 | .004 | −.516 | −2.941 | .005 |
| 이미지 변화 | −.136 | .071 | −.396 | −1.911 | .061 |
| 재일코리안 변화 | −.031 | .131 | −.072 | −.234 | .816 |
| 관심도 변화 | .138 | .099 | .342 | 1.403 | .166 |
| 의식 변화 | .050 | .118 | .065 | .427 | .671 |
| 한류 영향 1 | .027 | .115 | .032 | .237 | .813 |
| 한류 영향 2 | −.110 | .101 | −.179 | −1.085 | .283 |

주: F=2.360(P=0.013), F^2=0.384

저 자영업 계승 정도의 회귀분석 결과 행복도, 인적사항(성별, 영업연수, 태어난 곳, 거주기간), 한류 영향과 무관한 것으로 나타났다(F = 0.716, P>0.05). 그러나 재일코리안 기업의 인구통계학적 변인과 후계자 결정 여부의 회귀분석 결과, 후계자 결정 여부는 기업가의 출생지(태어난 곳), 일본에서의 거주기간에 영향을 미치고 있는 것으로 나타났다.

구체적으로 분석 결과를 살펴보면, 재일코리안 기업가의 후계자 결정 여부는 행복도, 한류문화 영향과 무관하지만 응답자의 인적사항인 태어난 곳과 거주기간에 영향을 미치고 있으며 그 설명력은 약 38.4%로 나타났다(F = 2.360, P<0.05, R^2 = 0.384). 표준화 계수를 보면 태어난 곳(−0.554), 거주기간(−0.516)으로 후계자 결정 여부는 응답자의 출생 장소가 거주기간보다 영향을 더 미친 것으로 판단된다. 이러한 결과는 일본에서 얼마나 오래 거주하였느냐가 후계자 결정에 영향을 미쳤다기보다는 출생지, 즉 한국에서 태어난 기업가일수록 후계자 결정에 민감하다는 점을 반영한 것으로 생각된다.

최근 일본에서 한류 영향에 의한 재일코리안 기업의 매출액 예상에 관한 응답은 한류문화의 영향에 관한 응답결과와 일정 부분 상관성이 존재할 것으로 짐작된다. 그러나 분석결과에서는 한류문화, 행복도 그리고 응답자의 인적사항은 재일코리안 기업의 매출액 예상에 별 영향을 미치지 못한 것으로 나타났다(F = 1.307, P>0.05). 이러한 결과는 재일코리안 기업가의 대부분이 한류와 무관한 사업에 종사하는 비율이 높다는 것을 의미하여 재일코리안 사회의 정보격차에 의한 글로벌 트렌드에 뒤처진 기업 경영실태를 보여주고 있는 것으로 생각된다.

다음 〈표 7-13〉은 재일코리안 기업들의 기업승계 여부와 모국 투자 혹은 해외 투자를 할 것인지 아니면 그만둘 것인지에 관한 요인을 종속변수로 하여 재일코리안 기업의 인적사항, 행복도, 한류문화 요인들을 독립변수로 다중회귀분석을 실시한 결과이다. 회귀분석결과를 살펴보면 재일코리안 기업의 모국 투자 여부는 성별, 태어난 곳, 한류 영향 2만 영향을 미치고 있었다[F = 2.432(P = 0.010), R^2 = 0.391].

구체적으로 회귀분석 결과를 보면 성별이 남성일수록, 태어난 곳이 한국일수록 모국(해외) 투자에 대한 기대와 전망이 밝다고 볼 수 있다. 한류 영향 2는 재일코리안의 차별의식 약화, 긍정적 자기인식 변화, 한국 귀속의식 등 일본 내 재일코리안의 위상을 의미하는 것으로 재일코리안의 위상이 높아질수록 재일코리안 기업가도 계속해서 일본에서 민족기업을 계승해나갈 의지가 강한 것으로 판단된다. 이러한 결과는 한류로 인한 한국의 국가 이미지의 제고와 국가 브랜드의 가치상승이 일본에 있는 재일코리안 기업가들에게 기업의 계속 여부나 기업승계에도 다소 영향을 미치고 있는 것으로 해석된다.

〈표 7-13〉 재일코리안 기업의 경영승계와 해외(모국) 투자전망 회귀분석

| | 비표준화 계수 | | 표준화 계수 | t | 유의확률 |
|---|---|---|---|---|---|
| | B | 표준오차 | 베타 | | |
| (상수) | 4.389 | 1.790 | | 2.451 | .018 |
| 행복 1 | .285 | .203 | .188 | 1.403 | .167 |
| 행복 2 | −.289 | .182 | −.271 | −1.592 | .117 |
| 행복 3 | .107 | .225 | .085 | .475 | .637 |
| 행복 4 | −.005 | .200 | −.004 | −.023 | .982 |
| 성별 | 1.185 | .513 | .336 | 2.311 | .025 |
| 영업연수 | .013 | .012 | .150 | 1.112 | .271 |
| 태어난 곳 | −1.185 | .425 | −.485 | −2.787 | .007 |
| 거주기간 | −.004 | .011 | −.066 | −.376 | .708 |
| 이미지 변화 | −.213 | .183 | −.240 | −1.163 | .250 |
| 재일코리안 변화 | .082 | .336 | .075 | .244 | .808 |
| 관심도 변화 | −.107 | .254 | −.102 | −.422 | .675 |
| 의식 변화 | .328 | .304 | .162 | 1.077 | .286 |
| 한류 영향 1 | .340 | .296 | .155 | 1.146 | .257 |
| 한류 영향 2 | −.594 | .261 | −.372 | −2.275 | .027 |

주: F=2.432(P=0.010), R^2=0.391

### 4) 기업후계자 계승 전망

재일코리안 기업들은 성공한 대기업과는 달리 소규모 영세자영업이 대부분이기 때문에 경제불황과 일본 대기업의 진출 여파로 경쟁에서 밀려나고 있다. 재일코리안 1~2세, 특히 1960년대 이후 재일코리안 1세들이 피땀 흘려 이루고 재일코리안 2세들이 틈새산업에서 일하던 시대에는 누구나 열심히만 하면 어느 업종이든 성공이 가능했다. 그러나 1970년대 이후 출생한 재일 3~4세의 경우 일본 산업구조의 변화로 창업을 시도하기조차 어려운 형편이다. 일본 기업에 취업하거나 재일코리안 1세의 기업을 승계하는 경우 그나마 다행인데, 이것조차 특정 업종 이외에는 기대하기 어렵다. 기존 재일코리안 3대 민족산업의 쇠퇴에 따라 폐쇄하는 기업들이 속출하고 있기 때문이다. 재일코리안이 종사하는 기타 산업은 소수에 불과하기 때문에 재일코리안 기업의 미래는 암울한 상황이 지속될 전망이다. 한때 일본에서 번성했던 IT산업도 이미 포화상태에 접어든 지 오래이다.

이러한 상황에 대하여 일본에서 태어나 자란 재일코리안 2세 기업가에 의하면 기업의 쇠퇴 이유에 대하여 글로벌시대 기존 민족산업의 고수와 신성장동력산업의 창출부재의 탓이라며 다음과 같이 지적하였다. 첫째, 기존 재일코리안 민족산업이라 부르는 업종에서 과감히 탈피하여 글로벌시대에 걸맞은 신성장동력산업의 창출, 둘째, 기존 야키니쿠산업에서 탈피하여 뉴커머 중심의 한류산업과 한류식당의 틈새공략으로 새로운 민족산업 창출, 셋째, 39만 명(민단 약 35만 명, 총련 약 4만 명)의 재일코리안 시대의 도래에 따른 민족기업의 생존전략의 전환 등을 심각하게 모색해야 한다고 강조하였다.

이러한 배경 하에 이 연구는 글로벌시대 일본의 경제불황 여파와 재일코리안 사회의 고령화로 인하여 세대교체가 이루어지고 있는 가운데 재일코리안 기업의 기업승계의 실태를 고찰하고 기업생존에 미치는 영향을 분석하였다. 조사대상은 일본 도쿄에 거주하는 재일코리안 기업가(올드커머 및 뉴커머)를 모집단으로 하여 비확률표본 표집방법을 이용하여 표본을 선정하였다. 도쿄에 위치한 재일한국상공회의소와 재일한국인연합회 등지에 부탁하여 기업가를 중심으로 설문자료를 수집하여 분석에 활용하였다.

분석 결과는 다음과 같다.

재일코리안 기업의 후계자 계승 정도와 인구통계학적 변인들 간의 차이분석 결과, 남성이면서 출생지가 한국이고 고학력자일수록 재일코리안 2세나 3세에게 기업을 계승하고 있는 비율이 높게 나타났다.

재일코리안 기업의 후계자 계승과 모국 투자와의 관계에 대해서는 상관분석 결과, 해외 투자를 예상하고 있는 기업가일수록 모국 투자의 경험이 있는 경우 기업계속 여부와 자영업계승 정도의 의지가 강한 것으로 나타났다. 또한 재일코리안 기업가가 다각적 경영을 고려하고 있는 경우 매출액이 향후 증가할 것으로 예상하였다.

재일코리안 기업의 후계자 계승 정도와 인구통계학적 변인 간의 회귀분석 결과, 재일코리안 기업가의 후계자 결정 여부는 행복도, 한류문화 영향과 무관하지만 응답자의 인적사항인 태어난 곳과 거주기간에 영향을 미치고 있으며, 응답자의 출생 장소가 거주기간보다 영향을 더 미친 것으로 풀이된다.

재일코리안 기업의 기업승계와 모국 투자전망과의 회귀분석 결과에서는 기업가의 성별이 남성일수록, 태어난 곳이 한국일수록 모국 투자에 대한 기대와 전망이 밝은 것으로 나타났다. 한류 영향 2는 재일코리안의 차별의식 약화, 긍정적 자기인식 변화, 한국 귀속의식 등 일본 내 재일코리안의 위상을 의미하며 재일코리안의 위상이 높아질수록 재일 기업가도 계속해서 일본 내에서 민족기업을 계승해나갈 의지가 강한 것으로 나타났다.

이 연구는 도쿄 거주 재일코리안 기업가만을 대상으로 설문조사를 실시했다는 점에서 여러 가지로 많은 한계점을 가지고 있다. 그러나 연구 결과 재일코리안 기업의 후계자 계승 문제가 재일코리안 1세의 정체성, 정보 격차, 해외(모국) 투자, 한류 영향과 상관관계가 존재한다는 점에서 향후 재일코리안 기업의 생존전략에 시사하는 바가 크다고 생각된다. 즉, 재일코리안 기업의 글로벌 전략과 정보소통이 현재 불황을 타개할 수 있는 돌파구가 될 것으로 생각된다.

재일코리안 기업의 3대 산업은 새로운 국면을 맞이하고 있다. 분명한 것은 글로벌시대 기존 민족산업 그대로는 기업의 생존이 불가능하기 때문에 새로운 패턴의 기업창출이 요구되고 있다. 따라서 기존의 재일코리안 산업도 이제는 새로운 산업으로 대체되어야 할 기로에 서 있다. 재일코리안 기업의 승계는 재일 1~2세에서 재일 3~4세로 이어지고 있으며, 세대교체가 빨라짐에 따라 민족산업은 점점 사라지고 새로운 산업으로 대체될 가능성이 커지고 있다. 현재 한류가 재일코리안의 대체산업으로 발전해나갈지는 좀 더 지켜보아야 할 것이다.

글로벌시대 일본 국적으로 세계시장을 개척한 몇몇 재일코리안 기업은 탁월한 기업성과를 과시하고 있다. 그러나 대부분 영세자영업 수준인 재일코리안 기업은 제한된 업종에서 글로벌시대 변화와 조류에 따르지 못하고 정보격차 현상을 겪고 있으며 경제위기에 직면해 있는 것이 실상이다.

최근 일본에서 재일코리안의 일본 국적 취득자가 증가하고 있는 상황에서 민족경제의 쇠퇴는 민족경제의 위기로 이어지면서 민족교육도 학생 수의 급감으로 폐교위기에 직면하고 있다. 또한 2012년 총선부터 본격적으로 실시된 재외국민선거는 홍보 부족으로 재일코리안의 등록률이 1%도 못 미치는 예상 밖의 저조를 보였다. 주된 이유는 재일코리안

이 재외국민선거를 위한 등록을 어디서 어떻게 해야 하는지 잘 모르는 정보단절현상이 심각했기 때문이다. 글로벌시대 이러한 재일코리안 사회의 정보소통 문제는 재일코리안 사회의 발전과 민족기업의 회생을 위해 조속히 해결하지 않으면 안 될 것으로 생각된다.

제8장

# 재일코리안 기업가의 행복도와 한류문화

## 1. 재일코리안 기업과 한류

### 1) 일본에서 한류의 유행

해방 이후 재일코리안 기업이나 기업가 관련 연구는 많은 변화를 거듭해오고 있다. 1945년 해방 초기 일본에 잔류하게 된 재일코리안은 민족차별과 취업차별이라는 거주국의 이중적 차별에 맞서 틈새시장을 개척하기 시작했다. 그리고 재일코리안이 개척하여 오늘날 거대한 민족산업으로서 성장시켰고 현재까지 잔존하고 있는 업종들은 파칭코산업, 야키니쿠산업, 토목건축업, 소비자금융업(신용조합) 등이지만 이들 산업도 점차 쇠퇴하면서 다양화되고 있는 추세이다. 이와 관련된 재일코리안 기업 연구들은 이미 일본 내 연구자들이나 국내 소수의 연구자들에 의해 최근 활발하게 진행되어왔다.

그동안 재일코리안 기업에 대한 기존 연구들의 경향은 지난 60여 년의 세월을 반추해볼 때 차별과 생존, 생계유지와 민족산업이라는 고정된 틀 속에서 진행되어온 측면이 없지 않다. 그 이유는 초기 연구자들이 재일코리안 자신들의 회고적 차원에서 추진되어오거나, 아니면 재일코리안의 상공회 조직이나 단체들에 의해 실태조사가 간간히 이어져왔기 때문일 것으로 생각된다.

재일코리안 기업에 대한 기존 실태조사나 연구들의 주요 내용들은 대개 일제강점기의 문화유산으로서 재일코리안과 민족산업의 태동, 그리고 최근 들어 모국 발전에 대한 공헌과 글로벌화에 따른 그들의 기업가 정신 등 다양하게 전개되고 있기는 하지만 아직까지 연구 초보단계에 머무르고 있다. 최근 국내외 연구자들이 이러한 재일코리안 연구의 경향을 확대 발전시키려는 시도에서 많은 관심을 가지고 다양한 주제로 연구를 진행하고 있어 향후 연구의 확산을 기대할 수 있을 것으로 생각된다.

하지만 재일코리안 기업 관련 기존 연구들의 성과인 자학과 차별, 생존이라는 고정관념에서 탈피하여 글로벌시대 새로운 발상의 전환이 필요한 시기라고 생각된다. 왜냐하면 마이너리티기업의 진화론적 측면에서 보면 이러한 기존 연구의 패러다임이 점차 바뀌고 있는 추세이며, 글로벌 기업으로서 시대적 요구와 수요는 더욱 절박해지고 있기 때문이다. 즉, 일본에서 재일코리안 기업의 창업과정과 기업가 정신도 매우 중요한 연구과제이지만 이와 동시에 새로운 관점에서의 창의적인 연구가 더욱 절실히 필요하다는 것이다.

이러한 차원에서 본 연구의 목적은 글로벌시대와 더불어 일본에서 한류문화가 유행함으로써 재일코리안 기업가들에게 어떤 영향을 미쳤는지, 이를 통해 그들 자신의 기존관념에 어떤 변화를 초래했는지, 구체적으로는 한류에 의한 재일코리안 기업가의 행복도에 대한 설문조사 결과를 근거로 검증하는 데 있다. 즉, 글로벌시대 재일코리안 기업가의 행복도에 영향을 미치는 요인이 무엇인지 도출하고자 한다.[1]

---

1 이 연구에서 재일코리안 기업가의 행복도는 일본 현지에서 기업가 자신들이 자각하고 느끼는 주관

따라서 이 연구는 재일코리안 기업가들이 해방 이후 60여 년 동안 그들 자신의 존재감에 대한 질문과 동시에 그들이 이룩한 기업성과를 반추해보고 향후 기업 전개의 방향성을 가늠해볼 수 있는 매우 의미 있는 연구가 될 것으로 생각된다.

### 2) 재일코리안 기업 연구의 변화

재일코리안 기업가에 관한 연구를 시대적으로 개괄해보면, 전체적으로 1980년대 후반부터 점차 일본에서 시도되기 시작하여 1990년대를 거치면서 재일코리안 출신 연구자들이 자신들의 문제에 관심을 갖기 시작하면서 소수민족 경제의 태동과 발전 차원에서 연구에 매진하기 시작했다. 그리고 2000년대 이후에는 한국에서 외국에 거주하는 재일동포와 민족자산이라는 관점에서 재일코리안 기업가들에 대한 재평가와 더불어 모국 경제와의 관계를 중시하게 되면서 다양한 연구자들이 이 문제에 관심을 가지게 되었다.

1945년 해방 이후 지금까지 재일코리안 기업이나 기업가에 대한 연구 경향은 주로 다음 세 가지 측면에서 접근해온 것으로 생각된다. 이들을 유형별로 분류하면 다음과 같다. 첫째, 민단계나 총련계 상공인 단체나 조직에 의한 기업실태조사와 현황조사 차원에서 실시된 실태조사들이다. 재일코리안 관련 주요 실태조사는 지금까지 민단계의 경우 재일한국인상공회의소(1997), 재일한국청년상공연합회(1982, 1989, 1992) 등에서 시행된 결과들이 나와 있고, 총련계에서는 재일본조선인상공연합회 55년(2001), 재일본조선인총연합회(2005) 등 주로 소속 단체들의 자체조사 자료

적 삶의 질의 정도를 말한다. 김명소·한영석(2006)의 연구에서 지적한 바와 같이 개인의 행복도는 개개인에게 만족한 혹은 행복한 삶을 누리고 있는지를 직접 물어보는 개인 수준에서의 경험적 접근을 통해서만 확인 가능하다고 하였다.

들로 한정되어 있다.

둘째, 일본 내 재일코리안 출신 개인 연구자들에 의한 재일코리안 자신들의 소수민족 경제에 관한 연구들이다. 주요 내용은 주로 역사적인 사료분석을 중심으로 마이너리티 자영업자로서 재일코리안 기업가에 대한 연구 시도나 총련과 민단이라는 양 단체의 기업실태조사 자료들의 분석을 논문으로 발전시킨 것들이다. 이러한 연구자들은 주로 1980년대 후반부터 등장하기 시작했는데, 대표적인 연구자로서는 서용달(1989), 김명수(1995), 오규상(1992, 1996), 고선휘(1996, 1998), 하명생(1997, 2003), 박일(2002), 양경희(2009), 한재향(2007, 2010), 나가노 신이치로(2010), 이수임(2012) 등이 이러한 연구 유형에 속한다고 볼 수 있다.

이들 재일코리안 기업가의 기존 연구들의 특징을 살펴보면 대개 서용달(1989)과 김명수(1995)의 경우 민단계가 생산한 상공인 관련 단체 설문조사 자료분석이나 재일한국인 청년실태조사에 기초하고 있다. 총련계 재일코리안 기업가에 대한 선도적인 연구로는 오규상(1992, 1996)의 연구를 들 수 있다. 그는 세계 디아스포라 집단으로 대표되는 유대인상, 화상에 버금가는 디아스포라(소수민족) 집단으로 재일코리안 기업가를 부각시켜 연구를 통해 그들의 성공비결과 도전정신을 밝혀냄으로써 재일코리안 기업 연구의 초석을 다진 것으로 평가된다.

그 밖에도 고선휘(1996, 1998)의 경우 재일제주인 출신 노동자를 중심으로 한 생활실태조사, 하명생(1997, 2003)의 연구는 재일코리안 기업의 경제와 기업가 정신 등에 중점을 두고 있다. 2000년대 이후 재일코리안 기업의 연구에 특기할만한 연구자들은 박일(2002), 양경희(2009), 한재향(2007, 2010) 등으로 재일코리안 기업의 경제사적인 측면에서 접근하여 연구결과를 발표하고 있다.

또한 재일코리안 기업의 일본 내 형성과정이나 모국과의 경제관계에 주목한 연구자로는 나가노 신이치로(2010)이며, 그는 재일코리안 기업이 한국 경제에 어떤 영향을 미쳤는지에 초점을 두고 있다. 특히 이수임(2012)의 연구는 1980년대 유행한 미국에서의 한인 스몰 비즈니스(small business)의 연구성과를 일본사회 내 마이너리티 자영업자들에게 적극적으로 적용하여 재일코리안 기업연구의 영역과 연구의 지평을 확대하는 데 기여하는 바가 크다. 국내에서도 재일코리안 기업 연구는 이러한 일본 내 연구자들의 연구에 힘입어 2000년대 이후 활발하게 전개되어왔다. 이들 재일코리안 기업 관련 연구자들은 임영언(2006, 2011), 김태영(2005), 고광명(2013) 등이 주축을 이루고 있다. 이들 연구는 일본에서의 연구성과를 바탕으로 설문조사를 통한 기초실태조사와 면접조사를 병행하여 연구범위를 광범위하게 확대 전개해왔다. 특히 임영언(2006, 2011)의 연구는 재일코리안 뉴커머 자영업자의 연구를 기반으로 재일코리안 올드커머 기업가에 이르기까지 조사대상자를 확대하여 지금까지 다양한 연구조사를 실시해오고 있다. 그 밖에도 김태영(2005)의 경우 재일코리안 기업가의 기업가 정신, 고광명(2013)은 재일제주인 기업가(제상 = 제주인상인) 연구에 특화시켜 다양한 논문을 발표해오고 있다. 이러한 재일코리안 기업 관련 연구들은 재일코리안의 기업가 정신과 모국에 대한 공헌을 이해하는 데 많은 기여를 해온 것으로 생각된다.

그러나 기업에서 성공하고 모국 발전에 대한 공헌에서 자부심을 느끼고 있는 재일코리안 기업가들은 과연 얼마나 행복감을 느끼고 있는가? 특히 2004년 이후 재일코리안 기업가들이 한류와 맞닥뜨렸을 때 그들은 어떤 행복감을 느꼈는가?

이 연구는 이러한 재일코리안 기업이나 기업가에 대한 실태조사와 기업의 형성과정, 모국 경제발전에 대한 기여 등 기존 연구결과의 바탕위에 현재 그들이 일본에서 디아스포라적 경제생활을 어떻게 평가하고 있는지 살펴보고자 시도하였다. 특히 기존 연구들이 천착한 재일코리안 기업의 차별과 배제 속에서 형성한 민족산업, 민족정체성이나 모국 경제발전에 대한 기여의 측면보다는 글로벌시대 한류문화의 출현과 전파가 일본에서 생활하는 재일코리안의 행복도에 어떤 영향을 미쳤는지 설문조사를 통해 분석하고자 한다.

다만 이 장에서는 한류와 재일코리안 기업가의 행복감과의 상관관계를 분석하는 데 목적을 두고 있기 때문에 현재 일본사회의 재일코리안에 대한 전체 분위기(배외사상)까지 포함하는 데는 일정한 한계가 있다는 점을 분명히 밝혀두며, 이에 대한 연구는 후속 연구에서 다루고자 한다.

이 연구의 목적인 재일코리안 기업가의 행복도에 대한 연구를 진행하기 위해 기본적으로는 김명소(2003, 2006)와 류보머스키(2008)가 수행한 일반적 행복감에 대한 기존 연구결과를 참고로 하였다. 본 연구에서 활용하고 있는 재일코리안 기업가의 행복지수는 이들 설문조사표와 연구결과를 중심으로 연구자가 척도를 개발하여 설문조사를 실시하였다.[2]

## 2. 재일코리안 기업가의 행복도

### 1) 행복도의 개념과 지표

이 연구의 분석자료는 일본에 거주하는 재일코리안 기업가를 대상으로 2013년 2월에 약 두 달간에 걸쳐 실시한 설문조사에 근거하고 있다. 이 연구의 목적은 한류문화가 재일코리안 기업가의 주관적 행복도에 어떤 영향을 미치는지에 대해 초점을 두고 있다. 본 연구의 분석결과는 도쿄에 거주하는 재일코리안 기업가를 대상으로 설문조사를 실시하여 최종적으로 수집된 184명의 데이터에 근거하고 있다.

---

2 김명소·한영석(2006)「한국인의 행복지수 공식 개발」,『조사연구』7권 2호, pp. 8-12.

연구방법은 우선 일반적인 행복도에 대한 기존 연구(김명소, 2003)에서 한국인의 행복척도로 16개의 요인을 도출한 것에 근거하고 있다. 김명소(2003)의 연구는 한국인의 행복척도 16개 중에서 대인관계(2개 문항), 사회적 지위 및 인정(3개 문항), 성취 및 자기수용(4개 문항)이라는 세 가지 요인을 활용하고 있다.

또한 주관적 행복감은 류보머스키(Lyubomirsky, 2008)의 척도(4개 문항)를 활용하여 설문지를 구성하였다.[3] 즉, 류보머스키(2008)의 기존 연구를 활용하여 한류문화가 재일코리안 기업가의 의식변화(재일코리안과 연대감, 한글 애착, 사회단체 애착, 재일코리안 친구 애착)에 미친 영향을 주관적 행복감의 새로운 요

〈표 8-1〉 한국인의 욕구(행복요소)와 재일코리안 기업가의 행복척도 지표

| 김명소(2003, 16개 요인)[4] | 본 연구 |
|---|---|
| - 생존욕구(경제력, 사회·정치·문화 환경, 외모, 건강)<br>- 관계욕구[자녀의 바른 성장, 부모 및 친지간의 원만한 관계, 배우자(이성)와의 사랑 및 신뢰, 타인과의 원만한 관계, 사회적 지위 및 인정]<br>- 성장욕구(성취 및 자기수용, 자기계발 및 목표추구, 자립성, 여가, 긍정적 인생관, 사회봉사, 종교) 등 | - 이 연구는 김명소가 제시한 행복척도 16개 요인 중 대인관계(2개 문항), 사회적 지위 및 인정(3개 문항), 성취 및 자기수용(4개 문항)의 세 가지 요인<br>- 류보머스키(Lyubomirsky, 2008)[5] '주관적 행복척도(subjective happiness scale)' 네 가지 요인<br>- 총 7개 요인을 추출하여 재일코리안 기업가 조사에 적용함 |

주: 이 표는 앞에 제시한 기존 연구를 참고로 필자가 재구성하여 작성하였음.

3 류보머스키(2008)는 7점 척도로 1. 나는 자신이 대체로 매우 행복한 사람이라고 생각한다. 2. 대부분의 내 연배들과 비교해볼 때 나는 자신이 더 행복하다고 생각한다. 3. 어떤 사람들은 대체로 행복하다. 그런 사람들은 삶에서 어떤 일이 일어나든 상관없이 모든 것을 최대한 누리면서 삶을 즐기는 것 같다. 이 진술은 당신을 묘사하는 데 어느 정도나 해당되는가? 4. 어떤 사람들은 대체로 별로 행복하지 않다. 우울증을 앓는 것은 아니지만 그들이 마땅히 행복해야 할 만큼 행복해 보이지 않는다. 이 진술은 당신을 묘사하는 데 어느 정도나 해당되는가? 평균점수는 4.5~5.5임.

4 김명소 외(2003) 「한국 성인의 행복한 삶의 구성요인 탐색 및 척도개발」, 『한국심리학회지: 건강』 Vol. 8, No. 2, pp. 427-429.

5 소냐 류보머스키, 오혜경 옮김(2008) 『How to be happy』 지식노마드.

인변수로 추가하여 분석하였다.

이상과 같이 본 연구는 김명소(2003)의 연구를 통해 일반적 행복척도, 류보머스키(2008)의 연구를 통해 주관적 행복척도를 개발하여 앞의 〈표 8-1〉과 같은 지표로 설정하였다.

### 2) 연구문제 및 분석방법

본 연구는 재일코리안 기업의 한류에 따른 일반적이고 주관적인 행복도를 측정하는 데 있으며, 연구문제 및 분석방법은 다음과 같은 절차에 따라 진행되었다.

첫째, 재일코리안 기업가의 주관적 행복감은 인구통계학적 변수들에 따라 차이가 있는가? 이를 분석하기 위해 차이분석(t분석, 샤프검정)을 실시하였다.

둘째, 재일코리안의 주관적 행복(종속변수)과 독립변수들(대인관계, 사회적 지위 및 인정, 성취 및 자기수용, 뉴커머 의식변화) 간의 인과관계는 어떠한가? 이를 분석하기 위해 다중회귀분석을 실시하였다.

셋째, 재일코리안 기업가의 주관적 행복감에 미치는 예측요인들은 무엇인가? 이를 분석하기 위하여 인구통계학적 변수(성별, 연령, 직업, 학력, 소득, 결혼, 체류기간, 출생지 등)를 통제한 후 회귀분석을 실시하여 연구의 전체적인 결론을 도출하였다.

## 3. 재일코리안 기업가의 행복도 실증분석

### 1) 인구통계학적 분석

먼저 〈표 8-2〉는 본 연구의 설문조사 결과를 바탕으로 재일코리안 기업가의 인구통계학적 특성을 제시한 것이다. 조사결과를 구체적으로 살펴보면 다음과 같다. 분석결과를 보면 성별은 남성이 64.5%, 여성이 35.5%로 남성의 비율이 여성보다 훨씬 높게 나타났다. 이것은 기존 연구에서 나타난 바와 같이 재일코리안 기업가의 일반적 특성을 그대로 반영한 결과라고 생각된다. 재일코리안 기업가의 연령별 구성 비율에서는 20대 이하가 11.5%, 30대 26.8%, 40대 30.0%, 50대 이상 31.7%로 나타났다.

재일코리안이 일본에 정착하기 시작한 지 해방 이후 60년 이상이 경과된 시점에서 재일코리안 기업가가 50대 이상일 경우 대개 재일코리

〈표 8-2〉 조사대상자의 인구통계학적 특성

| 항목 | | 빈도(%) | | 항목 | | 빈도(%) | |
|---|---|---|---|---|---|---|---|
| 성별 | 남성 | 118 | (64.5) | 출생지 | 일본 | 46 | (25.1) |
| | 여성 | 65 | (35.5) | | 한국 | 137 | (74.9) |
| 연령 | 20대 이하 | 21 | (11.5) | 거주 기간 | 10년 이내 | 45 | (24.8) |
| | 30대 | 49 | (26.8) | | 10~19년 | 65 | (35.7) |
| | 40대 | 55 | (30.0) | | 20~29년 | 33 | (18.1) |
| | 50대 이상 | 58 | (31.7) | | 30년 이상 | 39 | (21.4) |
| 학력 | 전문대 이하 | 41 | (22.4) | 직업 | 자영업 | 100 | (54.6) |
| | 대학 | 107 | (58.5) | | 전문직 | 26 | (14.2) |
| | 대학원 | 35 | (19.1) | | 사무직 | 12 | (6.6) |
| 결혼 여부 | 기혼 | 143 | (77.7) | | 서비스/판매 | 12 | (6.6) |
| | 미혼 | 40 | (21.8) | | 기타(전업주부 등) | 33 | (19.0) |
| | 이혼/사별 | 1 | (0.5) | | | | |

안 1세로 간주할 수 있을 것으로 생각된다. 이러한 조사결과는 재일코리안 기업에는 아직까지 상당수가 기업현장에서 현역으로 활동하고 있는 재일코리안 1세들이 많은 것으로 생각되지만, 재일코리안 기업의 주축은 30~40대가 전체의 56.8%를 차지하여 대개 재일코리안 3~4세로 이동하고 있는 것으로 추정할 수 있을 것이다.

재일코리안 기업가의 학력별 특성을 살펴보면 전체적으로 대학 졸업 이상이 77.6%를 차지하며 대학원 졸업자도 19.1% 정도였다. 이러한 재일코리안 기업가의 고학력현상은 연령별 특성과도 깊은 관계가 있을 것으로 생각된다. 즉, 재일코리안 기업가들이 점차 재일코리안 3~4세로 승계되면서 재일코리안 1~2세와는 전혀 다른 학력의 특성을 보여주고 있다. 이것은 기존 연구조사에서 재일코리안 기업가 중 무학력자들이 많았던 것과는 대비된다고 볼 수 있을 것이다.

재일코리안 기업가의 결혼 여부를 살펴보면 기혼자가 77.7%, 미혼자가 21.8%로 대부분 기혼자이지만 상당수의 젊은 청년층 기업가가 포함되어 있는 것으로 생각된다. 이것은 상기의 연령별 특성이나 학력별 구성비율의 특성과도 연관된 것으로 추정된다.

그러면 본 설문에 응답한 재일코리안 기업가들의 출생지는 어디인가? 이번에는 재일코리안 기업가들에게 그들의 출생지에 대하여 질문하였다. 응답결과를 살펴보면 재일코리안 기업가들은 출생국가에 대하여 일본이 25.1%, 한국이 74.9%라고 응답하였다. 이러한 조사결과는 재일코리안 기업가의 연령층이 계속 낮아지고 있다고 볼 수 있으나, 한편으로는 한국에서 일본으로 진출하거나 1980년대 전후 일본으로 진출한 기업가들이 많은 것을 시사하고 있다.

이러한 조사결과와 관련하여 재일코리안 기업가의 일본에서의 거주기간을 살펴보면 10~30년 사이가 전체 53.8%로 나타나 절반 이상을 차지하였다. 일본에서 거주기간이 30년 이상 된 기업가도 21.4%나 되었으며, 10년 이내도 24.8%였다. 덧붙여 재일코리안 기업가의 직업별 특성을 살펴보면 자영업자가 54.6%로 가장 높았고, 전문직 14.2%, 사무직 6.6%, 서비스/판매업 6.6%, 기타가 19.0%를 차지하였다.

### 2) 행복도 측정도구의 타당성 및 신뢰도 분석

먼저 이 연구의 분석은 재일코리안 기업가의 행복척도와 한류 영향척도에 대한 성별, 연령별, 결혼 여부별, 출생지별, 거주기간별 차이분석을 실시하였다. 이에 앞서 한국인의 행복척도로 16개의 요인을 도출한 김명소(2003)의 연구를 참고하여 작성한 설문조사표가 요인분석을 하기에 적합한 자료인지의 여부를 검증하였다.

〈표 8-3〉 행복척도의 타당성 및 신뢰도 분석

| 변수 | 측정문항 | 성분 1 | 성분 2 | 성분 3 | 성분 4 | 신뢰도(α) |
|---|---|---|---|---|---|---|
| 대인관계 | 관계 1 | .166 | .512 | .237 | .588 | 0.603 |
| | 관계 2 | .233 | .089 | −.017 | .864 | |
| 사회적 지위 및 인정 | 지위 1 | .168 | .842 | .216 | .263 | 0.922 |
| | 지위 2 | .323 | .877 | .095 | .037 | |
| | 지위 3 | .331 | .860 | .147 | .045 | |
| 성취 및 자기수용 | 성취 1 | .769 | .400 | .134 | .009 | 0.901 |
| | 성취 2 | .815 | .104 | .184 | .291 | |
| | 성취 3 | .804 | .356 | .219 | .123 | |
| | 성취 4 | .758 | .257 | .349 | .166 | |
| 주관적 행복 | 행복 1 | .274 | .163 | .824 | .134 | 0.815 |
| | 행복 2 | .177 | .150 | .849 | .061 | |
| | 행복 3 | .041 | .119 | .796 | .153 | |
| | 행복 4 | .240 | .073 | .626 | −.223 | |
| 고유값 | | 6.142 | 1.782 | 1.129 | 1.002 | |
| 분산비율(%) | | 22.806 | 22.474 | 21.394 | 10.673 | |
| 누적 분산비율(%) | | 22.806 | 45.280 | 66.674 | 77.347 | |

요인분석 결과 총 4개의 주요 요인이 추출되었고, 각 요인의 고유값은 모두 1.00 이상이었다. 추출된 4개 요인의 행복척도에 대한 전체 누적 분산비율은 약 77%로 나타났다. 각 요인에 포함된 평가항목의 내용을 고려하여 4개의 요인을 각각 '대인관계', '사회적 지위 및 인정', '성취 및 자기수용', '주관적 행복'으로 명명하였다.

요인분석을 통해 추출된 4개 항목에 대하여 신뢰도를 분석한 결과를 살펴보면 앞의 〈표 8-3〉과 같다. 분석결과 행복요인별 Cronbach 알파는 '대인관계', '사회적 지위 및 인정', '성취 및 자기수용', '주관적 행복'이 각각 0.603, 0.922, 0.901, 0.815로 나타났으며 전체 항목에 대한 Cronbach 알파는 0.6 이상으로 높게 나타나 요인별 평가항목들이 비교적 일관된 내용을 평가하고 있는 것으로 나타났다.

다음으로 한류 영향의 요인별 신뢰도분석 결과를 살펴보면 〈표 8-4〉와 같다. 한류척도의 요인분석 결과, 총 4개의 주요인으로 추출되었고 각 요인의 고유값은 1.00 이상이었다. 추출된 4개 요인의 한류척도에 대한 누적 분산비율은 약 70%로 나타났다.

각 요인의 평가항목에 대한 주요 내용은 '주관적 행복', '한국 이민지 개선', '재일코리안 이미지 개선', '재일코리안 의식 변화' 등으로 정리하

〈표 8-4〉 한류 영향 척도의 타당성 및 신뢰도 분석

| 변수 | 측정항목 | 성분 1 | 성분 2 | 성분 3 | 성분 4 | 신뢰도(α) |
|---|---|---|---|---|---|---|
| 주관적 행복 | 행복 1 | .154 | −.074 | .021 | .874 | 0.815 |
| | 행복 2 | .139 | −.017 | −.012 | .884 | |
| | 행복 3 | .150 | .146 | −.024 | .770 | |
| | 행복 4 | .008 | −.027 | .049 | .656 | |
| 한국 이미지 개선 | 한국 이미지 | .189 | .364 | .828 | .010 | 0.912 |
| | 한국인 이미지 | .210 | .287 | .840 | −.005 | |
| | 한국 관심 | .130 | .287 | .839 | .023 | |

(계속)

| 변수 | 측정항목 | 성분 1 | 성분 2 | 성분 3 | 성분 4 | 신뢰도(α) |
|---|---|---|---|---|---|---|
| 재일코리안 이미지 개선 | 재일코리안 이미지 | .167 | .679 | .406 | .046 | 0.859 |
| | 재일코리안 관심 | .160 | .770 | .374 | .089 | |
| | 재일코리안 관용 | .227 | .782 | .251 | −.011 | |
| | 역사문제 관심 | .146 | .738 | .025 | −.060 | |
| | 차별의식 감소 | .185 | .737 | .274 | .008 | |
| 재일코리안 의식 변화 | 한국 상품 자부심 | .649 | .002 | .262 | .193 | 0.886 |
| | 재일코리안 연대감 | .829 | .104 | .172 | .043 | |
| | 일본사회 긍정평가 | .819 | .173 | .130 | .012 | |
| | 한글 애착과 학습 | .712 | .135 | .184 | .169 | |
| | 재일코리안 단체 애착 | .769 | .326 | .005 | .043 | |
| | 재일코리안 애착 | .804 | .247 | −.030 | .174 | |
| 고유값 | | 6.549 | 2.947 | 1.889 | 1.141 | |
| 분산비율(%) | | 21.372 | 18.359 | 14.962 | 14.900 | |
| 누적 분산비율(%) | | 21.372 | 39.731 | 54.693 | 69.593 | |

였다. 분석요인별 Cronbach 알파 값은 0.815, 0.912, 0.859, 0.886으로 매우 높게 나타났으며, 한류척도 요인별 평가항목들을 일관되게 평가하고 있는 것으로 볼 수 있다.

## 4. 재일코리안 기업가의 행복도 차이분석

### 1) 한류와 인구통계학적 차이분석

여기서는 요인분석을 통해 도출된 행복도와 한류 영향에 대한 두 요인에 대해 성별, 출생지별, 결혼형태별, 연령별, 학력별, 거주기간별 차이분석을 실시하였다. 차이분석을 실시한 결과는 다음과 같다.

〈표 8-5〉 행복도와 한류의 성별 차이분석

| 요인 | | 남자(n=118) | 여자(n=65) | t |
|---|---|---|---|---|
| 행복도 | 대인관계 | 4.479(1.353) | 4.446(1.591) | 0.147 |
| | 사회적 지위 및 인정 | 4.113(1.343) | 3.856(1.355) | 1.233 |
| | 성취 및 자기수용 | 4.597(1.232) | 4.696(1.402) | −0.494 |
| | 주관적 행복 | 5.110(0.968) | 5.285(0.993) | −1.156 |
| 한류 영향 | 한국 이미지 개선 | 4.517(0.554) | 4.115(0.675) | 4.326*** |
| | 재일코리안 이미지 개선 | 4.025(0.680) | 3.381(0.734) | 5.934*** |
| | 재일코리안 의식 변화 | 3.597(0.620) | 3.372(0.704) | 2.218** |

주) **: p<.05, ***: p<.001

먼저 〈표 8-5〉를 보면 재일코리안 기업가들이 한류 영향에 대해 대체로 성별 평균값이 보통 이상으로 높게 나타났다. 특히 한류 영향 요인에 대해서는 한국 이미지 개선, 재일코리안 이미지 개선, 재일코리안 의식 변화 등에서 남성보다 여성이 모두 높게 반응하여 통계적으로 유의미한 차이를 보였다. 이러한 결과는 기존 연구에서 일본인 남성보다 여성이 한류에 더 많은 관심을 가지고 있다는 결과와도 상통하는 것으로 생각된다. 행복감에 대한 요인에 대해서는 성별 두 집단이 거의 비슷하여 집단 간 차이는 없는 것으로 나타났다.

다음 〈표 8-6〉의 출생지별 차이분석에서 행복감과 한류 영향 요인에 대해서는 대체로 높은 반응을 보이는 것으로 나타났다. 행복감에서는 대인관계, 성취 및 자기수용, 주관적 행복에 유의미한 차이를 보였지만, 사회적 지위 및 인정에 대해서는 한국과 일본 간의 차이를 보이지 않았다. 출생지별로는 일본보다 한국에서 태어난 기업가들의 행복감이 높은 것으로 나타났다. 한류 영향에 대한 차이분석에서는 한국 이미지 개선이나 재일코리안 이미지 개선에 대해 대체로 높은 반응을 보였으며 유의미한 차이를 나타냈다. 한류의 영향에 대해서는 주로 한국보다 일본에서

〈표 8-6〉 행복도와 한류의 출생지에 따른 차이분석

| 요인 | | 일본(n=46) | 한국(n=137) | t |
|---|---|---|---|---|
| 행복도 | 대인관계 | 4.087(1.112) | 4.595(1.514) | −2.432* |
| | 사회적 지위 및 인정 | 3.913(1.000) | 4.058(1.449) | −0.755 |
| | 성취 및 자기수용 | 4.168(1.045) | 4.788(1.332) | −3.236** |
| | 주관적 행복 | 4.864(0.993) | 5.276(0.954) | −2.505* |
| 한류 영향 | 한국 이미지 개선 | 4.659(0.551) | 4.279(0.625) | 3.669*** |
| | 재일코리안 이미지 개선 | 4.296(0.576) | 3.631(0.746) | 5.510*** |
| | 재일코리안 의식 변화 | 3.413(0.570) | 3.553(0.684) | −1.249 |

주) *: p<.05, **: p<.01, ***: p<.001

더 높은 것으로 나타났다. 그러나 한류 영향에 의한 재일코리안 의식 변화에는 집단 간의 차이가 없는 것으로 나타났다.

재일코리안 기업가의 행복감과 한류 영향에 대한 결혼형태별 차이 분석에서는 〈표 8-7〉에 제시한 바와 같이 행복감에서 대인관계나 성취 및 자기수용이 유의미한 차이를 보였다. 하지만 사회적 지위 인정이나 주관적 행복에 대해서는 집단 간 차이를 보이지 않았다. 특히 기혼자보다는 미혼자의 경우 대인관계나 주관적 행복감에 높게 반응하는 것으로

〈표 8-7〉 행복도와 한류의 결혼형태별 차이분석

| 요인 | | 기혼(n=143) | 미혼(n=40) | t |
|---|---|---|---|---|
| 행복도 | 대인관계 | 4.311(1.361) | 5.025(1.581) | −2.828** |
| | 사회적 지위 및 인정 | 4.089(1.379) | 3.783(1.221) | 1.267 |
| | 성취 및 자기수용 | 4.512(1.274) | 5.063(1.278) | −2.413* |
| | 주관적 행복 | 5.157(0.982) | 5.225(0.972) | −0.386 |
| 한류 영향 | 한국 이미지 개선 | 4.434(0.661) | 4.162(0.432) | 3.064** |
| | 재일코리안 이미지 개선 | 3.950(0.738) | 3.246(0.581) | 5.505*** |
| | 재일코리안 의식 변화 | 3.514(0.651) | 3.530(0.690) | −0.133 |

주) *: p<.05, **: p<.01, ***: p<.001

나타났다. 한류의 영향에 대해서는 재일코리안 이미지 개선이나 한국 이미지 개선이 통계적으로 유의미한 차이가 있는 것으로 나타났으며, 미혼자보다는 기혼자들이 한류 영향에 높은 반응을 보였다.

다음은 행복감과 한류 영향에 대해 연령별 차이분석 결과 〈표 8-8〉에 제시한 바와 같이 행복감에서는 주로 대인관계, 성취 및 자기수용, 주관적 행복감이 집단 간의 유의미한 차이를 보여 연령이 높아질수록 대인관계 요인에 높게 반응하는 것으로 나타났다. 한류 영향에 대해서는 한국 이미지 개선이나 재일코리안 이미지 개선과 유의미한 차이를 보이고 있는데, 재일코리안 기업가들의 연령이 높아질수록 한류 영향은 한국과 재일코리안 이미지 개선에 많은 영향을 미치고 있는 것으로 생각하는 경

〈표 8-8〉 행복도와 한류의 연령별 차이분석

| 요인 | | 20대 이하 (n=21) | 30대 (n=49) | 40대 (n=55) | 50대 이상 (n=58) | F | Scheffe |
|---|---|---|---|---|---|---|---|
| 행복도 | 대인관계 | 5.55<br>(1.42) | 4.59<br>(1.60) | 4.45<br>(1.36) | 3.98<br>(1.14) | 6.878*** | 1>3<br>1>4 |
| | 사회적 지위 및 인정 | 3.67<br>(1.21) | 3.93<br>(1.43) | 4.34<br>(1.33) | 3.93<br>(1.32) | 1.692 | |
| | 성취 및 자기수용 | 4.95<br>(1.45) | 5.06<br>(1.28) | 4.64<br>(1.29) | 4.16<br>(1.11) | 5.156** | 2>4 |
| | 주관적 행복 | 4.98<br>(1.10) | 5.29<br>(1.02) | 5.45<br>(0.96) | 4.89<br>(0.83) | 3.729* | 3>4 |
| 한류 영향 | 한국 이미지 개선 | 4.13<br>(0.45) | 4.15<br>(0.54) | 4.50<br>(0.61) | 4.53<br>(0.70) | 5.383*** | 3>2<br>4>2 |
| | 재일코리안 이미지 개선 | 3.23<br>(0.53) | 3.51<br>(0.64) | 3.89<br>(0.75) | 4.16<br>(0.74) | 12.734*** | 3>1<br>4>1<br>4>2 |
| | 재일코리안 의식 변화 | 3.42<br>(0.57) | 3.49<br>(0.66) | 3.67<br>(0.64) | 3.44<br>(0.69) | 1.454 | |

주) *: $p<.05$, **: $p<.01$, ***: $p<.001$

〈표 8-9〉 행복도와 한류의 학력별 차이분석

| 요인 | | 전문대 이하 (n=41) | 대학 (n=107) | 대학원 (n=35) | F | Scheffe |
|---|---|---|---|---|---|---|
| 행복도 | 대인관계 | 4.68 (1.45) | 4.26 (1.38) | 4.86 (1.53) | 2.954 | |
| | 사회적 지위 및 인정 | 3.72 (1.24) | 3.87 (1.31) | 4.84 (1.32) | 8.786*** | 3>1 3>2 |
| | 성취 및 자기수용 | 4.08 (1.13) | 4.62 (1.26) | 5.33 (1.26) | 9.694*** | 3>1 3>2 |
| | 주관적 행복 | 5.03 (0.87) | 5.13 (1.02) | 5.46 (0.92) | 2.025 | |
| 한류 영향 | 한국 이미지 개선 | 4.24 (0.75) | 4.47 (0.59) | 4.25 (0.55) | 3.038 | 등분산 가정 안 됨 |
| | 재일코리안 이미지 개선 | 3.69 (0.90) | 3.89 (0.74) | 3.64 (0.61) | 1.974 | |
| | 재일코리안 의식 변화 | 3.33 (0.68) | 3.62 (0.47) | 3.52 (0.66) | 2.425 | |

주) *: p<.05, **: p<.01, ***: p<.001

향이 강했다.

재일코리안 기업가의 학력별 행복감과 한류 영향에 대한 차이분석 결과 〈표 8-9〉에 제시한 바와 같이 행복감에 대해서는 집단 간 유의미한 차이가 있는 것으로 나타났지만, 한류 영향에 대해서는 유의미한 차이를 보이지 않았다. 행복감에서 유의미한 차이를 보인 항목은 사회적 지위 및 인정, 성취 및 자기수용 요인으로 학력이 높을수록 일본사회에서 사회적 지위나 자기성취감에 대해 높게 반응하는 것으로 나타났다. 즉, 재일코리안이 일본에서 학력이 높을수록 일본사회로부터 인정받고 자기성취감도 높게 평가하고 있는 것으로 생각된다.

재일코리안 기업가의 거주기간별 행복감과 한류 영향에 대한 차이

〈표 8-10〉 행복도와 한류의 거주기간별 차이분석

| 요인 | | 10년 이내 (n=45) | 10~19년 (n=65) | 20~29년 (n=33) | 30년 이상 (n=39) | F | Scheffe |
|---|---|---|---|---|---|---|---|
| 행복도 | 대인관계 | 4.61 (1.79) | 4.85 (1.42) | 4.18 (1.29) | 3.86 (0.79) | 4.756** | 2>4 |
| | 사회적 지위 및 인정 | 3.79 (1.54) | 4.26 (1.28) | 3.96 (1.48) | 3.94 (1.09) | 1.214 | |
| | 성취 및 자기수용 | 4.97 (1.41) | 4.92 (1.25) | 4.26 (1.29) | 4.08 (0.97) | 5.774*** | 1>4<br>2>4 |
| | 주관적 행복 | 5.19 (1.15) | 5.28 (0.92) | 5.25 (0.90) | 4.91 (0.93) | 1.254 | |
| 한류 영향 | 한국 이미지 개선 | 4.11 (0.51) | 4.29 (0.58) | 4.46 (0.79) | 4.75 (0.49) | 8.962*** | 4>1<br>4>2 |
| | 재일코리안 이미지 개선 | 3.35 (0.63) | 3.72 (0.72) | 3.91 (0.78) | 4.37 (0.57) | 16.371*** | 3>1<br>4>1<br>4>2 |
| | 재일코리안 의식 변화 | 3.54 (0.72) | 3.52 (0.60) | 3.67 (0.79) | 3.37 (0.55) | 1.254 | |

주) *: p<.05, **: p<.01, ***: p<.001

분석에서는 〈표 8-10〉에 나타난 바와 같이 행복감에서는 대인관계, 성취 및 자기수용에서 통계적으로 유의미한 차이를 보였다. 또한 한류 영향에 대해서는 한국 이미지 개선과 재일코리안 이미지 개선이 통계적으로 유의미한 차이가 있는 것으로 나타났다. 즉, 재일코리안 기업가들은 일본에서 거주기간이 길어질수록 대인관계에서 성취 및 자기수용에 행복감을 느끼는 것으로 나타났으며, 한류 영향에 의해 한국 이미지나 재일코리안 이미지가 개선된 것으로 생각하고 있는 경향이 강했다.

이상과 같은 결과를 바탕으로 재일코리안 기업가의 주관적 행복감에 대한 차이분석(t분석, 샤프검정) 결과를 종합적으로 정리하면 다음과 같다.

먼저 재일코리안 기업가의 성별 행복감에 대한 차이분석에서 성별 두 집단이 거의 비슷하여 집단 간 차이가 없는 것으로 나타났다. 한류 영향 요인에 대해서는 한국 이미지 개선, 재일코리안 이미지 개선, 재일코리안 의식 변화 등 모두 남성보다 여성이 높게 반응하여 통계적으로 유의미한 차이를 보였다. 출생지별 차이분석 결과에서는 행복감에서 대인관계, 성취 및 자기수용, 주관적 행복에 유의미한 차이를 보였고 한류 영향에 대한 차이분석에서는 한국 이미지 개선이나 재일코리안 이미지 개선에 대하여 유의미한 차이를 나타냈다. 결혼형태별 차이분석에서는 행복감에서 대인관계나 성취 및 자기수용이 유의미한 차이를 보였고, 한류의 영향은 재일코리안 이미지 개선이나 한국 이미지 개선이 통계적으로 유의미한 차이를 나타냈다.

재일코리안 기업가의 연령대별 차이분석 결과는 행복감에서는 주로 대인관계, 성취 및 자기수용, 주관적 행복감이 집단 간의 유의미한 차이를 나타냈으며, 한류 영향은 한국 이미지 개선이나 재일코리안 이미지 개선과 유의미한 차이를 보였다. 재일코리안 기업가의 학력별 행복감과 한류 영향에 대한 차이분석 결과를 보면 한류 영향은 유의미한 차이를 보이지 않았다. 행복감에서 유의미한 차이를 보인 항목은 사회적 지위 및 인정, 성취 및 자기수용 등으로 학력이 높을수록 일본사회에서 사회적 지위나 자기성취감에 대해 높게 반응하는 것으로 나타났다. 거주기간별 행복감과 한류 영향의 차이분석 결과, 행복감에서는 대인관계, 성취 및 자기수용, 한류 영향은 한국 이미지 개선과 재일코리안 이미지 개선이 통계적으로 유의미한 차이가 있는 것으로 나타났다.

### 2) 주관적 행복도의 인과분석

재일코리안 기업가의 주관적 행복도에 영향을 주는 요인은 무엇인

〈표 8-11〉 주관적 행복감 영향요인 분석

| 변수 | 표준화 계수(β) | t | 공선성 통계량 | |
|---|---|---|---|---|
| | | | 공차 | VIF |
| 대인관계 | .000 | −.006 | .667 | 1.500 |
| 사회적 지위 및 인정 | .115 | 1.281 | .517 | 1.934 |
| 성취 및 자기수용 | .370 | 4.212*** | .542 | 1.846 |
| 한국 이미지 개선 | −.054 | −.637 | .593 | 1.688 |
| 재일코리안 이미지 개선 | −.007 | −.074 | .524 | 1.908 |
| 재일코리안 의식 변화 | .206 | 2.726*** | .733 | 1.364 |
| 모형 요약 | F=10.776***, R2=0.271, ΔR2=0.246 | | | |

주) ***: p<.001

가? 이를 검증하기 위해 세 가지 요인(대인관계, 사회적 지위 및 인정, 성취 및 자기수용)의 회귀분석을 실시하였다. 분석 결과, 성취 및 자기수용만이 통계적으로 유의미하게 관계가 있는 것으로 나타났다. 즉, 재일코리안 기업가의 행복도는 대인관계나 사회적 지위 및 인정보다는 성취 및 자기수용이 주관적 행복도를 결정하는 변수라는 것을 확인할 수 있다.

그러면 한류의 영향은 재일코리안 기업가의 주관적 행복도에 어떤 영향을 미치고 있는가? 재일코리안의 주관적 행복도와 3개 요인(한국 이미지 개선, 재일코리안 이미지 개선, 재일코리안 의식 변화)의 회귀분석 결과 〈표 8-11〉에 제시한 바와 같이 재일코리안의 의식 변화가 재일코리안 기업가의 주관적 행복도에 영향을 미치고 있는 것으로 나타났다. 일본에서 한류는 재일코리안의 행복도에도 어느 정도 영향을 미치고 있는 것으로 보인다.

전체적으로 회귀분석 결과를 종합해보면 재일코리안 기업가들의 주관적 행복도에 미치는 영향은 기업가의 성취 및 자기수용이 강할수록, 한류문화에 의한 재일코리안의 의식변화가 높게 나타날수록 재일코리안 기업가의 행복도도 높은 것으로 나타났다.

〈사진 8-1〉 한류와 혐한류의 중심지 오사카와 신오쿠보 코리아타운

### 3) 한류와 재일코리안 기업의 전망

이 연구는 일본에서 한류가 재일코리안 기업가의 행복도에 어떤 영향을 미쳤는지 연구하기 위해 개발된 행복척도에 따라 실시된 설문조사의 결과에 근거하여 검증하였다. 이 연구의 분석자료는 도쿄에 거주하는 재일코리안 기업가를 대상으로 설문조사를 실시하여 수집된 184명의 데이터에 근거하고 있다.

이 연구의 분석방법은 수집된 데이터를 바탕으로 인구통계학적 변수들에 따라 주관적 행복도가 어떤 차이를 나타내는지 분석하기 위해 차이분석(t분석, 샤프검정)을 실시했다. 또한 재일코리안의 주관적 행복(종속변수)과 독립변수들(대인관계, 사회적 지위 및 인정, 성취 및 자기수용, 뉴커머 의식 변화) 간의 인과관계를 분석하기 위해 다중회귀분석을 실시하였다.

이 연구의 분석결과는 다음과 같다.

재일코리안 기업가의 주관적 행복도에 따른 차이분석(t분석, 샤프검정) 결과는 다음과 같다. 먼저 재일코리안 기업가의 성별 행복도에 대한 차이분석에서 두 집단이 거의 비슷하여 집단 간 차이가 없는 것으로 나타났다. 한류 영향 요인에 대해서는 한국 이미지 개선, 재일코리안 이미지 개선, 재일코리안 의식 변화에서 모두 남성보다 여성이 높게 반응하여 통계적으로 유의미한 차이를 보였다. 출생지별 차이분석에서는 행복도에서 대인관계, 성취 및 자기수용, 주관적 행복에 유의미한 차이를 보였고, 한류 영향에 대한 차이분석에서는 한국 이미지 개선이나 재일코리안 이미지 개선에 대해 유의미한 차이를 나타냈다. 결혼형태별 차이분석에서는 행복도에서 대인관계나 성취 및 자기수용이 유의미한 차이를 보였고, 한류문화의 영향은 재일코리안 이미지 개선이나 한국 이미지 개선이 통계적으로 유의미한 차이를 나타냈다.

재일코리안 기업가의 연령대별 차이분석 결과, 행복도는 주로 대인관계, 성취 및 자기수용, 주관적 행복도가 집단 간의 유의미한 차이를 나타냈다. 또한 한류 영향은 한국 이미지 개선이나 재일코리안 이미지 개선에 유의미한 차이를 보였다. 학력별 행복도와 한류 영향에 대한 차이분석 결과는 한류 영향에 대해 유의미한 차이를 보이지 않았고 행복도에서 유의미한 차이를 나타낸 항목은 사회적 지위 및 인정, 성취 및 자기수용 등으로 학력이 높을수록 일본사회에서 사회적 지위나 자기성취감에 따라 행복도도 높게 나타났다. 거주기간별 행복도와 한류 영향의 차이분석 결과 행복도에서는 대인관계, 성취 및 자기수용, 한류 영향은 한국 이미지 개선과 재일코리안 이미지 개선이 통계적으로 유의미한 차이가 있는 것으로 나타났다.

한류문화가 재일코리안 기업가의 행복도에 미친 영향에 대한 다중회귀분석 결과는 다음과 같다. 첫째, 재일코리안 기업가의 주관적 행복도에 영향을 주는 요인(대인관계, 사회적 지위 및 인정, 성취 및 자기수용)으로는 기업가의 '성취 및 자기수용'만이 통계적으로 유의미했다. 따라서 성취와 자기수용이 재일코리안 기업가의 주관적 행복도를 결정짓는 유일한 변수로 나타났다.

둘째, 재일코리안의 주관적 행복도와 3개 요인(한국 이미지 개선, 재일코리안 이미지 개선, 재일코리안 의식 변화)의 다중회귀분석 결과, 재일코리안 기업가의 의식변화가 재일코리안 기업가의 주관적 행복도에 영향을 미치고 있는 것으로 나타났다.

결론적으로 일반적인 행복도에 대한 기존 연구에서 김명소 외(2006)의 연구는 '자기수용과 가족정체성 요인'이 대학생의 주관적 행복도에 중요한 변수로 작용하고 있다. 본 연구에서 재일코리안 기업가의 행복도는 '성취 및 자기수용', '재일코리안 기업가의 의식 변화'가 그들의 주관적 행복도를 예측하는 가장 중요한 변수로 나타났다.

이러한 결과는 재일코리안 기업가들이 현재보다 더욱 행복감을 느끼기 위해서는 자신의 성취에 있어서 긍정적 수용감과 일본사회에서 기존의 차별과 배제로부터 한류에 의한 보다 긍정적이고 적극적인 태도를 가지고 있는 것으로 해석할 수 있을 것이다.

이 연구는 한류문화와 재일코리안 기업가의 행복도의 관계에서 '성취 및 자기수용'이 그들의 행복에 많은 영향을 미치고 있지만 재일코리안 기업가의 의식 변화도 그들의 행복도에 영향을 미치는 구성요인이라는 점을 밝혔다.

이러한 결과는 달리 표현하면 재일코리안 기업가들은 일본에서의 기업 성공에 자기성취에 따른 행복감을 느끼고 있지만, 그들의 의식은 일본의 정치적 상황에 따라 언제든지 변할 수 있는 성격이라는 점을 시사하고 있다. 이는 최근 일본사회에서 코리아타운을 통해 확대되고 있는 일본인들에 의한 혐한시위(헤이트스피치: Hate Speech)와 혐한시위 반대세력의 등장을 통해서도 쉽게 짐작할 수 있을 것으로 생각된다. 따라서 향후 연구과제에서는 혐한시위를 통해 본 재일코리안 기업의 변용에 대해 고찰할 필요가 있을 것이다.

제9장

# 재일코리안 기업의 글로벌 네트워크

## 1. 재일코리안 기업의 경제 네트워크

재일코리안의 이주가 1910년을 전후하여 본격적으로 시작된 후 100여 년이 지난 현 시점에서 일본에는 약 58만 명의 재일코리안이 거주하고 있다.[1] 재일코리안의 이주 시기는 초기 가난과 생활고에 의한 이주, 일제강점기 강제이주와 피압박에 의한 징용, 해방 전후 정세불안과 혼란 등 여러 단계의 정착과정을 거쳐 오늘에 이르고 있다. 이러한 가운데 재일코리안은 거주국 일본에서 파칭코산업이나 야키니쿠산업, 토목·건축업 등에서 괄목할 만한 경제적 성공으로 주목받고 있다.

중국정부는 화상들의 단체인 혈연, 지연, 업연 중심의 화교 네트워크, 즉 강한 연대인 인간관계(꽌시)를 활용하여 개혁개방 이후 중국 근대

1 일본에 거주하는 재일동포는 재일조선인, 재일교포, 재일한인, 재일한국조선인, 재일한국인 등으로 표현되어 왔으며 그들의 정치적인 성향에 따라 남한 지지자를 민단계, 북한 지지자를 총련계로 불러왔다. 또한 이주시기에 따라 1945년 전후 도일한 경우 올드커머, 1980년 전후 도일한 경우 뉴커머로 지칭하고 있다. 글로벌시대 그들의 법적 지위에 따라 한국계 일본인 혹은 재일코리안으로 부르고 있다. 이 연구에서는 정치적 성향에 따라 총련계와 민단계, 그리고 이들을 총칭할 경우 재일코리안이라는 용어로 통일하였다.

화에 상당한 효과를 거둔 바 있다. 중국정부는 1990년대 귀국화교 권익 보호법을 제정하여 화교정책을 통해 화교자본 유치, 기술과 인재 흡수, 화교 네트워크를 활용한 중국 상품수출, 화교 투자자의 정보교환 및 관계증진, 화교 기부를 통한 교육사업 장려, 화교 우대조치 및 유인정책을 추진하여 중국 경제발전에 공헌하도록 장려했다.[2]

이처럼 최근 전 세계적으로 글로벌화가 가속화되고 있는 가운데 한국정부도 화교기업과 같이 한국기업의 글로벌 국가 경쟁력 강화를 위한 구체적인 방안으로 세계 한상 네트워크에 대한 중요성을 강조하고 있다. 이러한 상황에서 재일코리안과 모국의 경제 네트워크를 구축하기 위해서는 재일코리안 기업의 네트워크 현황과 특성에 관한 연구가 절실하나 이에 대한 선행연구는 아직 미진한 실정이다. 이 가운데 재일코리안 기업가의 네트워크와 직접적으로 관련된 연구는 김태영 · 박재수(2006),[3] 임영언(2007)[4] 등이 있다. 이 연구의 결과는 미국이나 유럽의 경우 이민기업이 강한 연대를 형성하고 있지만, 재일코리안 기업은 민족차별이나 동화정책으로 인하여 일본시장이나 글로벌시장으로 진입하려는 약한 연대의 경향이 강하다고 분석한 바 있다. 이들 연구는 재일코리안 기업가의 네트워크에 관한 유일한 연구이지만, 민단계와 총련계로 구분되는 재일코리안 기업의 특성을 제대로 반영하지 못하고 있다는 비판이 있다. 따라서 본 연구에서는 재일코리안 기업을 민단계와 총련계로 구분하여 네트워크의 특징 및 경영성과를 분석하는 데 의의가 있다.

일반적으로 거주국에서 사회문화적 혹은 역사적으로 동질적인 정체성을 소유한 민족집단의 경우, 민족 네트워크에 의한 응집성이 강한

---

2 임채완 · 장선미 외(2007) 『재미한인의 기업의 네트워크』 북코리아, p. 53.

3 김태영 · 박재수(2006) 「재일한국인 기업가의 상황구조에 관한 연구」, 『일본문화학보(제30집)』, p. 362.

4 임영언(2007) 「재일한국인 기업가의 네트워크가 경영성과에 미치는 효과에 관한 연구」, 『일본문화학보(제34집)』 p. 647.

것으로 나타난다. 분단의 역사 속에서 재일코리안은 그동안 민단계와 총련계를 중심으로 다양한 네트워크를 형성해왔다. 따라서 재일코리안을 보다 정확히 이해하기 위해서는 이 두 단체를 중심으로 한 경제 네트워크 형성과정과 각 네트워크의 특성 차이를 비교함과 동시에 이러한 네트워크가 재일코리안 기업의 경영활동에 어떤 영향을 미치는지를 조명해 보는 것은 상당한 의미가 있을 것으로 생각된다.

이러한 맥락에서 본 연구의 목적은 재일코리안 기업의 경제 네트워크 구축 현황과 구조적 특성을 분석하고 경영 성과와의 관계를 검증한 후 재일코리안 기업의 바람직한 네트워크 구축방향을 제시하는 것이다. 구체적인 연구문제는 다음과 같다.

연구문제 1: 민단계와 총련계 재일코리안 기업의 경제 네트워크는 어떤 차이가 있는가?

연구문제 2: 민단계와 총련계 재일코리안 기업의 경제 네트워크의 특성은 무엇인가?

연구문제 3: 재일코리안 기업의 경제 네트워크 특성이 경영성과에 어떤 영향을 미치는가?

## 2. 재일코리안 기업의 네트워크 특성 연구

### 1) 네트워크 특성과 경영성과

일반적으로 네트워크(network)는 "직접적 또는 간접적으로 연결되어 있는 사회적 연결망"으로 정의할 수 있다. 네트워크는 사람들이 특정 목적을 달성하기 위한 수단으로 활용할 수 있기 때문에 네트워크 자체를 사회적 자본(social capital)으로 간주하기도 한다. 버트(Burt, 1992)에 의하면 네트워크는 "상호접촉에 의해 보유되는 자원 및 접촉에 의한 사회적 구조를 동시에 의미"한다.

네트워크는 집단(특정 민족집단, 가족, 공동체, 조직과 단체 등)의 경계를 횡단하는 사회적 관계를 이해하고 특정 민족집단의 내부뿐만 아니라 외부집단과의 사회적 관계를 연구하는 데 있어서 중요한 도구이다. 예를 들면, 우리 주위의 사회적 관계인 네트워크는 우리가 속해 있는 복수 집단(가족, 친족, 학교, 지역공동체, 회사 등)의 경계선을 초월하여 형성되어 있다. 특히, 이민집단과 같은 소수민족집단의 경우, 조직이나 단체의 네트워크를 통하여 정체성을 형성하거나 강화시키며, 같은 민족집단으로부터 정서적인 지원을 받을 수도 있다(Campbell, Marsden & Hurlbert, 1986; Lin, 2001). 또한, 이민자들의 경제행위는 사회적 관계인 네트워크에 의해 상호 영향을 주고받는다. 따라서 네트워크 분석(network analysis)을 통해 상호 의존하고 있는 이민기업들의 관계를 기술하고 수량화하여 행위자 상호간에 어떤 관계가 있는가를 규명할 수 있을 것이다.

그동안 네트워크 연구에서는 '약한 연대(weak ties)'와 '강한 연대(strong ties)'의 논쟁이 주요 쟁점으로 자리매김 되어왔다. 그라노베터(Granovetter, 1998)는 1970년대 미국에서 실시한 남성 화이트칼라 노동자에 관한 조사에서 "구직자가 직업을 구할 때 강한 연대(항상 만나는 사람)를 가진 사람보다는 약한 연대(거의 잘 만나지 않는 사람)를 가진 사람으로부터 구직과정상 더 유용한 정보가 입수된다."는 사실을 발견하고 '약한 연대의 가설'을 도출하였다(Granovetter, 1973 & 1982). 이것은 약한 연대가 강한 연대보다 행위자를 다양한 사람들에게 연결시키는 기능을 수행하며, 구직과정에서 정보수집에 유리하게 작용한다는 가설이었다. 강한 연대로 연결된 사람들은 동일한 민족집단과 같은 동질적인 사회권에 속하고, 이미 알려진 정보를 공유하는 경향이 있는 반면, 약한 연대로 연결된 사람들은 서로 다른 단

〈표 9-1〉 재일코리안 기업의 경제 네트워크 특성

| 네트워크 특성 지표 | 약한 연대(weak ties) | 강한 연대(strong ties) |
|---|---|---|
| 상호관계 | 지인 또는 평범한 관계<br>(거의 만나지 못하는 사람) | 가족, 친척, 친한 친구나 동료<br>(평상시 자주 만나는 사람) |
| 관계성의 밀도 | 낮다 | 높다 |
| 상호 유사성 | 낮다 | 높다 |
| 연대의 넓이<br>(네트워크 크기) | 넓다 | 좁다 |
| 상호 연결 기능 | 조직 간 연결 기능 역할 | 조직 간 연결 기능 못함 |
| 구성원 간의 신뢰도 | 신뢰관계 약함 | 신뢰관계 강함 |
| 네트워크 역할 | 개방적<br>(네트워크 간 정보전파) | 폐쇄적<br>(네트워크 내부의 정보공유) |

주: 그라노베타(Granovetter, 1982)와 모리(守政毅, 2004)의 논문을 참고하여 필자 작성.

체나 조직에 속해 있어 새로운 정보를 상대방에게 전달하는 경향이 있다는 가정에 바탕을 두고 있다. 약한 연대는 강한 연대로서 연결된(집단구성원 간에 모두 알고 지내는 것과 같은) 밀도가 높은 집단 간의 다리 역할을 수행한다.

〈표 9-1〉은 약한 연대와 강한 연대의 가설을 근거로 제시한 네트워크 특성에 관한 분석틀(framework)이다.[5] 이 분석 틀에 의하면 약한 연대와 강한 연대는 상호 배타적인 성격을 갖고 있다. 강한 연대의 특성을 보면 상호관계가 아주 친밀하고, 밀도가 높으며, 신뢰관계도 높다. 하지만 네트워크 넓이는 좁기 때문에 조직 간의 연결 기능을 제대로 수행하지 못해 조직 내부에서 친한 사람들끼리만 정보가 공유된다. 반대로 약한 연대의 네트워크는 상호관계가 약하고, 밀도와 유사성이 낮으며, 신뢰관계도 약하나, 네트워크 범위가 넓어 조직 간 상호 연결 기능과 외부 네트워크나 집단과의 정보전달 역할을 수행할 수 있다.

5 임영언(2007) 「재일한국인 기업가의 네트워크가 경영성과에 미치는 효과에 관한 연구」, 『일본문화학보』 제34집, p. 639.

네트워크 구조의 약한 연대와 강한 연대의 가설은 이후 여러 연구자에 의해 지지되어왔다(Granovetter, 1995, 1998; 渡辺, 1999; 安田, 2001). 글로벌시대 상이한 이민집단이나 단체 혹은 국가 간의 가교 역할이라는 네트워크의 구조적 특성을 연구하는 데 이러한 연구결과는 적용할 수 있을 것으로 생각된다. 따라서 본 연구에서는 위의 분석틀(framework)을 응용하여 재일코리안 기업 내에 존재하는 경제 네트워크의 구조적 특성을 설명하고, 그러한 특성이 경영성과에 미치는 영향을 밝히고자 한다(김태영 · 박재수, 2006).

## 2) 연구방법 및 자료수집

연구문제 1(민단계와 총련계 재일코리안 기업의 경제 네트워크는 어떤 차이가 있는가?)을 해결하기 위해 ① 민단 소속(민단계) 재일코리안 기업과 총련 소속(총련계) 재일코리안 기업 추출, ② 민단계와 총련계의 재일 세대별 분석, ③ 민단계와 총련계의 언어(일본어, 한국어) 구사능력 분석, ④ 민단계와 총련계의 경제 네트워크 참가 여부 분석 등과 같은 접근법을 설정하였다.

연구문제 2(민단계와 총련계 재일코리안 기업의 경제 네트워크의 특성은 무엇인가?)를 해결하기 위해 그라노베터(1982)와 모리(2005)의 연구를 참고하여 다음 〈표

〈표 9-2〉 재일코리안 경제 네트워크 특성 분석틀

| 네트워크 특성 지표 | 약한 연대(weak ties) | 강한 연대(strong ties) |
|---|---|---|
| 참가 빈도 | 적다 | 많다 |
| 네트워크 크기 | 넓다 | 좁다 |
| 경쟁도 | 높다 | 낮다 |
| 거래 빈도 | 적다 | 많다 |
| 거래연수 | 작다 | 크다 |

9-2〉와 같은 경제네트워크 특성 분석틀(framework)을 고안하였다. 경제 네트워크 특성지표로는 참가 빈도, 네트워크 크기, 경쟁도, 거래 빈도, 거래연수로 선정하였다.

연구문제 3(재일코리안 기업의 경제 네트워크 특성이 경영성과에 어떤 영향을 미치는가?)을 해결하기 위하여 다음과 같은 연구모형과 가설을 설정하였다.

가설 1: 참가 빈도는 네트워크 만족에 정(+)의 영향을 미칠 것이다.
가설 2: 네트워크 크기는 네트워크 만족에 정(+)의 영향을 미칠 것이다.
가설 3: 경쟁도는 네트워크 만족에 부(−)의 영향을 미칠 것이다.
가설 4: 거래 빈도는 네트워크 만족에 정(+)의 영향을 미칠 것이다.
가설 5: 거래연수는 네트워크 만족에 정(+)의 영향을 미칠 것이다.
가설 6: 네트워크 만족은 경영성과에 정(+)의 영향을 미칠 것이다.

또한, 〈그림 9-1〉에 제시한 인과모형을 검증하기 위한 측정도구는 〈표 9-3〉에 제시한 바와 같이 그라노베터(Granovetter, 1982)와 버트(Burt, 1984)의 연구를 참고하여 작성하였다.

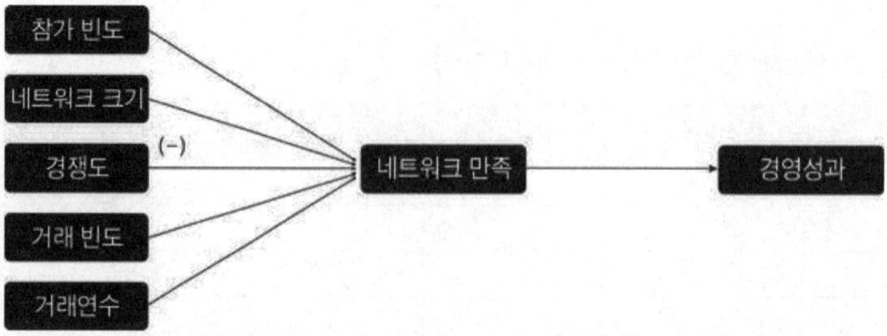


〈그림 9-1〉 재일코리안 기업의 네트워크 특성과 경영성과 인과모형

〈표 9-3〉 재일코리안 기업의 인과모형 검증 측정도구

| 측정 변수 | | 조작적 정의 | 측정방법 |
|---|---|---|---|
| 네트워크 특성 | 참가 빈도 | 재일코리안 기업가가 최근 6개월 동안 민단이나 총련 등 각종 단체나 조직에 참가한 정도 | 거의 참가하지 않음=1, 가끔 참가함=2, 자주 참가함=3 |
| | 네트워크 크기 | 재일코리안 기업과 참여 단체나 조직과의 거리 | 가까운 지역=1, 같은 도내=2, 일본 전역=3, 해외=4 |
| | 경쟁도 | 재일코리안 기업이 속해 있는 업종의 경쟁기업 수 | 매우 많음=1, 약간 많음=2, 보통=3, 약간 적음=4, 매우 적음=5 |
| | 거래 빈도 | 재일코리안 기업가 간 상품이나 자본 거래빈도 | 매우 자주=1, 자주=2, 보통=3, 드물게=4, 매우 드물게=5 |
| | 거래 연수 | 재일코리안 기업이 거래 기업과 거래한 연수 | 거래연수를 숫자로 직접 기입 |
| 네트워크 만족 | | 재일코리안 기업이 현재 참가하고 있는 경제 네트워크에 만족하는 정도 | 매우 불만족=1, 약간 불만족=2, 보통=3, 약간 만족=4, 매우 만족=5 |
| 경영성과 | | 재일코리안 기업이 경제 네트워크에 참가한 이후 경영성과의 변화 정도 | 매우 좋아짐=1, 좋아짐=2, 변화 없음=3, 나빠짐=4, 매우 나빠짐=5 |

위와 같은 연구문제들을 해결하기 위해 재일코리안이 가장 많이 정착하여 살고 있는 도쿄, 오사카, 후쿠오카 지역을 대상으로 자료를 수집하였다. 1997년도 현재 재일한국인회사명감[6]에 따르면, 총 3,053개(도쿄 1,266개, 오사카 1,365개, 후쿠오카 422개)의 재일코리안 기업이 있다.[7] 이들 기업의 대표(CEO)를 대상으로 면접조사와 우편조사를 병행 실시한 결과 총 154부의 설문조사지가 최종 수집되었다.

수집된 자료는 PASW Statistics 18을 이용하여 빈도분석, 교차분석, 요인분석, 신뢰성분석 및 회귀분석 등을 통해 민단계와 총련계 재일코리

6 在日韓國商工會議所(1997) 『在日韓國人會社名鑑』.

7 임채완 · 임영언 외(2007) 『재일코리안기업의 네트워크』 북코리아, pp. 188-192.

안 기업의 경제 네트워크 현황 및 특성분석, 그리고 경제 네트워크 특성이 네트워크 만족과 경영성과에 어떤 영향을 미치는지를 분석하였다.

## 3. 민단계 기업과 총련계 기업의 네트워크 특징

### 1) 인구통계학적 특성과 네트워크

이번 조사에 응답한 기업들의 인구통계학적 특성을 살펴보면 〈표 9-4〉와 같다. 먼저 재일코리안 기업의 지역적 분포를 보면, 도쿄에 68.2%가 집중되어 있고, 다음으로 오사카에 19.5%, 후쿠오카에 12.3%가 위치해 있다. 재일코리안 기업가의 세대별 분류에 의한 빈도분석을 살펴보면, 재일코리안 2세(51.9%), 재일코리안 1세(37.7%), 재일코리안 3세(10.4%) 순으로 나타났다. 재일코리안 기업가의 연령별 분포를 보면, 40~60세가 68.8%를 차지하였으며, 40세 미만도 20.1%를 차지하였다. 재일코리안 기업가의 성별 분포를 보면, 남성이 76.6%, 여성이 23.4%를 차지하였다. 한편, 재일코리안 기업의 창업연도를 살펴본 결과 1990~2000년이 38.3%, 1980~1990년이 20.8%, 2000년 이후가 14.3%, 1970~1980년대가 12.3%를 차지하였다. 이러한 현상은 재일코리안 2세와 3세의 비중이 높고, 1970~80년대 이후 도일한 미들뉴커머[8]가 많기 때문인 것으로 보인다.

---

8 미들뉴커머란 재일코리안이 1945년 이전에 도일한 올드커머와 1980년대 이후 도일한 뉴커머들의 중간기간인 1945년부터 1980년 사이에 도일한 자들을 지칭함.

〈표 9-4〉 재일코리안 기업의 조사대상자 특징

<table>
<tr><th>구분</th><th>비율</th><th>구분</th><th>비율</th></tr>
<tr><td>지역별 분포</td><td>도쿄 68.2%<br>오사카 19.5%<br>후쿠오카 12.3</td><td>세대별</td><td>재일 1세 37.7%<br>재일 2세 51.9%<br>재일 3세 10.4%</td></tr>
<tr><td rowspan="2">연령별</td><td rowspan="2">40세 미만 20.1%<br>40~50세 35.7%<br>50~60세 33.1%<br>60~70세 7.8%<br>70세 이상 3.2%</td><td>성별</td><td>남성 76.6%<br>여성 23.4%</td></tr>
<tr><td>네트워크 참가 유무</td><td>참가 95.5%<br>비참가 4.5%</td></tr>
<tr><td>창업연도</td><td>1960년 이전 6.5%<br>1960~1970년 7.8%<br>1970~1980년 12.3%<br>1980~1990년 20.8%<br>1990~2000년 38.3%<br>2000년 이후 14.3%</td><td rowspan="3">참가 조직 및 단체</td><td rowspan="3">민단 44.2%<br>총련 20.1%<br>기업가협회 12.3%<br>재일한국상공회의소 29.9%<br>재일조선인상공연합회 26.0%<br>KOTRA 4.5%<br>OKTA 12.3%<br>재일한국청년상공회의소 3.9%<br>재일한국인연합회(한인회) 15.6%<br>동창회 6.5%<br>향우회 5.8%<br>종친회 2.6%<br>교회 16.2%<br>절 1.3%<br>NPO · NGO 1.9%</td></tr>
<tr><td>업종별</td><td>서비스업 50.0%<br>도 · 소매업 35.1%<br>제조업 14.9%</td></tr>
<tr><td>주력업종</td><td>야키니쿠산업 16.9%<br>판매영업 16.2%<br>음식 · 숙박업 11.0%<br>무역업 9.1%<br>토목 · 건설업 5.8%<br>IT관련산업 5.8%<br>부동산 · 금융 4.5%<br>기타 23.3%</td></tr>
</table>

재일코리안 기업의 업종별 분포를 보면, '서비스업'이 50%, '도 · 소매업'이 35.1%, '제조업'이 14.9%를 차지하였다. 주력 업종을 '한국표준산업분류법'에 의거해 재분류해보면, '야키니쿠산업'이 16.9%, '판매영업'이 16.2%, '음식 및 숙박업'이 11%, '무역'이 9%, '파칭코산업'이 7.1% 순이었다. 재일코리안 기업이 야키니쿠산업이나 음식업, 파칭코산업에

집중하는 이유는 당시 소자본으로 누구나 쉽게 창업할 수 있었고 자본의 회전율이 높아서 단기간에 자본을 축적할 수 있었기 때문이다.

재일코리안 기업가들의 95.5%가 각종 단체나 조직에 가입하여 참가하고 있는 것으로 나타났다. 재일코리안 기업가가 참가하고 있는 단체나 조직을 순위별로 정리하면, '민단'이 44.2%, '재일한국상공회의소'가 29.9%, '재일조선상공연합회'가 26%, '총련'이 20%, '교회'가 16.2%, '재일한국인연합회(한인회)'가 15.6%, 'OKTA'가 12.3%, '기업가협회'가 12.3% 순이었다. 이 중 중요한(가입률 10% 이상) 경제 네트워크는 재일한국상공회의소, 재일조선상공연합회, 재일한국인연합회(한인회), OKTA, 기업가협회로 확인되었다.[9]

### 2) 경제 네트워크 특성 분석

재일코리안 기업가들의 민단과 총련 참가 현황은 다음 〈표 9-5〉와 같다. 민단에 참가하고 있는 기업은 총 68개사(44.2%)이고, 총련에 참가하고 있는 기업은 총 31개사(20.1%)이다. 민단에는 참가하고 있으나 총련에는 참가하지 않고 있는 기업은 61개사(39.6%)인 반면, 총련에는 참가하고 있으나 민단에는 참가하지 않고 있는 기업은 24개사(15.6%)이다. 한편, 민단과 총련에 동시에 참가하고 있는 기업은 7개사(4.5%)이다.

---

9 교회의 가입률도 16.2%를 차지하였으나 경제 네트워크에서는 제외하였음.

〈표 9-5〉 재일코리안 기업의 민단과 총련 참가 현황

| 구 분 | | 총 련 | | |
|---|---|---|---|---|
| | | 비참가 | 참가 | 전체 |
| 민단 | 비참가 | 62(40.3) | 24(15.6) | 86(55.9) |
| | 참가 | 61(39.6) | 7(4.5) | 68(44.1) |
| | 전체 | 123(79.9) | 31(20.1) | 154(100) |
| 가이제곱 검정 | | χ2=7.327, df=1, 유의확률=0.007 | | |

재일코리안 기업가의 세대별 민단과 총련조직의 참가 현황은 〈표 9-6〉과 같다. 민단에 참가하고 있는 재일코리안 기업가는 재일 2세가 22.1%, 재일 1세가 18.2%, 재일 3세가 3.8% 순이었다. 총련에 참가하고 있는 재일코리안 기업가는 재일 2세가 16.2%, 재일 1세와 3세가 모두 2.0%를 차지하였다.

재일코리안 기업가들의 일본어 구사능력을 살펴보면 〈표 9-7〉과 같다. 재일코리안 기업가들의 일본어 구사능력은 보통(34.5%), 뛰어남(29.2%), 매우 뛰어남(36.3%)으로 나타나 전체적으로 모두 보통 이상의 일본어 구사능력을 갖고 있음을 알 수 있다. 민단계와 총련계 재일코리안 기

〈표 9-6〉 재일코리안 세대별 민단과 총련 참가 여부 비교

| 세대구분 | 민단 | | | 총련 | | |
|---|---|---|---|---|---|---|
| | 비참가 | 참가 | 전체 | 비참가 | 참가 | 전체 |
| 재일코리안 1세대 | 30(19.5) | 28(18.2) | 58(37.7) | 55(35.7) | 3(2.0) | 58(37.7) |
| 재일코리안 2세대 | 46(29.9) | 34(22.1) | 80(51.9) | 55(35.7) | 25(16.2) | 80(51.9) |
| 재일코리안 3세대 | 10(6.5) | 6(3.8) | 16(10.4) | 13(8.5) | 3(2.0) | 16(10.4) |
| 전체 | 86(55.9) | 68(44.1) | 154(100) | 123(79.9) | 31(20.1) | 154(100) |
| 카이제곱 검정 | χ2=0.776, df=2, 유의확률=0.679 | | | χ2=14.243, df=2, 유의확률=0.001 | | |

〈표 9-7〉 재일코리안 민단계와 총련계 기업의 일본어 구사능력 비교

| 단체구분 | 단체 참가 여부 | 일본어 구사능력 | | | 전체 |
|---|---|---|---|---|---|
| | | 보통 | 뛰어남 | 매우 뛰어남 | |
| 민단 | 비참가 | 34(22.1) | 21(13.6) | 31(20.1) | 86(55.8) |
| | 참가 | 19(12.4) | 24(15.6) | 25(16.2) | 68(44.2) |
| | 전체 | 53(34.5) | 45(29.2) | 56(36.3) | 154(100) |
| 카이제곱 검정 | | χ2=3.026, df=2, 유의확률=0.220 | | | |
| 총련 | 비참가 | 38(24.7) | 34(22.1) | 51(33.1) | 123(79.9) |
| | 참가 | 15(9.8) | 11(7.1) | 5(3.2) | 31(20.1) |
| | 전체 | 53(34.5) | 45(29.2) | 56(36.3) | 154(100) |
| 카이제곱 검정 | | χ2=7.093, df=2, 유의확률=0.029 | | | |

업가의 일본어 구사능력 수준을 비교해보면, 민단계 재일코리안 기업가들이 총련계 재일코리안 기업가들보다 일본어 구사능력이 더 뛰어난 것으로 나타났다.

재일코리안 기업가들의 한국어 구사능력을 살펴보면 〈표 9-8〉과 같다. 재일코리안 기업가들의 한국어 구사능력은 매우 서투름(10.4%), 서투름(14.3%), 보통(26.6%), 뛰어남(26.0%), 매우 뛰어남(22.7%)으로 나타나 전체

〈표 9-8〉 재일코리안 민단계와 총련계 기업의 한국어 구사능력 비교

| 단체 구분 | 단체 참가 여부 | 한국어 구사능력 | | | | | 전체 |
|---|---|---|---|---|---|---|---|
| | | 매우 서투름 | 서투름 | 보통 | 뛰어남 | 매우 뛰어남 | |
| 민단 | 비참가 | 9(5.8) | 7(4.6) | 27(17.5) | 22(14.3) | 21(13.6) | 86(55.9) |
| | 참가 | 7(4.6) | 15(9.7) | 14(9.1) | 18(11.7) | 14(9.1) | 68(44.1) |
| | 전체 | 16(10.4) | 22(14.3) | 41(26.6) | 40(26.0) | 35(22.7) | 154(100) |
| 카이제곱 검정 | | χ2=7.074, df=4, 유의확률=0.132 | | | | | |
| 총련 | 비참가 | 12(7.8) | 16(10.4) | 24(15.6) | 36(23.4) | 35(22.7) | 123(79.9) |
| | 참가 | 4(2.6) | 6(3.9) | 17(11.0) | 4(2.6) | 0(0) | 31(20.1) |
| | 전체 | 16(10.4) | 22(14.3) | 41(26.6) | 40(26.0) | 35(22.7) | 154(100) |
| 카이제곱 검정 | | χ2=23.914, df=4, 유의확률=0.000 | | | | | |

적으로 75.3%가 보통 이상의 한국어 구사능력을 갖고 있음을 알 수 있다. 민단계와 총련계 재일코리안 기업가의 한국어 구사능력 수준을 비교해보면, 민단계 재일코리안 기업가들이 총련계 재일코리안 기업가들보다 한국어 구사능력이 더 뛰어난 것으로 나타났다.

다음으로 재일코리안 기업가의 경제 네트워크 참가 현황을 살펴보자. 재일코리안 기업가들은 전체적으로 한국상공회의소에 46개사(29.9%)가 참가하고 있는데, 이 중 민단계 재일코리안 기업가는 33개사(71.7% = 33/46)이고, 총련계 재일코리안 기업가는 1개사(2.2% = 1/46)이다. 한편, 재일코리안 기업가들은 전체적으로 조선인상공연합회에 40개사(26.0%)가 참가하고 있는데, 이 중 민단계 재일코리안 기업가는 11개사(27.5%)이고, 총련계 재일코리안 기업가는 29개사(72.5%)이다. 부연설명하면, 민단계 재일코리안 기업가는 한국인상공회의소에 33개사(21.4%)가 참가하고 있고, 조선인상공연합회에는 11개사(7.1%)가 참가하고 있으며, 총련계 재일코리안 기업가는 한국인상공회의소에 1개사(0.6%)만 참가하고 있고, 조선

〈표 9-10〉 재일코리안 민단계와 총련계 기업가의 단체 참가 1

| 단체구분 | | 한국인상공회의소 | | | 조선인상공연합회 | | |
|---|---|---|---|---|---|---|---|
| | | 비참가 | 참가 | 전체 | 비참가 | 참가 | 전체 |
| 민단 | 비참가 | 73(47.4) | 13(8.5) | 86(55.9) | 57(37.0) | 29(18.9) | 86(55.9) |
| | 참가 | 35(22.7) | 33(21.4) | 68(44.1) | 57(37.0) | 11(7.1) | 68(44.1) |
| | 전체 | 108(70.1) | 46(29.9) | 154(100) | 114(74.0) | 40(26.0) | 154(100) |
| 카이제곱 검정 | | χ2=20.239, df=1, 유의확률=0.000 | | | χ2=6.079, df=1, 유의확률=0.014 | | |
| 총련 | 비참가 | 78(50.6) | 45(29.3) | 123(79.9) | 112(72.7) | 11(7.2) | 123(79.9) |
| | 참가 | 30(19.5) | 1(0.6) | 31(20.1) | 2(1.3) | 29(18.8) | 31(20.1) |
| | 전체 | 108(70.1) | 46(29.9) | 154(100) | 114(74.0) | 40(26.0) | 154(100) |
| 카이제곱 검정 | | χ2=13.154, df=1, 유의확률=0.000 | | | χ2=92.176, df=1, 유의확률=0.000 | | |

인상공연합회에는 29개사(18.8%)가 참가하고 있다.

따라서 민단계 재일코리안 기업가들은 한국인상공회의소에 주로 참가하고 있고, 조선인상공연합회에도 조금 참가하고 있음을 알 수 있다. 반면에 총련계 재일코리안 기업가들은 거의 대부분 조선인상공연합회하고만 네트워크가 구축되어 있음을 알 수 있다. 재일코리안 기업가들은 전체적으로 기업가협회에 19개사(12.4%)가 참가하고 있는데, 이들 중 민단계 재일코리안 기업가는 8개사(42.1% = 8/19)이고, 총련계 재일코리안 기업가는 2개사(10.5% = 2/19)다.

한편, 재일코리안 기업가들은 전체적으로 OKTA에 18개사(11.8%)가 참가하고 있는데, 이 중 민단계 재일코리안 기업가는 7개사(38.9% = 7/18)이고, 총련계 재일코리안 기업가는 1개사(5.5% = 1/18)다. 부연설명하면, 민단계 재일코리안 기업가는 기업가협회에 8개사(5.2%)가 참가하고 있고, OKTA에는 7개사(4.6%)가 참가하고 있으며, 총련계 재일코리안 기업가는 기업가협회에 2개사(1.3%)만 참가하고 있고, OKTA에는 1개사(0.7%)가 참

〈표 9-11〉 재일코리안 민단계와 총련계 기업가의 단체 참가 2

| 단체구분 | | 기업가협회 | | | OKTA | | |
|---|---|---|---|---|---|---|---|
| | | 비참가 | 참가 | 전체 | 비참가 | 참가 | 전체 |
| 민단 | 비참가 | 74(48.4) | 11(7.2) | 85(55.6) | 74(48.4) | 11(7.2) | 85(55.6) |
| | 참가 | 60(39.2) | 8(5.2) | 68(44.4) | 61(39.8) | 7(4.6) | 68(44.4) |
| | 전체 | 134(87.6) | 19(12.4) | 153(100) | 135(88.2) | 18(11.8) | 153(100) |
| 카이제곱 검정 | | $\chi2$=0.048, df=1, 유의확률=0.826 | | | $\chi2$=0.255, df=1, 유의확률=0.614 | | |
| 총련 | 비참가 | 105(68.6) | 17(11.1) | 122(79.7) | 105(68.6) | 17(11.1) | 122(79.7) |
| | 참가 | 29(19.0) | 2(1.3) | 31(20.3) | 30(19.6) | 1(0.7) | 31(20.3) |
| | 전체 | 134(87.6) | 19(12.4) | 153(100) | 135(88.2) | 18(11.8) | 153(100) |
| 카이제곱 검정 | | $\chi2$=1.273, df=1, 유의확률=0.259 | | | $\chi2$=2.731, df=1, 유의확률=0.098 | | |

〈표 9-12〉 재일코리안 민단계와 총련계 기업가의 한인회 참가 여부

| 단체구분 | | 한인회 | | |
|---|---|---|---|---|
| | | 비참가 | 참가 | 전체 |
| 민단 | 비참가 | 72(46.7) | 14(9.1) | 86(55.8) |
| | 참가 | 58(37.7) | 10(6.5) | 68(44.2) |
| | 전체 | 130(84.4) | 24(15.6) | 154(100) |
| 카이제곱 검징 | | $\chi2$=0.071, df=1, 유의확률=0.789 | | |
| 총련 | 비참가 | 99(64.3) | 24(15.6) | 123(79.9) |
| | 참가 | 31(20.1) | 0(0) | 31(20.1) |
| | 전체 | 130(84.4) | 24(15.6) | 154(100) |
| 카이제곱 검정 | | $\chi2$=7.165, df=1, 유의확률=0.007 | | |

가하고 있었다. 따라서 민단계 재일코리안 기업가들은 기업가협회와 OKTA에 소수가 참가하고 있는 반면, 총련계 재일코리안 기업가들은 기업가협회와 OKTA에 거의 참여하지 않고 있음을 알 수 있다.

재일코리안 기업가들은 전체적으로 재일한국인연합회(한인회)에 24개사(15.6%)가 참가하고 있는데, 이 중 민단계 재일코리안 기업가는 10개사(41.7% = 10/24)이고, 총련계 재일코리안 기업가는 0개사(0%)이다. 따라서 민단계 재일코리안 기업가들은 한인회에 소수 참가하고 있는 반면, 총련계 재일코리안 기업가들은 한인회에 전혀 참가하고 있지 않음을 알 수 있다.

이와 같이 민단계와 총련계 재일코리안 기업가의 경제 네트워크 참가 여부를 비교한 결과, 〈그림 9-2〉와 같이 민단계 기업가의 경우 한국상공회의소와 조선인상공연합회와는 강한 연대, 그리고 재일한국인연합회, 기업가협회 및 OKTA 등과는 약한 연대에 의한 개방적이고 광범위한 네트워크를 구축하고 있는 것으로 나타났다. 반면, 총련계 기업가의 경우 조선인상공연합회하고만 강한 연대에 의한 폐쇄적인 네트워크를 구축하고 있고, 나머지 경제단체들과의 네트워크는 매우 미약함을 확인할 수 있었다.

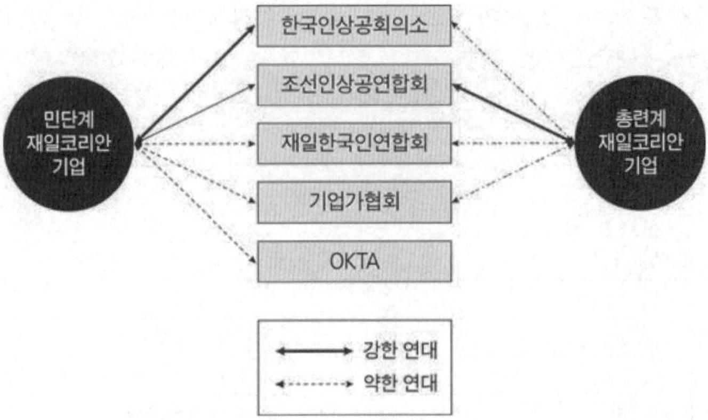


〈그림 9-2〉 재일코리안 기업의 경제 네트워크 구축 현황

다음으로 〈표 9-13〉에 제시한 바와 같이 가장 영향력 있는(가입률 20% 이상) 경제 네트워크들(민단, 총련, 한국인상공회의소 및 조선인상공연합회)을 대상으로 네트워크 특성을 살펴보았다. 분석결과 참가 빈도, 거래 빈도 및 거래연

〈표 9-13〉 재일코리안 민단계와 총련계 기업의 네트워크 특성

| 네트워크 특성지표 | 민단계 | | 총련계 | | 값의 범위 | 중위수 | 네트워크 가설 | |
|---|---|---|---|---|---|---|---|---|
| | 민단 소속 재일코리안 기업(68개) | 한국상공 회의소 소속 재일코리안 기업(46개) | 총련 소속 재일코리안 기업(31개) | 조선인상공 연합회 소속 재일코리안 기업(40개) | | | | |
| 참가 빈도 (상호 연결 기능) | 1.61 | 1.739 | 1.484 | 1.45 | 1~3 | 2 | 적다 | 약한 연대 |
| 네트워크 크기 (기업가 간 거리감) | 1.897 | 1.913 | 1.774 | 1.75 | 1~4 | 2.5 | 좁다 | 강한 연대 |
| 경쟁도 | 2.029 | 2.022 | 1.806 | 1.9 | 1~5 | 3 | 낮다 | 강한 연대 |
| 거래 빈도 (신뢰도) | 2.868 | 2.609 | 1.806 | 1.85 | 1~5 | 3 | 적다 | 약한 연대 |
| 거래연수 (신뢰도) | 8.971 | 10.391* | 9.194 | 6.725 | 1~48 | 10 | 작다 | 약한 연대 |

주) *: 한국상공회의소 소속 재일코리안 기업의 경우 강한 연대 성향을 보임.

수는 약한 연대 성향을 보였고, 네트워크 크기와 경쟁도는 강한 연대의 성향을 보였다.

## 4. 경제 네트워크 특성과 경영성과

### 1) 네트워크 특성과 경영성과 상관분석

측정변수의 판별타당도 검정을 위해 상관분석을 실시하였다. 일반적으로 측정변수 간의 상관계수 값이 0.9 이상이면 판별성에 대해 의심해야 한다. 〈표 9-14〉에서 보듯이 참가 빈도와 네트워크 만족의 상관관계가 0.5222로 가장 높게 나타났으며, 다른 측정변수 간의 상관계수 값은 이보다 아래로 나타났다. 따라서 요인 간의 상관계수가 1이 아닌 것으로 나타나 판별타당도가 있다고 할 수 있다(Anderson and Gerbing, 1988).

〈표 9-14〉 재일코리안 기업 네트워크와 경영성과 상관계수

| 구 분 | 참가 빈도 | 네트워크 크기 | 경쟁도 | 거래 빈도 | 거래 연수 | 네트워크 만족 | 경영 성과 |
|---|---|---|---|---|---|---|---|
| 참가 빈도 | 1 | | | | | | |
| 네트워크 크기 | .139* | 1 | | | | | |
| 경쟁도 | .037 | −.046 | 1 | | | | |
| 거래 빈도 | .181** | .215*** | .008 | 1 | | | |
| 거래연수 | −.059 | .033 | .015 | −.089 | 1 | | |
| 네트워크 만족 | .522*** | .278*** | −.105 | .201** | −.018 | 1 | |
| 경영성과 | .145* | .416*** | −.100 | .148* | −.011 | .376*** | 1 |
| 평균 | 1.591 | 1.792 | 2.045 | 2.422 | 12.485 | 2.864 | 2.734 |
| 표준편차 | 0.746 | 0.814 | 1.151 | 2.114 | 10.815 | 1.029 | 0.801 |

주) *: P<0.1, **: P<0.05, ***: P<0.01

재일코리안 기업의 경제 네트워크 특성(참가 빈도, 네트워크 크기, 거래 빈도, 거래연수, 경쟁도)과 네트워크 만족 간의 관계 및 네트워크 만족과 경영성과 간의 관계를 검증하기 위해 회귀분석을 실시하였다. 또한, 회귀모형의 다중공선성을 진단하기 위해 분산팽창계수(VIF)와 공차한계(tolerance)를 조사하였다. 〈표 9-15〉에서 보듯이, 분산팽창계수 모두가 이상적인 수준인 1에 근접(1.009~1.326)하고 있고, 공차한계도 10%보다 크게 나타나고 있어 다중공선성은 거의 존재하지 않는 것으로 판단된다(Hair 등, 1979). 이러한 결과는 회귀분석의 결과가 의미 있음을 나타낸다.

〈표 9-15〉는 네트워크 특성과 네트워크 만족 간의 회귀분석 결과이다. 참가 빈도는 네트워크 만족에 유의한 정(+)의 영향을 미치는 것으로 나타나 가설 1은 채택되었다. 네트워크 크기는 네트워크 만족에 유의한 정(+)의 영향을 미치는 것으로 나타나 가설 2는 채택되었다. 거래 빈도는 네트워크 만족에 유의한 영향을 미치지 못해 가설 3은 기각되었다. 거래연수는 네트워크 만족에 유의한 영향을 미치지 못해 가설 4는 기각되었다. 경쟁도는 네트워크 만족에 유의한 부(−)의 영향을 미치는 것으로 나타나 가설 5는 채택되었다. 따라서 재일코리안 기업가는 경제 네트워크

〈표 9-15〉 재일코리안 기업 네트워크 특성과 네트워크 만족 회귀분석

| 변수명 | Beta | t | Sig. F | Tolerance | VIF |
|---|---|---|---|---|---|
| 참가 빈도 | .487 | 7.099*** | .000 | .954 | 1.048 |
| 네트워크 크기 | .189 | 2.728*** | .007 | .939 | 1.065 |
| 거래 빈도 | .068 | .874 | .383 | .754 | 1.326 |
| 거래연수 | .013 | .167 | .867 | .791 | 1.264 |
| 경쟁도 | −.116 | −1.719* | .088 | .991 | 1.009 |
| 모형 요약 | | | F=14.847, Sig. F=0.000<br>R2=0.334, 수정된 R2=0.312 | | |

주) *P<0.1, **P<0.05, ***P<0.01

〈표 9-16〉 재일코리안 기업의 네트워크 특성과 경영성과 회귀분석

| 변수명 | Beta | t | Sig. F | Tolerance | VIF |
|---|---|---|---|---|---|
| 네트워크 만족 | .376 | 5.002*** | .000 | 1.000 | 1.000 |
| 모형 요약 | | | F=25.019, Sig. F=0.000<br>$R^2$=0.141, 수정된 $R^2$=0.136 | | |

주: ***P<0.01

의 참가 빈도가 높을수록, 경제 네트워크의 크기가 넓을수록, 경쟁상황이 낮을수록 경제 네트워크에 대한 만족이 높아짐을 알 수 있다.

〈표 9-16〉은 네트워크 만족과 경영성과 간의 회귀분석 결과이다. 네트워크 만족은 경영성과에 유의한 정(+)의 영향을 미치는 것으로 나타나 가설 6은 채택되었다.

### 2) 네트워크 구축 방향

이 장에서는 일본에서 생활하고 있는 58만 명에 해당하는 재일코리안 중에서 기업가들을 중심으로 경제 네트워크의 구조적 특성과 경영성과를 점검하고 재일코리안 기업의 바람직한 네트워크 구축방향을 제시하는 데 있었다. 이를 위해 이 연구는 다음과 같은 세 가지 연구과제에 중점을 두었다. 첫째, 민단계와 총련계 재일코리안 기업의 경제 네트워크 차이 분석, 둘째, 민단계와 총련계 재일코리안 기업의 경제 네트워크 특성 분석, 셋째, 재일코리안 기업의 경제 네트워크 특성과 경영성과 간의 관계 분석이 그것이다.

연구 결과는 다음과 같다. 첫째, 재일코리안 기업의 경제 네트워크 특성에 대한 연구결과, 민단계와 총련계로 나누어 살펴보면 다음과 같다. 재일코리안 세대별로 민단과 총련의 각 단체나 조직참가 여부는 재

일코리안 1세대의 경우 조선인상공연합회 참여비율이 높았으나, 재일코리안 2세대로 갈수록 한국상공회의소 참여비율이 높게 나타났다. 이러한 현상은 재일코리안 기업가들이 1990년대 글로벌화가 본격화된 이후 한국이나 모국 기업에 대한 관심이 높아졌기 때문으로 풀이된다. 둘째, 민단과 총련의 각 조직에 대한 네트워크 특성을 파악할 수 있는 단체 참가 여부에서는 총련의 경우, 총련계 조선인상공연합회 참여비율이 높게 나타났으며, 상대적으로 총련의 민단계 한국인상공회의소 참여비율은 낮게 나타났다. 분석결과를 종합해보면, 재일코리안 기업의 경제네트워크 특성은 민단계와 총련계로 구분할 수 있는데, 총련계는 총련계 기업 간의 단체나 조직에 있어서 강한 연대를 구축하고 있는 반면, 민단계는 민단이나 총련계 기업과의 넓고 확대된 약한 연대를 형성하고 있는 것으로 나타났다.

다음으로 민단계와 총련계 기업을 구분하지 않고 전체적으로 재일코리안 기업의 경제 네트워크 특성에 대한 경영성과 간의 관계를 살펴보았다. 먼저 상관관계 분석결과를 살펴보면, 재일코리안 기업의 참가 빈도, 네트워크 크기, 거래 빈도는 네트워크 만족도와 경영성과에 정(+)의 상관관계가 있는 것으로 나타났고, 네트워크 만족도와 경영성과 또한 정(+)의 상관관계를 보였다. 또한, 네트워크 특성지표들과 네트워크 만족도 간의 회귀분석 결과, 참가 빈도와 네트워크 크기는 유의한 정(+)의 관계를, 경쟁도는 유의한 부(−)의 관계를 보였으며, 네트워크 만족도는 경영성과에 유의한 정(+)의 관계를 보였다. 재일코리안 기업가는 참가하고 있는 단체에 대한 참가 빈도가 높을수록(강한 연대 성향), 네트워크 크기가 넓을수록(약한 연대 성향), 경쟁도가 낮을수록(강한 연대 성향) 네트워크 만족도가 높게 나타나며, 그 결과 경영성과도 좋아짐을 알 수 있다. 특히, 네트워크 특성지표 중에서 네트워크 참가 빈도가 가장 큰 영향을 주는 요인임을 확인할 수 있었다.

이 연구는 재일코리안 기업가, 모국(한국) 기업가 및 모국(한국) 정책담당자들에게 다음과 같은 시사점을 주고 있다. 첫째, 재일코리안 기업의 경제 네트워크 특성을 보면, 민단계 기업은 강한 연대뿐만 아니라 약한 연대의 네트워크도 구축하고 있으나, 총련계 기업은 강한 연대만의 네트워크를 구축하고 있어 폐쇄적인 네트워크를 운영하고 있음을 시사해준다. 따라서 향후 총련계 기업가들과 민단계 기업가들 간의 상호교류나 정보교환의 장이 중요하다는 것을 시사하고 있다. 둘째, 총련계 기업가들이 강한 연대를 형성하고 있다는 것은 상대적으로 모국(한국) 기업가들이 총련계 기업가들과의 경제 네트워크가 약하다는 것을 반증하고 있다. 따라서 모국(한국) 기업가들이 일본에서 새로운 시장개척이나 기술정보를 습득하기 위한 틈새로서 총련계 기업들과의 네트워크를 구축한다면, 그동안 경원시되어왔던 총련계 기업가들의 도움을 기대할 수 있을 것이다. 셋째, 재일코리안 기업가들이 민단이나 총련 어느 쪽을 지지해왔는가에 따라 그들의 경제적 수준이나 네트워크 구축에도 큰 영향을 미치고 있었다. 따라서 글로벌시대 폐쇄적인 총련계 기업이 개방적인 글로벌 네트워크를 구축할 수 있도록 국내에서 개최되는 각종 경제대회나 행사에 참여를 독려하는 제도적 장치 마련이 시급하다는 것을 시사하고 있다.

이 연구의 한계와 향후 연구과제는 다음과 같다. 첫째, 현지연구 사정상 연구결과의 일반화를 위한 재일코리안 기업 전체를 반영할 수 있는 샘플을 확보할 수 없었다는 점이다. 둘째, 글로벌시대를 맞이하여 일본에서도 귀화자와 국적 변경자가 증가하면서 민단계와 총련계라는 이분법으로 시대적 추세를 제대로 반영하지 못할 우려가 있다. 따라서 향후 연구과제는 이러한 문제들을 보완할 수 있도록 재일코리안 기업 전반에 관한 보다 세밀한 연구 작업이 지속적으로 이루어져야 할 것이다.

제10장

# 맺음말

## 1. 요약 및 결론

1945년 해방 전후 일본에 이주하여 정착하기 시작한 재일동포는 일본사회에서 '재일한국 · 조선인', '재일한국인', '재일조선인', '재일교포', '재일' 등 사회적 · 정치적 의미를 담아 다양한 용어로 불리고 있다. 이에 따라 재일동포라는 용어 자체가 여러 가지 의미를 내포하는 중첩적인 의미를 포함하게 되었다. 최근에는 일본사회의 다문화 및 사회통합정책의 영향으로 일본에서 생활하는 재일동포를 총칭하여 일반적으로 '재일코리안'이라는 용어가 자주 사용되고 있다. 이 책에서는 최근 일본에서의 재일동포들의 이러한 사정을 감안하여 다양하고 중첩적인 의미를 지닌 '재일코리안'으로 통일하였다.

재일코리안은 이주의 발생적 요인과 시기에 따라 1945년 전후 식민지시대의 종언과 해방으로 생겨난 올드커머, 1980년 전후 글로벌시대의 전개와 더불어 시작된 뉴커머로 구분할 수 있다. 1945년 해방 전후 일본에 정착하기 시작한 약 60만 명의 재일코리안은 식민지역 출신자라는 민족차별과 직업차별에 맞서 생계유지를 위해 틈새시장의 소규모 영세자영업에 종사하기 시작하였다. 이들은 일본인들이 꺼리는 업종에 집중 투자한 결과, 파칭코산업, 야키니쿠산업, 토목 · 건축업 분야에서 탁월성을 보여 재일코리안의 3대 민족산업으로 자리 잡게 되었다.

그러나 글로벌시대 도래와 함께 1990년대 이후 경제불황과 민족산업의 쇠퇴, 그리고 재일코리안 사회의 저출산 · 고령화로 인하여 재일코리안 기업의 세대교체가 급속히 진행되고 있다. 이러한 재일코리안 사회의 세대교체와 더불어 재일코리안 2~3세 기업가들이 기업일선 현장에서 대다수를 차지하게 되면서 재일코리안 사회 내부도 급격히 변화하고 있다.

이 책의 목적은 글로벌시대 재일코리안 사회의 저출산 · 고령화로 세대교체가 급속히 이루어지고 있는 가운데 재일코리안 기업의 경영승계 실태를 고찰하고 후계자 결정요인에 미치는 영향을 분석하여 향후 민족기업의 방향성을 제시하고 소수민족기업의 한계를 극복하는 차원에서 기업가 정신과 글로벌 네트워크 구축에 관한 시사점을 제공하는 데 있다.

이 책의 주요 내용은 1945년 이후 재일코리안 민족은행의 설립과 기업의 형성과정, 1990년대 말 일본의 버블붕괴와 더불어 민족은행의 파탄, 차세대 민족정체성 등이 재일코리안 기업의 경영승계와 기업가 정신에 어떤 영향을 미쳤는지에 대하여 주목하였다. 이와 더불어 일본경제의 버블붕괴는 일본 산업구조의 전환과 더불어 재일코리안 기업의 경영활동에도 많은 변화를 초래하게 되었다.

그러면 현재 재일코리안 기업은 실제로 일본의 경제불황과 저출산 · 고령화로 인하여 세대교체와 기업계승은 과연 어느 정도로 진행되고 있으며, 그들의 기업가 정신은 어떻게 변용되었는가?

이 책에서 다루고 있는 재일코리안 연구사 고찰, 차세대 민족정체성, 민족은행 설립과 기업의 형성, 재일코리안 기업의 성장과 경영승계 실태 및 기업가 정신, 글로벌 네트워크 구축 실태에 대하여 분석한 결과를 요약하면 다음과 같다.

첫째, 1945년 이후부터 현재까지 재일코리안 관련 국내외 연구사 고찰 결과를 정리하면 다음과 같다. ① 재일코리안의 각성을 통한 응집성을 기반으로 한 민족정체성의 강화에 의한 재일코리안의 재민족화와 단체행동의 논리를 구축한 사회구조적 촉진 요인, ② 재일코리안 사회단체의 집단적 사회운동에 의한 재민족화와 탈민족화 경향의 동시 출현, 즉 이러한 재민족화와 탈민족화의 과정으로서 개인의 각성과 선택을 통한 그들 자신의 주변화와 글로벌화의 양상, 그리고 세계적인 글로벌화(탈민족화)에 따른 개인(개인화)의 선택에 의한 재일코리안 사회운동의 쇠퇴와 다문화 공생의 확대에 의한 재일외국인 연대의 출현 등으로 설명할 수 있을 것이다.

이렇게 볼 때 향후 재일코리안 사회는 지금과 같이 일본 내에서 소수민족의 한계를 극복하기는 쉽지 않을 것으로 예상된다. 결국 재일코리안은 생존과 차별극복을 위해 소수민족을 응집하기 위한 재민족화와 탈민족화를 반복하는 사회구조와 패턴 속에서 소수민족으로서의 재일코리안의 운명이 결정될 것으로 생각된다.

둘째, 재일코리안 단체 중 1955년 총련 결성 당시 재일총련이 조선(북한)의 '해외공민단체'라는 사실을 명확히 규정하고 이를 천명한 점은 1945년 해방 이후 일본에서 어느 정도 재일동포가 재민족화에 성공할 수 있었던 실천적 배경이 깔려 있었던 것으로 보인다. 그러나 글로벌시대가 본격적으로 시작된 1990년대 초반의 북일국교정상화 교섭과 2002년 이후 일본인 납치문제, 핵개발 의혹, 탄도미사일 발사 문제 등으로 인하여 조선적 이탈자와 귀화자가 증가하면서 총련의 위상과 영향력이 과거에 비해 크게 감소되어 그동안 민족성이 강한 것으로 알려진 총련 자체의 탈민족화를 부추기고 있는 것은 이미 알려진 바와 같다.

이러한 시대적 상황에 맞물려 재일총련의 약화에 따라 일본 곳곳에

방치되어 있는 민족학교의 위기는 재일동포 사회 전체에 민족문화의 위기를 초래할 소지가 큰 것으로 지적되고 있다. 일본에서 재일총련의 발생요인 상 역사성과 특수성을 감안할 때 글로벌시대 탈민족화와 탈경계화의 격랑에 휩싸여 '조국지향'과 '민족이탈'이라는 중간지대에 머물고 있는 재일총련에 대한 특별한 관심과 재일동포정책에 대한 전반적인 재고가 절실히 요구되고 있는 것으로 생각된다.

셋째, 재일코리안 차세대 민족정체성에 관한 논의는 1980년대 이후 본격화되었다. 본 연구결과 민족정체성이 희박해진 차세대 재일동포들은 일본 국적 취득을 지향하는 것으로 나타났다. 일본사회가 다원화되면서 일본정부가 재일외국인에 대한 동화정책을 강화하는 가운데 재일동포의 민족정체성 확립은 일본사회로의 귀화를 억제할 수 있는 중요한 돌파구임에는 틀림없다. 이것은 재일코리안 차세대의 경우 민족정체성이 강할수록 한국에 대한 관심도 높고, 코리안 글로벌 네트워크 구축에 적극적이라는 연구결과로도 알 수 있다. 따라서 글로벌 경쟁체제 속에서 한국기업이 성장하기 위해서는 전 세계에 흩어져 있는 한민족을 하나로 연대할 수 있는 글로벌 코리안 네트워크의 구축과 활용이 매우 절실한 시점에서 차세대 민족정체성 확립은 그 시발점이 될 수 있음을 보여주고 있다.

재일코리안의 민족정체성의 재편 현상도 최근 일본사회 내의 귀화자와 뉴커머의 증가, 재일코리안의 저출산 · 고령화의 영향으로 기존의 민단, 총련, 귀화자로 구분되는 '재일코리안'이라는 민족의 틀이 크게 완화되거나 확대되고 있다. 즉, 이것은 글로벌시대 재일코리안 사회의 민족정체성에 대한 위기의식이 '재일코리안'이라는 새로운 틀 속에 재일코리안 모두를 포함시켜 독자적인 정체성을 추구하려는 세력들을 결집시키는 요인으로 작용하고 있다고도 볼 수 있을 것이다.

넷째, 재일코리안 사회에서 민단과 총련의 대립은 정치적 배경과 지지세력에 의한 경제조직 기반 구축에도 큰 영향을 미치게 되었다. 양 조직의 이러한 정치적 대립은 일본사회에서 지지기반에 따른 두 종류의 민족은행 설립을 주도했지만, 민족에 기반을 둔 경제조직으로서 자금수요의 한계, 지역에 따른 규모의 격차가 큰 민족은행의 설립으로 이어졌다.

일본에서 양 조직의 대립과 경쟁관계는 민족은행의 성장발전에도 기여했을 뿐만 아니라 영세 자영업자가 대부분인 민족기업의 성장에도 크게 공헌하였다. 일본에서 영세 자영업 수준의 민족은행이 난립하게 된 근본적인 배경에는 민족차별에 의한 일본 금융기관의 대출제한으로 재일코리안 기업들이 성장과정에서 민족은행에 의존할 수밖에 없는 경제구조를 가지고 있었기 때문이다.

그러나 글로벌 경제시대의 도래와 더불어 2000년대 이후 민족금융기관은 일본 내 반북 분위기의 확산에 따른 일본사회의 우경화, 글로벌 외환위기와 경제불황, 민족금융기관 경영자의 도덕적 해이와 배임 등 다양한 요소로 인해 경영파탄을 맞이하게 되었다. 향후 재일코리안 민족은행은 민단계의 경우 일본 금융업계와의 합작을 선호하게 될 것이고, 총련계는 강한 민족연대를 기반으로 신용조합의 형태로 당분간 존재할 것으로 예상되며, 일본 이외의 제3지대의 은행 설립을 주도할 것으로 전망된다.

다섯째, 재일코리안 기업가는 1946년 민단(재일본조선거류민단)이 결성된 이후 1960~70년대 한국기업가의 산업시찰 지원과 모국 기술연수생의 초청으로 모국 경제발전에 대한 끊임없는 애정을 표시하였다. 이러한 재일코리안 기업의 경제적 지원에 힘입어 한국은 경제선진국으로 발돋움해왔으며, 국가경쟁력 강화를 통한 선진국 진입의 기로에서 이들의 역할도 더욱 증대되었다. 따라서 글로벌시대 한국이 국가경쟁력 강화를 통해 선진국으로 진입하기 위해서는 이들의 한국 경제발전에 대한 공헌과 기여를 평가하고 한국기업과의 네트워크 구축을 통한 지속적인 교류가 매우 중요한 것으로 나타났다.

여섯째, 재일코리안 기업의 경영승계 실태에 대한 연구결과, 재일코리안 기업의 후계자 계승 정도와 인구통계학적 변인들 간의 차이분석에서 남성이면서 출생지가 한국이고 고학력자일수록 재일코리안 2세나 3세에게 기업을 계승하는 비율이 높은 것으로 나타났다. 재일코리안 기업의 후계자 계승과 모국 투자와의 관계에 대한 상관분석 결과, 해외 투자를 예상하고 있는 기업가일수록 모국 투자의 경험이 있는 경우 기업계속 여부와 자영업 계승 정도의 의지가 강한 것으로 나타났다. 또한 재일코리안 기업가가 다각적 경영을 고려하고 있는 경우 향후 매출액이 증가할 것으로 예상하였다. 재일코리안 기업의 후계자 계승 정도와 인구통계학적 변인 간의 회귀분석 결과, 재일코리안 기업가의 후계자 결정 여부는 행복도, 한류문화 영향과 무관하지만 응답자의 인적사항인 태어난 곳과 거주기간에 의해 영향을 받고 있는 것으로 나타났으며, 응답자의 출생 장소가 거주기간보다 후계자 계승에 더 영향을 미치고 있었다.

재일코리안 기업의 기업승계와 모국 투자전망과의 회귀분석 결과, 기업가의 성별이 남성일수록, 태어난 곳이 한국일수록 모국 투자에 대한 기대와 전망이 밝은 것으로 나타났다. 한류 영향에서는 일본에서 재일코리안에 대한 차별의식 약화, 긍정적 자기인식 변화, 한국 귀속의식 등 일본 내 재일코리안의 위상을 의미하는 것으로 재일코리안의 위상이 높아질수록 재일코리안기업가도 계속해서 일본 내에서 민족기업을 계승해 나갈 의지가 강한 것으로 나타났다. 이러한 연구결과는 일본에서 한류로 인한 한국 이미지가 재일코리안의 이미지 개선의 상승효과에 어느 정도 영향을 미쳤다고 볼 수 있을 것이다.

일곱째, 재일코리안의 네트워크 구축 실태와 기업가 정신의 관련성에 대한 분석결과, 재일코리안 기업이 에스닉 비즈니스 활동과정에 있어 민족 내부 및 민족 외부(일본사회)와의 네트워크에 밀착될수록 기업이 확대

발전하였다. 이러한 연구결과는 재일코리안 기업이 일본사회와의 상호작용으로 비즈니스 성장에 영향을 줄 수 있기 때문에 일본 현지사회와의 네트워크 관계를 정립할 필요가 있음을 시사하고 있다. 즉, 결과적으로 21세기 재일코리안 기업의 기업가 정신은 김미덕(2002)이 주장하는 재일코리안 기업의 독자적인 기업문화 구축, 하명생(2003)이 제시한 유교적 가치관의 금의환향 정신을 극복하는 초국적인 글로벌 네트워크 구축에 있음을 시사하고 있다. 또한 재일코리안 기업가가 재일코리안 사회와 일본사회와의 실질적인 경제활동의 방향설정에 있어서 네트워크 특성을 고려하고 초국적(transnationalism) 성향의 기업가 정신을 통해 기업의 잠재적 가능성을 확대 발전시켜나가야 한다는 점을 시사하고 있다.

여덟째, 재일코리안 기업의 경제 네트워크 특성에 대하여 민단계와 총련계로 나누어 분석하였다. 먼저 재일코리안 세대별로 민단과 총련의 각 단체나 조직에의 참가 여부는 재일코리안 1세대의 경우 조선인상공연합회의 참여비율이 높았으나, 재일코리안 2세대로 갈수록 한국상공회의소의 참여비율이 높게 나타났다. 이러한 현상은 재일코리안 기업가들이 1990년대 글로벌화가 본격화된 이후 한국이나 모국 기업에 대한 관심이 높아졌기 때문인 것으로 풀이된다. 다음은 민단과 총련의 각 조직에 대한 네트워크 특성을 파악할 수 있는 단체 참가 여부에서는 총련의 경우, 총련계 조선인상공연합회 참여비율이 높게 나타났으며, 상대적으로 총련의 민단계 한국인상공회의소 참여비율은 낮게 나타났다.

이러한 연구결과를 종합해보면, 재일코리안 기업의 경제 네트워크 특성은 민단계와 총련계로 분류하여 설명이 가능하다. 총련계는 총련계 기업 단체나 조직 간에 강한 연대를 구축하고 있는 반면, 민단계는 민단이나 총련계 기업과의 확장된 약한 연대를 형성하고 있는 것으로 해석할 수 있다. 따라서 글로벌시대 비교적 폐쇄적인 네트워크 구조로 알려진 총련계 기업이 개방적인 글로벌 네트워크를 구축할 수 있도록 국내나 외국에서 개최되는 각종 경제대회나 세미나에 참여를 독려하는 제도적 방안이나 지원이 필요할 것으로 생각된다.

## 2. 향후 연구과제

이 책에서 다루고 있는 연구내용은 재일코리안기업 관련 방대한 자료수집을 통하여 정리한 것이다. 다만 설문조사 및 면접조사 결과는 제한된 재일코리안 기업가만을 대상으로 실시하여 자료를 수집하고 분석했다는 점에서 많은 한계점을 가지고 있다. 분석결과는 제한된 샘플이기는 하지만 글로벌시대 일본 국적으로 세계시장을 개척한 재일코리안 기업들 중 탁월한 기업성과를 달성하고 있는 기업들도 분명히 존재한다.

그러나 영세자영업 수준에서 벗어나지 못하고 있는 재일코리안 기업들은 제한된 업종에서 탁월성을 보이고 있지만, 대부분은 시대적 변화와 조류에 대응하지 못하는 정보격차 현상을 겪고 있으며 글로벌 경제위기에 노출되어 있는 실정이다. 재일코리안 기업의 후계자 계승문제가 재일코리안 1세의 민족정체성, 정보격차, 해외(모국) 투자, 한류 영향과 어느 정도 인과관계를 가지고 있다는 점에서 향후 재일코리안 기업의 위기를 극복하기 위한 생존전략에 시사하는 바가 크다고 생각된다. 왜냐하면 초국적인 글로벌시대 재일코리안 기업의 글로벌 네트워크 구축 전략과 상호 정보소통이 현재 재일코리안 기업이 직면한 경제적 불황을 타개할 수 있는 유일한 돌파구가 될 것으로 생각되기 때문이다.

이는 재일코리안 기업가가 현재 직면하고 있는 경영승계와 민족기업의 한계를 극복하기 방안으로 재일동포의 태생적 민족 네트워크의 특성을 고려하고 초국적 성향의 기업가 정신을 통해 기업의 잠재적 가능성을 최대한 발현할 수 있는 방향으로 정책전환을 시도해나가야 한다는 점을 시사하고 있다.

이 연구의 한계와 향후 연구과제는 다음과 같다. 첫째, 현지연구 사정상 제한된 비용과 시간으로 재일코리안 기업 전체를 반영할 수 있는 연구결과의 일반화를 위한 충분한 샘플을 확보할 수 없었기 때문에 연구결과에는 많은 한계를 가지고 있다. 둘째, 글로벌시대를 맞이하여 재일코리안 기업가의 일본 귀화자가 증가하면서 본 연구결과가 시대적 상황을 제대로 반영하지 못할 우려가 있다. 향후 연구에서는 이러한 문제들이 보완될 수 있도록 재일코리안 기업 및 전반에 관한 연구 확대와 지속적인 조사가 이루어져야 할 것으로 생각된다.

부 록

# 설문조사표

## 在日コリアン企業の経營實態に關する調査

こんにちは。本研究の目的は在日コリアン企業の実態を調べるため作成された調査表です。日本で企業を経営している在日コリアン企業家を対象に企業経営実態, 企業承継問題, 日本と母国との企業交流実態などを調べるため行っております。本調査の研究結果と内容は在日コリアン企業の政策樹立や母国(韓国)との関係改善のための基礎資料として活用されます。
このアンケートは研究の目的以外に使用致しません。本調査表の回答はすべてコンピュータで統計処理を致しますので, 記入漏れがないようにお願い致します。本調査の趣旨についてご理解いただき, ご協力のほど宜しくお願い致します。
研究者: 全南大学世界韓商文化研究団　林永彦(010-9883-2428)
メール: yimye@hanmail.net

I. ご自身のことや企業(お店)について該当するものに一つだけ○をつけて下さい。

Q 1. あなたの性別を教えて下さい。
① 男　② 女

Q 2. あなたの生まれた年を西暦で書いて下さい。
(19　　年)

Q 3. あなたは在日コリアン何世代だと思いますか。
① 1世代目　② 2世代目　③ 3世代目
④ 4世代目　⑤ その他(　　)

Q 4. あなたは現在企業(お店)の営業年数と居住年数を教えて下さい。

営業年数（　　　　　年）　居住年数（　　　　　年）

Q 5. あなたの経営組織は次のどれですか。

① 個人　② 法人

Q 5-1. 企業の経営形態(多角経営)は次のどれですか。

① 1業種のみ　② 2業種

③ 3業種　④ 4業種以上

Q 6. あなたが通った(または通っている)学校は次のどれですか(中退も卒業と同じ扱い)。

① 小学校　② 中学校　③ 高校

④ 専門学校・短大　⑤ 大学　⑥ 大学院

⑦ 学校なし　⑧ その他(　　　　　)

Q 7. あなたはどのような業種に従事していますか。

① 喫茶・スナック　② 金融業　③ 不動産業　④ 焼肉・食堂業

⑤ パチンコ・娯楽業　⑥ 再生資源産業　⑦ その他(　　　)

Q 8. 企業の収入(年収) について教えて下さい。

① 1億円以下　② 3～5億円　③ 5億円以上　④ 10億円以上

Q 9. あなたの企業の従業員数は全体で何人位ですか。雇用者の数でお答え下さい。

① 自分一人　② 家族従業員のみ　③ 1～4人

④ 5～9人　⑤ 10～29人　⑥ 30～99人

⑦ 100～299人　⑧ 300～499人　⑨ 500～999人

⑩ 1000人 以上

Q 10. あなたは母国(韓国) への投資についてどう思いますか。

① まったく考えてない　② 考えてない　③ わからない

④ 投資したい　⑤ 積極的に投資する

Q 11. あなたの企業は今後廃業(あるいは転業)の意向がありますか。

① まったくやめない　② やめない　③ わからない

④ やめたい　⑤ 自分代でやめたい

Q 12. あなたの企業には家族従業員がいますか。

① いない　　② いる

Q 13. 企業の中で同胞従業員はいますか。

① いない　　② いる

II. 企業の継承と世代交代に関する質問です。

Q 1. あなたのご自身と第二世代との企業交代の度合は次のどれですか。

① 一緒に現役として働いている

② 第一線は退いて顧問的になっている

③ 引退して働いていない

④ 死亡

Q 2. あなたの企業の承継状況は次のどれですか。

① 自分から積極的に　② しかたなく　③ 何となく

Q 3. あなたは企業承継の際, 一番苦労している点は何ですか。

① 専門知識の習得　　② 従業員の信頼など人間問題

③ 取引先・金融機関の信頼　④ 設備店の老朽化

Q 4. あなたの企業の後継者はすでに決めていますか。

① 決めていない　　② 決めている

Q 4-1. 後継者が決まっている場合, どなたですか。

① 自分の子供　　② 親類

③ 企業内の有能な人物　④ その他(　　　　　)

Q 5. 企業の経営上の問題は次のどれですか。

① 人材不足　② 税金問題　③ 利益減少

④ 売上の不振　⑤ 設備・店舗の老朽化　⑥ 後継者問題

⑦ 代金回収の困難長期化　⑧ 資金不足　⑨ 特になし

Q6. 企業の売上増減の見込みはどれですか。

① 減少する　② やや減少する　③ 現状維持

④ 増大する　⑤とても増大する

Q7. 現在の企業をやめようと思っている場合`その理由は何ですか。
① 子供が希望しないなど後継者がいない
② 業界に将来性がない
③ 経営が苦しい又は苦労が多い
④ 現在の資本力で発展が望めない

Q8. あなたは現在の企業を自分の代で起業したいと思いますか。
① まったくそう思わない　② そう思わない
③ わからない　④ そう思う　⑤ とてもそう思う

Q9. あなたは企業経営基盤の充実化のためどのように努力していますか。
① 売上増大
② 優良な取引先確保
③ 人材の確保・能力の開発
④ 技術力・企画開発力強化
⑤ 合理化・省力化の推進
⑥ 財務基盤の強化
⑦ 多角的経営化
⑧ 情報収集力の強化
⑨ 節税対策特にない
⑩ その他(　　　　　　　　　　)

Q10. あなたは今後企業の多角的経営の度合をどのように考えていますか。
① 手かげるつもりはない
② できれば手がけてみたい
③ 近い将来手がける

Q11. 母国(韓国)への投資経験はありますか。
① 現在事業を行っている
② 事業を行ったことがある
③ 条件によっては考えてもよい
④ 母国の投資はまったく考えていない
⑤ わからない

Q 12. 海外投資についてあなたはどう思いますか。

① 海外投資をしている　② 検討している
③ 条件によって考える　④ まったくそのつもりはない
⑤ わからない

Q 13. 共同経営をしていますか。

① 共同経営はしていない　② 共同経営はしている

Q 13-1. 共同経営の場合、相手はどなたですか。

① 親族　② 親族以外　③ その他(　　　　　)

Q 13-2. 共同経営者の相手の国籍はどれですか。

① 韓国人　② 日本人　③ その他(　　　　　)

Q 13-3. 企業の共同経営は今後継けていくつもりですか。

① 継続する　② 継続しない　③ わからない

Ⅲ. 母国との交流関係、母国訪問に関する質問です。

Q 1. 韓国に家族や親戚の方がいますか。

① いいえ
② はい(祖父祖母、ご両親、兄弟姉妹、叔父叔母、親戚など)

Q 2. 今まで6ケ月間韓国の親戚や友達との接触頻度はどの位ですか。

① 1-5回　② 1ケ月1-2回　③ 1週間1回
④ 毎週　⑤ 毎日　⑥ 毎日1回

Q 2-1. 電話で接触したのは次の誰ですか。

① 両親　② 兄弟姉妹　③ 親戚　④ 友だち

Q 2-2. インタネットで接触した方は誰ですか。

① 両親　② 兄弟姉妹　③ 親戚　④ 友だち

Q 3. 韓国はどの位訪問していますか。

① 1週間1回　② 1ケ月1回　③ 6ケ月1回　④ 1年1回　⑤ 無し

Q4. 去年1年間韓国の団体`制度的な繋がり`活動などに関する質問です。

| 質問項目 | いいえ | はい |
|---|---|---|
| 母国のある団体や組織のプログラムに子どもを送ったことがある。 | | |
| 母国の選挙に投票したことがある。 | | |
| 母国の政治政党や団体と関連したことがある。 | | |
| 母国のTVドラマや映画を度々見ている。 | | |
| 母国の新聞, 雑誌, インタネットサイトなどを見ている。 | | |

Q5. 母国との財政的な連携に関する質問です。

| 質問項目 | いいえ | はい |
|---|---|---|
| 母国の家族や親戚に送金やプレゼントを送ったことがある。 | | |
| 母国の家族や親戚から送金やプレゼントを貰ったことがある。 | | |

Q6. あなた(配偶者)の韓国においての財産はどの位ですか。

① 無し　② 1億ウォン以下　③ 1億～5億
④ 5億～10億　⑤ 10億ウォン以上

Q7. あなたはどれ位母国で生活したいと思っていますか。

① まったくそう思わない　② そう思わない
③ わからない　④ そう思う　⑤ とてもそう思う

IV. 在日コリアン企業家の幸福感に関する質問です(該当項目に∨表示)。

| 番号 | 質問項目 | まったくそう思わない | | | 普通 | | | とてもそう思う |
|---|---|---|---|---|---|---|---|---|
| 1 | 私は私が持ちたい物を買えるほど経済力がある。 | 1 | 2 | 3 | 4 | 5 | 6 | 7 |
| 2 | 私はレーザー生活を楽しむほど経済力がある。 | 1 | 2 | 3 | 4 | 5 | 6 | 7 |
| 3 | 私は生活に不便がないほど経済力を備えている。 | 1 | 2 | 3 | 4 | 5 | 6 | 7 |
| 4 | 私は農漁村政策と制度が望ましいと思う。 | 1 | 2 | 3 | 4 | 5 | 6 | 7 |
| 5 | 私は日本の教育制度と環境を信頼できる。 | 1 | 2 | 3 | 4 | 5 | 6 | 7 |
| 6 | 私は日本社会が公平だと思う。 | 1 | 2 | 3 | 4 | 5 | 6 | 7 |

| | | | | | | | | |
|---|---|---|---|---|---|---|---|---|
| 7 | 私は健康に対して自信がある。 | 1 | 2 | 3 | 4 | 5 | 6 | 7 |
| 8 | 私は現在病んでいる疾病がある。 | 1 | 2 | 3 | 4 | 5 | 6 | 7 |
| 9 | 私は活動に制約や支障がないほど健康である。 | 1 | 2 | 3 | 4 | 5 | 6 | 7 |
| 10 | 私は今まで生きてきた生活に自慢を持っている。 | 1 | 2 | 3 | 4 | 5 | 6 | 7 |
| 11 | 私は今まで私がやってきたことに満足感を持っている。 | 1 | 2 | 3 | 4 | 5 | 6 | 7 |
| 12 | 私は今まで私が追求した生活を生きてきた。 | 1 | 2 | 3 | 4 | 5 | 6 | 7 |
| 13 | 私は夢を実現するため絶えなく努力した。 | 1 | 2 | 3 | 4 | 5 | 6 | 7 |
| 14 | 私は私の潜在力を開発するため最善を尽くした。 | 1 | 2 | 3 | 4 | 5 | 6 | 7 |
| 15 | 私は目標達成のため絶えなく努力した。 | 1 | 2 | 3 | 4 | 5 | 6 | 7 |
| 16 | 私は私がやるべきことを自らやってきた。 | 1 | 2 | 3 | 4 | 5 | 6 | 7 |
| 17 | 私は問題が生じれば自ら解決しようと努力した。 | 1 | 2 | 3 | 4 | 5 | 6 | 7 |
| 18 | 私は厳しい環境におかれても対処できる。 | 1 | 2 | 3 | 4 | 5 | 6 | 7 |
| 19 | 私は特に欲ばりがなく肯定的に生きている。 | 1 | 2 | 3 | 4 | 5 | 6 | 7 |
| 20 | 私はすべてのことを肯定的に解釈している。 | 1 | 2 | 3 | 4 | 5 | 6 | 7 |
| 21 | 私はどんな状況にあっても満足する方である。 | 1 | 2 | 3 | 4 | 5 | 6 | 7 |
| 22 | 私は度々他人のため奉仕活動をしている。 | 1 | 2 | 3 | 4 | 5 | 6 | 7 |
| 23 | 生活の厳しい隣人のため奉仕すると生き甲斐を感じる。 | 1 | 2 | 3 | 4 | 5 | 6 | 7 |
| 24 | 私は収入(お小遣い)の一部を隣人や団体に寄付している。 | 1 | 2 | 3 | 4 | 5 | 6 | 7 |
| 25 | 信仰と宗教は私の生活に大事である。 | 1 | 2 | 3 | 4 | 5 | 6 | 7 |
| 26 | 私は宗教活動に熱心に参加している。 | 1 | 2 | 3 | 4 | 5 | 6 | 7 |
| 27 | 宗教は私の人生で大きな意味はない。 | 1 | 2 | 3 | 4 | 5 | 6 | 7 |
| 28 | 私の子どもは正しく成長している。 | 1 | 2 | 3 | 4 | 5 | 6 | 7 |
| 29 | 私の子どもはお互いに愛情が厚い。 | 1 | 2 | 3 | 4 | 5 | 6 | 7 |
| 30 | 私の子どもは健康に育んでいる。 | 1 | 2 | 3 | 4 | 5 | 6 | 7 |
| 31 | 私は家族と和睦である。 | 1 | 2 | 3 | 4 | 5 | 6 | 7 |
| 32 | 私は家族から認められている。 | 1 | 2 | 3 | 4 | 5 | 6 | 7 |
| 33 | 私は親戚たちと円満な関係を維持している。 | 1 | 2 | 3 | 4 | 5 | 6 | 7 |
| 34 | 私たちの夫婦はお互い認め合い尊重している。 | 1 | 2 | 3 | 4 | 5 | 6 | 7 |
| 35 | 私は配偶者と対話をよくやる。 | 1 | 2 | 3 | 4 | 5 | 6 | 7 |
| 36 | 私の配偶者は家庭, または私の仕事を助けている。 | 1 | 2 | 3 | 4 | 5 | 6 | 7 |
| 37 | 私は心の通じる友だちがたくさんいる。 | 1 | 2 | 3 | 4 | 5 | 6 | 7 |
| 38 | 私は家族のように付き合う友だちや隣人がたくさんいる。 | 1 | 2 | 3 | 4 | 5 | 6 | 7 |
| 39 | 私は悩みを聞いてくれる友だちや隣人が少ない。 | 1 | 2 | 3 | 4 | 5 | 6 | 7 |
| 40 | 私は地域社会で他人が羨ましく思う地位にいる。 | 1 | 2 | 3 | 4 | 5 | 6 | 7 |
| 41 | 私は他人が羨望する職業を持っている。 | 1 | 2 | 3 | 4 | 5 | 6 | 7 |
| 42 | 私がやっている仕事は他人から尊敬をうける。 | 1 | 2 | 3 | 4 | 5 | 6 | 7 |

| | | | | | | | | |
|---|---|---|---|---|---|---|---|---|
| 43 | 私は人生の生き方や方式が理想に近い 。 | 1 | 2 | 3 | 4 | 5 | 6 | 7 |
| 44 | 私は人生の条件が多い 。 | 1 | 2 | 3 | 4 | 5 | 6 | 7 |
| 45 | 私は私の人生に満足している 。 | 1 | 2 | 3 | 4 | 5 | 6 | 7 |
| 46 | 私は今まで私が望んでいる重要なことをやってきた 。 | 1 | 2 | 3 | 4 | 5 | 6 | 7 |
| 47 | 私は再度生まれ変わってもほとんど架け替える物はない 。 | 1 | 2 | 3 | 4 | 5 | 6 | 7 |

V. 在日コリアン企業家の一般的な幸福感に関する質問です(該当項目に∨表示) 。

| 番号 | 質問項目 | 内容 |
|---|---|---|
| 48 | あなたはあなた自身についてどう思いますか 。 | ① とても不幸な人である 。② 不幸な人である 。③ やや不幸な人である 。④ 普通 ⑤ 少し幸せな人である 。⑥ 幸せな人である 。⑦ とても幸せな人である 。 |
| 49 | あなたは友だちと比べてあなたの自身をどう思いますか 。 | ① とても不幸な人である 。② 不幸である 。③ やや不幸である ④ 普通 ⑤ 少し幸せである 。⑥ 幸せである 。⑦ とても幸せである 。 |
| 50 | とても幸せな人は現在起こっていることと関係なく最大自分の生活を楽しむ 。あなたもそうですか 。 | ① まったく楽しまない 。② 楽しまない 。③ ほとんど楽しまない ④ 普通 ⑤ やや楽しむ ⑥ 楽しむ ⑦ とても幸せな人である 。 |
| 51 | いつも不幸だと考えている人たち爵に見えても幸せでもない 。あなたはどうですか 。 | ① 私ととても近い ② 私と近い ③ 私とほとんど近い ④ 普通 ⑤ やや似てない ⑥ 似てない ⑦ とても似てない |

VI. 在日コリアン企業家の当面している問題 `望んでいること, これからの展望ついてのご意見・感想などを自由にお書き下さい。( )

◎ 質問は以上です 。長時間にわたり, ご協力有難うございました 。

# 참고문헌


## 국내 문헌

강상중 · 고정애 옮김(2004). 『재일 강상중』. 삶과 꿈.

고광명(2006). 「일본 속의 제주인의 직종과 상공업 활동」. 『아시아연구』.

_____(2009). 「재일(在日)제주인 기업가의 경영활동 특성」. 『일본연구』.

_____(2010). 「재일(在日)제주인 기업가 東泉 金坪珍 연구」. 『일본근대학연구』.

_____(2010). 「재일(在日)제주인의 기업가 유형별에 따른 경영특성」. 『아시아연구』.

_____(2010). 「재일(在日)제주인의 제주도에의 기증과 투자활동」. 『일본근대학연구』.

_____(2011). 「재일(在日)제주인 기업가 고당(古堂) 안재호(安在祜) 연구」. 『일본근대학연구』.

_____(2011). 「재일(在日)제주인의 제주지역 교육발전에 대한 공헌」. 『교육과학연구』 23.

_____(2013). 『재일제주인의 삶과 기업가 활동』. 보고사.

고광명 · 진관훈(2005). 「제주도 기업가 晴岩 朴宗實 연구」. 『정신문화연구』 28(2).

금명자 외(2006). 『다문화가정 청소년(혼혈청소년) 연구: 사회적응 실태조사 및 고정관념 조사』. 한국청소년상담원.

김경학 외(2007). 『글로벌시대의 인도인 디아스포라』. 경인문화사.

김명소 외(2003). 「한국 성인의 행복한 삶의 구성요인 탐색 및 척도개발」. 『한국심리학회지: 건강』 Vol. 8, No. 2.

_____(2006). 「한국인의 행복지수 공식 개발」. 『조사연구』 7권 2호.

김상호(2008). 「사할린 한인방송과 민족정체성의 문제」.

김왕배(2003). 「미주 한인 후예들의 민족주의: 민족정체성 형성을 중심으로」. 『현상과 인식 봄/여름』.

김인영(2000). 「해외동포와 한민족네트워크공동체 형성: 현황과 과제」. 『명지대학교 북한학연구소 세미나발표 원고』.

김재기(2004). 「세계화시대 한상네트워크 구축의 정치경제」. 『한국동북아논총』 제31집.

_____(2006). 『세계화시대 글로벌 코리안 네트워크와 국가발전』. 한국학술정보.

_____(2007). 「글로벌 한상네트워크 발전과 World-OKTA의 역할」. 『한국동북아논총』 제

12권 2호.
______(2010). 「글로벌시대 '세계한상대회'의 성과와 활성화 방안」. 『한국동북아논총』 제56집.
김정구(2004). 「재일한국인의 정체성에 관한 연구」. 『한국동북아논총』 제33집.
김종회(2007). 『디아스포라를 넘어서』. 민음사.
김진환(2012). 「재일조선인 정체성 연구 현황과 과제」. 『한민족문화연구』 제39집.
김태영(2005). 「재일한국인 기업가의 네트워크 특성과 기업가 정신」. 『일본문화학보』 27.
______(2005). 「재일한국인 기업가의 사회문화적 적응과 기업가 정신에 관한 실증분석」. 『한국일본어문학회 학술발표대회논문집』.
김태영 · 박재수(2006). 「재일한국인 기업가의 상황구조에 관한 연구」. 『일본문화학보』 30.
______(2007). 「재일한국인의 기업가 정신」. 『일본문화학보』 33.
김혜진(2008). 「고려인 청년층의 민족정체성 형성과정에 대한 고찰: 모스크바 및 남부 러시아 지방을 중심으로」. 『슬라브학보』 제23권 제4호.
김희철 · 고광명(2005). 「제주도 기업가 우공(牛公) 황순하(黃舜河) 연구」. 『제주도연구』.
나가노 신이치로 편저(2010). 『한국의 경제발전과 재일한국인기업인』. 말 · 글빛냄.
레이초우, 장수현 · 김우영 옮김(2005). 『디아스포라의 지식인: 현대 문화연구에 있어서 개입의 전술』. 이산.
마르코 마르티니엘로, 윤진 옮김(2008). 『현대사회와 다문화주의 한울시앙스포총서(8)』. 한울.
민관식(1990). 『재일본한국인』. 아세아정책연구원.
민단(1987). 『재일동포의 생활실태와 의식조사』. 민단자체보고서.
______(2000). 『재일한국인 의식조사』. 민단자체보고서.
박용구(2009a). 「재일코리안의 분화하는 정체성에 대한 실증 분석」. 『일본연구』 제40호.
______(2009b). 「재일코리안의 나이그룹별 정체성에 대한 실증분석」. 『국제지역연구』 제13권 제2호.
박정진(2011). 「북한의 대일접근과 재일조선인 '북송(귀국)문제'」. 『북한연구학회보』 제15권 제1호.
백형엽(2006). 「재일동포 자영업체의 경영실태에 관한 연구」. 『중소기업연구』.
베네딕트 앤더슨, 윤형숙 옮김(2004). 『상상의 공동체』. 나남출판.
부산발전연구원(2007). 『세계한상대회 개최에 따른 지역경제 파급효과 분석』. 부산발전연구원.
삼성경제연구소(2010). 「청년실업의 경제적 파장과 근본 대책: 교육시스템 혁신을 중심으로」. CEO Information 제766호.
서경식 · 김혜신 옮김(2006). 『디아스포라 기행』. 돌베개.
서경식 · 임성모 옮김(2006). 『난민과 국민 사이』. 돌베개.
서인석(2003). 「호주 현지 한국인 기업 연구: 이민자의 소규모 사업을 중심으로」. 『경영교육논총』 제31집.
세계해외한인무역인협회(2006). 『해외한인동포 경제인 글로벌 네트워크구축』. 세계해외한인무역협회.
소냐 류보머스키, 오혜경 옮김(2008). 『How to be happy』. 지식노마드.
손기만(2001). 「북한의 해외동포정책에 관한 연구」. 경남대학교 북한대학원 석사학위논문.
안쏘니 D. 스미스, 이재석 옮김(1997). 『세계화 시대의 민족주의』. 남지출판.
양계민(2009). 「한민족정체성과 자민족중심주의가 청소년의 다문화수용성에 미치는 영향」. 『한국청소년연구』 제20권 제4호.
에릭 홉스봄, 강명세 역(1994). 『1780년 이후의 민족과 민족주의』. 창작과 비평.
오경석(2007). 『한국에서의 다문화주의: 현실과 쟁점』. 한울아카데미.
오노 치아키(2005). 『재일한국인의 귀화에 관한 연구: 3세대를 중심으로』. 신간사.
우노 마사미, 김홍기 역(1991). 『유대인의 세계 경제전략』. 교문사.
우노 마사미, 서인석 역(1987). 『유대인의 세계전략』. 안산미디어.
유삼열(1952). 「북한의 재일동포정책과 조총련」. 서강대학교 박사학위 논문.
윤건차 · 이지원 옮김(2003). 『한일 근대사상의 교착』. 문화과학사.
윤건차 · 정도영 옮김(1990). 『현대일본의 역사의식』. 한길사.
윤인진 외(2011). 『재외한인 연구의 동향과 과제』. 북코리아.
윤인진(2000). 「해외 한인의 민족정체성과 애착: 미국과 독립국가연합 한인의 비교」. 2000년도 전기 사회학대회.
______(2004). 『코리안 디아스포라』. 고려대학교출판부.
이주연(2008). 「재미한인의 여가, 그들의 민족정체성」. 『문화와 사회』 제4권.
임영언 외(2006). 『재일코리안 기업의 경영활동』. 북코리아.
임영언(2006). 『재일코리안 기업가』. 한국학술정보.
______(2007). 「재일한국인 기업가의 네트워크가 경영성과에 미치는 효과에 관한 연구」. 『일본문화학보』 34.
______(2008). 「재일한인 글로벌 네트워크 구축과 활성화 방안 연구」. 『日本文化学報』 第36集.
______(2009). 「세계한상의 사회적 자본 형성을 통한 한민족공동체 활성화 방안 연구」. 제53집.
______(2009). 「재일한인 기업가와 모국」. 『일본 한인의 역사(상)』.
______(2009). 「재일한인의 민족정체성(Ethnic Identity) 유형 연구」. 『일본문화학보』.
______(2010). 「일본의 문화적 특징이 기독교 성장에 미친 영향 연구」. 『일본문화학보』 제43집, pp.369-392.
______(2011). 「재일코리안 디아스포라 문화자원으로서 연구사 고찰」. 『일어일문학』 제50집, pp.353-368.

_____(2011). 「초국가시대 세계디아스포라 민족공동체의 변화 양상에 관한 고찰」. 제59집.
_____(2013). 「재일코리안 기업의 후계자 계승 연구: 경영승계 결정요인을 중심으로」. 『일본문화학보』 제56집.
임영언 · 나주몽(2007). 「파칭코산업을 통해 본 재일코리안 기업의 네트워크에 관한 실증분석」. 『일본문화학보』 35.
_____(2008). 「재일한인의 국적별 네트워크 구축 성향연구」. 『한국동북아논총』 13巻3号(通巻48集).
임영언 · 이석인(2006). 「재일코리안 기업가의 창업유형별 특징 및 사례연구」. 『국제지역연구』.
_____(2011). 「재일코리안 기업의 경제네트워크 특성과 경영성과에 관한 연구」. 『일본문화학보』 제48집.
임영언 · 천관희(2007). 「재일코리안 기업의 자원동원과 기업성과에 관한 연구」. 『한국동북아논총』.
임채완(2005). 「세계화상네트워크의 성격과 발전현황」. 『21세기 정치학회보』 제15권 제3호.
_____(2005). 「세계화상네트워크의 성격과 발전현황」. 『한국세계 지역학회보』 한국세계지역학회.
_____(2005). 「화상과 한상네트워크 구조와 운영실태의 비교분석」. 『한국세계지역학회보』.
_____(2008). 「세계화 시대 "디아스포라현상" 접근: 초국가네트워크 사례를 중심으로」. 『한국동북아논총』 제49집.
_____(2008). 「지구화시대 디아스포라의 초국가적 활동과 모국」. 『국제정치논총』 제48집 1호.
임채완 · 리단(2005). 「초국가 민족 비즈니스 네트워크의 오프라인(Off-line) 사례분석」. 『대한정치학회보』 제13권 제2호.
임채완 · 임영언 외(2007). 『재일코리안 기업의 네트워크』. 북코리아.
임채완 · 장선미 외(2007). 『재미한인 기업의 네트워크』. 북코리아.
임채완 · 전형권(2006). 『재외한인과 글로벌 네트워크』. 한울아카데미.
장인성(2003). 「총련계 재일한인의 민족정체성」. 『국제지역연구』 12권4호.
재외동포재단(2004). 『한상네트워크를 통한 교역증진효과 조사』. 재외동포재단.
재일동포모국공적조사위원회(2008). 『母国을 향한 在日同胞의 100년 足跡』. 재외동포재단.
재일본조선인총련합회(2005). 『총련』. 조선신보사.
_____(2005). 『총련: 총련결성 5돌에 즈음하여』. 재일본조선인총련합회.
재일코리안투자협회회원명부(1987). 『재일본대한민국거류민단40년사』.
재일한국청년상공인연합회(1997). 『재일한국인의 사회성층과 사회의식조사』. 재일한국청년상공인연합회 보고서.

전준(1972). 『조총련연구』. 고려대학교 아세아문제연구소.
전형권(2004). 「글로벌 민족 네트워크와 각국의 동포 정책」. 『한국동북아논총』 제33집.
_____(2004). 「세계의 인교(印僑) 네트워크 발전과 인도의 재외동포 정책: 한국에 주는 함의」. 『대한정치학회보』 제12집 2호.
_____(2005). 「글로벌 한상(韓商)네트워크 사업의 비판적 시각: 옥타대회와 한상대회를 중심으로」. 『한국동북아논총』 제36집.
_____(2008). 「국제이주에 대한 이론적 재검토: 디아스포라 현상의 통합모형 접근」. 『한국동북아논총』 제49집.
정성호(1998). 「유대인 네트워크의 위력」. 『사회과학연구』 제37집. 강원대학교 사회과학연구소.
_____(1998). 「해외한인의 지역별 특성」. 『한국인구학』 21(1).
_____(2003). 『유대인』. 살림출판사.
_____(2004). 『화교』. 살림출판사.
_____(2008). 「코리안 디아스포라: 공동체에서 네트워크로」. 『한국인구학』 제31권 제3호.
정인섭(1996). 『재일교포의 법적지위』. 서울대학교 출판부.
정진성(2009). 「민단-총련 관계의 연구」. 『사회와 역사』 82.
제주도 정책 기회관실(1999). 『애향의 보람』.
제주발전연구원(2004). 『세계한상대회 지역경제파급효과와 제주관광에 미치는 영향』. 제주발전연구원.
조관자(2011). 「'민족주체'를 호출하는 재일조선인의 민족담론」. 『일본학』 32집.
조현미(2002). 「韓日間 相互意識의 変化와 에스닉 아이덴티티」. 『일본어문학』 제20집.
_____(2007). 「재일한인 중소규모 자영업자의 직업과 민족 간의 유대관계: 오사카 이쿠노구를 사례로」. 『대한지리학회지』.
진희관(1998). 「조총련연구」. 동국대학교 정치학과 박사학위 논문.
_____(2006). 「재일 민단-총련 반세기 만에 "화해의 만남"」. 『통일한국』 270.
_____(2011). 「북한의 재외동포정책」. 『통일문제연구』 55.
채경석(2006). 「재외동포의 민족공동체구성원 지위에 관한 연구」. 『아시아연구』.
최석신 · 임영언(2006). 「재일코리안 기업의 경영활동에 관한 실증적 연구」. 『한국무역학회 세미나 및 토론회』.
최석신 · 임채완 외(2005). 『재일코리안 사회의 경제 환경』. 집문당.
최승현(2007). 『화교의 역사 생존의 역사』. 화약고.
최영호(2009). 「재일동포사회, 총련계 동포와 한국사회 소통 중요」. 『통일한국』 309.
최우길(2008). 「이명박정부의 재외동포 정책 과제」. 2008 건국 60주년 기념공동학술회의 자료집.
프레드 벅스텐, 최인범 역(2003). 『코리안 디아스포라와 세계경제』. 국제경제연구소.

한영혜(2006). 「일본의 다문화공생 담론과 아이덴티티 재구축」. 『한국사회사학회』 제71집.
해외교포문제연구소(1966). 『교포정책자료 No.3 해외교포재산반입문제』 (1963년 1월부터 1964년 8월까지).
홍효정(2006). 「재일동포 청소년 민족교육에 관한 연구」. 한양대학교 교육대학원 석사 논문.
Eunsook Lee Zeilfelder, 평택대학교 다문화가족센터 옮김(2007). 『한국사회와 다문화가족』. 양서원.
경제투데이, 2010년 11월 4일자.
매일경제, 2010년 8월 20일자.

〔국외 문헌〕

アジア経済研究所(1974). 『旧植民地関係刊行物総合目録: 朝鮮編』 アジア経済研究所図書資料部。
______(1977). 『朝鮮文雑誌・新聞総合目録』 アジア経済研究所。
河かおる編(2006). 『朴慶植文庫仮目録 2 』 滋賀県立大学人間文化学部地域文化学科。
高鮮徽(1996). 『在日濟州道出身者の生活過程』 新幹社。
______(1998). 『20世紀の滞日済州島人: その生活過程と意識』 明石書店。
高畑幸(2001). 「近畿地方における自治体の外国人住民施策」, 『日本都市社会学年報』 19。
権香淑(2011). 『移動する朝鮮族: エスニック・マイノリティの自己統治』 彩流社。
金明秀・福岡安則(1997). 『在日韓国人青年の生活と意識調査, 第3次在日コリアン青年意識調査中間報告書』 在日本大韓民国青年会。
金明秀・稲月政(1995). 「在日韓国人の社会移動」 高坂健次編 『日本の階層システム6』 東京大学出版会。
金元祚(1984). 『凍土の共和国: 北朝鮮幻滅紀行』 亜紀書房。
東京韓国青年商工会(1988). 『青商: 望ましい未来を目ざして』 10周年記念誌編集委員会。
閔寛植(金敬得・金容権訳)(1994). 『在日韓国人の現状と未来』 高麗大学校亜細亜問題研究所。
朴健市(2002). 「焼肉産業と在日同胞」, 『韓商連四十年史』 在日韓国商工会議所。
朴一(2002). 『在日コリアンの経済事情』 『環』 11巻, 藤原書店。
朴康来・渡邊博史(1963). 『在日韓国人社会の総合調査研究』 民族文化研究会。
朴三石(2002). 『海外コリアン』 中公新書。
朴在一(1957). 『在日朝鮮人に関する総合調査研究』 新紀元社。
李洙任編(2012). 『在日コリアンの経済活動: 移住労働者, 起業家の過去・現在・未来』 不二出版。
李瑜煥(1960).『在日韓国人の五十年史: 発生因における歴史的背景と解放後における動向』新樹物産。
李英和(1994).『北朝鮮秘密集会の夜: 留学生が明かす"素顔"の祖国』クレスト社。
井口富夫編 著(2004).『企業家精神と地域経済: 京都市と周辺地域を対象とした事例研究』日本評論社(龍谷大学社会科学研究所叢書; 第55巻)。
上杉富之(2004).「人類学から見たトランスナショナルリズム研究: 研究の成立と展開及び転換」,『日本常民文化紀要』第24輯。
エドワード・W・ワグナー(1951).『日本における朝鮮少数民族: 1904年－1950年』 流刑書舎。
呉圭祥(1992).『在日朝鮮人企業活動形成史』雄山閣出版。
______(1996).『アジアを翔る華僑・在日コリアン』朝鮮青年社。
______(2005).『記録在日朝鮮人運動朝鮮総連50年』有限会社RAS。
呉民学・金哲秀(1996).「統計に見る在日朝鮮商工人数に関する研究」,『同胞経済』 第5号(夏): 34。
奥村昭博(1986).『企業イノベーションへの挑戦: 新企業家精神の創生』日本経済新聞社。
梁京姫(2009).「在日企業家が韓国の金融業界に及ぼした影響: 新韓銀行を中心に」,『現代韓国朝鮮研究』第9号。
小尾敏夫(1991).『ロビイスト アメリカ政治を動かすもの』講談社。
大西昭生・石川勝径編著(1995). 『山口県中堅企業の企業家精神』 徳山大学総合経済研究所(徳山大学研究叢書; 12号)。
太田一郎 著(1996).『企業家精神の生成: 中小企業創出のダイナミクス』多賀出版。
大阪市立生野図書館(1996).『韓国・朝鮮関連図書目録』大阪市立生野図書館。
木村光彦・安部桂司(2008).『戦後日朝関係の研究: 対日工作と物資調達』知泉書館。
徐龍達・金在文(1987).「在日韓国朝鮮人の商工業の実態」,『韓国朝鮮人の現状と将来』 社会評論社。
徐龍達(1989).『在日韓国人意識と実態』在日韓国青年商工人連合会。
関満博・一言憲之編(1996).『地方産業振興と企業家精神』新評論。
関根政美(1994). 『エスニシティの政治社会学: 民族紛争の制度化のために』 名古屋大学出版会。
ソニヤ・リャン, 中西恭子訳(2005). 『コリアン・ディアスポラー在日朝鮮人とアイデンティティー』明石書店。

園部裕之編(1996).『近代日本人の朝鮮認識に関する研究文献目録』緑蔭書房。
武知京三著(2000).『地域経済と企業家精神: 奈良の地場産業と経済団体の歩み』税務経理協会。
谷富夫(2002).「定住外国人における文化変容と文化生成」宮島喬・加納広勝編『変容する日本社会と文化』(シリーズ『国際社会』第2巻) 東京大学出版会。
田中利見(1986).『地場企業のマーケティング戦略: 企業家精神とマーケティングの結合』同文館出版。
十川広国(1991).『企業家精神と経営戦略』森山書店。
東京都中央図書館(1976).『東京都立中央図書館蔵朝鮮語図書目録』東京都中央図書館。
外村大(2004).『在日朝鮮人社会の歴史学的研究: 形成・構造・変容』緑蔭書房。
崔吉城(1995).「在日韓国キリスト教の普遍性と民族性」,『中部大学国際関係学部紀要14』中部大学。
調布물레の会(2010).『日本の外国人政策と在日コリアン』エルウィン。
永野慎一郎(2010).『韓国の経済発展と在日韓国企業人の役割』岩波書店。
日本法務省入国管理局(2006).『平成19年版在留外国人統計』財団法人入管協会。
日経ビジネス編(1988).『アメリカ企業家精神の旅: 大企業時代の終わり』日本経済新聞社。
日経流通新聞編(1993).『流通現代史: 日本型経済風土と企業家精神』日本経済新聞社。
日本朝鮮研究所(1974).『朝鮮研究』133。
日朝協会大阪府連合会(1960).『日本で出版された朝鮮に関する図書目録(1945年8月 15日から~1960年8月15日)』日朝貿易文化センター。
野藤忠著(2003).『ツァイス企業家精神』第2版, 九州大学出版会。
平野健一郎(2000).『国際文化論』東京大学出版会。
文化センター・アリラン(1995).『梶村文庫朝鮮関係図書目録』梶村文庫朝鮮関係図書目録編集委員会。
松本英樹(2003).「日朝国交正常化交渉の経緯と朝鮮半島をめぐる最近の動向」,『レファレンス』8月号。
民団50年史編纂委員会(1997).『民団50年史』在日本大韓民国民団。
閔寛植(1994). (金敬得・金容権訳)『在日韓国人の現状と未来』高麗大学校亜細亜問題研究所。
宮塚利雄(1993).「合弁事業の新たな展開」,『北朝鮮所収』サイマル出版会。
______(1999).『日本焼肉物語』太田出版。
宮崎正弘(2002).『ユダヤ商法と華僑商法』オーエス出版社。

守政毅(2004).「華商のネットワーキング活動と華人ネットワーク組織のブリッジ機能」,『福岡・アジア太平洋研究報告』VOL(13), 財団法人福岡アジア都市研究所。

河明生(1996). "日本におけるマイノリティの起業家活動: 在日一世朝鮮人の事例分析." 『経営史学』, 経営史学編集, 東京大学出版会, 第三〇巻第四号。

______(1997).『韓人日本移民社会経済史』明石書店。

______(2003).『マイノリティ起業家精神: 在日韓人事例研究』株式会社ITA。

韓載香(2007).『民族金融機関の全国展開: 東京大学21世紀COEものづくり経営研究センター』。

______(2010).『「在日企業」の産業経済史: その社会的基盤とダイナミズム』名古屋大学出版会。

韓晳曦(1981).『青丘文庫図書目録』青丘文庫。

______(1981).『青丘文庫図書目録 追補II』青丘文庫。

原尻英樹(1998).『'在日'としてのコリアン』講談社。

福岡安則(1993).『在日韓国・朝鮮人—若い世代のアイデンティティ』中央公論社。

福岡安則・金明秀・在日本大韓民国青年会(1994).『第3次在日韓国人青年意識調査中間報告書』在日本大韓民国青年会。

福岡安則・金明秀(1997).『在日韓国人青年の生活と意識』東京大学出版会。

韓徳銖(1986).『主体的海外僑胞運動の思想と実践』未来社。

韓国史事典編纂会・金容権(2002).『朝鮮韓国近現代史事典』日本評論社。

平野健一郎(2004).「アジア・マイグレーション研究の意義」,『現代アジア学の創生第一回共同研究大会報告書』。

陳天璽(2001).『華人ディアスポラ』明石書店。

在日韓国青年商工人連合会(1995).『青商: 豊かな地域社会の創造を目ざして』設立15周年記念誌。

在日本大韓民国民団(1997).『民団五十年史』民団50年史編纂委員会。

在日韓国商工会議所(1997).『在日韓国人会社名鑑』。

在日韓国青年商工人連合会(1989).『青商連合会「青商運動10周年記念誌」』育英出版社。

在日韓国青年連合会(1989).『在日韓国商工人の現状と課題をさぐる: 青商連合会アンケート調査結果から』育英出版社。

在日韓国人本国投資協会(2005).『在日韓国人本国投資協会30年史』。

在日本朝鮮人商工連合会結成55周年記念集委員会編集(2001).『在日本朝鮮人商工連合会55年: 朝鮮商工会半世紀の歩み』朝鮮青年社,。

在日本朝鮮人商工連合会(2001).『在日本朝鮮人商工連合会55年』。
在日韓国商工会議所(2002).『韓商連四十年史』在日韓国商工会議所。
在日本大韓民国民団大阪府地方本部(2006).『大韓民国国民勲章受賞者』。
在日本朝鮮人商工連合会(1956).『在日朝鮮人商工人便覧1957』。
安田雪(2001).『実践ネットワーク分析』新曜社。
吉森賢(1991). 『アメリカ企業家精神の衰退: その要因と再生への展望』 ジャパンタイムズ, (シリーズ[日関係] / 細谷千博責任監修; 国際大学日米関係研究所企画・編集; 9)。
リー・サオユエン, リンダ・ロウ著; 岩崎育夫 訳(1992).『シンガポールの企業家精神: 民間と国家 』井村文化事業社。
渡辺深(1999).『「転職」のすすめ』講談社現代新書。
渡辺深(1998). 「ジョブーマッチングとキャリアーネットワーク転職過程の事例研究」 富永健一・宮本光晴編著『モビリティ社会への展望』慶応義塾大学出版会。
「日本経済新聞」. 1983年 8月 25日
「日本経済新聞」. 1989年 1月 9日
「日本経済新聞」. 1989年 8月 30日
「日本経済新聞」. 1991年 7月 23日
「日本経済新聞」. 1993年 2月 24日
「日経金融新聞」. 1993年 7月 5日
「日本経済新聞」. 1997年 5月 14日
「日本経済新聞」. 2001年 11月 8日
「日本経済新聞」. 2001年 12月 6日
「日本経済新聞」. 2007年 6月 18日
「日本経済新聞」. 2011年 3月 3日
「日本経済新聞」. 2011年 8月 25日
「日経金融新聞」. 2005年 4月 19日
NORTH KOREA TODAY 홈페이지(http://www.pyongyangology.com/index.php?option=com_content&task=view&id=626&Itemid=81). (2013년 4월 15일 검색)
朝鮮新報 홈페이지(http://www1.korea-np.co.jp/sinboj/j-2004/01/0401j0226-00001.htm). (2013년 4월 16일 검색)
朝鮮新報 홈페이지(http://jp.korea-np.co.jp/article.php?action=detail&pid=9998). (2013년 4월 18일 검색)
朝鮮新報 홈페이지(http://jp.korea-np.co.jp/article.php?action=detail&pid=10003). (20

13년 4월 20일 검색)
朝鮮新報 홈페이지(http://jp.korea-np.co.jp/article.php?action=detail&pid=10115). (2013년 4월 25일 검색)
民団新聞 홈페이지(http://www.mindan.org/shinbun/news_view.php?category=1&page=69). (2013년 5월 1일 검색)
在日本大韓民国民団 홈페이지(http://www.mindan.org/front/newsDetail.php?category=1&newsid=12222). (2013년 5월 16일 검색)

Anderson, Benedict(1991). "Imagined Communities. Revised Edition". Verso.

Anderson, Bo and Manuel Carlos(1976). "What Is Social Network Theory?". In *Power and Control: Social Structure and Their Transformations*, edited by T. Burns and W. Buckley. Sage Publications.

Anderson, J. C. and Gerbing, D. W.(1988). "Some methods for Respecifying Measurement Models to Obtain Undimensional Construct Measurement". *Journal of Marketing Research*, Vol.19, No.4.

Ardichvili, A., R. Cardozo and S. Ray(2003). "A Theory of Entrepreneurial Opportunity Identification and Development". *Journal of Business Ventu- ring* 18: 105-123.

Barth, Fredrik(1969). "Ethnic Groups and Boundaries: The Social Organization of Culture Difference". Waveland Press.

Basu, A.(1998). "An Exploration of Entrepreneurial Activity among Asian Small Business in Britain". *Small Business Economics* 10: 313-326.

Bates, Timothy(1997). "Financing Small Business Creation: The Case of Chinese and Korean Immigrant Entrepreneurs". *Journal of Business Venturing* 12: 109-124.

Baumol, William J.(1990). "Entrepreneurship: Productive, Unproductive, and Des tructive". *Journal of Political Economy* 98(5): 893-921.

Burt, Ronald S.(2001). "Structural Holes versus Network Closure as Social Capi- tal". in *Social Capital: Theory and Research*, Nan Lin, Karen S. Cook, and R. S. Burt(eds.)(2001), Aldine de Gruyter.

Burt, S. Ronald(1992). "Structural Holes: The Social Structure of Competition". Harvard University Press.

Busentiz, Lowell W., G. Page West III, Dean Shepherd, Teresa Nelson, Gaylen N. Chandler and Andrew Zacharakis(2003). "Entrepreneurship Research in Emergence: Past Trends and Future Directions". *Journal of Management* 29(3): 285-308.

Bygrave, W. D.(1995). "Theory Building in the Entrepreneurship Paradigm". in *Entrepreneurship: Perspectives on Theory Building*, by Ivan Bull, Howard Thomas and Gary Willard(eds), Pergamon: 129-158.

Campbell, Karen E., Marsden, Peter V. and Jeanne S. Hurlbert(1986). "Social Resources and Socioeconomic Status". *Social Networks* 8.

Choi, In-bom(2003). "Korean Diaspora in the Making: Its Current Status and Impact on the Korean Economy". pp.9-27 in Fred Bergsten & Inbom Choi(eds.). *The Korean Diaspora in the World Economy*, Washington, DC: Institute for International Economies.

Collins, Jock(2003). "Cultural Diversity and Entrepreneurship: Policy Responses to Immigrant Entrepreneurs in Australia". *Entrepreneurship & Regional Development* 15: 137-149.

Coviello, Nicole E. and Marian V. Jones(2004). "Methodological Issue in International Entrepreneurship Research". *Journal of Business Venturing* 19: 485-508.

Davidson, Per and B. Honig(2002). "The Role of Social and Human Capital among Nascent Entrepreneurs". *Journal of Business Venturing* 18: 301-331.

Delmar, F. and P. Davidson(2000). "Where Do They Come From? Prevalence and Characteristics of Nascent Entrepreneurs". *Entrepreneurship & Regional Development* 12: 1-23.

DiMaggio, Paul(1997). "Culture and Cognition". *Annual Review of Sociology* 23: 263-288.

Eckhardt, Jonathan T. and Scott A. Shane(2003). "Opportunities and Entrepre- neurship". *Journal of Management* 29(3): 333-349.

Foa, Uriel G.(1971). "Interpersonal and Economic Resources". *Science* 171 (January).

Gartner, W. B.(1995). "Aspects of Organizational Emergence". in *Entrepreneur ship: Perspectives on Theory Building*, by Ivan Bull, Howard Thomas and Gary Willard(eds), Pergamon: 67-89.

Gellner, Ernest(1983). "Nation sand Nationalism". Blackwell Publishers, Oxford( = 2000, 加藤節監訳『民族とナショナリズム』岩波書店).

Granovetter, Mark(1985). "Economic Action and Social Structure: the Problem of Embeddedness". *American Journal of Sociology* 91: 481-510.

_____(1990). "The Old and the New Economic Sociology: A History and an Agenda". in *Beyond the Market Place: Rethinking Economy and Society*, R. Friedland and A. Robertson(ed.), New York: Walter de Gruyter: 89-112.

_____(1992). "Economic Institutions as Social Constructions: A Frame work for Analysis". *Acta Sociologica* 35: 3-11.

_____(1973). "The Strength of Weak Ties". *American Journal of Sociology* 78.

_____(1988). "The Sociological and Economic Approach to Labor Markets: A Social Structural View". In *Industries, Firms, and Jobs: Sociological and Economic Approaches*, edited by G. Farkas and P. England. Plenum Press.

_____(1982). "The Strength of Weak Ties: A Network Theory Revisited". In Marsden, P.V., and Lin, N. eds., *Social Structure and Network Analysis*, Newbury Park, CA: Sage.

_____(1995). "Getting A Job: A study of Contacts and Careers". University of Chicago Press. 『転職』マークーグラノヴェター著, 渡辺深訳, ミネルヴァ書房, 1998).

Hall, Stuart(1993). "Cultural Identity and Diaspora". in: Identity: Community, Culture, Difference, ed. *Jonathan Rutherford*, London: Lawrence and Wishart.

Han, C. M.(1988). "The role of consumer patriotism in the choice of domestic versus foreign products". *Journal of Advertising Research*, Vol. 27, pp.25-32.

Hair, J. F., Anderson, A. E, Tatham, R. L. and Grablowsky, B. I.(1979). "Multivariate Data Analysis". Division of Petroleum Publishing Co., Tulsa.

Harada, N.(2003). "Who Succeeds as an Entrepreneur? An Analysis of the Post-Entry Performance of New Firms in Japan". *Japan and the World Economy* 441: 1-12.

Hoang, Ha and Bostijan Antonic(2003). "Network-based Research in Entrepre- neurship: A Critical review". *Journal of Business Venturing* 18: 165-187.

Hyeon-Hyo, Ahn & Yun-Sun, Chung(2006). "The Financial Development of Korean Americans: A Comparison of Korean and Chinese American Banks in California". 『한국지역지리학회지』 제12권 제1호.

Hyeon-Hyo, Ahn & Jang Pyo, Hong(1999). "The Evolution of Korean ethnic banks in California". University California.

Ibrahim, Gamal and Vaughan Galt(2003). "Ethnic Business Development: Toward a Theoretical Synthesis and Policy Framework". *Journal of Economic Issues* XXXVII(4): 1107-1119.

Iyer, Gopalkrishnan R. and Jon M. Shapiro(1999). "Ethnic: Entrepreneurial and Marketing Systems: Implications for the Global Economy". *Journal of Interactional Marketing* 7(4): 83-110.

Kirzner, I. M. · 이성순 역(1973). 『경쟁과 기업가 정신』. 한국경제연구원(1995): 53-116.

Kirzner, I. M.(1999). "Creativity and/or Alertness: A Reconsideration of the Schumpeter-ian Entrepreneur". *Review of Austrian Economics* 11: 5-17.

Kloosterman, Robert(2000). "Immigrant Entrepreneurship and the International Context: A Theoretical Exploration". in *Immigrant Business: The Economic, political and Social*

*Environment*, Jan Rath(ed.), MacMillan Press Ltd.

Kodithuwakku, S. S. and P. Rosa(2002). "The Entrepreneurial Process and Economic Success in a Constrained Environment". *Journal of Business Venturing* 17: 431-465.

Krueger, N. J.(2000) "The Cognitive Infrastructure of Opportunity Emergence," *Entrepreneurship Theory and Practice*, Spring: 5-23.

Liao, Jianwen and H. Welsch(2003). "Social Capital and Entrepreneurial Growth spiration: A Comparison of Technology and non-Technology-based Nascent Entrepreneurs". *Journal of High-Technology Management Research* 14: 149-170.

Light, Ivan and Edna Bonacich(1988). "Immigrant Entrepreneurs: Koreans in Los Angeles 1965-1982". University of California Press.

Light, Ivan(2004). "The Ethnic Ownership Economic". in *Ethnic Entrepreneurship: Structure and Process*, Curt H. Stiles and Craig S. Galbraith(eds.), ELSEVIER.

Lin, Nan(1982). "Social Resources and Instrumental Action". In *Social Structure and Network Analysis*, edited by P. Marsden and N. Lin. Sage Publications.

______(2001). "Social Capital: A Theory of Social Structure and Action". Cambridge University Press.

Litwin, Howard(1997). "The Network Shifts of Elderly Immigrants: The Case of Soviet Jews in Israel". *Journal of Cross-Cultural Gerontology* 12: 45-60.

Maddens, B., Billiet, J. and Beerten, R.(2000). "National Identity and the Attitude toward Foreigners in Multinational States: The Case of Belgium". *Journal of Ethnic and Migration Studies*, Vol. 26, pp.45-60.

Marger, Martin N.(2001). "Social and Human Capital in Immigrant Adaption: The Case of Canadian Business Immigrants". *Journal of Socio-Economics* 30: 169-170.

Mesch, Gustavo S. and Daniel Czamanski(1997). "Occupational Closure and Immigrant Entrepreneurship: Russian Jews in Israel". *Journal of Socio-Economics* 26(6): 597-610.

Mezias, S. J. and J. C. Kuperman(1999). "The Community Dynamics of Entrepreneurship: The Birth of the American Film Industry, 1895-1929". *Journal of Business Venturing* 16: 209-233.

Phinney, J.(1990). "Ethnic Identity in Adolescents and Adults: Review of Research". *Psychological Bulletin*, Vol. 108, pp.499-514.

Raijman, Rebeca(2001). "Determinants of Entrepreneurial Intentions: Mexican Immigrants in Chicago". *Journal of Socio-Economics* 30: 393-411.

Rath, Jan(ed.)(2000). "Immigrant Business: The Economic, Political and Social Environment". MacMillan Press Ltd.

Ripsas, S.(1998). "Towards an Interdisciplinary Theory of Entrepreneurship". *Small Business Economics* 10: 103-115.

Ruiz-Vargas, Yolanda(2000). "Small Business Financing Sources between Immigrants and Natives in Puerto Rico". *The Quarterly Review of Economics and Finance* 40: 387-399.

Safran, William(1991). "Diaspora in Modern Societies: Myths of Homeland and Return". Diasporas1(1).

_____(1991). Diasporas in Modern Societies: Myths of Homeland and Return. Diaspora(Spring).

Sheffer, Gabriel(1986). "A New Field of Study: Modern Diasporas in International Politics," in G. Sheffer(ed.). *Modern Diasporas in International Politics*, London and Sydney: Croom Helm.

Saxenian, A.(2000). "Silicon Valley's New Immigrant Entrepreneurs". Paper Presented at the Center for Comparative Immigrant Studies of the University of California, San Diego, May 12th.

Shapero, Albert(1985). "Why Entrepreneurship? A Worldwide Perspective". *Journal of Small Business Management*, October: 1-5(Guest Editorial).

Steven Vertovec(1999). "Conceiving and researching transnationalism" in *Ethnic and Racial Studies*, Vol. 22, No.2.

Tölölian, Khachig(1991). "The Nation State and Its Others: In Lieu of a Preface". Diasporas1(1).

Waldinger, Roger(1989). "Immigrant enterprise: A Critique and Reformulation." *Theory and Society*. Vol.15, No.2.

Wallerstein, Immanuel(1983). "Historical Capitalism with Capitalist Civilization". Verso.

Uzzi, Brian(1996). "The Source and Consequences of Embeddedness for then Economic Performance of Organizations: The Network Effect". *American Sociological Review*, 61(4): 674-698.

_____(1997). "The Social Structure and Competition in Interfirm Networks: The Paradox of Embeddedness." Administrative Science Quarterly.

Verheul, I., S. Wennekers, D. Audretsch, R. Thurik(2001). An Eclectic Theory of Entrepreneurship. Tinbergen Institute Discussion Paper TI 2001-030/3.

Waldinger, Roger(1995). "The 'other side' of Embeddedness: A Case-Study of the Interplay of Economy and Ethnicity". *Ethnic and Racial Studies* 18(3): 555-580.

# 찾아보기

## (ㄱ)

(ㄴ)



(ㄷ)



(ㄹ)



(ㅁ)

## (ㅂ)

## (ㅈ)

## (ㅊ)



## (ㅋ)



## (ㅌ)



## (ㅍ)

## (ㅎ)



## (기타)